Vita aesthetica

Vita aesthetica

Szenarien ästhetischer Lebendigkeit

Herausgegeben von
Armen Avanessian, Winfried Menninghaus und Jan Völker

diaphanes

Dieses Buch ist im Sonderforschungsbereich 626 »Ästhetische Erfahrung im Zeichen der Entgrenzung der Künste« an der Freien Universität Berlin entstanden und wurde auf seine Veranlassung unter Verwendung der ihm von der Deutschen Forschungsgemeinschaft zur Verfügung gestellten Mittel gedruckt.

1. Auflage
ISBN 978-3-03734-075-2
© für diese Ausgabe
diaphanes, Zürich/Berlin 2009
www.diaphanes.net
Alle Rechte vorbehalten
Layout, Satz: 2edit, Zürich
Druck: Ludwig Auer, Donauwörth

INHALT

Einführung   7

I
1750–1800

Sektion 1: Die Entstehung zweier Disziplinen:
Biologie und Ästhetik
Einleitung   15

Olaf Breidbach
Aesthetik, aisthesis und das Schöne –
Ästhetik der Lebendigkeit um 1800   17

Friedrich Weltzien
Vom Bildungstrieb der Stoffe
Oder: Wie sieht Lebendigkeit aus?   31

Joseph Vogl
Luft um 1800   45

Sektion 2: Ästhetisches Leben
Einleitung   55

Frank Fehrenbach
Bravi i morti!
Emphasen des Lebens in Goethes *Italienischer Reise*   57

Winfried Menninghaus
»Ein Gefühl der Beförderung des Lebens«
Kants Reformulierung des Topos »lebhafter Vorstellung«   77

Jan Völker
Komplettes Leben
Zu Kants vorkritischer Ästhetik   95

Felix Ensslin
»Zum Ungeheuren hast Du mich gewöhnt...«
Symbolischer Tod, *acting-out* und *passage à l'acte*
in Schillers *Die Räuber* und *Wilhelm Tell*   115

II
1800–1900

Sektion 3: Prekäres Leben
Einleitung 133

Denise Gigante
Das Monster im Regenbogen
Keats und die Wissenschaft vom Leben 135

Armen Avanessian
Die ästhetische Wiederkehr des Vampirismus
Kant – Polidori – Baudelaire 157

Barbara Wittmann
Anti-Pygmalion
Zur Krise der Lebendigkeit
in der realistischen Malerei, 1860–1880 177

Rüdiger Campe
Form und Leben in der Theorie des Romans 193

Sektion 4: Lebenswissen
Einleitung 213

Staffan Müller-Wille, Hans-Jörg Rheinberger
Zur Genesis der Vererbung als biologisches Konzept, 1750–1900 215

Helmut Müller-Sievers
Drehmoment
Lebendigkeit und Bewegung im 19. Jahrhundert 227

Thomas Brandstetter
Leben im Modus des Als-Ob
Spielräume eines alternativen Mechanismus um 1900 237

Nachweis der Abbildungen 251

Verzeichnis der Autorinnen und Autoren 253

Einführung

1. Der kunsttheoretische Topos der Lebendigkeit

Die Attribute »lebhaft« oder »lebendig« gehören zu den elusiveren Kategorien von Rhetorik, Poetik und Kunstkritik. Die definitorischen Schwierigkeiten beginnen damit, dass der seit der Renaissance verbreitete Topos der »lebendigen« Darstellung regelmäßig auf antike rhetorische Devisen von *energeia* (wirkende Kraft) und *enargeia* (deutliche Darstellung) zurückgeführt wird, diese selbst aber in den antiken Texten meist ohne Verwendung des Prädikats »lebendig« erläutert werden. Gewiss gibt es bereits in der griechischen Antike den Vergleich einer gut komponierten Rede mit einem wohl gegliederten Körper, aber das *tertium comparationis* ist hier weniger »Lebendigkeit« als vielmehr die funktionale Gliederung – ein Merkmal, das grundsätzlich auch Maschinen zukommt. Die Rede vom Künstler als *zoographos* wiederum scheint primär vom *Gegenstand* der Kunst und von der *technischen Perfektion* der Mimesis her gedacht; wie weit darin auch eine genuine Lebendigkeit des Kunstwerks selbst gemeint ist, scheint zumindest diskussionswürdig.

Des Weiteren wird das Attribut »lebhaft« – und seine präsumptiven Analoga – in antiken Rhetoriken zwar häufiger mit einigen Tropen und Figuren als mit anderen zusammengedacht (in der lat. Rhetorik z.B. mit der *Hypotypose*), aber seine Extension steht letztlich quer zum Fachwerk der einzelnen Formen der *elocutio*. Das ist einer der Gründe, warum seine deskriptive Dimension so schwer zu fassen ist. Die Zuschreibung von »Lebhaftigkeit« oder »Lebendigkeit« ist weniger ein Akt der technisch-deskriptiven Klassifikation als ein Akt der ästhetischen Bewertung. Frank Fehrenbach hat darauf hingewiesen, dass bei der Verwendung dieser Kategorien selten explizit erläutert oder auch nur implizit klar wird, was die behauptete »Lebhaftigkeit« von Artefakten überhaupt mit einem Verständnis der Begriffe »Leben« oder »lebendig« verbindet.[1]

Als poetisch-rhetorisches Ideal impliziert der Topos der Lebhaftigkeit bzw. Lebendigkeit durchweg, dass zeichenhafte Darstellung ohne besondere Anstrengung, ohne besondere *virtutes elocutionis,* der Lebendigkeit ermangelt. Mit Derridas Zuspitzung gesprochen ist die Welt der Zeichen eine testamentarische und nekrophile, errichtet über der Abwesenheit und letztlich dem Tod ihrer Objekte.[2] Unter dieser Voraussetzung changieren rhetorische Lebendigkeitsdevisen zwischen Selbstverleugnung und Selbsterhöhung: Sie sind Versuche der Darstellung, genau das *nicht* zu sein, was sie ›eigentlich‹ sind. Devisen der Lebendigkeit sind so verstanden Strategien der kunstvollen Selbst-Transfiguration der Darstellung, mal als phantasmatische Evokation eines Objekts oder Ereignisses und damit als

---

1.   Vgl. Frank Fehrenbach: »Calor nativus – Color vitale. Prolegomena zu einer Ästhetik des ›Lebendigen Bildes‹ in der frühen Neuzeit«, in: Ulrich Pfisterer; Max Seidel (Hg.): *Visuelle Topoi. Erfindung und tradiertes Wissen in den Künsten der italienischen Renaissance*, München, Berlin 2003; ders.: Lemma »Lebendigkeit«, in: Ulrich Pfisterer (Hg.): *Metzlers Lexikon Kunstwissenschaft. Ideen, Methoden, Begriffe*, Stuttgart 2003, S. 222–227.
2.   Jacques Derrida: *Grammatologie*, Frankfurt a. M. 1983, S. 120.

täuschende Partizipation an deren Lebendigkeit, mal als Selbsteinsetzung der Darstellung als einer vollwertigen eigenen Form mit einer inneren, nicht erborgten Lebendigkeit *sui generis*.

Beides zusammen bedeutet, dass das Ideal lebhafter Darstellung die Differenz von Realität und symbolischen Systemen bearbeitet, indem es auf imaginäre Tilgung dieser Differenz zielt. Gerade der Extraaufwand der *enargeia* (Veranschaulichung) soll den paradoxen Effekt einer imaginären Naturalisierung des Symbolischen durch Strategien seiner kunstvollen Steigerung hervorbringen.

Die heutigen akademischen Disziplinen, die sich mit den Künsten beschäftigen, unterscheiden sich von der Sphäre der Kunstkritik nicht zuletzt dadurch, dass sie explizite Werturteile möglichst vermeiden. Es dürfte deshalb diskurshistorisch kein Zufall sein, dass die fraglichen Kategorien besonders häufig in Kontexten verwendet worden sind, in denen historische Gelehrsamkeit sowie poetische und ästhetische Expertise noch nicht so scharf vom Amt des ›Kunstrichters‹ getrennt waren wie dies meist heute der Fall ist.

Hinzu kommt, dass für die rhetorische und poetische Tradition die Täuschung über sich selbst eine Grundfigur bildete. Die *apáte* oder *deceptio* ist nicht nur ein selbstverständliches Wirkungsziel des Redners; Täuschung ist auch sein Ehrgeiz und seine Glanzleistung. Mehr noch: Die Rhetorik macht die höchst realistische Annahme, dass menschliche Sprache nicht entstanden ist, um möglichst transparent ›wahre‹ Sachverhalte zu bezeichnen. Für die philosophische Kritik – ebenso wie für ein verbreitetes Allgemeinverständnis – macht dies nicht nur die Rhetorik überhaupt verdächtig, sondern insbesondere auch jene, wie Kant formulierte, »Maschinen der Überredung«, die mit erborgter oder auch eigener Lebendigkeit den Verstand trüben und die Affekte trügerisch manipulieren. Andererseits hat auch Kant an der alten Devise festgehalten, dass Kunst nicht zuletzt die Kunst sei, die Differenz von Kunst und Natur imaginär kollabieren zu lassen. Kants Ästhetik markiert in vielerlei Hinsicht eine Schwelle, an der einerseits der alte rhetorische Lobtopos verabschiedet wird und andererseits die Kunst in ein neues Verhältnis zum Leben gesetzt wird. Unter »Leben« versteht Kant eine autopoietische Form, und dieses Verständnis einer sich selbst formierenden, selbst erhaltenden Kraft gibt erstmalig den grundlegenden Boden der Ästhetik ab. Vorbereitet wird diese Semantik in ästhetischen Schriften etlicher anderer Autoren (Mendelssohn, Moritz u.a.). Bei Kant findet der Begriff des Lebens nicht nur eine zugespitzte Formulierung als bedeutsamer Terminus der Ästhetik, die dritte Kritik vereint vielmehr im Denken des »Lebendigen« auch ganz direkt ästhetische und naturphilosophische Desiderate.

2. Zu diesem Band

Walter Benjamin hat sich in seiner Allegorie-Theorie vielfach polemisch von allen Belebungsdevisen abgesetzt und dagegen eine reiche Sequenz von Begriffen und Metaphern der »Mortifikation« mobilisiert.[3] Benjamin identifiziert die Goethesche Ideologie des Symbols als den trügerischen Inbegriff aller Selbstverklärungen im Zeichen poetischer Lebendigkeitsdevisen. In der Folge Paul de Mans, der Benjamins Kritik an der (ideologischen) Lebendigkeit des Symbols weitgehend gefolgt ist, verschwand der Topos der lebendigen Darstellung eine Zeitlang weitgehend aus Literaturtheorie oder Ästhetik.

Anders als de Man hat Benjamin trotz seiner Kritik des klassischen Symbolbegriffs an einem geradezu emphatischen Begriff des »Lebens« von Werken, Sprachen und einzelnen Formen festgehalten. Das gleiche Trauerspielbuch, das die allegorische Versenkung an die »Produktion von Leichen« und das Geschäft des Kritikers an die »Mortifikation der Werke«[4] bindet, feiert nicht nur die Auferstehung und mithin das ewige Leben als den inhärenten »Umschwung« der todesbesessenen Allegorie. In ihm steht auch der frappierende Satz: »Das Leben der Werke und Formen [...] ist ein natürliches Leben.«[5] Benjamin ist insofern der interessante Fall eines Literaturtheoretikers, der eine scharfe Abgrenzung von der klassischen Usurpation ehemals rhetorischer Lebendigkeitsansprüche im Begriff des Symbols mit einem Festhalten an einem auf Zeichenwelten gemünzten Lebensbegriff verbindet.

Benjamins Doppelstrategie gehorcht Motiven, die bis in die ästhetischen Diskussionen um 1800 zurückreichen. Es gehört zu den Zielen des vorliegenden Bandes, die feinen Grenzverläufe zwischen Emphase und Kritik des Lebens in der Ästhetik nachzuzeichnen. Topostheoretisch bedeutet dies: der Verabschiedung des klassisch-rhetorischen Topos und der Inauguration eines neu verstandenen ästhetischen Lebensbegriffs in den ästhetischen und kunsttheoretischen Auseinandersetzungen nachzuforschen.

Den epistemologischen Boden dafür gibt die parallele, vielfach verschränkte Entwicklung der Disziplinen Biologie und Ästhetik im Zeitraum von 1750 bis 1800 ab. Mit der Entwicklung der Naturgeschichte zu einer Wissenschaft des Lebens – der Biologie – vollzieht sich ein Umbruch im klassischen Denken der Natur. Die Wissenschaftsgeschichte hat diesen Einschnitt, der mit einer Konzeption des Lebens als eigenständiger organischer »Organisation« vollzogen wird, ausführlich beschrieben. Die Ordnung der Naturgeschichte mit ihrem Spiel von Identitäten und Differenzen, die anhand der »empirischen Gegebenheiten« analysiert werden, »reicht nicht mehr zur Erfassung der Welt des Lebenden aus«,[6] so François

---

3. Vgl. Winfried Menninghaus: »Das Ausdruckslose: Walter Benjamins Kritik des Schönen durch das Erhabene«, in: Uwe Steiner (Hg.): *Benjamin 1892–1940*, Bern 1992, S. 33–76, insbesondere S. 36–43.
4. Walter Benjamin: *Ursprung des deutschen Trauerspiels*, in: ders.: *Gesammelte Schriften*, hg. von Rolf Tiedemann; Hermann Schweppenhäuser, Frankfurt a. M. 1991, I.1, S. 357.
5. Ebd., S. 227.
6. François Jacob: *Logik des Lebendigen. Eine Geschichte der Vererbung*, Frankfurt a. M. 2002, S. 100. Verwiesen sei in diesem Zusammenhang auch auf die grundlegenden Untersuchungen Michel Foucaults: *Die Ordnung der Dinge. Eine Archäologie der Humanwissen-*

EINFÜHRUNG

Jacob in seiner bahnbrechenden Studie. Stattdessen fokussiert die Wissenschaft nun das Leben: »Das Leben ist es, das als übergreifender Bezugspunkt dient, um dem Bewusstsein zu ermöglichen, Vorstellungen nicht nur von verschiedenen Lebewesen, sondern verschiedener Elemente ein und desselben Lebewesens zu verbinden und zwischen ihnen Beziehungen aufzustellen. Bei der Erforschung der Welt des Lebenden erlaubt der Begriff Leben Wahrheit a posteriori zu erlangen und eine Synthese zu verwirklichen.«[7]

Parallel zu dieser Entwicklung wird die Ästhetik ein Modephänomen. Schon 1804 konnte Jean Paul konstatieren: »Von nichts wimmelt unsere Zeit so sehr als von Ästhetikern.«[8] Ausgehend von Baumgartens 1750/58 erschienener *Aesthetica* hatte die Ästhetik als neue gelehrte Disziplin schnell Fuß gefasst. Für Baumgarten ist noch die ›alte‹ rhetorische Topik der lebendigen Erkenntnis und der lebhaften Darstellung virulent, bei Herder und Kant jedoch wird – unter eindeutigen Verweisen auf die zeitgenössische protobiologische Theorie – die rhetorisch-poetische Metaphorik der »Lebendigkeit« durch einen verstärkt literalen – wiewohl ebenfalls mit erheblichen Unschärfen arbeitenden – Begriff des »Lebens« überlagert und teilweise ersetzt. Dies ist nicht allein ein Wechsel des Vokabulars, sondern markiert einen Paradigmenwechsel der Ästhetik selbst. Auch in der Ästhetik rückt mit dem Begriff des Lebens – freilich nun als »Leben des Subjekts« verstanden – die Eigenständigkeit eines sich selbst erhaltenden Modus von Wahrnehmung, Urteil und vor allem »Lust« in den Vordergrund.

Die Beiträge im ersten Teil dieses Bandes, der sich in seinen zwei Sektionen auf den Zeitraum vor 1800 konzentriert, nehmen Auslotungen in dem zuvor skizzierten Feld vor. Die erste Sektion (*Die Entstehung zweier Disziplinen: Biologie und Ästhetik*) gilt den Fragen: Wie ist die disziplinäre Überschneidung zu verstehen? Wo sind manifeste Anhaltspunkte zu finden, an denen sich Interferenzen der beiden Disziplinen diskutieren lassen? In der zweiten Sektion (*Ästhetisches Leben*) wird der Blick eingehender auf die Ästhetik um 1800 und den in ihr diskutierten Lebensbegriff gerichtet. Der Schwerpunkt liegt auf den Spannungsverhältnissen, die sich mit der Orientierung an einem Lebensbegriff für die Ästhetik ergeben.

Die im ersten Teil in wissenshistorischer sowie ästhetischer Perspektive pointierte Komplexität der Einflüsse und Bezugnahmen zwischen Ästhetik und Biologie legt nahe, das um den Begriff des Lebens rotierende Untersuchungsfeld zwischen Ästhetik und Biologie aus methodisch unterschiedlichen Blickrichtungen zu analysieren. Literaturwissenschaftliche, kunstgeschichtliche, wissensgeschichtliche, psychoanalytische und philosophische Zugriffe vermögen in ihrer je eigenen Fokussierung unterschiedliche Aspekte hervorzuheben und den ihnen eigenen Strang einer Genealogie des paradoxen Verhältnisses von Kunst und Natur unter der Chiffre des Lebens hervorzuarbeiten. Die einzelnen Rekonstruktionen sind weder in den großen Linien noch in den Details deckungsgleich – und können es vermutlich auch nicht sein.

---

schaften, Frankfurt a. M. 1974.

7.   Jacob: *Logik des Lebendigen*, a.a.O., S. 100.

8.   Jean Paul: *Vorschule der Ästhetik*, in: ders.: *Sämtliche Werke*, hg. von Norbert Miller, München 1980, I/5, S. 20.

Der zweite Teil des Bandes führt zunächst die ästhetischen Überlegungen fort (Sektion 3: *Prekäres Leben*). Im 19. Jahrhundert zeigen sich die Spannungen, die den ästhetischen Lebensbegriff auszeichnen, konkret ausgestaltet. Die Kehrseite emphatisch begriffener Lebenskonzepte wird etwa an untoten Vampiren und übermenschlichen Monstern anschaulich. Die in den Lebensbegriff eingetragenen Spannungen zeigen sich aber auch in der generellen Frage nach dem *Lebenswissen* (Sektion 4). Aus epistemologischer Sicht wird deutlich, wie sich in den Untersuchungen einzelner Phänomene oft divergente disziplinäre Bereiche verschränken. Daraus folgt, dass sich die Herausbildung einzelner Begriffsfelder stets nur über ihre diskontinuierliche Entwicklung nachvollziehen lässt. Alle vier Sektionen erkunden anhand einer Vielzahl unterschiedlicher Szenarien die *vita aesthetica* kunstvoller Zeichenpraktiken im 18. und 19. Jahrhundert und entfalten dabei zugleich das Nachleben des älteren Topos der Lebhaftigkeit/Lebendigkeit in seinen epistemologischen und ästhetischen Dimensionen.

Die Beiträge dieses Bandes gehen auf eine im Dezember 2007 ausgerichtete Konferenz im Rahmen des Teilprojektes »Ästhetische Lebendigkeit – Bestimmungsversuche im Ausgang von Kant« am Sonderforschungsbereich 626 der Freien Universität Berlin zurück.

Für Unterstützung und Mitwirkung bei der Redaktion des Bandes danken wir: Ralf Eckschmidt (Lektorat), Rita Iwan-Frank, Lina Kokaly sowie Michael Heitz und Sabine Schulz vom Verlag diaphanes.

Berlin, im Oktober 2008
Armen Avanessian, Winfried Menninghaus, Jan Völker

1750-1800

Sektion 1
Die Entstehung zweier Disziplinen: Biologie und Ästhetik

Einleitung

Um 1800 zeigt sich »Leben« in neuer Gestalt als gemeinsames Thema naturwissen-schaftlicher und kunsttheoretischer Überlegungen. Die Biologie konstituiert sich als Wissenschaft vom Leben, und auch für die Ästhetik erweist sich die Befragung von »Lebendigkeit« als zentrales Reflexionsmedium für das Selbstverständnis der Disziplin. Aus der vornehmlich wissenschaftshistorischen Perspektive der ersten Sektion stellt sich zunächst die Frage nach epistemischen Verschiebungen ge-genüber dem für die vorhergehenden Jahrhunderte prägenden naturhistorischen Wissen, welches noch auf eine geordnete Natur zu vertrauen vermochte. An un-terschiedlichen Einsatzpunkten lässt sich die Ablösung der Naturgeschichte und der mit ihr verbundenen repräsentativen Logik untersuchen.

Ein erstes Indiz für die Dringlichkeit, die der Begriff des Lebens im Spannungs-feld von Natur- und Kunstwissenschaften gewinnt, liefern Autoren, deren Aus-einandersetzung mit Phänomenen des Lebendigen sie dazu bringt, in beiden Disziplinen produktiv zu werden. Dies führt zu wechselseitigen disziplinären Überschreitungen: So finden sich wissenschaftliche Beobachtungen oder Experi-mente in ästhetischer Theoriebildung wieder oder als künstlerische Gestaltungs-mittel eingesetzt. Genauso können ästhetische Probleme in den naturwissen-schaftlichen Diskurs einfließen oder gar zu eigenen wissenschaftlichen Studien führen. Exemplarisch lässt sich diese Überbrückung von Naturwissenschaft und Kunst an J. W. Goethe und dem Chemiker Friedlieb Ferdinand Runge nachvollzie-hen. Für Letzteren gilt, dass seine »Produktionsästhetik der Lebendigkeit« (dazu sowie zu Runges Erfindung der Technik der Papierchromatographie in diesem Band Friedrich Weltzien) zwei Momente vereint: den biologischen Diskurs und das künstlerisch respektive kunsttheoretisch relevante Thema unterschiedlicher Modalitäten der Herstellung ästhetisch-lebendiger Bilder.

Dass sich in der Arbeit einzelner Autoren beide Disziplinen verschränken, führt auch zu einer Veränderung der Semantik einzelner Bedeutungsfelder und Begrif-fe in dem Maße, wie diese sowohl ästhetische als auch lebenswissenschaftliche Konnotationen aufrufen (etwa die Begriffe der Entstehung und Originalität oder der *creatio* und Kreativität).

Ein weiteres Indiz für die Überschneidungen von wissenschaftlichem und künstlerischem Interesse findet sich auf sprachlicher Ebene. Dass etwa der plas-tische oder illusionistische Charakter von chemisch produzierten Bildern in der Sprache der zeitgleich üblichen Kunstkritik beschrieben wird, ist mehr als nur ein Detail. Wenn in Texten naturwissenschaftlicher Provenienz in Stil wie Voka-bular traditionelle kunsttheoretische Motive und Begründungszusammenhänge aufgegriffen werden, dann kann diese ästhetische Nuancierung (etwa in Form ei-ner zunehmenden Dynamisierung der Beschreibungen von Naturphänomenen) selbst einen zusätzlichen Erkenntnisgewinn bedeuten.

Als eine paradigmatische Figur innerhalb dieses Fragehorizonts mit dem historischen Fluchtpunkt um 1800 kann, wie bereits erwähnt, Goethe verstanden werden. Seine Beschäftigung mit dem »organischen Wesen« der Wolke (zu einer »neuen Ästhetik des Lebendigen« vgl. den Beitrag von Joseph Vogl) verweist auf eine Kongruenz zwischen literarischen, ästhetischen und naturwissenschaftlichen Fragen. Die Untersuchung eines lebendigen Phänomens wie der Wolke veranlasst Goethe zu generellen morphologischen Überlegungen, in denen Desiderate unterschiedlicher Wissenschaften (etwa der Botanik und der vergleichenden Anatomie) verbunden werden. Solche Verknüpfungen führen auch zu generellen ästhetischen Überlegungen und Fragen nach dem Verhältnis von Natur und Ästhetik oder nach der Rolle der ästhetischen Erfahrung von Subjekten.

Alle hier diskutierten – wissenschaftlichen wie literarischen – Autoren teilen eine Aufmerksamkeit auf die natürliche und ästhetische Formenvielfalt, welche auf eine inhärente Formierungskraft zurückzuverweisen scheint (vgl. den historisch weiter ausholenden Beitrag Olaf Breidbachs). Auch diskursgeschichtlich lassen sich so die ästhetischen Überlegungen an die epigenetischen Lebenskrafttheorien anschließen, wie sie vor allem in der Folge von Johann Friedrich Blumenbachs Untersuchungen zum *nisus formativus* populär wurden. Blumenbach verstand unter dem *Bildungstrieb* der organischen Wesen »*ein[en] besonder[en], dann lebenslang thätige[n] Trieb*« der Lebewesen, »*ihre bestimmte Gestalt anfangs anzunehmen, dann lebenslang zu erhalten, und wenn sie ja etwa verstümmelt worden, wo möglich wieder herzustellen.*«[1] Diese Überlegungen zur Lebendigkeit sollten entscheidende Bedeutung auch für die Konstitution der Ästhetik haben.

Armen Avanessian

1.   Johann Friedrich Blumenbach: *Über den Bildungstrieb und das Zeugungsgeschäfte*, Göttingen 1791 [3., veränderte Auflage], S. 31.

Olaf Breidbach

Aesthetik, aisthesis und das Schöne –
Ästhetik der Lebendigkeit um 1800

> *Wenn nicht mehr Zahlen und Figuren*
> *sind Schlüssel aller Kreaturen,*
> *wenn die, so singen oder küssen, mehr*
> *als die Tiefgelehrten wissen,*
> *dann fliegt vor einem geheimen Wort*
> *das ganze verkehrte Wesen fort...*
> Novalis

Dass die Natur lebendig ist, wird uns schon von Aristoteles verkündet. Die *generatio spontanea*, nach der alles in der Natur auf dem Sprung ist, ins Leben zu kommen, ist vielleicht keine besonders liebsame, aber doch eine im weiteren Sinne beschauliche Erinnerung seiner Grundidee, die die Naturlehren und auch die Erfahrungslehren bis um 1800 bestimmte und in den Vorstellungen von Miasmen und Pesthauch der zweiten Hälfte des 19. Jahrhunderts lebendig blieb.[1] Dass der Chemiker Wöhler 1828 mit der Synthese des Harnstoffs erstmals das Bindeglied zwischen Organik und Anorganik gefunden habe, ist demnach eine der typischen Fabeln der *hagiographica scientiarum* des vergangenen Jahrhunderts.

Was heißt das? Dem barocken Universalwissenschaftler und Jesuiten Athanasius Kircher zufolge brauchte Noah die Schlangen und Eidechsen nicht mit auf die Arche zu nehmen und die Insekten schon gar nicht, weil sie doch je *de novo* aus dem Schlamm entstehen konnten.[2] Dabei – und dies macht die Geschichte wesentlich – entstanden dann nach der Sintflut eben nicht irgendwelche Bosch'schen Unnaturen, sondern geordnete, wohl voneinander abgegrenzte Arten. Schließlich – und dies war die Nachricht hinter diesen Befunden – war die Natur dieser Vorstellung nach an sich und aus sich lebendig und zwar nicht einfach so, sondern in der Ordnung, in der sie Gott angelegt hatte. Genau in diesem Denken ist dann die Idee einer *scala naturae* anzusehen, in der die Natur als Ganzes strukturiert, aber in Einheiten gestuft gedacht ist.[3] Das heißt, die verschiedenen in der Skala der Natur gefundenen Abstufungen sind nicht strikte Abgrenzungen, sondern Phasen eines sich aus sich entfaltenden Ganzen. So sehen denn auch um 1800 die Wissenschaft und die Poetik auf ein Naturverständnis zurück, das im Kontext

---

1.   Ilse Jahn: »Biologische Fragestellungen in der Epoche der Aufklärung (18. Jh.)«, in: dies. (Hg.): *Geschichte der Biologie*, Jena 1998, S. 231–273.
2.   Olaf Breidbach; Michael T. Ghiselin: »Athanasius Kircher (1602–1680) on Noah's Ark. Baroque ›Intelligent Design‹ Theory«, in: *Proceedings of the California Academy of Sciences*, Fourth Series 57 (2006), No. 36, S. 991–1002.
3.   Das ist die Vorstellung, dass sich Naturdinge auf einer sich graduell fortschreibenden Differenziertheitsskala ordnen lassen, die aber nur Komplexitätsstufen und nicht etwa genealogische Beziehungen ausdrückt. Annette Diekmann: *Klassifikation – System – »scala naturae«. Das Ordnen der Objekte in Naturwissenschaft und Pharmazie zwischen 1700 und 1850*, Stuttgart 1992.

der Traditionen einer paracelsistischen Chemie, aber auch bei einem um 1800 noch wirkmächtigen Hermetiker wie Robert Fludd zu finden war.[4]

Was heißt hier Paracelsismus? Nach Paracelsus waren auch die chemischen Stoffe nicht einfach Desiderata. Es wird oft vergessen, dass eine der ersten im deutschen Kontext begründeten pharmazeutischen Traditionen im Bergbau erwachsen ist und Mineralien als Heilmittel erkannte. So findet sich schon in *De natura fossilium* des Georg Agricola eine entsprechende Vorstellung, die dann Paracelsus in der ihm eigenen Art überhöhte.[5] Der Vulkanismus ist dann der Pulsschlag einer an sich real lebendigen Natur, die Kristalldruse[6] ist gleichsam eine Retorte und entspricht so in ihrer Funktion der Gebärmutter eines Säugetiers. Immerhin wird *Gaia* auch im Mineral lebendig. Goethes *Homunculus* schließt also an eine Tradition an, die wir, in den Trivialformen der Mineralwasser und Steintinkturen, bis heute kennen.

Mit dem Hermetiker Robert Fludd verbindet sich dann noch eine viel weitergehende Geschichte, dies ist die Idee eines Makro-Mikrokosmos. Demnach spiegelt sich die Ordnung des Ganzen in der Organisation des Kleinen wider. Die Welt ist insgesamt ein Organismus, wie das perfekteste Wesen dieser Welt, der Mensch, der demnach in seinem Bau den Maßstab für die Bemessung der Natur ausweist. Der Mensch stellt vor, was ein Organismus in dieser Welt sein kann. Die Vermittlung zwischen dem Ganzen der Welt, dem All, und dem Einzelnen leistet nach Fludd und der Tradition der christlichen Interpretation des Mikro-Makrokosmos Christus, der als wahrer Mensch einen wahren Gott darstellt und als wahrer Gott im Menschen den Makrokosmos bemessbar werden lässt.[7] So ist das Maß der Dinge, in das sich selbst das Maßlose fügte, der Mensch, dann auch die Skala, in der alles Naturale zu bemessen ist. Entsprechend kann denn auch Fludd einen Mikrokosmos nehmen, um in ihm die Proportionen des Alls wieder zu finden. Wie dies geschieht und wie sich dies illustriert, wäre ein eigenes Thema. Dass diese Idee – wie auch die Idee einer verlebendigten Natur in der Pharmazie über 1800 hinaus – und das nicht nur bei einem Esoteriker wie Samuel Hahnemann – lebendig blieb, ist für uns überraschend. Kronzeuge hierzu ist der auf Grund seiner späteren Entwicklung als analytisch vorgehender Wissenschaftler eher unverdächtige Mediziner und Anthropologe Burdach, dessen Anthropologie nach 1830 eine rein physiologistische Bestimmung der Struktur des Menschen propagierte.[8]

Was heißt dies nun für eine Ästhetik der Lebendigkeit? Die Natur, die insgesamt und an sich lebendig ist, ist natürlich auch nur als solche Natur. Dieses Leben-

---

4. Robert Fludd: *Microcosmi historia. Tomus secundus de supernaturali, naturali, praeter naturali et contranaturali microcosmi historia in tractatus tres distribute*, Oppenheim 1619.
5. Georg Agricola: *De natura fossilium*, Basel 1546.
6. An den Wänden von rundlichen Hohlräumen oder Spalten aufeinander zuwachsende Kristalle.
7. Olaf Breidbach: »Weltordnungen und Körperwelten. Das Tableau des Gewussten und seine Repräsentation bei Robert Fludd«, in: Helmar Schramm; Ludger Schwarte; Jan Lazardzig (Hg.): *Instrumente in Kunst und Wissenschaft. Zur Architektonik kultureller Grenzen im 17. Jahrhundert*, Berlin, New York 2005, S. 41–65.
8. Olaf Breidbach: »Karl Friedrich Burdach«, in: Thomas Bach; Olaf Breidbach: *Naturphilosophie nach Schelling*, Stuttgart, Bad Cannstatt 2005, S. 73–105.

dige, und das sieht schon Kant in seiner Betrachtung der Voraussetzungen aller Erkenntnis, ist in einem Schematismus, der Systeme ineinander schachtelt, nur in seinen Kondensaten einzuholen. Doch ist nach dem Botaniker Carl von Linné noch um 1750 das höchste Ziel aller Wissenschaften, eine Naturordnung zu entdecken. Dabei konnte er es sich hierin noch einfach machen, schließlich war für ihn die Natur als eine von Gott geschaffene Ordnung zu begreifen.[9]

Die Darstellung der Ordnung dieser Schöpfung ist demnach das Höchste, was der menschliche Geist erreichen kann: die Re-Explikation des göttlichen Denkens, dessen Ordnung ihm so in einer menschlichen Systematik transparent wird. Schön ist damit diese Ordnung schon allein deshalb, weil sie perfekt ist; schließlich ist es die Ordnung der Welt, die ihm so in seiner Botanik transparent wird. Die beste aller möglichen Welten ist damit konkret in ihrer Bestimmung vor Augen geführt, die Wissenschaft, die dieses leistet, ist dann wirklich göttlich – und es ist eine Anschauungswissenschaft. Linné lebte von diesem Selbstvertrauen in eine Wissenschaft, die im Anschauen des Alltäglichen das Göttliche zu sehen vermochte. So konnte er sich in seinem Institut in Uppsala bescheiden, die Nachrichten seiner Schüler entgegennehmen und sich als Naturforscher im Absoluten organisieren.[10]

Sinnliche Gewissheit, das Erfahren der Natur wurde hier zu einer Selbstvergewisserung des Denkens in einem Bereich, in dem es als Denken selbst nicht mehr weiterkam. Die Ordnung der Welt ist nicht als solche zu erklären, sie ist allein zu rekonstruieren. Hierzu reicht es aus, die Dinge in der rechten Weise wahrzunehmen und nach den an ihnen augenfälligen Merkmalen einander zuzuordnen. Was hinter dieser Ordnung selbst steht, bleibt unerkannt. Schließlich sind die Bestimmungen des Göttlichen dem endlichen Denken nicht als solche bestimmbar. So wird in der Anschauung eine Ordnung sichtbar, die sich dann als solche auch dem sie rekonstruierenden Denken zu erschließen vermag. Dies ist aber nicht unmittelbar möglich, da erst in der mühsamen Decodierung der Zuordnungsgefüge die natürliche Ordnung etwa der Pflanzen zu erkennen ist. Die entsprechende Diskussion um diese natürliche Ordnung und deren Darstellung zieht sich denn auch hin bis in den Beginn des 19. Jahrhunderts.

Allerdings ist die hier zu findende Ordnung entlehnt, es ist allein die Widerspiegelung des Göttlichen, nach dem sich diese Natur dann ordnet. Als *Natura naturae* ist demnach die Ordnung einer Natur zu finden, in der im Letzten nicht die Natur, sondern in der Natur ein Anderes erscheint und darin die Natur adelt. Eine eigentliche Naturästhetik macht in diesem Denken keinen Sinn. Die Natur erscheint als eine Offenbarung, die nicht an sich, sondern im Verweis auf das in ihr erscheinende Höhere ihren Wert erhält. Es ist dieses Andere, das in der Natur zur Erkenntnis kommt.[11]

Wenn dann Baumgarten im 18. Jahrhundert seine Ästhetik formuliert, ist es der Versuch, das aufzunehmen, was Wolff in seinem Versuch einer Systematik

9.   Sten Lindroth: »The two faces of Linnaeus«, in: Tore Frängsmyr (Hg.): *Linnaeus. The Man and His Work*, Canton, MA 1994, S. 1–62.
10.   Staffan Müller-Wille: *Botanik und weltweiter Handel. Zur Begründung eines natürlichen Systems der Pflanzen durch Carl von Linné (1707–1778)*, Berlin 1999.
11.   Vgl. Reinhard Wegner (Hg.): *Kunst – die andere Natur*, Göttingen 2003.

des Denkens verdrängt hatte: Erfahrung.[12] Dabei wurde dann für Baumgarten in seiner Ästhetik das Erfahren substantiiert, um es der strukturierten Logik des Wolffschen Wissenschaftskonzepts entgegensetzen zu können. Ästhetik wird so zu einer Wahrnehmungslehre, von der ins ausgehende 18. Jahrhundert nur der Anspruch übermittelt wurde, der sehr viel radikaler von Franzosen wie de Condillac formuliert wurde.[13]

Insoweit ist der Vorlauf einer Naturästhetik nicht einfach in einer Fortschreibung des naiven Sammelns und Hortens von Naturalia zu sehen. Vom 16. Jahrhundert an gewannen die entstehenden Naturalienkabinette aber zusehends an Bedeutung, wenn sie zunächst auch keineswegs einer wissenschaftlichen Erschließung der Natur dienten. Sie waren Teile von Wunderkammern, in denen Besonderheiten, Außergewöhnliches und Exquisites zur Schau gestellt wurde. Dabei vermischten sich Naturdinge und Artefakte. Die Wunderkammern hatten eine repräsentative, aber auch eine kontemplative Funktion. Sie demonstrierten die Wunder auch der Natur und gewannen im 17. Jahrhundert nicht nur an Größe, sondern auch an Bedeutung; wurde hier doch – neben den Instituten der Kameralistik und der Medizin mit ihren zum Teil schon aus praktischen Gründen angelegten Sammlungen von Naturdingen, wie etwa im Herbarium oder dem Botanischen Garten – Material angehäuft, das dann auch für Versuche einer umfassenden Systematisierung von Naturalia verfügbar war. Dennoch aber stehen um 1800 die Wunderkammern, die eine Ästhetik als Kulturordnung auf die Natur übertragen hatten und nun die Natur als Artefakt in das Ordnungsgefüge der Sammlungen übernehmen, nicht im Kern der Diskussion um eine Naturästhetik. Die Sammlung der Kuriosa, die Paula Findlen in ihrer Darstellung der Situation im 17. Jahrhundert aufgewiesen hat,[14] ist nur die eine Seite eines Tuns, das philosophisch mit diesen Kuriosa immer auf einen Schöpfer verweist, der im Wunderbaren selbst Geheimnisse offenbart, die dann in der Natur nur zur Anschauung kommen. Insoweit ist eine Monstrosität nicht an sich schön, sie ist nur im Gefüge der Ordnung des Bekannten ein Merkstein oder ein Kontrollsatz, der – in eine Sammlung überführt – dann das vordergründige Denken mittels der Anschauung in eine neue höhere Ordnung überführen könnte.

Entsprechend hebt die Naturanschauung nicht erst bei Erasmus Darwin oder William Paley, sondern vorher auch schon bei Fénelon zu einer Naturtheologie ab. Fénelon beschreibt Gott als den blinden Uhrmacher, der sein Werk nach der ihm eigenen Ordnung einstellt und ins Laufen bringt.[15] Die Welt ist so der gigantische Automat, den LaMettrie dann auch in aller Konsequenz im Höchsten in dieser Welt selbst ansässigen Wesen zu explizieren sucht.[16]

12. Alexander G. Baumgarten: *Aesthetica*, Frankfurt a. d. Oder 1750.
13. Étienne Bonnot de Condillac: *Traité des sensations*, London, Paris 1754.
14. Paula Findlen: *Possessing Nature. Museums, Collecting, and Scientific Culture in Early Modern Italy*, Berkeley, Los Angeles, London 1996.
15. François de Salignac de la Motte Fénelon: *Œuvres philosophiques, ou Demonstration de l'existence de Dieu, Tirée de l' art de la Nature, dans la prémiere Partie*, Amsterdam 1731.
16. Julien Offray de LaMettrie: *L'Homme machine*, in: ders.: *Œuvres Philosophiques*. Tome première, Berlin 1774, S. 269–356.

Gegen diese Darstellungen von Maschinerien steht die Sicht, die in der Natur nicht eine vorgegebene oder sich nur an sich explizierende Mechanik sieht, sondern die die Natur als solche, als Ganzheit in sich bestimmt, wahrnimmt. Goethe ist im deutschen Sprachraum um 1800 wohl einer der prominentesten Vertreter solch einer Natursicht. Mit seinem Konzept einer Naturmorphologie setzt er denn auch gänzlich anders an als eine zergliedernde Naturmechanik. Ihm addierten sich die verschiedenen Teilfunktionen der Natur nicht einfach nur zu einem Uhrwerk, für ihn begreift sich die Natur als ein aus sich bewegtes und in ihrer Eigenbewegung zu verstehendes Ganzes.[17] Die entsprechende Diskussion schließt an die benannte Vorstellung einer Naturlebendigkeit an, in der dann der Erdorganismus selbst ins Leben gesetzt ist.[18]

Nicht zuletzt war um 1750 in der Elektrizitätslehre hier ein Mechanismus explizierbar geworden, der es erfahrbar werden ließ, was an Spannungskräften in dieser Natur zu finden war.[19] Magnetismus und Elektrizitätslehre schienen eng zusammengeführt zu sein.[20] Die Vorstellung einer sich polar entfaltenden Natur, die dann in ihrer Polarität sich selbst ins Leben setzt, ist denn auch keineswegs erst die Erfindung der spekulativ operierenden Naturphilosophie Schellings und seiner Nachfolger. Diese in Polaritäten und Potenzierungen gedachte Natur, die dann qua Analogie in ihrer Strukturiertheit zu entziffern wäre, war das seinerzeit gängige Konzept der Experimentalphysik.[21] Ihre Anschauung wäre demnach nicht abgehoben von den Real-Erfahrungslehren der Zeit, sondern war Aisthesis.[22] Das, was, in Analoga erfahren, als Ganzes strukturiert erscheint, ist demnach nicht ein ästhetisch fiktionales Erfahren, sondern es ist die Ästhetik der Non-Fiktion, ist *hard science* der Zeit um 1800. Von daher ist umgekehrt die Passung in das Ganze, die Ästhetik, ein Argument für die Wissenschaftler, die so in der Ordnung des an sich Ungefügten dieses ungefügt Natürliche auf den Begriff und so zur Erkenntnis zu bringen vermochten.

In diesem Kontext und aus diesem Kontext entsteht dann das Konzept einer Naturmorphologie, einer Anschauung der Natur, die diese Natur als Ganzes aufnimmt, um aus der Erfassung des Ganzen das Einzelne zu verstehen. Dies ist die Naturästhetik Goethes, die aber nur als Ästhetik gesehen falsch interpretiert wäre.[23] Als Morphologie ist diese Lehre der Naturanschauung mehr, es ist ein Versuch einer Integration begrifflich nur disparat gehaltener Erfahrungsgefüge in

---

17. Olaf Breidbach: *Goethes Metamorphosenlehre*, München 2006.
18. Johann Wilhelm Ritter: *Fragmente aus dem Nachlaß eines jungen Physikers. Ein Taschenbuch für Freunde der Natur*, Heidelberg 1810.
19. Georg Christoph Lichtenberg: »Über eine neue Methode, die Natur und die Bewegung der elektrischen Materie zu erforschen«, hg. in neuer deutscher Übersetzung von Herbert Pupke, Leipzig 1956.
20. Franz Ulrich Theodor Aepinus: »Akademische Rede von der Aehnlichkeit der electrischen und magnetischen Kraft«, in: *Hamburgisches Magazin* 1 (1759), S. 227–272.
21. Johann Christian Polykarp Erxleben: *Anfangsgründe der Naturlehre*. 6. Auflage mit Verbesserungen und vielen Zusätzen von Georg Christoph Lichtenberg, Göttingen 1794, S. 552–555.
22. Gernot Böhme: *Aisthetik. Vorlesungen über Ästhetik als allgemeine Wahrnehmungslehre*, München 2001.
23. Breidbach: *Metamorphosenlehre*, a.a.O.

ein Ganzes, das eben, als Erfahrung, im Erfahrenden immer schon als ein solches Ganzes aufgenommen, nur nicht als ein solches expliziert wird.

Morphologie als Gestaltlehre ist die Wissenschaft, die die Vielfalt des Naturalen in seiner Gestaltung und diese Gestaltung als die Variation eines Naturprozesses darzustellen erlaubt. Eine Gestaltlehre skizziert die Bedingungen dieser Formationen und die Formierungen, in denen diese Bildungsprozesse resultieren. Solch eine Morphologie basiert auf der Anschauung, in der die resultierenden Formen als Formierungen nicht nur beschrieben, sondern als solche in ihren Detaillierungen erkannt und in ein Beziehungsgefüge geordnet werden.[24] Der Schlüsselbegriff, in dem sich die insoweit zu findende Ordnung abbilden lässt, ist der einer Metamorphose, einer Transformation von Gestaltungsprozessen, in deren jeweiligen Formstufen die Essenz des Naturalen anschaulich wird.

Dieses Zusammenspiel zwischen Wahrnehmung und Gestalt lässt sich etwa an der Farbenlehre erläutern, in der etwas zur Geltung kommt, was nur in der Erfahrung so zu erfahren ist: Farbe.

In seiner älteren Einleitung zu den Nachträgen zur Farbenlehre schlägt Goethe selbst einen Bogen zwischen Farbenlehre und Metamorphose. Es ist dies zunächst eine rein äußerliche Bestimmung, in der er sich als Naturforscher in einer Wissenschaftskultur seiner Zeit einordnete, und damit Farbenlehre und Metamorphoseschrift in den Zusammenhang einer Rezeption stellt, der aber etwas Tieferes, die Vernetzung verschiedener Aspekte einer Naturlehre, die im umfassenden Sinne Erfahrungslehre ist, verbirgt. Goethe schreibt:

»Der Verfasser gab vor vielen Jahren die kleine Abhandlung über Metamorphose der Pflanzen heraus, man wußte nicht recht, was man daraus machen sollte. Pflanzenkenner nahmen sie wo nicht unfreundlich doch kalt auf, man ließ das Gesagte höchstens für einen witzigen Einfall gelten und gestand dem Verfasser einigen Scharfsinn zu. Er setzte seine Beobachtungen im Stillen fort, erstreckte sie über die höheren Organisationen, behandelte die Verwandlung der Insecten, welche niemand läugnet, bearbeitete mit Fleiß compartirte Osteologie, und indem er etwas davon öffentlich mitzutheilen zauderte, hatte er das Vergnügen zu sehen, daß dieselben Ideen, durch natürlichen Geistesfortschritt, sich auch im Publicum entwickelten, dieselben Begriffe sich sonderten und dieselben Überzeugungen sich festsetzten, obgleich unter dem Druck der herrschenden Vorstellungsart. Kein Forscher läugnet mehr die normalen und abnormen Umwandlungen organischer Wesen; die Naturgeschichte erhält dadurch neue Aufklärung, die ärztliche Behandlung einen rationellen Gang.«

Ja, das Wort Metamorphose sei teilweise »schon zur Phrase geworden«.[25]

---

24. David Seamon: »Goethe, Nature and Phenomenology. An Introduction«, in: David Seamon; Arthur Zajonc (Hg.): *Goethe's Way of Science. A Phenomenology of Nature*, Albany, NY 1998, S. 1–14.
25. Johann Wolfgang von Goethe: »Nachträge zur Farbenlehre, ältere Einleitung«, in: ders.: *Goethes Werke*, hg. im Auftrage der Großherzogin Sophie von Sachsen, Weimar 1887–1919, als Reprint 1999 in Weimar wieder aufgelegt, Abt. II, Bd. 5.1, S. 322f.

Goethe stellt hier noch einmal summarisch fest, was Metamorphosenlehre bedeutet: Es ist eine umfassende Naturlehre; es ist die Explikation eines Vorstellungsgefüges, demzufolge die Natur insgesamt in einer neuen Weise zu strukturieren ist. Die Naturgeschichte erhält hiermit, wie Goethe schreibt, *neue Aufklärung,* und auch die Medizin gewinnt einen neuen, *rationellen* Grundansatz. Hiermit ist von Goethe bestätigt, welcher Anspruch einer Metamorphosenlehre zugrunde liegt. In der Medizin umfasst sie auch die Natur des Menschen, der in der Metamorphosenlehre als Teil eines Naturgefüges begriffen ist, als solches aber nicht nur das Objekt, sondern auch das Subjekt einer Metamorphosenlehre darstellt. Es muss also in solch einer Darstellung nicht nur darum gehen, was in dieser Metamorphosenlehre erfahren wird, sondern auch, wie nach dieser erfahren wird.

Damit verbinden sich in dieser Problemstellung Metamorphosen- und Farbenlehre. In beiden geht es um die Erfahrung eines Naturgefüges und in beiden thematisiert sich zugleich auch, was es bedeutet, zu erfahren. Während die Metamorphose der Pflanzen aber zunächst nur den Bezug der Dinge darstellt, geht es in der Farbenlehre direkt um die Qualitäten eines sinnlichen Erfahrens, eben um Farben, und es geht nicht nur um die Farbe in ihrer qua physikalischer Notation zu skizzierenden Qualität.[26] Thematisch werden für Goethe in seiner Schrift die Farbempfindungen bis hin zur moralischen Qualität der Farbe.[27] Farben sind für Goethe nicht objektive, im Sinne einer äußeren Mechanik darstellbare Qualitäten. Farben sind für ihn zunächst Empfindungsqualitäten, die aus dem Empfinden des Menschen zu erfassen und in einer Analyse seiner Empfindungsqualitäten zu beschreiben sind.[28] Es soll hier nicht interessieren, ob die aus diesem Ansatz entstehende Kritik an Isaac Newton die Newtonsche Physik wirklich zureichend kennzeichnet.[29] Hier interessiert der Versuch Goethes, die Natur nicht als Objekt gegen das Subjekt zu setzen, sondern die Natur in einer umfassenden Ästhetik, das heißt als Erfahrung des Subjektes zu beschreiben, wobei diese Natur dann – in diesem Erfahren – die ihr eigene Gestalt findet. Dabei wird das Subjekt nicht gegen die Natur gesetzt, sondern vielmehr in diesem Prozess eines Sich-In-Geltung-Findens als Teil der Natur ausgewiesen, die sich in diesem Erfahren zugleich auch selbst realisiert findet.

Wie aber ist diese Erfahrung zu bewerten? In seinem die Nachträge zur Farbenlehre einleitenden so genannten *Augenschema* skizziert Goethe eine solche aus der Empfindung begriffene Erfahrung, die – und das muss hier interessieren – eben nicht aus der Natur ausbricht und so das Subjekt vor die Natur setzt. Viel-

26. Theda Rehbock: *Goethe und die ›Rettung der Phänomene‹. Philosophische Kritik des naturwissenschaftlichen Weltbilds am Beispiel der Farbenlehre,* Konstanz 1995.
27. Vgl. Peter Schmidt: *Goethes Farbensymbolik. Untersuchungen zu Verwendung und Bedeutung der Farben in den Dichtungen und Schriften Goethes,* Berlin 1965; Albrecht Schöne: *Goethes Farbentheologie,* München 1987.
28. Reinhold Sölch: *Die Evolution der Farben. Goethes Farbenlehre in neuem Licht,* Ravensburg 1998.
29. Frederick Burwick: *The Damnation of Newton. Goethe's Color Theory and Romantic Perception,* Berlin 1986; Dennis L. Sepper: *Goethe Contra Newton: Polemics and the Project for a New Science of Colour,* Cambridge 1988; Friedrich Steinle: »›Das Nächste ans Nächste reihen‹: Goethe, Newton und das Experiment«, in: *Philosophia naturalis* 39 (2002), S. 141–172.

mehr weist sich dieses Subjekt in seinen Empfindungen als Teil der Natur aus. Das Auge, in dem sich die Qualität von Farbe, und darin die Art eines Empfindens, in Geltung setzt, ist ein Organ, in dem sich die Qualität des Empfindens bindet. Die Farben werden als Empfindungsqualitäten geordnet. Dabei sind sie immer auf ein Empfindungsganzes bezogen, aus dem sie nicht als Einzelheiten ausbrechen, sondern sich vielmehr immer in das Gesamtempfinden eines Erfahrungsganzen einbinden. Nur in diesem können sie sich polarisieren. Denn zu einem Gegensatz finden sie nur, wenn sie sich im Ganzen der möglichen Empfindungen ordnen.[30] So ist die Form ihrer Repräsentation in der Erfahrung dann auch nicht eine hierarchisch sequenzielle Stufenfolge, sondern der Kreis, in dem die Farben in jeder ihrer Qualitäten immer in Bezug auf das Ganze Darstellung finden. So baut Goethe ein Beziehungsgefüge von sich in sich bestimmenden, sich zueinander beziehenden Farben auf.[31] Der insoweit gefundene Farbkreis bricht sich nun seinerseits in allen Qualitäten in den Ordnungen von Weiß/Schwarz und Hell/Dunkel.[32] Diese beiden Polaritäten Weiß/Schwarz, Hell/Dunkel, in denen die Farben des Farbkreises abgetönt bzw. erhellt werden, sind – werden sie objektiviert, das heißt auf die Realia rückgebunden – Mischungen von Mengen und damit Darstellungen von Mischungsverhältnissen registrierter Objekte, so etwa in der Vermengung von Pigmenten. Dies sind die chemischen Farben.

Goethe zeigt in seinen Experimenten mit rotierenden Schwarz/Weiß-Mustern, wie das Auge sein Empfinden solcher nach Goethe *chemisch* zu nennender Objekte in eine physiologische Farbqualität umsetzt. Diese physiologischen Farben entstehen demnach erst im ›höheren‹ Sinne: es sind Resultate von Erregungsüberlagerungen, die erst das Auge zu einer Farbqualität umbildet. So entstehen im Auge Farben aus der Überlagerung von Licht und Finsternis, die im Schwarz/Weiß der ›Chemie‹ seiner Objekte nicht zu registrieren sind. Licht und Finsternis – wie auch Weiß und Schwarz – sind Qualitäten einer Natur, die aber jeweils in unterschiedlichen Ebenen der Erfahrung, als Überlagerungen von Bildmustern im Umfeld oder in der augeninternen Verrechnung auf der Netzhaut, vermengt werden, und so im Auge Farben bilden oder Farben variieren.

Licht und Finsternis, Weiß und Schwarz und die Farben des Farbkreises sind damit nach Goethe direkt aufeinander bezogen. Vermittelt werden sie, ihm zufolge, im Auge, das diese Qualitäten in Farbempfindungen umsetzt. Dabei entspricht das Helle dem Weiß, die Mischung von Licht und Finsternis entspricht dem Grau, wie denn auch der Künstler seine dynamischen Farb-Erfahrungen durch entsprechende Mischungsverhältnisse auf seiner Palette abzubilden hat.

Diese registrierten Farb-Bilder spiegeln Qualitäten wider, sie sind nicht an chemische Körper, wie etwa Pigmente, gebunden, sondern werden als virtuelle Bilder auf einem Schirm, auf einer Unterlage oder vor einem Hintergrund eingefangen

---

30. Vgl. Wolfgang Jäger: »Der Begriff des ›Werdens der Farben‹ als Leitidee für Goethes Untersuchung des Farbensinnes«, in: Gunter Mann; Dieter Mollenhauer (Hg.): *In der Mitte zwischen Natur und Subjekt*, Frankfurt a. M. 1992, S. 81–91.

31. Vgl. Holger Helbig: *Naturgemäße Ordnung. Darstellung und Methode in Goethes Lehre von den Farben*, Habil. Phil. Fak. Univ. Erlangen 2003.

32. Vgl. Philipp Otto Runge: *Farben-Kugel oder Construktion des Verhältnisses aller Mischungen der Farben zu einander, und ihrer vollständigen Affinität*, Hamburg 1810.

und so sichtbar gemacht. Der in seinen Positionen wandelbare Regenbogen, der von uns als Objekt erfahren wird, zeigt in seinen Spektren, aber auch in seiner Transparenz, dass diese Farben zwar objektiv, als für alle Erfahrung konstitutive Erregungen, da sind; sie aber ihre Qualität, einen Regenbogen zu konstituieren, d.h. als singuläres Naturereignis zu existieren, nur für den Betrachter haben, der diesen Regenbogen sieht, ihn fotografiert und so reproduziert. Dieser Regenbogen ist denn auch objektiv. Er ist aber als solcher Regenbogen, auch wenn er als Fotografie fixiert ist, nur für ein dem unseren entsprechenden Auge in der von uns wahrgenommenen Qualität existent. Auge und Regenbogen stehen in einer direkten Beziehung. Es ist das Auge, das sich in der Qualität seines Empfindens im Regenbogen entdeckt, und es ist der Regenbogen, der diesem Auge seine Natur vermittelt.[33]

Das sehende Auge ist nicht nur ein Erfahrung nehmendes Auge, es ist in der Erfahrung zugleich auch ein Erfahrung gebendes, d.h. Erfahrung konstituierendes Auge: Das Augenschema, in dem sich die Ergebnisse der Farbenlehre Goethes zusammenfassen, bemüht nicht das Ich, das Subjekt oder den Geist, um Objektivität und Subjektivität ineinander zu binden. Diese Synthese findet sich in einem Organ, dem Auge. Dieses Auge, das in der Natur geformte Organ des Menschen, dieses ›Stück‹ seiner Natur synthetisiert – oder besser synästhesiert – die Farberfahrungen, in denen uns die Empfindungen der Natur zugänglich werden, so sich diese Natur als Erfahrungsraum konstituiert.

Insoweit expliziert sich im Augenschema die Qualität einer morphologischen Wissenschaft, die nicht einfach Objekte beschreibt, sondern diese Objekte als Erfahrungsobjekte und in dieser Erfahrung dann auch das Subjekt, und zwar als in dieser Natur konstituiertes Subjekt, zu erfassen sucht. Der damit gefundene Naturbegriff ist insoweit in den umfassenden Erfahrungsraum des Subjekts zu stellen. Er kann demnach dann auch nur in einer umfassend angelegten Ästhetik registriert und verortet werden.

Insoweit ist diese Ästhetik als subjektive Erfahrung der sinnlich verfügbaren Natur in einen umfassenden Erfahrungszusammenhang zu setzen. Zu diskutieren ist dabei, ob eine solche Naturlehre auf eine sich sinnlich definierende Ästhetik eingegrenzt werden kann oder ob nicht umgekehrt die Sinnlichkeit auch der Naturforschung in den Kontext einer übergreifenden Ästhetik zu stellen ist. Diese muss sich dann aber auch in der in ihr dargestellten Dynamik wieder in die Natur finden, die auch der Naturforschung offenkundig ist.

Aufgewiesen ist in der Analyse dessen, was Farbsehen für Goethe ist, zunächst ein Spannungsverhältnis zwischen Subjekt und Objekt, das nicht mehr vereinfacht in den Gegensätzen von Erfahrung – als das durch die Sinne aufgenommene Objektive – und Spekulation – als aus der inneren Erfahrung deduziertes Interpretieren dessen, was für uns da ist – zu beschreiben ist. Der hier zu verfolgende Ansatz Goethes sucht eine Lösung, die vermeidet, die Erfahrung einfach auf den Bereich des Objektiven herunter zu kürzen. Für Goethe ist die Beobachtung nicht einfach auf einen Eindruck zu reduzieren, der Beobachter hat vielmehr die Ein-

---

33. Johann Wolfgang von Goethe: »Über den Regenbogen«, in: ders.: *Goethes Werke*, a.a.O., Abt. II, Bd. 5.1, S. 436–446.

zelheiten der Erfahrung in einen Gesamtzusammenhang seines Erfahrens zu setzen. Dabei spielt er als Beobachter nicht etwa eine Außenrolle, die vielleicht nur als Störfaktor mit einzuberechnen ist. Er ist vielmehr selbst Teil der Natur, die er in sich abbildet. Demnach muss er sich in seinem Beobachten selbst der Natur versichern, die ja nicht einfach außer ihm ist, sondern die er eben auch selbst mit ist. So ist denn – und das lässt sich am Augenschema exemplifizieren – die Goethesche Naturlehre in einem umfassenden Sinn Ästhetik. Dargelegt wird kein Sensualismus, der die Erfahrung und damit den Erfahrenden als bloßen Reflex des Objektiven darzustellen sucht. Aufgewiesen ist eine Ästhetik, die die Erfahrung der Welt als Selbsterfahrung des Ichs, in dieser Selbsterfahrung dann aber die Natur in ihrer Objektivität darzustellen sucht.

Es sind dies die Ideen, die sich Goethe nur in der Anschauung vermittelt sieht. Dieses Konzept der Ästhetik, in dem dann das Schöne in der Zusammenstimmung von Subjekt und Objekt erwächst, in dem sich die Natur des Beobachters in der Beobachtung der Natur findet, ist meilenweit entfernt von der Emphase einer Kunstdidaktik, in der die Natur nach dem Schönen geordnet und die szenische Vielfalt der Natur in das Ordnungsgefüge der Bühne gebracht ist. So ist denn auch Schillers Ästhetik von der Goethes deutlich unterschieden. In den Inszenierungen seiner Stücke verpflichtete Schiller die Schauspieler in ihren Bewegungen und ihrer Stimmführung auf eine Statik, die die lebendige Natur in eine Kultur hineinzwängte, die an sich kaum mehr lebendig zu nennen war. Die seitens des Weimarer Ensembles rekonstruierte Inszenierung von *Macbeth* nach Maßgabe Schillers bringt dies explizit zu Gehör und vor Augen: Der Chor der Hexen ist nicht etwa ein Gewimmel des Chaotischen, es sind nahezu unbewegt agierende Figuren in weißen klassischen Gewändern, die wie verlebendigte Gipsabgüsse wirken.[34] Selbst das Geschlecht dieser Hexen ist verleugnet: Es spielten nur Männer. Drastischer ist die Entnaturalisierung der Natürlichkeit in der Bühnenästhetik Schillers kaum zur Erfahrung zu bringen. Schiller arbeitet hier gänzlich anders als Goethe.

Zwar finden wir auch bei Schiller Natur. Nur ist die Natur, die Schiller interessiert, die Natur des Menschen. Das sinnlich zu Erfahrende, das, was Goethe den Ausgangspunkt für eine dann als Morphologie konzipierte Naturerfahrung bietet, ist für Schiller nur das Plafond, vor dem und mit dem sich die eigentliche Natur, die des Menschen, aufbaut.

Schillers Ästhetik ist die Ästhetik der menschlichen Freiheit.[35] Das Erhabene ist demnach das, was wir in uns selbst, in den Möglichkeiten einer Vernunft, als Perspektive einer Existenz sehen, die im Angesicht ihrer selbst nur den Geist, und in diesem Geist das dem Denken Mögliche erblickt. Natur ist in dieser Ästhetik das, was diesem Anspruch, derart vergeistigt und erhaben zu wirken, gerecht wird.

---

34. Schiller suchte die Hexen als antiken Chor männlicher Hexen darzustellen. Diese Spielweise lockerte Goethe am Weimarer Hoftheater schon 1804 wieder auf, vgl. Klassik Stiftung Weimar, Sonderforschungsbereich 482 »Ereignis Weimar-Jena. Kultur um 1800«: *Ereignis Weimar. Anna Amalia, Carl August und das Entstehen der Klassik 1757–1807*. Katalog zur Ausstellung im Schlossmuseum Weimar, Weimar 2007, S. 234.
35. Sabine Roehr: »Freedom and Autonomy in Schiller«, in: *Journal of the History of Ideas* (2003), S. 119–134.

Die Natur des Menschen ist derart unnatürlich, es sind nicht *body and soul*, es ist schlicht die reine Vernunft – oder was auch immer –, aber eben das von jeder Kontamination durch das Sinnliche Gereinigte, das derart für uns natürlich ist.

Was ist das nun aber für eine Freiheit, die die Natur des Menschen nur darin sieht, dass dieser Mensch zur Freiheit findet? Ich möchte hier im Weiteren die geschichtlich-politischen Implikationen dieser Idee einer Ästhetik der Freiheit ausblenden, die ja konsequent mit der Freiheit Staat zu machen suchte, dabei aber – und darauf komme ich hier allerdings noch zurück – diese Freiheit eben nur als Gedankenfreiheit begriff und sich damit eben nicht naturalisierte.[36]

Schillers Freiheitsheld ist derjenige, der zum Erhabenen findet. Sein revolutionärer Akt ist darin radikal: Es gilt, das ihm Dargestellte und von ihm Vorgefundene selbst zu durchdenken und zu bewerten. Damit muss er aber nicht notwendig handeln, er muss sich nur entscheiden. Damit bleibt er zumindest potentiell kontemplativ. Die Forderung an den Staat, in dem er lebt, ist dann einfach, dass er ihn a) zu einer derart freien Denkart ausbildet und ihn dann b) in diesem In-Sich-Kreisen nicht stört.

Die Freiheit, die mit dem Schluss des Dramas Wilhelm Tells so martialisch daherkommt, verweist an den Theaterdonner der Vorstellungen. Sie ist eben nicht naturalisiert. Sie bleibt auf der Bühne. Ihr fehlt damit das für einen Biologen so wichtige Fleisch.

Über Anmut und Würde schreibt Schiller mit Bezug auf ein Bild der griechischen Antike.[37] Er beschreibt uns Aphrodite, Hera und den Gürtel, mit dem Aphrodite ihre Reize zur Geltung brachte. Dieses Äußerliche, so Schiller, kann Aphrodite verschenken, wie denn auch ihr Reiz nicht in dem liegt, wie sie erscheint, sondern in dem, was sie ist. Ihr Gürtel offeriert etwa Irreales, Magisches und stellt so eine Kraft dar, die über die *Naturbedingungen* hinausführt.[38] Natur ist hiernach Bedingung der Möglichkeit, etwas in ihr zu realisieren. Natur ist der Boden, das Plafond für das, was uns dann an und in ihr wirklich ist. Dies ist die Pointe der Schillerschen Natürlichkeit.

Die Natur ist ihm nicht für sich. Sie ist nicht bloße Natur, aber sie ist – in seiner Schrift *Über Anmut und Würde* – zumindest Teil eines Gefüges, in dem das Schöne zur Geltung kommt. Er verweist zurück auf die Griechen, für die »Natur und Sittlichkeit, Materie und Geist, Erde und Himmel [...] wunderbar schön in [...] [ihren] Dichtungen« zusammenfließen.[39]

---

36. Verwiesen sei hier auf Dieter Borchmeyer: »Ästhetische und politische Autonomie. Schillers ›Ästhetische Briefe‹ im Gegenlicht der Französischen Revolution«, in: *Diskussion* (1990), S. 277–296; Otto Dann; Norbert Oellers; Ernst Osterkamp (Hg.): *Schiller als Historiker*, Stuttgart, Weimar 1995; Peter-André Alt: »»Arbeit für mehr als ein Jahrhundert«. Schillers Verständnis von Ästhetik und Politik in der Periode der Französischen Revolution (1790–1800)«, in: *Jahrbuch der deutschen Schiller-Gesellschaft* 46 (2002), S. 102–133; Birgit Sandkaulen: »Schönheit und Freiheit. Schillers politische Philosophie«, in: Klaus Manger; Gottfried Willems (Hg.): *Schiller im Gespräch der Wissenschaften*, Heidelberg 2005, S. 37–56.
37. Friedrich von Schiller: *Ueber Anmuth und Würde*, in: ders.: *Schillers sämmtliche Werke*, Stuttgart, Tübingen 1844, X, S. 12–67.
38. Ebd., S. 14.
39. Ebd., S. 16.

Was heißt aber nun, dass sich derart das Schöne in dem Zusammenfluss von Natur und Göttlichem ›ereignet‹. Ist das Natürliche damit ein Moment, an dem für sich etwas Schönes ist, oder bleibt die Natur als Material eben doch nur Ermöglichungsgrund? Schließlich – so auch Schiller – gibt es das Naturschöne. Er kennt »diese von der bloßen Natur, nach dem Gesetz der Nothwendigkeit gebildete Schönheit« und stellt sie schon 1793 neben die Schönheit, »welche sich nach Freiheitsbedingungen richtet.«[40] Diese Naturschönheit ist aber nur die Schönheit des Baus.[41] Diese ist »allein durch Naturkräfte« bestimmt; damit ist sie unrein und eben nicht erhaben.[42]

Ist das übertrieben? Ist Schiller derart unsinnig, dass er den bloßen Bau – das heißt die sonst doch so gerne beschriebenen Formen – einer sich vielleicht auch nur leicht verhüllenden – weiblichen oder ggf. auch männlichen – Gestalt nur als Hinderungsgrund für eine derart dann doch nur in die Naturinstinkte hinab gezogene Seele ausweist?

Schiller schreibt zwar über den »menschlichen Bau« und dessen Schönheit, aber er beschreibt diese unter der Perspektive der Würde. Es geht ihm dabei nicht um den »rohen Instinct eines Tigers«, sondern um die innere Bestimmtheit eines in Freiheit urteilenden Selbst, das sich eben nicht in die Niederung einer sinnlichen Natur hinab gezogen weiß.[43] Freiheit – so Schiller – ist erst einmal nicht Gedankenfreiheit, sondern Freiheit und Entgrenzung von der Körperlichkeit und der von ihr getragenen Sinnlichkeit des Menschen. Ich sehe nicht, ich habe Ideen – so umschreibt Schiller später Goethe gegenüber seine Sicht der Natur.[44] Nicht das, was er im Einzelnen vorfindet, sondern das, was er von seinem Ideal in diesem Einzelnen realisiert sieht, ist ihm Natur.

Schönheit wird damit gerade im Verzicht auf ihre sinnliche Sicherung objektiv. Sie ist nicht zufällig. Was ihr passieren würde, wenn sie sich an die Naturbedingungen hielte und sie »zu einem bloßen Effect der Sinnenwelt« degradiert würde.[45] Aisthesis ist demnach nur dann Ästhetik, wenn sie zur Logosthesis wird.

In gewisser Hinsicht schließt sich damit der Kreis zurück zu Baumgarten, der in seiner Ästhetik eine Erfahrungslehre vorzulegen suchte. Baumgarten operierte im Klima des Pietismus. Dieser schrieb im Bereich des Religiösen den jeweiligen Erfahrungen des Einzelnen hohe Bedeutung zu, setzte diese jeweils eigene Erfahrung aber gegen ein rational strukturiertes Systematisieren. In seinen Erfahrungen sollte der Einzelne jeweils unmittelbar zu Gott finden. Baumgartens Ästhetik sucht das Anschauen aus dieser Emphase des Individuellen heraus in eine explizit als vermittelbar begriffene Wahrnehmungslehre zurück zu binden. Das Sinnliche hat für ihn seinen Ort im Bereich des Rationalen und nicht in der Sphäre der Intuition und des über den Verstand hinausgreifenden Erfahren Gottes. Seine

40. Ebd., S. 16f.
41. Ebd., S. 17.
42. Ebd.
43. Ebd., S. 19.
44. Johann Wolfgang von Goethe: »Erste Bekanntschaft mit Schiller 1794«, in: ders.: *Goethes Werke*, a.a.O., Abt. I, Bd. 36, S. 250f.
45. Ebd., S. 21.

AESTHETIK, AISTHESIS UND DAS SCHÖNE

Wahrnehmungslehre tastet einen Raum möglicher Erfahrungen ab, sie funktioniert additiv und sichert sich selbst schließlich im Rahmen einer Metaphysik.

Goethes Versuch einer morphologischen Wissenschaft steht quer zu diesen Versuchen, die Erfahrung selbst nicht nach dem Maß des Menschen, sondern nur zum Aufriss des dem Menschen Möglichen zu nutzen. Für ihn ist die Erfahrung das, was uns in Geltung setzt. Sicherheit gibt ihm nicht ein über die Natur hinausweisendes Absolutes, sondern diese Natur selbst, die in ihrer Entfaltung zu erfahren und damit als Natur zu begreifen ist. Natur ist für Goethe autonom zu denken. Es ist eine Natur, die sich in sich selbst konstituiert. Dies war für Goethe nur dadurch zu leisten, dass die Formenvielfalt der Natur als Darstellung einer ihr inhärenten Formierungskraft ausgewiesen wurde. Vor diesem Hintergrund verstehen sich seine Versuche, die Systematik der Pflanzen, die Anatomie der Tiere und die Ordnung der Gesteine als Resultat eines Prozesses zu beschreiben. Dieser Prozess muss einheitlich sein. Es muss ein Prozess sein, in dem sich die Natur in sich konstituiert. Diesen Prozess nennt Goethe Metamorphose. In der von Goethe getragenen Naturforschung geht es dann darum, etwas in der Ordnung der Natur augenfällig zu machen, das diesen Prozess erschließt. Die wahre Naturdarstellung ist demnach nicht die analytische Darstellung eines gesetzmäßig erfassten Ordnungszusammenhanges. Es gilt vielmehr, die Natur als eine sich auf eigenbestimmten Prinzipien konstituierte Wahrnehmungsvielfalt zu erfassen. Das erklärt dann etwa auch Goethes Ansatz in der Diskussion um die Farbenlehre. Er bekämpfte in Isaac Newton vor allem denjenigen, der eine Phänomenvielfalt nicht nach einem grundlegenden Prinzip, sondern innerhalb der methodischen Rahmenrichtlinien einer Fachrichtung strukturiert und somit die wechselseitige Zuordnung von Beobachter und Beobachteten aufbricht.[46]

---

46. Burwick: *Damnation of Newton*, a.a.O.; Sepper: *Goethe Contra Newton*, a.a.O.; Steinle: »›Das Nächste ans Nächste reihen‹: Goethe, Newton und das Experiment«, a.a.O., S. 141–172.

Friedrich Weltzien

Vom Bildungstrieb der Stoffe
Oder: Wie sieht Lebendigkeit aus?

Der Chemiker Friedlieb Ferdinand Runge ist in der Wissenschaftsgeschichte vor allem als der Entdecker der Anilinfarben präsent, der ersten synthetisch herstellbaren Färbemittel, deren Gewinnung aus Steinkohleteer ihm im Jahr 1832 gelang. Mit dieser Leistung hat sich Runge auch einen Platz in der Kunstgeschichte gesichert, denn ohne synthetische Farbstoffe ist so manche Entwicklung der modernen Malerei kaum vorstellbar. Im vorliegenden Zusammenhang soll aber eine andere Tat Runges gewürdigt werden, die es erlaubt, die Frage nach einer Ästhetik der Lebendigkeit im Grenzbereich von Naturwissenschaft und bildender Kunst des frühen 19. Jahrhunderts zu stellen.

Im Folgenden soll es um zwei Publikationen Runges gehen, die in eleganter Weise eine Brücke zwischen Naturwissenschaft und Kunst, zwischen Biologie und Ästhetik schlagen. Es handelt sich dabei um ein 1850 erschienenes Heft sowie dessen fünf Jahre später im Selbstverlag herausgegebenen Folgeband: *Zur Farbenchemie. Musterbilder für Freunde des Schönen und zum Gebrauch für Zeichner, Maler, Verzierer und Zeugdrucker. Dargestellt durch chemische Wechselwirkung,* Berlin 1850, und *Der Bildungstrieb der Stoffe. Veranschaulicht in selbständig gewachsenen Bildern,* Oranienburg 1855. (Abb. 1, 2)

Mit diesen Büchern – so lautet die hier vorgestellte These – führt Runge zwei Problemkreise zusammen, die bereits um 1800 virulent sind. Der erste Diskurs entspannt sich um die biologische Definition des Lebens, die Johann Friedrich Blumenbach mit seiner Schrift *Über den Bildungstrieb und das Zeugungsgeschäfte* von 1781 neu munitioniert hatte. Im Zentrum des zweiten Diskurses befindet sich die künstlerische Problematik der Bildherstellung, wie sie der Experimentalphysiker Georg Christoph Lichtenberg 1777 angeregt hatte. Runges Konzept vom Bildungstrieb der Stoffe führt beides zusammen. Er entwickelt daraus eine Bildtechnik, die ich als »autopoietisches Verfahren« bezeichne – Bilder, die von selbst entstehen. Auf diese Weise fungiert die historische Figur Runge wie eine Linse: Sein Verständnis der Diskussionen, die er als Student in Göttingen kennen lernte, schärft den Blick auf die Diskurse der Zeit um 1800. Durch Runges Arbeit hindurch öffnet sich ein Panorama auf die Debatten um Biologie und Ästhetik der Jahrhundertwende.

Chemische Analyse und ästhetische Erfahrung

Noch heute überrascht die Farbigkeit des Inhalts von Runges Publikationen. In die Hefte eingeklebt sind zahlreiche Beispiele dessen, was Runge scherzhaft seine »Professorenkleckse«[1] genannt hat. Es handelt sich um nacheinander auf

---

1. Max Rehberg: *Friedlieb Ferdinand Runge, Entdecker der Teerfarben,* Oranienburg 1935, S. 48.

FRIEDRICH WELTZIEN

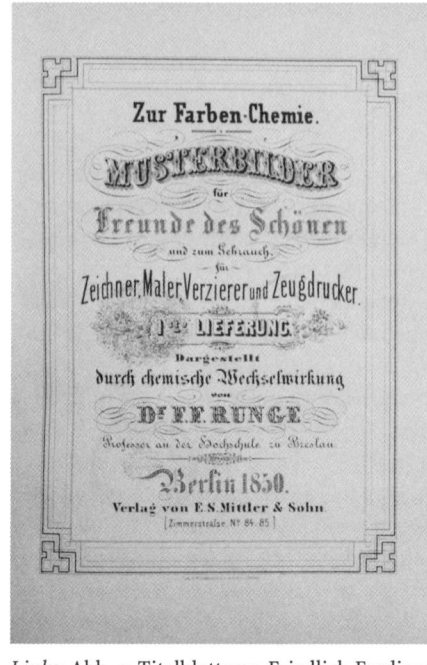

Links: Abb. 1: Titelblatt von Friedlieb Ferdinand Runge: *Musterbilder für Freunde des Schönen*, Berlin 1850, Exemplar der Freien Universität Berlin.
Rechts: Abb. 2: Titelblatt von Friedlieb Ferdinand Runge: *Bildungstrieb der Stoffe*, 1855 im Selbstverlag herausgegeben, Exemplar der Humboldt Universität Berlin.

Löschpapier aufgetropfte Lösungen unterschiedlicher Salze in präzise definierten Konzentrationen, die sich im Papier vermischt haben und dort chemische Verbindungen eingegangen sind. Mithilfe der Farbigkeit der konzentrischen Spuren entwickelte Runge ein Analyseverfahren, mit dem auf einfache und sparsame Weise bestimmte Inhaltsstoffe identifiziert werden können. Wenn die Zusammensetzung und Konzentration einer der beiden Lösungen bekannt ist, dann könne aufgrund der sich zeigenden Färbungen auf Gehalt und Verdünnung der jeweils anderen Lösung geschlossen werden. Die Papierchromatographie, wie man diese Analysetechnik später bezeichnete,[2] wurde ein Erfolg und gehört bis auf den heutigen Tag zu den in jedem Chemiestudium unterrichteten Methoden.

Mit den beiden Publikationen machte Runge seine Technik erstmals öffentlich bekannt. Bemerkenswert ist dabei die Zielgruppe, die der Wissenschaftler im Auge hat. Es handelt sich nämlich nicht um seine Chemikerkollegen, für die das Analyseverfahren den meisten praktischen Nutzen erwarten ließe. Naturwissenschaftler tauchen gar nicht in seinem Fokus auf, es sind vielmehr Künstler, es

2.   Vgl. Lothar Kunert; Uwe Niedersen (Hg.): *Selbstorganisation chemischer Strukturen. Arbeiten von Friedlieb Ferdinand Runge, Raphael Eduard Liesegang, Boris Pavlovich Belousov und Anatol Markovich Zhabotinsky*, Leipzig 1987 (=Ostwalds Klassiker der Exakten Wissenschaften, Bd. 272).

VOM BILDUNGSTRIEB DER STOFFE

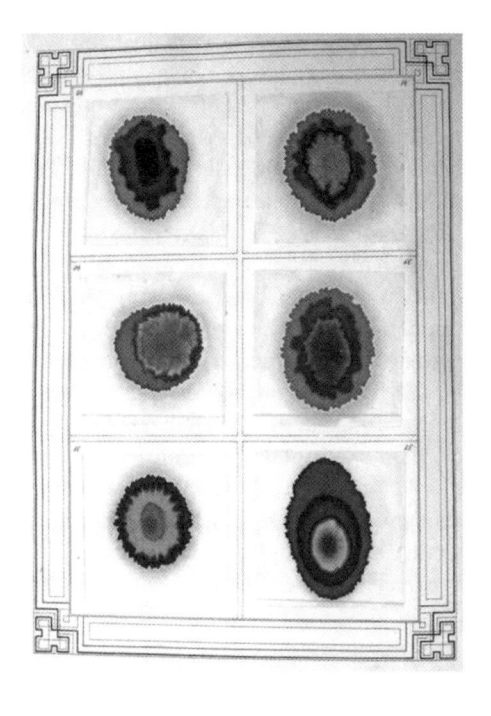

Abb. 3: Tafel 13 der *Musterbilder*.

sind »Zeichner, Maler, Verzierer und Zeugdrucker«, an die sich Runge expressis verbis mit seinen Büchern wendet. Offenbar zählt für Runge der ästhetische Wert der so entstandenen Figuren höher als die analytische Anwendung in der Chemie.[3]

Wie dieser ästhetische Wert der Professorenkleckse, die er wiederholt und mit Nachdruck »Bilder« nennt, bestimmt werden kann, lässt sich an den Publikationen schnell erkennen. In beiden Büchern nehmen die Abbildungen den weitaus größten Raum ein. Es handelt sich dabei nicht um kolorierte Reproduktionen oder Drucke, sondern jeder Klecks ist ein Original, das unter tätiger Mithilfe zahlreicher Oranienburger Schulknaben gewissermaßen im Akkord hergestellt worden ist.[4] Oft sind noch die Bleistiftmarkierungen auf dem saugfähigen Löschpapier zu sehen, die den minderjährigen Assistenten als Zielhilfe beim Pipettieren dienten. (Abb. 3)

---

3.   Im Gegensatz zur Titelwidmung hat Runge seine Werke gleichwohl auch und insbesondere an wissenschaftliche Gesellschaften verschickt, belegbar etwa am autographisch zugewidmeten Exemplar der »Naturforschenden Gesellschaft zu Basel«, deren korrespondierendes Mitglied Runge war. Er wollte also durchaus *auch* von der Wissenschaftlergemeinde rezipiert werden.

4.   »Unter Aufsicht eines Knaben gestalten sich 1000 solcher großen Bilder in 10 Stunden. Ein Maler würde, im Fall eine Nachbildung möglich wäre, an *einem* Bilde 10 Tage zu thun haben.« (*Musterbilder*, a.a.O., S. 32. Kursivierung im Orig.) Selbstverständlich ist es nach Runge ganz und gar ausgeschlossen, dass ein solches Bild nachgeahmt werden könne, weshalb er dem preußischen Schatzamt seine Methode auch als Verfahren anpreist, Papiergeld fälschungssicher zu gestalten.

33

FRIEDRICH WELTZIEN

Im Vergleich der unterschiedlichen Exemplare[5] zeigt sich das bei aller Variabilität der einzelnen Flecken hohe Maß der Konventionalisierung, die Runge erreicht hatte. Farbgebung und Strukturierung der jeweiligen Beispiele gleichen sich unter den jeweiligen Buchexemplaren so klar, dass die eindeutige Zuordnung zu einem Typus in jedem Falle möglich ist.[6] Es scheint in der Tat der Fall zu sein, dass die Herstellung der Flecken bei gegebener Anleitung ein »Kinderspiel« ist.[7]

Im Vergleich zu den reichen Illustrationen sind die Textbeigaben kurz gehalten, es werden knappe Rezepturangaben geliefert, Hinweise zu Menge, Trocknungsdauer und Reihenfolge des Auftrags. Zwar werden auch die chemischen Reaktionen dargestellt und gelegentlich auf Anwendungsmöglichkeiten im Labor hingewiesen. In Relation zu diesen rein praktisch orientierten Passagen gesteht er in beiden Bänden – im zweiten vielleicht noch mehr als im ersten – der ästhetischen Betrachtung ein deutlich höheres Gewicht zu. Überraschenderweise erklärt Runge, dass die ästhetische Erfahrbarkeit gerade durch die chemische Entwicklung der Farben im Papier gewährleistet wird, denn durch diesen Prozess entstünden zwingend originelle Schöpfungen, die nicht »gemacht« im Sinne von komponiert, sondern selbsttätig »gewachsen« seien. Durch diesen Vorgang, einen natürlichen Prozess, käme den resultierenden Figuren der Rang von »Musterbildern« zu:

»Einen anderen [Nutzen, den diese Bilder gewähren können] habe ich auf dem Titelblatt ausgesprochen, und es gewagt, sie ›Musterbilder‹ zu nennen. Ich glaube ohne Anmaßung und Selbstlob sie so nennen zu dürfen, denn ich habe sie ja nicht gemacht und bin mit Vielen, welchen ich sie früher zeigte, der Ueberzeugung, daß der Zeichner und Maler hier manche neue Anschauungen erhält und er Farben und Farbenzusammenstellungen zu sehen bekommt, von denen sich sein Auge noch nichts hat träumen lassen.«[8]

Neben der eigenwilligen Diktion vom träumenden Künstlerauge ist vor allem eine Formulierung interessant: Die Zurücknahme seiner Leistung als Autor. Kunstvoll sind die Kleckse deshalb, weil Runge sie »nicht gemacht« hat. Die landläufige Definition, Kunst als dasjenige zu verstehen, was der Künstler macht, wird hier aufgehoben. Den schöpferischen Anteil an der Bildherstellung spricht er vielmehr dem Verfahren zu:

5. Ich konnte etwa ein halbes Dutzend Bücher aus Berlin, Basel, Frankfurt und Nürnberg einsehen, vier im Original, weitere in elektronischer oder gedruckter Reproduktion.
6. Der Versuch der Wiederholung von Runges Anweisungen erwies sich allerdings als nicht ganz einfach. Während die Rekonstruktion der genauen Maßeinheiten und der teilweise veränderten Nomenklatur relativ unproblematisch war, erwies sich insbesondere die Papierqualität als Herausforderung (vgl. Manfred Fischer; Otto Eichler: *Das chemische Wappen. Zum hundertjährigen Gedächtnis von F. F. Runge's »Bildungstrieb der Stoffe«*, Dassel o.J. [1955]). Die präzise Wiederholung jedoch ist nur für die chemische Analyse notwendig, die kreative Umsetzung durch Künstler ist in dieser Hinsicht freier.
7. Vgl. Günther Harsch; Heinz H. Bussemas: *Bilder, die sich selber malen. Der Chemiker Runge und seine ›Musterbilder für Freunde des Schönen‹*, Köln 1985.
8. Runge: *Musterbilder*, a.a.O., o.P. (S. 7/8).

»– Würde man es der Chemie verargen können, wenn sie also mit noch mehr Stolz als Michel Angelo ausriefe: anch' io sono pittore!? Denn sie ist es ohne Pinsel!«[9]

Die Chemie wird personifiziert, sie ist wie Michelangelo, sie ruft und malt und ist eine Künstlerin. Das Musterhafte dieser Bilder, das geht aus diesem Zitat klar hervor, ist nicht im Sinne eines Musterbuchs zu verstehen – einer Sammlung von Bildelementen, die Künstler anlegen, um sie bei Gelegenheit als Versatzstück in ein Gemälde zu integrieren. Hier klingt vielmehr ein geradezu Goethescher Anspruch durch, der nur dem Genie zugesteht, »musterhafte Werke« zu vollbringen, also Kunstwerke, die einen Standard setzen und als gleichermaßen nachahmenswert wie unerreichbar gelten. Hier klingt die Nähe zu einer romantisch informierten, genialischen Naturästhetik durch, die den künstlerischen Vorgang als einen gewissermaßen natürlichen Prozess versteht, eher von Naturtrieben – etwa Instinkten – als von reflektierter Rationalität geleitet.[10]

Neben dieser eher allgemeinen Anrufung einer ästhetischen Konzeption des künstlerischen Schaffens, die zur Mitte des 19. Jahrhunderts wieder an Aktualität gewinnt, integriert Runge in beide Bücher zumindest drei unterscheidbare Argumente, die illustrieren, inwieweit er die »ästhetische Betrachtungsweise« der Chromatographie von deren analytischen Nutzwert unterscheidet. Zum einen deutet er in den Beschreibungen der Professorenkleckse die Figuren gerne gegenständlich aus. Er spricht von Seen und Muscheln, von Blumen (Astern zum Beispiel) und Erdbeeren, von Wellen und Holzmaserung. Gelegentlich erinnern ihn die Strukturen auch an den gekräuselten Plisseekragen, mit dem die Damen ihre Kleider aufzuputzen pflegen.[11] Dem analytischen Aspekt tritt also ein mimetischer hinzu. Die Musterbilder, so schreibt er, wären »gleichsam als naturgetreue Landkarte eines bestimmten Gebietes der Chemie« zu verstehen.[12] Zum zweiten nutzt Runge häufig die Sprache der Kunstkritik. Er formuliert seine Beschreibungen tatsächlich so, als spräche er über museale Werke der bildenden Kunst. Dazu gehört die Schilderung der künstlerischen Qualitäten, er hebt die Licht- und Schattenverteilung hervor, verweist auf die illusionistische Räumlichkeit und den plastischen Charakter der Bilder. Und er unterstreicht zum dritten den Vorbildcharakter seiner Figuren, deren Mustergültigkeit für die künstlerische Formgebung, nicht nur für die dekorativen Künste. Seiner Meinung nach könne für Maler insbesondere die einzigartige Farbigkeit als Prüfstein dienen, aber auch seine Methode der Farbherstellung, die mit der Bildherstellung identisch sei – beides entsteht ja erst *auf*, oder besser: *im* Papier –, solle in Zukunft für künstlerische Zwecke genutzt werden:

---

9. Ebd. (S. 8).
10. Vgl. z.B. aus Goethes Gesprächen mit Eckermann am 14.3.1830, er habe seine Arbeiten oft »instinktmäßig und traumartig […] in nachtwandlerischem Zustand« niedergeschrieben. Auch hier wird die Rolle des rational konstruierenden Autors zurückgenommen zugunsten einer quasi natürlichen Selbstentstehung des Kunstwerkes.
11. Runge: *Bildungstrieb*, a.a.O., Nr. 20.
12. Runge: *Musterbilder*, a.a.O., o.P. (S. 7).

»Der Bildungstrieb malt in seiner Art nicht nur besser, als irgendein Maler malen kann, sondern er macht sich auch die Farben selbst, daher die wunderbaren, oft ganz *unnachahmlichen* Farbentöne (z.B. No. 8 u. 7), eben weil dem Maler die Farben dazu fehlen. – Die Entstehung des Bildes fällt also mit der Entstehung der Farbe zusammen oder umgekehrt; indem sich die Farbe, d. h. die gefärbte Verbindung aus den chemisch entgegen gesetzten Stoffen bildet, gestaltet sich das Bild.«[13]

Darauf aufbauend fügt er hinzu, dass seine Bilder in das Reich der Plastik hineinragen, da man sie sowohl in Aufsicht, als auch von der Rückseite und in Durchsicht betrachten könne und sie erst auf diese Weise ihren vollen Reiz entfalten, der an die Glasfenster mittelalterlicher Kathedralen heranreiche.[14]

Biologische Reproduktion und künstlerischer Prozess

Dieser letzte Anspruch einer neuen Bildform, der von Zeitgenossen womöglich dann aller Bescheidenheitsrhetorik zum Trotz doch als vermessen gelesen werden könnte, erwies sich als kunsthistorisch hellsichtig. Seine Methode wurde zu einem wichtigen Ideengeber insbesondere für den Surrealismus, der fast hundert Jahre später – in den 1940er Jahren – Runges »Bildungstrieb« wiederentdeckte. In der Stilbezeichnung des »Tachismus« taucht sogar der »Klecks« (=*tache*) als Terminus wieder auf. In Nazi-Deutschland hat sich insbesondere ein Kreis als »entartet« verfemter Künstler um Willi Baumeister dezidiert auf Runge bezogen. Deren künstlerische Experimente im Untergrund übernahmen vor allem einen Begriff in ihre eigene Terminologie: »Lebendigkeit« stellte in diesem Umfeld faktischer Bedrohung von Leib und Leben die zentrale Kategorie in der Beurteilung bildender Kunst.[15] Die Rezeptionsgeschichte Runges belegt damit den Zusammenhang von Farbchemie und Lebendigkeit, von Naturwissenschaft und Ästhetik. Wie aber verhält es sich mit Runges Quellen? Woher übernahm er sein Konzept des »Bildungstriebs der Stoffe«?

Wie eingangs dargelegt, studierte Runge ab 1816 in Göttingen Medizin,[16] jener Universität, an der Blumenbach von 1778 bis 1835 als Professor Physiologie und vergleichende Anatomie lehrte. Durch ihn war Runge mit der Frage nach der biologischen Definition des Lebens vertraut. Die zweite Frage, die Runge bewegt, beschäftigt sich mit dem Problem der Bildentstehung. Hierzu hatte der Göttinger

---

13. Runge: *Bildungstrieb*, a.a.O., S. 32.
14. Diesen Umstand führt Runge in einer späteren Schrift insbesondere als Vorteil gegenüber der Fotografie ins Feld: »Allen Malereien fehlt die Körperlichkeit. So auch den Lichtbildern. Das Ganze liegt auf der Oberfläche. Obiges Bild dagegen ist eine wirkliche körperliche Gestaltung«, Friedlieb Ferdinand Runge: *Hauswirthschaftliche Briefe*, Oranienburg 1866, Frontispiz.
15. Vgl. Friedrich Weltzien: »Die Lebendigkeit des Materials. Zur Geschichte selbstorganisierender Flecken zwischen Kunst und Wissenschaft«, in: *Laboratorium Lack. Baumeister, Schlemmer, Krause 1937–1944*, Kunstmuseum Stuttgart, Stuttgart 2007 (Kat. Ausst.).
16. Nach dem Medizinstudium, das er 1819 mit einer Promotion abschloss, studierte er in Jena Chemie und erwarb 1822 in Berlin einen Doktortitel in Philosophie.

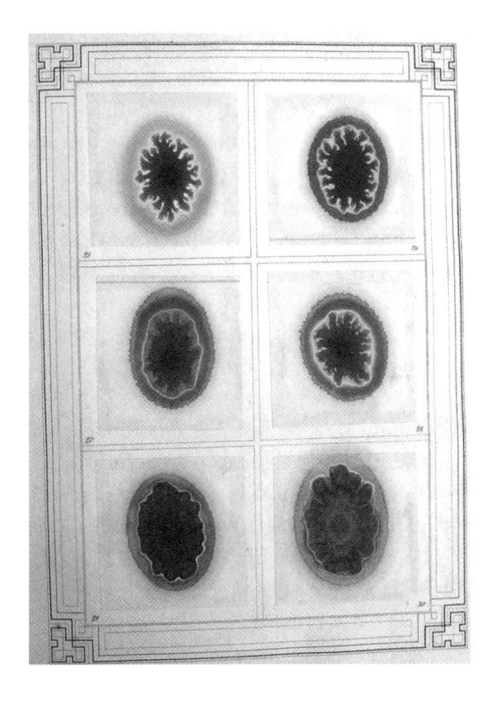

Abb. 4: Tafel 5 der *Musterbilder*.

Physiker Lichtenberg eine These aufgestellt, die Runge offensichtlich rezipiert hatte. Beide Diskurse waren in der Zeit der Wende zum 19. Jahrhundert an der Göttinger Universität also durch eloquente Vertreter präsent, wurden allerdings unabhängig voneinander diskutiert. Ihre Überschneidung fanden sie in dieser besonderen Weise – und darin liegt eine Leistung Runges – erst ein Wissenschaftlerleben später.

Die Spur zum ersten Problemkreis, der biologischen Reproduktionstheorie, legt die von Runge verwendete Begrifflichkeit. Den Terminus »Bildungstrieb« hat er von Blumenbach übernommen, der ihn 1781 mit seiner Schrift *Über den Bildungstrieb und das Zeugungsgeschäfte* geprägt hat. In den Diskussionen des späten 18. Jahrhunderts um das rechte Verständnis der Vorgänge bei der sexuellen Reproduktion von Lebewesen war Blumenbach eine gewichtige Stimme im Lager der Gegner der Präformationstheorie. Er erkennt den Einfluss an, den verschiedene äußere Faktoren innerhalb der Entwicklung eines Lebewesens nehmen und beschreibt die eigengesetzliche Dynamik dieses Vorgangs, der seiner Meinung nach nicht eine unempfindliche Realisierung eines im Samenkorn bereits voll entwickelten Geschöpfs darstellen kann.

Wie sehr Runge sich auf eine solche biologische Wachstumsvorstellung bezieht, lässt sich an den Texten ablesen. Das erste der beiden Bücher beginnt mit folgendem Absatz:

»Wer die verschiedenen Bilder in diesem Buche aufmerksam betrachtet, dem wird es bald klar, daß sie nicht mit dem Pinsel gemalt sein können. Die ganz eigenthümlichen Verwaschungen und Schattirungen zeigen, daß hier von einer

FRIEDRICH WELTZIEN

Willkühr, wie sie der Pinsel übt, nicht die Rede sein kann. Dasselbe gilt von den verschiedenen Farben, die durch keine willkührlichen Zusammenstellungen hervorzubringen sind. Wer vermöchte so etwas zu machen, wie z.B. auf Blatt 5, No. 25 bis 30 es zeigt. Die Farben sind hier geschieden und nicht geschieden; sie durchdringen sich gleichsam in der Sonderung und sondern sich in der Durchdringung. So etwas kann nur als ein Naturwüchsiges von Innen heraus sich entwickeln. Was sind sie also, diese Bilder? Es sind natürliche Bildungen, die durch chemische Wechselwirkung entstehen [...].«[17] (Abb. 4)

Ohne den Text im Einzelnen mit Blumenbach zu vergleichen, zeigt sich in diesen Sätzen Runges Konzept der Selbstentstehung – des selbständigen Wachstums –, deren Gegenbegriff durch den Terminus »Willkühr« gebildet wird. Das Instrument der Willkür ist der Pinsel, hinter dem unausgesprochen der Wille des Malers steht, dem er gehorchen muss. Der Gegenpol zur Willkür ist Freiheit, oder in diesem Kontext expressis verbis Lebendigkeit. Runge spricht nicht nur im Untertitel des zweiten Buches davon, dass seine Bilder wachsen, er führt sie auch im »Keim, im Werden und in der Vollendung« vor, er bezeichnet sich selbst als »chemischen Bilderzüchter«, er nennt das Zuführen von Lösung »Ernährung«, die Chemikalien »Nahrung« der Gewächse. Er geht sogar noch weiter und beschreibt die Bildentstehung nicht nur metaphorisch sondern auch de facto als Prozess des Lebens: »man kann sagen, das noch *nasse Bild lebt* noch, weil es (wenigstens am Rande) noch weiter wächst.«[18] Erst wenn alle Flüssigkeit getrocknet sei, komme der Wachstumsprozess zu einem Stillstand. Die so entstandenen Bilder sind folglich Hervorbringungen der Lebendigkeit.

Mit dem Vergleich zur biologischen Definition der Lebendigkeit ist es Runge also durchaus Ernst. Er versteht diese Konvergenz nicht als rhetorischen Kunstgriff oder im Sinne eines bildhaften Vergleichs:

»Nach Allem glaube ich nun die Behauptung aussprechen zu dürfen, daß bei der Gestaltung dieser Bilder eine neue, bisher unbekannt gewesene Kraft thätig ist. Sie hat mit Magnetismus, Electricität und Galvanismus nichts gemein. [...] Ich nenne diese Kraft ›Bildungstrieb‹ und betrachte sie als das Vorbild der in den Pflanzen und Thieren thätigen Lebenskraft.«[19]

Es ist die gleiche Kraft, die in beidem wirkt: in den Lebewesen und im durch den Bildungstrieb hervorgebrachten Bildwerken. Dabei ist ihm durchaus klar, dass der chemischen Reaktion im Löschpapier noch einige Kriterien fehlen, um als Lebewesen definiert werden zu können. Die chemische Selbstorganisation, die sich in diesen Bildern zeigt, ist aber augenfällig genug, die Wirkungsweise der »thätigen Lebenskraft« zu explizieren. Die Bilder sind also keine Lebewesen im biologischen Sinne, sie sind aber auch mehr als eine bloße Analogie. Die Grenze zwischen belebter und unbelebter Materie wird damit verwischt. Ähnlich wie sein

17. Runge: *Musterbilder*, a.a.O., o.P. (S. 3).
18. Runge: *Bildungstrieb*, a.a.O., S. 32 (Kursivierung im Orig.).
19. Ebd.

Freund Justus Liebig ist auch Runge daran interessiert, die Verbindung zwischen anorganischer und organischer Chemie auszubauen. Daher ist es keineswegs ungewöhnlich, dass zur Mitte des 19. Jahrhunderts ein biologisierender Sprachgebrauch Einzug in die Chemie hält. Runges außergewöhnliche Leistung besteht insofern weniger in der Engführung von Organischem und Anorganischem, sondern vielmehr darin, die Bedeutung dieser naturwissenschaftlichen Forschung für künstlerische Anwendungen erkannt zu haben.

Der zweite Problemkreis, der Runge mit den wissenschaftlichen Diskursen in Göttingen um 1800 verbindet, bezieht sich auf den Topos von selbst entstehender Bilder, den Runge nicht erfunden hat. Ich nenne diese Insistenz auf die Abwesenheit der menschlichen Hand, auf den »Maler ohne Pinsel«[20], auf die Freiheit von »willkührlicher Gestaltung«: autopoietische Verfahren. Damit sind in Absetzung gegen eine Theorie der Autopoiesis, der Selbstorganisation,[21] Strategien der Bildherstellung gemeint, deren Produkte sich – wie in Runges Fall – einer Eigengesetzlichkeit verdanken, die innerhalb eines festgelegten Rahmens nicht kontrollierbar ist. Ob und inwiefern diese theoretischen Ansprüche durch die jeweiligen Techniken eingelöst werden, ist freilich im jeweiligen Einzelfall zu untersuchen. Im Jahrzehnt vor Runges Bildungstrieb-Arbeiten hat sich vor allem ein Verfahren auf die Kraft der Selbstentstehung berufen: Die 1839 vorgestellten fotografischen Techniken von Daguerre in Paris und Talbot in London. Die Erfindergeneration der Fotografie macht allenthalben von einer Rhetorik der Selbsttätigkeit der Technik Gebrauch, ganz gleich wie hoch der chemische, mechanische und optische Aufwand jener angeblich spontan entstehenden Bilder tatsächlich auch immer gewesen sein mochte.[22]

Autopoietische Verfahren

Auch die frühen Vertreter der Fotografie konnten sich bereits auf einen bestehenden Topos der von selbst entstehenden Bilder beziehen. Als Idee lässt er sich bis in die Antike zurückverfolgen und das Mittelalter entwickelt eine regelrechte Theologie der »Bilder nicht von Menschenhand«. In der Kunstgeschichte der Neuzeit haben Leonardo da Vincis Malerei-Traktat oder Giorgio Vasaris Viten einiges zur Verbreitung des Genusses von selbsttätig entstehenden Bildern –

---

20. Im Titelblatt des Exemplars der »Naturforschenden Gesellschaft Basel« hat Runge seine Berufsbezeichnung »Professor der Gewerbekunde« handschriftlich durch den Eintrag »und Maler ohne Pinsel« erweitert.
21. Der Terminus wird zunächst von den Neurologen Francisco Varela und Humberto Maturana geprägt (vgl. Francisco J. Varela; Humberto R. Maturana; R. Uribe: »Autopoiesis: The organization of living systems, its characterization and a model«, in: *Biosystems*, Vol. 5 [1974], S. 187–196). Später übernimmt Niklas Luhmann den Begriff für seine Systemtheorie, um die Selbstorganisation von Kommunikationsprozessen in geschlossenen Systemen zu beschreiben. Assoziationen zu beiden terminologischen Verwendungen werden hier nicht gesucht.
22. Vgl. Friedrich Weltzien: »Der ›nachgereichte Entwurf‹: Frühe Phototheorie und die Frage der Bildentstehung«, in: Gundel Mattenklott; Friedrich Weltzien (Hg.): *Entwerfen und Entwurf. Praxis und Theorie des künstlerischen Schaffensprozesses*, Berlin 2003, S. 173–187.

etwa in Wolkenformationen, auf fleckigen Wänden oder in der flackernden Glut des Ofens – beigetragen. Im ausgehenden 18. Jahrhundert werden nicht nur jene Schriften der Renaissance wieder neu entdeckt, übersetzt und ediert, es macht sich auch insbesondere die Naturwissenschaft an diesem Topos zu schaffen und entwickelt eigene Verfahren zur autopoietischen Bildherstellung.[23] Runge kannte einige dieser Forschungen und sie dienten ihm als Vorbild oder Ausgangspunkt seiner eigenen Konzeption.

Eine für Runge zentrale Verfahrensweise geht auf den Physiker Georg Christoph Lichtenberg zurück. Anekdotenhaft erzählt dieser über die Umstände der Entdeckung eines Phänomens, das man seither unter der Bezeichnung »Lichtenberg-Figuren« kennt:

»Gegen Frühlingsanfang des Jahres 1777, unmittelbar nach der Fertigstellung meines Elektrophors, war mein Zimmer noch voll von feinstem Harzstaub, der beim Abhobeln und Glätten des Fundaments bzw. der Grundfläche des Instruments aufgestiegen war, sich danach an den Wänden und auf den Büchern abgesetzt hatte und oft bei Luftzug zu meinem großen Verdruß auf den Schild des Elektrophors herabfiel. Als ich später des öfteren den Schild an der Zimmerdecke hängen ließ, geschah es, daß der auf der Grundfläche liegende Staub diese nicht, wie zuvor den Schild, gleichmäßig bedeckte, sondern sich nun an mehreren Stellen zu meinem großen Vergnügen in kleinen Sternen anordnete, die anfangs matt und schwer zu erkennen waren, die aber, als ich mit Eifer mehr Staub darauf streute, sehr deutlich und sehr schön wurden und häufig getriebener Arbeit glichen. Es zeigten sich mitunter fast unzählbar viele Sterne, Milchstraßen und größere Sonnen; Bogen, die an ihrer hohlen Seite dunkel, an ihrer erhabenen aber mit Strahlen versehen waren; ganz fein gebildete Ästchen, denen ähnlich, welche gefrorener Dampf an Fensterscheiben erzeugt; ferner Wolken, sehenswert in ihrer mannigfachen Gestalt und den verschiedenen Graden des Schattens.«[24]

Es fällt auf, wie nahe beieinander die Begrifflichkeiten liegen. Zentrale Termini sind bei Runge wie bei Lichtenberg »Schönheit« und »Mannigfaltigkeit«. Das Von-selbst-Entstehen ist in beiden Fällen wesentliche Bedingung der Schönheit der Bilder. Und auch in weiteren Hinsichten kann man die jeweiligen Entstehungsmythologien vergleichen: Etwa in dem Punkt, dass beide eigentlich etwas anderes suchten und nur zufällig auf die Schönheit der entstehenden Figuren stießen. Noch eine Gemeinsamkeit besteht darin, dass sie beide die exakte Entstehungsweise ihrer Figuren nicht erklären können, sich aber durch die Reproduzierbarkeit der experimentellen Ergebnisse darüber vergewissern, dass es sich um gesetzmäßige Vorgänge handeln muss. Im vorliegenden Zusammenhang ist

---

23. Vgl. Friedrich Weltzien (Hg.): *von selbst. Autopoietische Verfahren in der Ästhetik des 19. Jahrhunderts*, Berlin 2006.
24. Georg Christoph Lichtenberg: »Über eine neue Methode, die Natur und Bewegung der elektrischen Materie zu erforschen«, in: ders.: *Observationes*, hg. von Dag Nikolaus Hasse, Göttingen 1997, S. 151.

VOM BILDUNGSTRIEB DER STOFFE

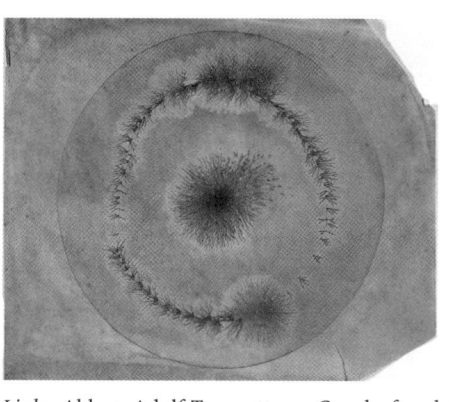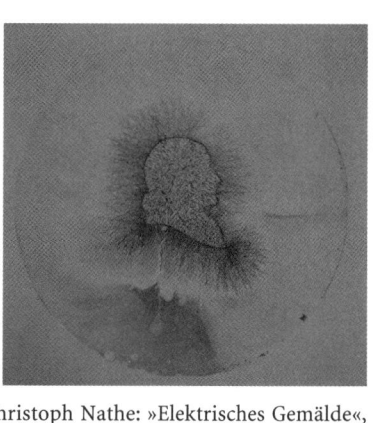

Links: Abb. 5: Adolf Traugott von Gersdorf und Christoph Nathe: »Elektrisches Gemälde«, entstanden nach Lichtenbergs Technik zwischen 1798 und 1806.
Rechts: Abb. 6: Adolf Traugott von Gersdorf und Christoph Nathe: »Elektrisches Gemälde: Profilkopf«, entstanden nach Lichtenbergs Technik zwischen 1798 und 1806. Beide Blätter befinden sich im Kulturhistorischen Museum Görlitz.

insbesondere die Analogisierung von Biologie und Physik in der Beschreibung der Phänomene von Interesse. So schreibt Lichtenberg:

»Figuren, noch schicklicher mit dem Schaft- oder Schachtelhalm (Equisetum oder Hipparis) verglichen, mit denen die Züge, die durch den Knopf positiv geladener Flaschen hervorgebracht werden, zuweilen die größte Ähnlichkeit haben. Also könnte man jene Maschinen auch gebrauchen, die Entwicklung der Pflanzen zu erläutern.«[25]

Lichtenberg vergleicht, wie nach ihm Runge, die Selbstentstehung seiner Figuren so weitgehend mit dem Wachstum von Pflanzen, dass er sie als Studienobjekt für angehende Botaniker vorschlägt – ob er hier die Phylo- oder die Ontogenese der Pflanzen meint, lässt er allerdings offen. (Abb. 5)

Und wie Runges Professorenkleckse erleben auch Lichtenbergs Figuren eine Karriere als Kunstform. Es ist nicht der Physiker selbst, der mit ihnen Kunst zu machen gedenkt, obwohl er die Ähnlichkeit zu »getriebener Arbeit« hervorhebt und auch durchaus kunstsinnig gewesen ist – Lichtenbergs Monographie zu Hogarth und seine berühmt gewordenen Sudelbücher belegen das zur Genüge.

Das Verdienst, dieses Verfahren der bildenden Kunst nahe zu bringen, gebührt vielmehr einem Physikerkollegen aus der Lausitz, der Lichtenberg mehrmals besuchte und das Verfahren zur Herstellung elektrischer Figuren erstmals am 24. Juni 1783 bei ihm kennen lernte: der Grundbesitzer, Naturforscher und Privatgelehrte Adolf Traugott Freiherr von Gersdorf.[26] Gemeinsam mit dem Landschafts-

25. Georg Christoph Lichtenberg: »Über eine neue Methode, die Natur und die Bewegung der elektrischen Materie zu erforschen« (1778), hg. in neuer deutscher Übersetzung von Herbert Pupke, Leipzig 1956, S. 51.
26. Ernst-Heinz Lemper: *Adolf Traugott von Gersdorf (1744–1807). Naturforschung und so-*

FRIEDRICH WELTZIEN

Abb. 7: Tafel VI aus Ernst Florens Friedrich Chladni: *Die Akustik*, Leipzig 1802.

zeichner Christoph Nathe entwickelte Gersdorf Lichtenbergs Verfahren zwischen 1798 und 1806 weiter, Nathe wurde zu einem Meister der elektrischen Malerei, indem er auch Schriftsätze und sogar Porträts auf diese Weise herstellte. (Abb. 6)

Es muss zwar unklar bleiben, ob Runge diese elektrischen Bilder selbst gesehen hat. Er kam erst nach dem Tode Lichtenbergs nach Göttingen. Aber Gersdorf hatte diese Bilder zwischen 1801 und 1806 nicht nur in Görlitz, sondern auch in Berlin öffentlich gezeigt – der Terminus »elektrische Gemälde« verdankt sich jenen Ausstellungstourneen. Runge könnte also sowohl in Göttingen als auch später in seiner Zeit in Oranienburg davon gehört haben. Der ausdrückliche Vermerk Runges, dass seine Bildtechnik nichts mit »Electricität« zu tun habe, könnte jedenfalls ein Hinweis darauf sein, dass er von diesem Verfahren wusste und sich davon abzugrenzen suchte.

Falls Runge sie nicht mit eigenen Augen gesehen hat, besteht eine Vermittlungsinstanz im Akustiker Ernst Florens Friedrich Chladni. Dieser hatte ab 1787 an der Sichtbarmachung von Tonschwingungen gearbeitet. Das Verfahren, das er entwickelt hatte, bestand darin, Sand auf eine Metall- oder Glasplatte zu streuen, die man durch das Anstreichen mit einem Geigenbogen zum Schwingen bringt. Durch die so erzeugten Vibrationen bilden sich spezifische Linienmuster auf der Platte heraus, da sich die Sandkörner nur an den Stellen halten können, an der die Sinusschwingung der Unterlage bei Null bleibt. Chladni zeichnete diese Liniengefüge ab, in der Hoffnung, so eines Tages einen vollständigen Katalog zu erhalten, in dem jedem Ton ein Muster zugeordnet werden kann. (Abb. 7)

Mit diesem Projekt scheiterte Chladni zwar, aber er gab in seinen Veröffentlichungen zahlreiche Tafeln mit diesen Sandmustern heraus, so genannten akustischen oder Klangfiguren, und erreichte mit seinen öffentlichen Vorführungen ein großes Publikum, zu dem unter anderem auch Napoleon, Goethe und Novalis gehörten. Letzterer erkannte in der Selbsttätigkeit das Charakteristikum dieses Vorganges, wenn er in den Fragmenten unter der Überschrift »Physik und Grammatik« schreibt: »Man zwingt eigentlich den Schall, sich selbst *abzudrucken* – zu *chiffrieren* – auf eine *Kupfertafel* zu bringen.«[27] Und auch Gersdorf hatte 1791 auf der Leipziger Messe Chladni getroffen und berichtet fasziniert davon, wie dieser »Glastafeln, welche er mit feinem Sande [?] und nachher an bestimmten Flecken

---

ziale Reformen im Dienste der Humanität, Berlin 1974, S. 264.
27. Novalis: *Enzyklopädie VI*, Fragment 1277 (Kursivierung im Orig.).

etlichemal mit dem Bogen bestrich, da dann der Sand jedesmal andere vorher bestimmte Figuren bildete.«[28]

Chladni berief sich auf Lichtenbergs Verfahren und dessen Theorie autopoietisch erzeugter Figuren, die sich ausschließlich naturgesetzlicher Wirkungen verdanken und keinerlei »Willkür« durch die Künstlerhand unterworfen seien. Er schrieb:

> »Die Beobachtungen von Lichtenberg über die Figuren, welche sich beim Aufstreuen des Harzstaubes auf Glas- oder Harzscheiben bei verschiedener Elektricität zeigen (in den Commentarien der Göttingischen Societät der Wissenschaften), worüber ich auch verschiedene Versuche anstellte, erregten in mir den Gedanken, daß vielleicht die mannichfaltigen schwingenden Bewegungen einer Scheibe sich ebenfalls durch eine Verschiedenheit der Erscheinungen verrathen würden, wenn ich Sand oder etwas Aehnliches aufstreute.«[29]

Sichtbar würde in diesen Figuren dann nicht nur das physikalische Schwingungsverhalten, sondern die harmonischen Symmetrien der einzelnen Linienmuster sollten auch die musikalische, also ästhetische, Harmonie der Töne widerspiegeln.[30] Die Linie von Lichtenbergs elektrischen Experimenten zu Chladnis akustischen Figuren ist also keine, die über den physikalischen Gegenstand bestimmt wird (Chladni hatte nicht vor, eine Verwandtschaft elektrischer und akustischer Phänomene zu belegen), sondern über das Verfahren einer Chiffrierung von Naturkräften. Es geht um eine Visualisierungsstrategie, deren Glaubwürdigkeit darauf beruht, dass es die Natur selbst ist, die bei der Herstellung der Figuren die Feder führt.

Es ist gut denkbar, dass Runge die Stafette, die von der Elektrizität an die Akustik gegangen war, an die Chemie weiterreichen will. Friedlieb Ferdinand Runge wurde 1828 außerordentlicher Professor der Chemie in Breslau, kein Jahr nachdem dort der berühmte Chladni verstorben war. Dass er sich dessen bewusst war, macht eine Notiz von Runges Freund Hoffmann von Fallersleben deutlich, der Jahre später – Anfang 1844 – nach einem Besuch dessen Ausspruch in sein Tagebuch vermerkt: »In Breslau sind in diesem Jahrhunderte nur drei Dinge von Bedeutung vorgekommen: Chladni ist dort gestorben, Runge abgereist, Hoffmann abgesetzt.«[31] Runge stellt sich mit Chladni auf eine Stufe, und seine Sprache vom Wachstum der Bilder lässt zumindest deutlich den vergleichbaren Anspruch durchscheinen, dass die im Selbstdruck sich chiffrierende Natur in den von ihm

---

28. Lemper: *Naturforschung und soziale Reformen*, a.a.O., S. 58.
29. E. F. F. Chladni: *Entdeckungen über die Theorie des Klanges*, zit. n. URL: http://members.aol.com/woinem6/html/chladni.htm.
30. Zur Rezeption von Chladnis Klangfiguren in der Welt der bildenden Kunst vgl. Nino Zchomelidse: »Hans Christian Ørstedt and the Royal Danish Academy of Fine Arts in Copenhagen«, in: Erna Fiorentini (Hg.): *Observing Nature – Representing Experience. The Osmotic Dynamics of Romanticism 1800–1850*, Berlin 2007, S. 125–140.
31. Hoffmann von Fallersleben: *Mein Leben*, 6 Bde., Hannover 1868–1870, IV, S. 122, Eintrag »27. Febr. bis 10. März in Oranienburg«; vgl. auch Harsch; Bussemas: *Bilder, die sich selber malen*, a.a.O., S. 129. Runge lebt zu diesem Zeitpunkt, seit 1831, nicht mehr in Breslau, sondern in Oranienburg.

FRIEDRICH WELTZIEN

entdeckten Figuren ihre Gesetzmäßigkeit ebenso verrate wie bei Lichtenberg und Chladni.

Über diese beiden Vorgänger geht Runge allerdings in einem Punkt hinaus: Er kombiniert den Topos der von selbst entstehenden Bilder mit Blumenbachs Epigenesis-Gedanken und schließt auf diese Weise einen latenten Bogen, dessen beide Enden in Diskursen verankert sind, die am Ende des 18. Jahrhunderts virulent gewesen waren. Bei Runge werden damit die autopoietischen Bilder zu einer fassbaren Ausformung dessen, was man als eine »Ästhetik der Lebendigkeit« bezeichnen kann. Bei Lichtenberg wurde es noch als Analogie formuliert – die elektrischen Figuren sehen wie Schachtelhalme aus –, bei Runge wird es zu einem kausalen Zusammenhang weitergedacht: Die Professorenkleckse gleichen Astern, weil beide Phänomene Resultat der identischen Kraft sind, des Bildungstriebs. Fragt man in Konvergenz zur Biologie nach einer Ästhetik der Lebendigkeit, dann lässt sich auf Runges Musterbilder verweisen. Will man ein anschauliches Bild für den abstrakten Begriff finden, dann lässt sich sagen: Genau so sieht »Lebendigkeit« um 1850 aus.

Methodisch ist hier die Untersuchung der Engführung von Biologie und Ästhetik über die Erforschung einer bestimmten Verfahrensweise geleistet worden. Bestimmte theoretische Diskurse fördern bestimmte Praktiken der Bildherstellung – das gilt in der Wissenschaft ebenso wie in der Kunst. Verfolgt man diese Verfahrensweisen und zeigt die Ähnlichkeiten zwischen wissenschaftlichen und künstlerischen Techniken auf, lässt sich darauf schließen, wie die zugrunde liegenden Diskurse in den jeweiligen Bereichen verstanden und umgesetzt wurden. Dabei zeigt sich, dass diese »Ästhetik der Lebendigkeit«, wie sie schon Lichtenberg herzustellen wusste, von Runge gewissermaßen für die folgende Geschichte der Kunst aufbereitet wurde. Der Topos des von selbst entstehenden Bildes erhielt so nicht nur größten Einfluss auf Impressionismus, Jugendstil und Symbolismus,[32] sondern beeinflusste über Surrealismus und die abstrakten Strömungen nach dem Zweiten Weltkrieg die Kunstgeschichte bis heute tiefgreifend. Bemerkenswert ist an dieser Einflussgeschichte vor allem der Umstand, dass sie sich nicht über eine theoretische Ausformulierung tradiert hat, sondern eine Geschichte der Praxis ist, eine Verfahrenstradition, oder – wenn man so möchte – eine Produktionsästhetik der Lebendigkeit.

Vielleicht ist es kein Zufall, dass sich gerade die so beschriebene Ästhetik der Lebendigkeit einer Theoretisierung entzogen hat. Wenn die Erscheinungsweise des Lebendigen im Formlosen, im Amorphen zu finden ist, im Flüssigen und Bewegten, dann kann ihr keine Regelästhetik angemessen sein. Dann muss man es so machen, wie es Chladni vorgeschlagen hat: Nicht die Strukturen eines gültigen Werks zum Vorbild nehmen, sondern das Procedere der Herstellung zum Gegenstand der Untersuchung machen.

---

32. Vgl. dazu Dario Gamboni: *Potential Images. Ambiguity and Indeterminacy in Modern Art*, London 2002 und Raphael Rosenberg: *Turner – Hugo – Moreau. Entdeckung der Abstraktion*, München 2007.

Joseph Vogl

Luft um 1800

I.

Goethes naturwissenschaftlicher Parcours hat nicht nur von Geologie und Mineralogie über Botanik und Zoologie zur Farben- und Witterungslehre geführt und somit einen Weg vom Festen übers Bewegliche zum Flüchtigen genommen. Und Goethe hat seine späten Notizen zur Meteorologie nicht nur als Abschluss und Passepartout seiner naturwissenschaftlichen Arbeit begriffen. Sein Interesse an Wetterbeobachtung und an den Versuchen jenes englischen Apothekers Luke Howard, dessen Wolkenklassifikationen seit 1805 zu den Gründungsszenen einer meteorologischen Wissenschaft zählen, haben vielmehr einen Gegenstandsbereich erschlossen, der in Fortsetzung der Studien zur Morphologie und zur Metamorphose an eine neue sachliche und theoretische Herausforderung rührt.[1] Denn das Leitmotiv dieser Entwürfe und Texte, die Wolke, erscheint darin als ein besonderes epistemologisches wie poetisches Objekt und gibt zugleich Auskunft über eine neue Ästhetik des Lebendigen, die man eine Ästhetik der Biosphäre nennen könnte. Am Beginn eines Zeitalters, das man rückblickend als ein lebenswissenschaftliches begreifen mag, hat sich in Goethes Arbeitsheften ein Problemhorizont formiert, in dem sich die Frage nach dem Status des Lebens mit der Gestalt jenes Flüchtigen und Schwebenden, der Wolke, verknüpft; und um dieses *meteoros*, um das ›in der Luft Befindliche‹, um den vitalen Zustand der Luft um 1800 soll es in der folgenden Skizze gehen.

II.

Zunächst – und das wäre eine erste Annäherung an dieses Gegenstandsfeld – lässt sich bemerken, dass sich die Himmelserscheinung der Wolke bei Howard wie bei Goethe nicht bloß als schwieriges Objekt präsentiert, das sich durch das notorische Schwanken, durch Zufallsbildung, durch Formlosigkeit und einen sehr lockeren Sitz in den Kausalketten auszeichnet, durch ein ganz und gar irreguläres Wesen also. Die Wolke ist Gegenstand einer besonderen Verwirrung oder Sinnesverwirrung auch deshalb, weil sie im Grunde nicht als Objekt existiert. Luke Howard sagt das in seinem Wolkenversuch ganz klar: Die Wolke ist eine An-

---

1. Zu Goethes Wolkenstudien, zum Verhältnis von Goethe und Howard und zur entstehenden Meteorologie vgl. insbesondere Kurt Badt: *Wolkenbilder und Wolkengedichte der Romantik*, Berlin 1960, S. 18–32; Albrecht Schöne: »Über Goethes Wolkenlehre«, in: *Jahrbuch der Akademie der Wissenschaften in Göttingen* (1967), S. 26–48; Mark Sommerhalder: ›Pulsschlag der Erde‹. Die Meteorologie in Goethes Naturwissenschaft und Dichtung, Berlin u. a. 1993; Werner Busch: »Die Ordnung im Flüchtigen. Wolkenstudien der Goethezeit«, in: Sabine Schulze (Hg.): *Goethe und die Kunst*, Berlin 1994, S. 519–535; Richard Hamblyn: *Die Erfindung der Wolke*, Frankfurt a. M. 2003; *Wolkenbilder. Die Entdeckung des Himmels*, Hamburg 2004 (Kat. Ausst.).

sammlung, ein Aggregat, sie ist eine Mannigfaltigkeit; und sie ist eine Sache, die sich bei näherem Hinsehen eben nicht mehr besehen lässt.[2] Wer sich ihr nähert, wird umhüllt von Nebel und Dunst, und Ähnliches hat auch Goethe vermerkt, wenn er das Nebelige und Trübe charakterisiert: als »ungleichartiges Gewebe« und »gestörte Einheit«, als ein durchlöchertes »Continuum«, das sich am besten durch die lateinischen Ausdrücke *turba*, *turbo* und *turbidus* adressieren lässt, durch Ausdrücke, die mit dem Trüben zugleich das Verworrene, Unruhige, die Masse und das Mannigfaltige meinen.[3]

Wer sich der Wolke nähert, lässt also das Klare und Deutliche hinter sich; er wird in eine dunkle und verworrene Empirie geleitet, in der die Dinghaftigkeit der Dinge verschwindet. Nicht von ungefähr wird die Wolke bei Howard darum als eine Art »Gränz-Zustand« betrachtet, von Goethe selbst als das »Übergängliche«.[4] Die Wolke ist ein Übergangsobjekt, sie steht an der Schwelle zur Dingwelt, und sie dramatisiert diese Schwelle in mehrfacher Hinsicht. Denn einerseits ist die Wolke immer schon da, auch wenn man sie nicht sieht. Sie umgibt uns als unsichtbarer Wasserdampf, als Feuchtigkeit von Luft und Atmosphäre, als ein Unsichtbares, das nur hier und dort, unter diesen oder jenen Bedingungen die Schwelle zur sichtbaren Welt überspringt. Und wenn sie – andererseits – überhaupt eine Gestalt annimmt, wenn sie sich (nach Howards Nomenklatur) als Stratus oder Cirrus, als Nimbus oder Kumulus zeigt, so wird sie eine erkennbare Erscheinung nur, weil sie Effekt unsichtbarer – und mehr noch: unspürbarer – Kräfte ist. Was als Wolke erscheint, geht aus Temperaturschwankungen und Windstärken, aus Druckverhältnissen und elektrischen Ladungen, aus den Kontakten zwischen feuchten und trockenen Luftschichten hervor.[5] Goethe hat darum von unsichtbaren Konflikten, von »Wolkenkonflikt« und »Wetterstreit« gesprochen.[6] Und das wäre ein erstes und entscheidendes Wolkenproblem: Wer Wolken sieht, sieht zugleich ein Unsichtbares und Unspürbares mit.

Nimmt man all das zusammen – das Verworrene, das Unding, die sichtbare Unsichtbarkeit und die unspürbaren Kräfte, die in der Wolke wirksam sind –, so erscheint die Wolke nicht nur als ein instabiles Objekt, das singulär und unwiderruflich bloß in der Zeit existiert. Goethe und Howard haben vielmehr keinen Zweifel daran gelassen: die Wolke ist ein Entstehen und Vergehen, die Wolke ist also kein Gegenstand, sie ist vielmehr – und das scheint die entscheidende Wendung zu sein – ein Ereignis. Sie ist ein Ereignis der Wahrnehmung, das an der

---

2.   Luke Howard: »Versuch einer Naturgeschichte und Physik der Wolken«, in: *Annalen der Physik*, Neue Folge, Bd. 21, Leipzig 1815, S. 2.
3.   Johann Wolfgang Goethe: »Das Trübe«, in: ders.: *Die Schriften zur Naturwissenschaft* (Leopoldina-Ausgabe), hg. von Dorothea Kuhn; Rupprecht Matthaei; Wilhelm Troll; Karl Lothar Wolf, Weimar 1847ff., Abt. I, Bd. 8: *Naturwissenschaftliche Hefte*, hg. von Dorothea Kuhn, Weimar 1962, S. 227–229. Im Folgenden zitiert mit der Sigle LA.
4.   Howard: »Versuch einer Naturgeschichte«, a.a.O., S. 7; Johann Wolfgang Goethe: »Wohl zu merken«, in: ders.: *Sämtliche Werke, Briefe, Tagebücher und Gespräche* (Frankfurter Ausgabe), diverse Herausgeber, Abt. I, Bd. 25: *Schriften zur allgemeinen Naturlehre, Geologie und Mineralogie*, hg. von Wolf v. Engelhardt; Manfred Wenzel, Frankfurt a. M. 1989, S. 244. Im Folgenden zitiert mit der Sigle FA.
5.   Howard: »Versuch einer Naturgeschichte«, a.a.O., S. 23ff. und passim.
6.   Goethe: »Wolkengestalt nach Howard«, in: FA I/25, S. 222.

Schwelle des Sichtbaren passiert; sie ist ein Ereignis der Natur, das auf unsichtbare, unspürbare Kräfte verweist; und sie ist schließlich ein semiotisches Ereignis, ein Ereignis, das am Flüchtigen und Unwiederholbaren alle Kräfte der Benennung und der Sprache versammelt. Es scheint jedenfalls diese Ereignishaftigkeit zu sein, die die Meteorologie noch in den dreißiger Jahren des 19. Jahrhunderts als denjenigen Teil der Physik bestehen ließ, in dem – wie man sagte – noch die »größte Dunkelheit« herrscht;[7] und es scheint diese Ereignishaftigkeit zu sein, die Goethe selbst immer wieder – und bis ans Lebensende – an der Witterungslehre verzweifeln ließ.

Niemand hat das Problem schärfer dokumentiert als Luke Howard mit seiner Wolkennomenklatur selbst. In seiner »Naturgeschichte und Physik der Wolken« liefert er nicht nur das bekannte (und von Goethe euphorisch begrüßte) Bezeichnungssystem, sondern auch den Verdacht, dass es seinen Gegenstand, die Wolken, nicht wirklich bezeichnet. Genau genommen hat man es nämlich mit einer referentiellen Verwirrung zu tun, die die Bezeichnungsrelation selbst unterbricht. Howard schreibt: »Die Haupt-Modifikationen [der Wolke] müssen […] von einander eben so leicht zu unterscheiden sein, als ein Baum von einem Hügel oder einem See; wenn gleich Wolken von derselben Formation mit einander oft nicht mehr Ähnlichkeit haben, als zwischen Bäumen, Hügeln und Seen überhaupt Statt findet.«[8] Die Wolkengestalten verhalten sich also zueinander wie Hügel, Bäume und Seen, von denen sich jede einzelne Gestalt zu sich selbst wiederum wie Hügel, Baum und See verhält. Nimmt man diese kurze Bemerkung als ein semiotisches Programm, so muss man wohl feststellen: Die Wolke ist Wolke nur, sofern sie die Ähnlichkeit mit sich selbst verliert; und so sehr Baum, Hügel und See ein gemeinsames Merkmal, ihr *tertium comparationis*, nur darin finden, dass sie irgendwie in die Landschaft gestellt sind, so wenig gleicht die Wolke der Wolke. Man gelangt also nicht mehr – wie etwa in der naturhistorischen Taxonomie – in winzigen Abstufungen vom Ähnlichen zum Unähnlichen herab, man hat es vielmehr mit einem Gegenstand zu tun, der nie und nirgends ähnlich mit sich selbst bleibt. Zwischen die Dinge und die Wörter hat sich die Wolke selbst geschoben und – wenn man so will – einen semantischen Nebel erzeugt. Das Wort ›Wolke‹ verweist also auf etwas, das sich wie Baum, Hügel und See gleicht; das Wort ›Wolke‹ verweist also auf etwas, das sich *nicht* gleicht; es verweist nur auf ›irgendetwas‹ und wird damit in seiner Arbitrarität ausgestellt. Man mag hier an Ferdinand de Saussures Wolkendiagramm denken, das eben den Bezug zwischen Signifikanten und Vorstellungen bloß in einer wolkigen, d.h. arbiträren Zuordnung anschreiben kann.[9] Vor allem aber beginnt damit die Geschichte der Wolke als Geschichte eines semiotischen Objekts. So jedenfalls musste die Wolke auch in der näheren Zukunft erscheinen: bei Gottfried Keller etwa, dessen kindlicher Heinrich die Namen der Dinge nur als Schall und Rauch kennt. Dieser Schall

---

7. Ludwig Friedrich Kämtz: *Lehrbuch der Meteorologie*, Bd. 1, Leipzig 1831, S. 5, zit. nach Sommerhalder: ›*Pulsschlag der Erde*‹, a.a.O., S. 139.
8. Howard: »Versuch einer Naturgeschichte«, a.a.O., S. 5.
9. Vgl. dazu Christian Begemann: »Wolken. Sprache. Goethe, Howard, die Wissenschaft und die Poesie«, in: Gerhard Neumann; David E. Wellbery (Hg.): *Goethes Lyrik*, Freiburg i.Br. 2006.

und dieser Rauch aber ziehen sich im Wort ›Wolke‹ zusammen, das nun alles bedeutet: die vorüberziehenden Wolken selbst, die Gebirgszüge am Horizont, die Schneekuppen der Berge oder ein Mädchen aus der Nachbarschaft mit weißem Kleid, eine Wolke.[10] Oder sei es in Walter Benjamins *Berliner Kindheit um Neunzehnhundert*, wo das Wort ›Wolke‹ eben kein Wort, sondern alle beliebigen Wörter ist und für die Ähnlichkeit des Unähnlichen eintritt, als »Worte, die eigentlich Wolken waren«.[11]

Diese semiotische Verwirrung gewinnt allerdings – und das wäre ein weiterer Punkt – eine systematische Dimension dort, wo sie sich auf Naturdinge bezieht, die sich im Übergang vom 18. zum 19. Jahrhundert verändert haben. Wenn nämlich Goethe die Wolke immer wieder als organisches Wesen anspricht, wenn er in seiner Wolkenlyrik vom manifesten »Leben« und »Folge-Leben« der Wolke spricht, wenn er schließlich in der Wolkenfrage die Probleme von Metamorphose und Morphologie verhandelt,[12] so lässt sich hier eine Figur erkennen, die von der Wolkenlehre auf Sachverhalte der Botanik und der vergleichenden Anatomie zurückführt, mithin auf die Konzepte einer nun entstehenden Biologie. Dabei geht es – am Beispiel der Wolkenwandelbarkeit – nicht nur um die Grenzen des naturhistorischen Schematismus, um das Aufgebot einer Entwicklungsidee und um das, was man eine »Verzeitlichung« der Natur genannt hat.[13] Im Zentrum der terminologischen Frage steht vielmehr das Problem, wie sich die Bezeichnung des Sichtbaren nur dadurch rechtfertigen kann, dass sie sich auf evidente Unsichtbarkeiten bezieht. Das Ende der Naturgeschichte geschieht dort, wo die sichtbaren Teile der Lebewesen auf unsichtbare Organfunktionen verweisen, auf eine entzogene Sichtbarkeit, in der sich die Tätigkeit des Lebens selbst manifestiert. In diesem Sinne hat Goethe einmal – in seinen Bemerkungen zu Cuvier und Geoffroy – von der Organfunktion als »Dasein in Tätigkeit« gesprochen,[14] und das bedeutet: Die sichtbare Struktur bietet keinen direkten Einblick mehr in die Funktionsweise des organischen Zusammenhangs, während umgekehrt sich die organischen und funktionellen Fakten in der sichtbaren Organisation bloß verstreuen und camouflieren. Die sichtbaren Strukturen und die unsichtbaren Tatsachen des Lebens kommunizieren nur mittelbar und führen – bei Cuvier, Geoffroy und eben auch bei Goethe – zur Auflösung der naturhistorischen Taxonomie. Es wurde bereits auf die prekäre Stellung der Wolken verwiesen, deren Erscheinen sich einem unsichtbaren und unspürbaren Kräftefeld verdankt. Und eben das ergibt die entsprechende Analogie: Wie die sichtbare Wolkengestalt (»nach Howard«) auf verborgene Kraftwirkungen verweist, so steht – wie Goethe

---

10. Gottfried Keller: *Der grüne Heinrich*, in: ders.: *Gesammelte Werke*, hg. von Emil Ermatinger, Zürich 1942, Bd. 1 und 2, S. 30f.

11. Walter Benjamin: *Berliner Kindheit um Neunzehnhundert*, in: ders.: *Gesammelte Schriften*, hg. von Rolf Tiedemann; Hermann Schweppenhäuser, Frankfurt a. M. 1980, IV.1, S. 261. – Vgl. Werner Hamacher: »The Word ›Wolke‹ – if it is one«, in: *Studies in Twentieth Century Literature* 11/1 (1986), S. 133–161.

12. Vgl. Goethe: »Wohl zu merken«, in: FA I/25, S. 244; Sommerhalder: ›*Pulsschlag der Erde*‹, a.a.O., S. 31ff., S. 71ff.

13. Vgl. Sommerhalder: ›*Pulsschlag der Erde*‹, a.a.O., S. 72ff.; Armin Schäfer: *Essayistik und Lebenswissenschaften bei Goethe* (unveröffentlichtes Typoskript), S. 5.

14. Schäfer: *Essayistik und Lebenswissenschaften bei Goethe*, a.a.O., S. 9.

sagte – jede organische Form in Bezug zu jenem unsichtbaren Zusammenhang, zu jenem verborgenen Wechselwirken, das der lebende Organismus selbst ist.[15] Die Unähnlichkeit der sichtbaren Formen und Teile verschlägt also nicht eine vergleichbare Funktion; diese verborgene Funktion aber hat den Charakter einer elementaren Aktivität und Wirksamkeit.

An dieser Stelle allerdings – und das wäre der letzte Aspekt in diesem Zusammenhang – nimmt Goethes Wolkenlehre einen Weg, der die Statik der Nomenklatur ganz konsequent um eine Dynamik von Beschreibungen ergänzt. Wenn die Bewegung der Wolken tatsächlich, wie Goethe meinte, »aus ihnen selbst« herzukommen scheint;[16] wenn sich hier die ›Bildungskraft‹ in sichtbaren Formen manifestiert,[17] so kann sich das Ereignis, das die Wolken sind, nur in jenen semiotischen Ereignissen wiederholen, die eine Aktivität oder genauer: eine Selbsttätigkeit kodieren. Man kann dabei auf die Dynamisierung von Goethes Beschreibungssprache verweisen: auf eine Verbalisierung, mit der sich transitive Aktionen – reflexiv – auf das Subjekt ebendieser Aktionen zurück beugen: die Wolken »heben sich«, »ziehen sich«, »dehnen sich«, »bilden sich«, »drängen sich« usw.[18] und bewirken damit an sich selbst, was sie tun. Vor allem aber artikuliert sich hier eine Wirksamkeit, die sich nicht mehr vom Bewirkten, eine Aktivität, die sich nicht mehr vom Akteur unterscheiden lässt; und all das zeigt sich in einer Art Partizipial-Werden der sprachlichen Form. Im Mai 1820 notiert Goethe etwa folgende Beobachtungen in sein Wolkentagebuch: »Kumulus, weit und hoch stehend, hellweiß und geballt. Regenwolken darunter herziehend, selten Donner, wenig Regen«. Oder: »Wolliger Kumulus in Zirrus aufgelöst, dieser sich aneinander reihend und steigend, jener wieder sich ballend und sinkend«. Oder: »Ganz Böhmen überdeckt von Gewölk, niedrig schwebend, grau, flockig, zottig, ungestalt, in jedem Momente sich in Wassergüsse aufzulösen drohend«.[19] Am Leitfaden dieser Notizen müsste man sagen: Es ist nicht die Wolke, die zieht, sie ist vielmehr selbst das Ziehen oder Ziehende; es ist nicht eine Wolke, die sich ballt, sie ist vielmehr das Sich-Ballen oder Sich-Ballende; nicht die Wolke löst sich auf, sie ist das Sich-Auflösen oder das Sich-Auflösende selbst. Mit diesen Wolken werden also unkörperliche Ereignisse adressiert, unkörperliche Ereignisse insofern, als sie sich nicht auf einen Träger, auf ein Subjekt oder Objekt von Handlungen beziehen, sondern ganz konsequent den Unterschied zwischen Attribut und Gegenstand, Agens und Aktion, Substanz und Akzidenz löschen. Die Wolken sind ein Handeln ohne Handelndes. In dieser sprachlichen Form erscheinen referenzlose Merkmale und eine reine Aktivität, die an der Schwelle zu ihrer Verkörperung verharrt. Mit Bezug auf die Lehre von den unkörperlichen Wirkungen der Stoiker hat Gilles Deleuze das als die Geltung absoluter oder »noematischer« Attribute beschrieben, als Attribute, die keine Prädikation realisieren. Sie kenn-

---

15. Ebd.; zum Verhältnis von unsichtbarer Funktion und sichtbarer Struktur in der entstehenden Biologie vgl. Michel Foucault: *Die Ordnung der Dinge. Eine Archäologie der Humanwissenschaften*, Frankfurt a. M. 1974, S. 279ff., S. 322ff.
16. Goethe: »Nordlicht«, in: FA I/25, S. 198.
17. Goethe: »Howard's Ehrengedächtnis«, in: FA I/25, S. 237.
18. Vgl. Schöne: »Über Goethes Wolkenlehre«, a.a.O., S. 32.
19. Goethe: »Wolkengestalt«, in: FA I/25, S. 229–231.

JOSEPH VOGL

zeichnen nicht ein bestimmtes Sein, sondern sind nur als infinitive oder partizi-
piale Verbform ausdrückbar: nicht das scharfe Messer, sondern ein Schneiden-
des, nicht ein gleißendes Licht, sondern das Gleißen oder Gleißende.[20] Und das,
so scheint es, sind die Zeichen, die die Wolken nach Goethe über den Himmel
verstreuen. Wenn die Wolken, wie Goethe einmal bemerkte, die »Physiognomik
der Atmosphäre« bestimmen,[21] so wird die atmosphärische Physiognomie von
unkörperlichen Ereignissen umspielt: von Ereignissen, die – um es mit einem
Paradox von Lewis Caroll zu sagen – am Himmel erscheinen wie ein »Grinsen
ohne Katze«.

III.

Es ging bisher um einen Parcours, der am Leitfaden von Howards und Goethes
Wolken eine Veränderung im naturhistorischen Wissen nachzeichnet und damit
zugleich eine Verschränkung zwischen Wissenschaft und Ästhetik behauptet.
Der Weg in eine dunkle und verworrene Empirie war mit einer veränderten Beziehung zwischen Wörtern, Gestalten und Gegenständen verknüpft, mit einem
veränderten Format von Zeichen und Naturdingen selbst. Damit wurde versucht,
die Wolken bei Howard und Goethe als ein Objekt zu fassen, das epistemische,
semiotische und ästhetische Dimensionen besitzt und nur in dieser Einheit zu
einem Gegenstand des Wissens werden konnte. Von hier aus lassen sich vielleicht
zwei Konsequenzen andeuten, mit denen die Sache der Wolken – bei Goethe und
darüber hinaus – eine neue Konstellation zwischen Wahrnehmung, Ästhetik
und Wissen anzeigt. Die eine Konsequenz könnte man eine Ästhetik der Verkörperung oder des Erscheinens nennen. Denn im Grunde verfolgte Goethe am
Beispiel der Wolken einen Prozess, der bereits im Zentrum seiner Farbenlehre
stand. Auch die Farbenlehre hatte es ja weniger mit farbigen Dingen oder Farb-
merkmalen zu tun, als mit Farbereignissen, die Goethe mit seinen umständlichen
und endlosen Versuchsreihen erprobte. Und auch diese Farbereignisse beginnen
– zusammen mit den Wolken – im Trüben, in jenem Milieu oder Medium zwischen Licht und Dunkel, das wie Platons *chora* einen undifferenzierten Raum der
Weltwerdung umschließt. Goethe schreibt: Hier, im Trüben, geschieht eine »erste leiseste Raumerfüllung, gleichsam der erste Ansatz zu einem Körperlichen«;
hier bildet sich die »zarteste Materie, die erste Lamelle der Körperlichkeit«.[22] Das
trübe Medium ist also der Ort, wo sich an der Grenze des Sichtbaren intensive
Differenzen, d.h. Kräftegefälle, Spannungen, Turbulenzen, Schwingungen usw.
in Extensionen, in erste Anzeichen von Farben, Sichtbarkeiten und ausgedehnten Körpern übersetzen. Eine Ästhetik der Form, der Gestalten und Figuren wird
damit von einer Ästhetik des Erscheinens überholt.

20. Gilles Deleuze: *Logik des Sinns*, Frankfurt a. M. 1993, S. 19ff., S. 29ff., S. 48ff., S. 260; ders.:
Differenz und Wiederholung, München 1992, S. 202.
21. Goethe: »Versuch einer Witterungslehre 1825«, in: FA I/25, S. 293; Luke Howard: *On
the Modifications of Clouds* (1802/03), Neudruck, hg. von Gustav Hellmann, Berlin 1894, S. 3
(Howard spricht hier von der »countenance of the sky«).
22. Goethe: »Das Trübe«, in: LA I/8, S. 127.

LUFT UM 1800

Zugleich aber findet hier – und das ist die andere Fortsetzung – eine folgenreiche Ausweitung des ästhetischen Felds statt. Besonders zwei Einfälle sind an Goethes später Witterungslehre markant, nämlich erstens seine »tellurische Hypothese« und zweitens seine überraschende Apologie von Instrumentenkultur, vor allem des Barometerstands. Beides hängt miteinander zusammen. Denn Goethes verwegene These, dass nämlich alle Wettererscheinung vom Luftdruck und dieser vom Ein- und Ausatmen der Erde abhängt, folgt nicht nur einer Blickwendung, die von einer Physik des Weltalls zu einer irdischen Meteorologie geführt hat; sie macht vielmehr ein neues Urphänomen aus, eben das Atmen, das – wie Goethe sagt – die »Lebendigkeit« der Erde anzeigt und sich im Schwanken des Barometerstands niederschlägt. Gegenüber Eckermann hat Goethe bemerkt: »die Veränderung des Wetters, der höhere oder tiefere Stand des Barometers […] ist rein tellurisch. / Ich denke mir die Erde mit ihrem Dunstkreise gleichnisweise als ein großes lebendiges Wesen, das im ewigen Ein- und Ausatmen begriffen ist«.[23] Wie phantastisch, bizarr oder schlicht falsch diese Hypothese sein mag – sie umfasst dennoch einige systematische Faktoren, die von nun an zu einer Wissenschaft und Ästhetik des Lebendigen gehören werden.

Erstens. Damit hat Goethe nämlich das Atmen als erste und elementare Vitalfunktion benannt und verweist nicht nur auf eine anti-phlogistische Chemie, sondern auf jene berühmten Akademieschriften, in denen Lavoisier seit 1777 das Kriterium von Lebensprozessen von der Zirkulation zur Respiration verschob. Als langsame Verbrennung ist die Atmung zum zentralen Regulator physiologischer Operationen geworden; Leben hängt damit von der Qualität des Luftgemischs, von seinem Sauerstoff-Anteil ab, und Organismen erweisen sich als Verbrennungsmaschinen. »In dieser Hinsicht«, schreibt Lavoisier, »sind atmende Lebewesen wahrhaft entzündliche Körper, die brennen und sich verzehren.«[24] War das Herz einmal Zentralorgan einer physiologischen Infrastruktur, die sich durch den internen Umlauf von Flüssigkeiten bestimmte, so hat die Lunge nun eine Funktion übernommen, die die innere Ökonomie der Organismen nur im kontinuierlichen Austausch mit Umweltzuständen reguliert.

Zweitens. Wenn Goethe die Meteorologie als »Wissenschaft der Zukunft« in Aussicht stellt, so geschieht das mit jener strengen Konsequenz, dass sie für ihn weniger als eine physikalische denn als eine Lebenswissenschaft gilt. Die Lehre von atmosphärischen Zuständen oder eine »Ärologie« (wie Herder das nannte) findet ihren Fluchtpunkt in der Analyse eines »respirativen Luftraums«, in dem sich das Leben als atmosphärischer Stoffwechselprozess installiert.[25] Leben und

23. Goethe zu Eckermann, 11.4.1827, in: Johann Peter Eckermann: *Gespräche mit Goethe in den letzten Jahren seines Lebens*, hg. von Regine Otto, München 1984, S. 210.
24. Antoine Laurent Lavoisier: »Sur la respiration des animaux« (1789), zit. nach René Taton: *Histoire générale des Sciences*, Bd. 2: *La Science Moderne de 1450 à 1800*, Paris 1996, S. 622. – Vgl. Goethe: »Versuch über Witterungslehre«, in: FA I/25, S. 274f., S. 278. Entsprechend hatte Goethe vom Verdienst der »antiphlogistischen Chemie« gesprochen (ebd., S. 299f.), und entsprechend wurden die Werke Lavoisiers von Howard »wie die aufgehende Sonne« begrüßt (Luke Howard an Goethe, in: FA I/25, S. 247). Siehe auch Goethe: »Luft«, in: LA I/11, S. 76: »Atemholen, Zirkulation des Bluts, Zustand der Nerven.«
25. Johann Gottfried Herder: *Ideen zur Philosophie der Geschichte der Menschheit*, in: ders.: *Schriften. Eine Auswahl aus dem Gesamtwerk*, hg. von Walter Flemmer, München 1960,

Luft, Atmung und Atmosphäre, Witterung und Vitalität sind nun unmittelbar aufeinander bezogen. Menschen sind »Völker des Luftmeeres«; Atmosphäre ist »Schicksal«, von ihr hängt »unser Dasein, das Dasein alles höheren Lebendigen« ab; und »alles Lebendige« – so heißt es schließlich – »bildet eine Atmosphäre um sich herum«.[26] Die frühe Meteorologie entdeckt den Menschen als Lebewesen, das in der Atmosphäre lebt; und in Goethes eigenwilliger Fassung versteht sie sich als Biosphären-Wissenschaft.

Drittens. Wenn Goethe am Leitfaden seiner Wolken- und Witterungsstudien das Schwanken des Barometers als Grund aller Wetterbeobachtung und als »symbolische Aeusserung« des meteorologischen Ur- und Hauptphänomens begreift[27], so gewinnt das Symbolische darin eine – auch für Goethe – prekäre Gestalt: Eine unsichtbare Kraft übersetzt sich in ein Zeichen, das diesseits der Bildhaftigkeit bleibt. Und dies verweist schließlich auf eine Ausweitung der Sinne und der Sinnesorgane, es verweist auf eine Wahrnehmung, die außerhalb der Anschauung operiert. Im Atmosphärischen formiert sich ein neues *aistheton*. Wie etwa für Howard die Haut – neben der Lunge – zu einem besonderen Witterungsorgan geworden ist,[28] so erschließt sich für Goethe die Wettergestalt in einem Bereich unbestimmter Fühlbarkeit. Diese unbestimmte Ausweitung des sinnlichen Felds geht aber zugleich mit einer höchsten Wahrnehmungsintensität zusammen. Schon während seiner Schweizer Gebirgsreisen, 1779, hat Goethe bemerkt, dass man Wolken nicht einfach – wie »Streichvögel« oder »Teppiche« – vorüberziehen sieht, sondern ganz unmittelbar von ihnen umhüllt und aller Sichtbarkeit beraubt wird. Gerade hier aber, so heißt es, fühlt man die »ewige innerliche Kraft der Natur«, man fühlt, wie sie sich »ahnungsvoll durch jede Nerve« bewegt.[29] Was sich hier also, diesseits aller Anschauung, fühlbar und nur fühlbar macht, ist die ekstatische Wirksamkeit des Lebens selbst. Einer der ersten Ballonfahrer, der Konstrukteur Jacques Charles, hatte einmal bemerkt, dass man sich in 3000 Meter Höhe selbst leben höre;[30] und was Goethes Witterungssinn schließlich entdeckt, ist nicht dieser oder jener Wahrnehmungsgegenstand, nicht diese oder jene Sensation, sondern jenes Selbstverhältnis, mit dem sich die Lebenstätigkeit dem lebenden Organismus mitteilt. Wolken- und Witterungslehre streben damit auf einen Sensualismus des Unwahrnehmbaren zu, dessen Modell in der Atmung, dessen ästhetisches Feld aber in der Lebens-Fühlung besteht. In-der-Welt-Sein bedeutet hier also: In-der-Luft-Sein; und dieses wiederum: Im-Atembaren-Sein.[31]

S. 78f.; Goethe: »Luft«, in: LA I/11, S. 76.

26. Goethe: »Älteres, beinahe Veraltetes«, in: LA I/8, S. 362.

27. Goethe: »Versuch einer Witterungslehre«, in: FA I/25, S. 276, S. 278; vgl. LA I/11, S. 262.

28. Vgl. Howard: »Eine Probe von Hrn. Lukas Howard's meteorologischen Monatsberichten«, in: *Annalen der Physik*, Neue Folge, Bd. 21, Leipzig 1815, S. 69f.

29. Johann Wolfgang von Goethe: »Briefe aus der Schweiz. Zweite Abtheilung«, in: ders.: *Goethes Werke*, hg. im Auftrage der Großherzogin Sophie von Sachsen, Weimar 1887–1919, Abt. I, Bd. 19, S. 271f.; vgl. Sommerhalder: ›*Pulsschlag der Erde*‹, a.a.O., S. 98f.

30. Zit. nach Hamblyn: *Erfindung der Wolke*, a.a.O., S. 94.

31. Vgl. Peter Sloterdijk: *Luftbeben. An den Quellen des Terrors*, Frankfurt a. M. 2002, S. 47ff.

Der Blick in die Wolken vermisst am Beginn des 19. Jahrhunderts also nicht mehr astronomische Klarheit und den Einblick in die Gesetze der Kosmologie; er ermisst an ihnen vielmehr die Grenze dessen, was später einmal Biosphäre heißen wird. Unter den Wolken regieren nicht Schatten und Dämmerung, sondern Stoffwechsel und Respiration. Goethes Wolken- und Witterungslehre lässt sich in dieser Hinsicht als Ästhetik des Lebendigen verstehen, als Arbeit an einer ästhetisch-klimatischen Urteilskraft. Und hier wird ein neuer Sinnes- und Organverbund hergestellt; hier – so wurde das später von John Ruskin formuliert[32] – bietet die Wolke dem Auge, was die Luft für die Lunge ist.

32. Vgl. Hubert Damisch: *Théorie du nuage. Pour une histoire de la peinture*, Paris 1972, S. 258.

Sektion 2
Ästhetisches Leben

Einleitung

Die Disziplin der Ästhetik, die sich zwischen 1750 und 1800 parallel zur Biologie entwickelt, setzt von Beginn an einen starken Akzent auf den Begriff des Lebens. Dies zu konstatieren, bedeutet noch nicht, ein homologes Verständnis des Lebensbegriffes anzunehmen, welches beiden Disziplinen vorherginge. Ein genauer Blick auf die ästhetische Diskussionslage erweist vielmehr, dass der Lebensbegriff der Ästhetik einer komplexen Genealogie gehorcht. Im Kern ist dieser von einem polaren Spannungsverhältnis geprägt, er organisiert sich um einen Versuch der Vermittlung einander widerstrebender Momente. Es zeigt sich, dass Ästhetik in vielschichtiger Ausgestaltung um das Konzept des Lebens kreist, ohne dass dieses mit einem biologisch gefassten Lebensbegriff zur Deckung zu bringen wäre.

Zentral für die Ästhetik ist zunächst das Erbe des traditionellen rhetorischen Topos der Lebendigkeit, der noch bei Baumgarten über das Ideal einer extensiven Darstellung an die Regeln der Vollkommenheit gebunden ist. In Kants Wiederaufnahme des Topos erscheint der Bezug auf das Leben in Struktur und Bedeutung dann nahezu spiegelbildlich verkehrt. Was bei Baumgarten objektives Moment einer Vielheit der Darstellung war, wird in Kants *Kritik der Urtheilskraft* zu einer sich selbst verstärkenden Lust, zu einer Beförderung des Lebensgefühls, die ihren angestammten Ort im Subjekt findet. Damit geht einher, dass Kant anstelle der Lebendigkeit eher den Begriff des Lebens akzentuiert (vgl. den Beitrag von Winfried Menninghaus).

Diese Spannung im Lebensbegriff trägt sich auch auf anderen Ebenen ein, wo sie konkrete Effekte in den Texten der einzelnen behandelten Autoren zeitigt. Nachvollziehen lässt sich diese Spannung etwa in der Verbindung von biographischem und künstlerischem Material. In der Rekonstruktion von Goethes *Italienischer Reise*, in der Goethe Biographie, Botanik und Kunst in ein Wechselspiel vielfältiger Verweise verwebt, wird darüber hinaus deutlich, wie sehr der Tod den dialektischen Konterpart des Lebens bildet (vgl. in diesem Band Frank Fehrenbach). Im Licht realer geschichtlicher Phänomene (wie etwa der Französischen Revolution) gelesen, eröffnen ästhetische Kategorien hingegen mitunter noch andere, und zwar politische Dimensionen. Entsprechende Theorien des Erhabenen und mehr noch des Ungeheuren finden in den Dramen Schillers zwei paradigmatische Ausgestaltungen (vgl. den Beitrag von Felix Ensslin).

Die hier skizzierten Polaritäten der ästhetischen Theorie setzen ein oszillierendes Moment frei, das auch als singuläre Momentaneität des Lebens angesehen werden kann. Zeigen sich bei Kant solche Figuren in der Theorie der Weile oder des *conviviums* (vgl. dazu wiederum Winfried Menninghaus), so sind in Goethes *Italienischer Reise* ereignishafte Momente polyvalent aufgeladen: rückwirkend fiktionalisiert, von biographischer Bedeutung, sind diese Momente naturwissenschaftlich wie ästhetisch bedeutsam. In der Urpflanze als symbolischem Zeichen können Kunst und Leben schließlich eine Symbiose eingehen.

ÄSTHETISCHES LEBEN

Neben den verdichteten Szenen der Durchdringung von ästhetischer und Lebenstheorie entspringen auf der anderen Seite Ängste und Befürchtungen überall dort, wo ordnende Mechanismen das Leben nicht mehr greifen können, sich das Leben verselbständigt und deshalb der Regulierung unterstellt wird. Wo das Leben nicht mehr Mechanismen gehorcht, bedarf es Maßnahmen der Kontrolle, die es in eine geschlossene Form bringen. Angedacht ist das schon beim frühen Kant, bei dem das »eigentliche Leben« dem Menschen erst über die Regulierung eines animalischen Lebens ermöglicht wird, dessen Unbestimmtheit jedoch ihre Schatten in die Theorie einträgt (vgl. den Beitrag von Jan Völker). Im ästhetischen Blick auf das Leben erscheinen so bereits im 18. Jahrhundert die im Begriff selbst angelegten, unauflösbaren Divergenzen. Dass die ästhetische Theorie im Umgang mit diesen ihre größte Herausforderung findet, und der Ästhetiker zum Chemiker des Lebendigen wird, hatte Schiller schon im ersten seiner *Briefe über die ästhetische Erziehung* festgehalten: »Wie der Scheidekünstler, so findet auch der Philosoph nur durch Auflösung die Verbindung und nur durch die Marter der Kunst das Werk der freiwilligen Natur. Um die flüchtige Erscheinung zu haschen, muss er sie in die Fesseln der Regeln schlagen, ihren schönen Körper in Begriffe zerfleischen und in einem dürftigen Wortgerippe ihren lebendigen Geist aufbewahren.«[1]

Jan Völker

1. Friedrich Schiller: *Über die ästhetische Erziehung des Menschen in einer Reihe von Briefen*, in: ders.: *Sämtliche Werke, Erzählungen, Theoretische Schriften*, hg. von Wolfgang Riedel, München 2004 ,V, S. 571 (*Erster Brief*).

Frank Fehrenbach

Bravi i morti!
Emphasen des Lebens in Goethes *Italienischer Reise*

Am 28.11.1786 – während des ersten römischen Aufenthaltes – besucht Goethe
die Sixtinische Kapelle in Begleitung Tischbeins. Die Besucher lassen sich vom
Kustoden die Galerie aufschließen, die unter der Decke verläuft und erhalten so
die Gelegenheit, Michelangelos Fresken aus unmittelbarer Nähe zu betrachten –
in jeder Beziehung ein Fall für Schwindelfreie. Goethe ist angesichts des »größten
Meisterstücks« vollständig »für Michelangelo eingenommen«.[1] Aber die Übermacht des Kunstwerks verhindert jene perzeptive Metamorphose, die Goethe
sonst an sich beobachten kann, »meine alte Gabe, die Welt mit Augen desjenigen
Malers zu sehen, dessen Bilder ich mir eben eingedrückt«.[2] Die Sehnsucht nach
der durch Kunst neu gesehenen Natur wird vor Michelangelos Fresken nicht
geweckt, weil das Werk über Goethes Fassungskraft geht. Gleich im Anschluss
besuchen die Freunde die nahe gelegenen vatikanischen Loggien Raffaels. Unter
dem Eindruck von Michelangelos Werk erscheinen diese aber bloß »geistreich«
und »schön«. Nach einem irritierend ambivalenten Kunstgenuss »schleichen« die
Besucher in die Villa Pamphilj, »fast bei zu warmem Sonnenschein« und bleiben
dort bis zum Abend. In dieser Zeit »gingen meine botanischen Spekulationen
an«, schreibt Goethe. Er setzt sie auch am nächsten Tag fort und bemerkt, dass
»man erst hier begreifen [lernt], was eine Knospe sei«. Zuletzt stellt er fest, dass
sein eigenes Leben durch die Erfahrung Italiens einer radikalen Metamorphose
ausgesetzt ist. »Ob ich gleich noch immer derselbe bin, so mein' ich, bis aufs in-
nerste Knochenmark verändert zu sein.«[3]

Die Konstruktion in der späteren Redaktion der *Italienischen Reise* ist eindeutig: Die keineswegs unproblematische Betrachtung der Kunst (in diesem Falle
Michelangelos und Raffaels) geht über in botanische »Spekulationen« vor dem
Hintergrund eines völlig veränderten individuellen Lebensgefühls. Kunst – Botanik – Biographie: Um die kunstvolle Verschränkung dieser drei Motivbereiche
im Zeichen des Lebens innerhalb der *Italienischen Reise* wird es in der folgenden
Skizze gehen.[4] Die »Wiedergeburt«, die Goethe in Italien mehrfach an sich beob-

---

1.   Johann Wolfgang von Goethe: *Italienische Reise*, in: ders.: *Goethes Werke*, Hamburger
Ausgabe in 14 Bänden, hg. von Erich Trunz, *Autobiographische Schriften III*, komm. von Herbert v. Einem, München [13]1994, XI, S. 145. Im Folgenden zitiert mit der Sigle HA. – Ich danke
Johannes Endres, Riverside CA, und Jan Völker für wichtige Hinweise und Korrekturen.
2.   Ebd., S. 86.
3.   Ebd., S. 146.
4.   Grundlegend zu Goethes *Italienischer Reise*: Otto Harnack (Hg.): *Zur Nachgeschichte
der italienischen Reise. Goethes Briefwechsel mit Freunden und Kunstgenossen in Italien
1788–1790*, Weimar 1890; Wilhelm Bode: *Goethes Leben: Die Flucht nach Süden. 1786–1787*,
Berlin 1923; ders.: *Goethes Leben: Rom und Weimar. 1787–1790*, Berlin 1923; Kurt Gersten-
berg: »Goethe und die italienische Landschaft«, in: *Deutsche Vierteljahrsschrift für Literaturwissenschaft und Geistesgeschichte* 1 (1923), S. 636–664; Hanno-Walter Kruft: »Goethe und
Kniep in Sizilien«, in: *Jahrbuch der Sammlung Kippenberg*, N.F. 2 (1970), S. 201–327; Horst
Rüdiger: »Zur Komposition von Goethes ›Zweitem römischem Aufenthalt‹. Das melodrama-
tische Finale und die Novelle von der ›schönen Mailänderin‹«, in: Stanley A. Corngold u.a.

FRANK FEHRENBACH

achtet, verbindet sich mit Überlegungen zum pflanzlichen Lebensprozess und der Erfahrung einer widerspenstigen Kunst, die in glücklichen Momenten lebendig wird. Ästhetische Lebendigkeit ist dabei zentrales Strukturmoment eines sentimentalischen Projekts, das einem verschleierten Ungeheuren[5] in stufenförmiger

(Hg.): *Aspekte der Goethezeit*, Göttingen 1977, S. 97–114; Christian Lenz: *Tischbein: Goethe in der Campagna di Roma*, Frankfurt a. M. 1979; Ursula Donat: *Goethes »Italienische Reise« als Kunstwerk*, Diss. Univ. Freiburg i.Br. 1981; Barbara Stafford: *Voyage into Substance. Art, Science, Nature and the Illustrated Travel Account 1760–1840*, Cambridge MA, London 1984; Jörn Göres (Hg.): *»...auf classischem Boden begeistert«. Goethe in Italien. Goethe-Museum Düsseldorf 1986/87*, Mainz 1986 (Kat. Ausst.); Helmut Pfotenhauer: »Der schöne Tod. Über einige Schatten in Goethes Italienbild«, in: *Jahrbuch des Freien Deutschen Hochstifts 1987*, S. 134–157; Peter Sprengel: »Sizilien als Mythos. Das Sizilienbild in Goethes ›Italienischer Reise‹«, in: Albert Meier (Hg.): *Ein unsäglich schönes Land. Goethes »Italienische Reise« und der Mythos Siziliens*, Palermo 1987, S. 158–179; Albert Meier: »Seekranke Betrachtungen auf der Königin der Inseln. J.W. Goethes Sizilienerfahrungen im Zusammenhang der ›Italienischen Reise‹«, in: *Germanisch-Romanische Monatsschrift*, N.F. 39 (1989), S. 180–195; Horst Claussen: »›Gegen Rondanini über...‹ Goethes römische Wohnung«, in: *Goethe-Jahrbuch* 107 (1990), S. 200–216; Nicholas Boyle: »Eine Stunde in Paestum: Goethes Begegnung mit der Antike 1787«, in: Eijirô Iwasaki (Hg.): *Begegnung mit dem Fremden. Grenzen – Traditionen – Vergleiche*. Akten des VIII. Internationalen Germanisten-Kongresses in Tokyo 1990, München 1991, S. 180–190; Sabine Schulze (Hg.): *Goethe und die Kunst. Schirn-Kunsthalle, Frankfurt a. M. 1994*, Stuttgart 1994 (Kat. Ausst.); Michele Cometa: *Goethe e i Siciliani. Gli incontri segreti del viaggio in Italia*, Palermo 1997; Volker Wahl: »Goethes Italienreise als Zäsur in seinen amtlichen Verhältnissen in Weimar«, in: K. Scheurmann; U. Bongaerts-Schomer (Hg.): *»... endlich in dieser Hauptstadt der Welt angelangt!« Goethe in Rom. Casa di Goethe, Rom 1997*, 2 Bde., Mainz 1997 (Kat. Ausst.), Bd. 1, S. 60–71; Theodor Hetzer: »Über Goethes ›Italienische Reise‹«, in: ders.: *Schriften*, hg. von G. Berthold, Stuttgart 1998, Bd. 9, S. 291–316; Roberto Zapperi: *Das Inkognito. Goethes ganz andere Existenz in Rom*, München 1999; Italo Michele Battafarano: *Die im Chaos blühenden Zitronen. Identität und Alterität in Goethes Italienischer Reise*, Bern 1999; Willi Hirdt; Birgit Tappert (Hg.): *Goethe und Italien*, Bonn 2001; Patrizio Collini: »Nel nome del padre: Goethe e Venezia«, in: *Goethe und Italien*, a.a.O., S. 57–67; Norbert Miller: *Der Wanderer. Goethe in Italien*, München 2002; Christof Thoenes: »›In einem neuen Lande‹. Fußnoten zu Goethes Italienischer Reise«, in: Udo Grote (Hg.): *Westfalen und Italien. Festschrift für Karl Noehles*, Petersberg 2002, S. 299–317; Joachim von der Thüsen: »Les volcans de Goethe. Géologie et esthétique dans Le Voyage italien«, in: Dominique Bertrand (Hg.): *Mémoire du volcan et modernité*, Paris 2004, S. 139–150. Die reiche Literatur zur *Italienischen Reise* vollständig ignorierend, spekuliert Richards über die naturwissenschaftlichen und ästhetischen Konsequenzen von Goethes angeblichem Verlust der Jungfräulichkeit in Italien (»his experiences in Sicilian parks and Roman arms«; Robert J. Richards: »The Erotic Authority of Nature: Science, Art, and the Female during Goethe's Italian Journey«, in: Lorraine Daston; Fernando Vidal [Hg.]: *The Moral Authority of Nature*, Chicago 2004, S. 127–154, hier: S. 145). – Zu Goethes italienischen Zeichnungen: Hein-Thomas Schulze Altcappenberg: »Zwischen Ideal und Wirklichkeit. Zum Verständnis der Goethe-Zeichnungen«, in: *»...auf classischem Boden begeistert«. Goethe in Italien*, a.a.O., S. 99–112; Werner Busch: »Die ›große simple Linie‹ und die ›allgemeine Harmonie der Farben‹. Zum Konflikt zwischen Goethes Kunstbegriff, seiner Naturerfahrung und seiner künstlerischen Praxis auf seiner italienischen Reise«, in: *Goethe-Jahrbuch* 105 (1988), S. 144–160; Norbert Miller: »Der Dichter als Landschaftsmaler«, in: *Goethe und die Kunst*, a.a.O., S. 379–407; Frank Fehrenbach: »›Das lebendige Ganze, das zu allen unsern geistigen und sinnlichen Kräften spricht‹. Goethe und das Zeichnen«, in: Peter Matussek (Hg.): *Goethe und die Verzeitlichung der Natur*, München 1998, S. 128–156; ders.: »›... ich fühle und sehe was ihnen fehlt‹. Goethe e l'arte del disegno«, in: Gian Franco Frigo u.a. (Hg.): *Arte, scienza e natura in Goethe*, Turin 2005, S. 127–169; Petra Maisak: *Johann Wolfgang Goethe. Zeichnungen*, Stuttgart 2001.

5.   Zum »Ungeheuren« bei Goethe vgl. Hermann Schmitz: »Das Ganz-Andere. Goethe und das Ungeheure«, in: *Goethe und die Verzeitlichung der Natur*, a.a.O., S. 414–435.

Annäherung begegnet und dabei stets von dessen dialektischem Schatten, dem Tod, begleitet wird – dem »Kunstgriff, viel Leben zu haben«.[6] Anders formuliert: Als »fortrauschendes« besitzt »Leben« eine prokreative Kraft[7], die mächtige und krisenträchtige biographische Prozesse umgreift; »daß nirgend ein Bestehendes, nirgend ein Ruhendes, ein Abgeschlossenes [...] daß vielmehr alles in einer steten Bewegung schwanke«.[8] Anders als in der Konzeption von ästhetischer Lebendigkeit in Antike und Renaissance[9] kann hier aber das »allen vergönnte[] grenzenlose[] und unverwüstliche[]Leben« nicht mehr von seiner gesellschaftlichen Dynamik abgelöst werden; als überwundene Entfremdung gefährdet »die Fülle des Triebs«[10] die Konventionen der spätfeudalen und bürgerlichen Gesellschaft. Nur in der Balance polarer Kräfte (»Form« vs. »Stoff«; »Spiralsystem« vs. »Vertikalsystem«; »dem Unleben hingegebene Hüllen«)[11], zuletzt im biographischen Verzicht, in der künstlerischen Form und in der biologischen Katastrophe des Todes kann das »Leben« zur Gestalt finden, ohne in der Produktion »einer unzähligen Menge gleicher Individuen« auszuwuchern[12] oder, als ungehinderte Metamorphose, ins »Formlose« zu führen und »das Wissen« aufzulösen.[13] Goethes *Italienische Reise* ist daher von den vielfach verschlungenen Erfahrungen der biographischen Endlichkeit, der gefährdeten ästhetischen Lebendigkeit und der chthonischen Kräfte der Natur tief geprägt. Die Entdeckung der »Urpflanze« geschieht ebenso im Nachhall lebendig gewordener geschichtlicher Kunst und individueller Neugeburt wie angesichts gegenstrebiger Mächte – Abschied, künstlerische Resignation (als Zeichner)[14] und dem Feuer der Vulkane.

Am 1.11.1786, unmittelbar nach der Ankunft in Rom, ruft Goethe begeistert aus: »Alle Träume meiner Jugend seh' ich nun lebendig« und bezieht sich dabei auf die bisher nur aus Reproduktionen bekannten klassischen Kunstwerke der Ewi-

---

6. Goethe: »Die Natur. Fragment«, in: HA, *Naturwissenschaftliche Schriften I*, komm. von Dorothea Kuhn; Rike Wankmüller, XIII, S. 46.
7. Goethe: »Betrachtungen über Morphologie«, in: HA XIII, S. 121 und »Geschichte meiner botanischen Studien«, in: HA XIII, S. 166.
8. Goethe: »Die Absicht eingeleitet«, in: HA XIII, S. 55.
9. Vgl. dazu Frank Fehrenbach: Lemma »Lebendigkeit«, in: Ulrich Pfisterer (Hg.): *Metzler Lexikon Kunstwissenschaft. Ideen, Methoden, Begriffe*, Stuttgart, Weimar 2003, S. 222–227; Fredrika Jacobs: *The Living Image in Renaissance Art*, Cambridge 2005; die Beiträge in Ulrich Pfisterer; Anja Zimmermann (Hg.): *Transgressionen / Animationen. Das Kunstwerk als Lebewesen*, Berlin 2005.
10. Goethe: »Schicksal der Druckschrift«, in: HA XIII, S. 108.
11. Goethe: »Die Absicht eingeleitet«, in: a.a.O., S. 59; vgl. »Bildungstrieb«, in: ebd., S. 34; »Die Metamorphose der Pflanzen«, in: ebd., S. 97f.; »Spiraltendenz der Vegetation«, in: ebd., S. 133.
12. Goethe: »Die Absicht eingeleitet«, in: a.a.O., S. 57.
13. Goethe: »Probleme«, in: HA XIII, S. 35. – Zum Konzept des »Lebens« um 1800 vgl. André Pichot: *Histoire de la notion de la vie*, Paris 1993, S. 579–688 (Lamarck); Robert J. Richards: *The Romantic Conception of Life. Science and Philosophy in the Age of Goethe*, Chicago 2002; Kristian Köchy: *Perspektiven des Organischen. Biophilosophie zwischen Natur- und Wissenschaftsphilosophie*, Paderborn 2003, bes. S. 263ff.; S. 339ff; S. 439ff.; Regine Kather: *Was ist Leben? Philosophische Positionen und Perspektiven*, Darmstadt 2003, S. 65ff.
14. Dazu ausführlich Fehrenbach: »›Das lebendige Ganze, das zu allen unsern geistigen und sinnlichen Kräften spricht‹. Goethe und das Zeichnen«, in: *Goethe und die Verzeitlichung der Natur*, a.a.O.

gen Stadt.[15] Er vergleicht seine Situation mit derjenigen Pygmalions. Der mythische Bildhauer kennt das Werk seiner Hände durch und durch und erfährt nun, durch die göttliche Belebung, ein völlig anderes, das alles vorher Gewusste übersteigt: »wie anders war die Lebendige als der tote Stein!«[16]

Die Lebendigkeit der italienischen Kunst ist selbst ein Topos mit langer Vorgeschichte. Giorgio Vasari schreibt seine Geschichte der italienischen Kunst als Wiedergeburt einer Totgeglaubten.[17] Diese Wiedergeburt gipfelt zuletzt im Schein des Lebens. In der *terza maniera* nach 1500 – die Leonardo da Vinci aufschließt – scheinen die Werke zu atmen, zu sprechen, sich zu bewegen. In dieser Geschichtskonstruktion ist es das Italien der Renaissance, das die Kunst durch lebendige Werke neu belebt. Die Lebendigkeit bleibt zentraler Topos des italienischen Kunstdiskurses. Gianlorenzo Berninis Biographen etwa sprechen dem Bildhauer noch am Ende des 17. Jahrhunderts zu, den Stein mithilfe seiner *spiriti* zu beleben; von sich selbst sagt er stolz, dass er den Marmor deshalb wie *pasta* zu biegen vermöge.[18] Während Frankreich seit dem 17. Jahrhundert für sich die Leitkategorie »ordre« – »raison« beansprucht,[19] war das *Leben* der Kunst dauerhaft in Italien beheimatet. Winckelmann begründet dies bekanntlich mit den klimatischen Besonderheiten Griechenlands und Italiens.[20] Goethe steht in der Kontinuität dieser Vorstellung. Die »Lebhaftigkeit ihres Genies« ließ die Maler (allen voran Tizian) »himmlische, aber wahre Gestalten hervorbringen«.[21] Das Wort Renaissance wird von Goethe schön als »Auflebung« übersetzt.[22]

Wie sich die dreifache Lebendigkeit von Kunst, Botanik und Biographie miteinander verschlingt und gegenseitig befördert, ist das große Thema der *Italienischen Reise*. Das »fortrauschende« und zugleich potentiell entgleitende Leben ist dabei stets von seinem dialektischen Schatten, dem Tod, begleitet. Vor dem biographischen Hintergrund, der die Wiedergeburt feiert, wird das durch die ersten und letzten Worte der *Italienischen Reise* deutlich gemacht. Das Motto: *Auch ich in Arkadien!*, das Goethe der ersten Auflage voranstellt, verweist in Guercinos (Abb. 1) und Poussins Gemälden auf die Gegenwart des Todes, mit dem ahnungslose, jugendliche Hirten konfrontiert werden.[23]

---

15. HA XI, S. 126.
16. Ebd. – Zum Pygmalionmotiv in der Bildenden Kunst jetzt umfassend: Victor I. Stoichita: *L'effetto Pigmalione. Breve storia dei simulacri da Ovidio a Hitchcock*, Mailand 2006.
17. Vgl. Frank Fehrenbach: »Kohäsion und Transgression. Zur Dialektik des lebendigen Bildes«, in: *Transgressionen / Animationen*, a.a.O., S. 1–40.
18. Vgl. dazu Frank Fehrenbach: »Bernini's Light«, in: *Art History*, 28/1 (2005), S. 1–42.
19. Vgl. Hans Körner: *Auf der Suche nach der »wahren Einheit«. Ganzheitsvorstellungen in der französischen Malerei und Kunstliteratur vom mittleren 17. bis zum mittleren 19. Jahrhundert*, München 1988, S. 44ff. und passim.
20. Vgl. Johann Joachim Winckelmann: *Geschichte der Kunst des Altertums*, Wien 1934 (ND Darmstadt 1993), S. 41f. (hier auch über griechische Dichtung: »wie mit lebendigen Farben«).
21. HA XI, S. 62.
22. Ebd., S. 370.
23. Vgl. Petra Maisak: »Et in Arcadia ego. Zum Motto der Italienischen Reise«, in: »*...auf classischem Boden begeistert*«, a.a.O.; Ivana Panochová: »Guercino's Et in Arcadia ego. A Commentary on the Interpretations«, in: *Umení* 51 (2003), S. 3–12.

Abb. 1: Guercino: *Et in Arcadia Ego*, um 1618. Rom: Galleria Nazionale d'Arte Antica.

Und als Goethe die Ewige Stadt im April 1788, mitten im Frühling, verlässt, vermag er den Schmerz nicht in einer eigenen Dichtung zu objektivieren, sondern kann nur die nächtliche Abschiedselegie des verbannten Ovid wiederholen.[24] Sie beschwört mit den Laren gespenstische Wesen des Totenreiches, die an Zwei- und Dreiwegen wachen und die der Wanderer nachts zu seinem Schutz anruft.[25] In der Anrufung der Laren spiegelt sich die Hoffnung Goethes, dem Wahnsinn, der in jedem großen Abschied lauert, nicht zu verfallen.[26] Aber in den Wahnsinn droht auch dasjenige zu führen, was Goethe in Italien zu finden erhoffte – der Begriff des Lebens, oder allgemeiner jeder »Naturwirkung, die wir der Idee gemäß als simultan und sukzessiv zugleich denken sollen«.[27]

Wie die eigene Biographie in Italien das neue Leben von Tod und Entsagung umstellt sieht, so verdankt Goethe auch seine Einsicht in die Metamorphose der Pflanzenwelt einer höchst ambivalenten Situation. Die »immer üppige Vegetation« des Südens wird von den chthonischen Mächten des Erdinnern, den vulkani-

24. Dazu Miller: *Der Wanderer*, a.a.O., S. 426f.
25. Vgl. Erika Simon: *Die Götter der Römer*, Darmstadt 1990, S. 119ff.
26. »In jeder großen Trennung liegt ein Keim von Wahnsinn, man muß sich hüten, ihn nachdenklich auszubrüten und zu pflegen«, HA XI, S. 531.
27. Goethe: »Bedenken und Ergebung«, in: HA XIII, S. 31f.

FRANK FEHRENBACH

schen Kräften fortwährend bedroht, siegt aber dennoch, »sich über alles Ertötete erhebend«.[28] Erst in der vulkanischen Campagna lernt man folglich verstehen, »was Vegetation ist«.[29]

Die anonyme Abfahrt aus Karlsbad erfolgt gleich nach Goethes biologischem Geburtstag. Der untergetauchte Staatsdiener modelliert die Reise in den Süden als eine religiöse Initiation und orientiert sich dabei an den hagiographischen Mustern der misstrauisch auf Distanz gehaltenen katholischen Tradition. Goethe gibt die entsprechenden Hinweise mit seinen erstaunlich breiten Ausführungen zu Filippo Neri, Träumen, Ahnungen und mit der bedeutenden Rolle, welche die Jesuiten in der *Reise* spielen; exorzistischer Höhepunkt ist Goethes *power nap* auf dem päpstlichen Thron der Sistina. Schon in Regensburg besucht er das Theater des Jesuitenkollegiums – und rühmt die »Klugheit der Jesuiten«.[30] Das Theater behagt ihm; hier erscheint, auf nordischem Boden, ein heller Abglanz der südlichen Haupteigenschaft, jener »Mit- und Selbstgenuß, wie er aus dem Gebrauche des Lebens entspringt«.[31] In München erwähnt Goethe von den nachantiken Kunstwerken einzig die Ölskizzen von Rubens; sie »haben mir große Freude gemacht«.[32] Eine Frau bietet Feigen an – Goethe nähert sich dem Leben über das katholische Süddeutschland. In der Schlucht vor dem Brenner, an der »Grenzscheide« von Nord und Süd, macht sich Goethe Gedanken über den erhabenen Gegenstand einer pulsierenden Erde, welche die Veränderungen des Wetters bewirkt. Goethe bekennt bei dieser Gelegenheit, »die Pflanzen betreffend«, seine »Schülerschaft«.[33] Im Trentino beschließt er, »nur […] die sinnlichen Eindrücke« aufzunehmen – eine Purifikation von allen mitgebrachten Begriffen und Vorurteilen.[34] Als Lohn winkt zuerst die Vitalisierung des dichterischen Mediums. In Rovereto erfährt Goethe beglückt, wie »die geliebte Sprache lebendig« wird, und am Gardasee ist es Vergils »Fluctibus et fremitu resonans Benace marino«, »dessen Inhalt lebendig vor mir steht«.[35] Dies wird begleitet vom unausgesetzten Zeichnen der Landschaft.

Anschließend, in Verona, wird zum ersten Mal die Kunst selbst lebendig. Es ist signifikant, dass es sich dabei um die antike *Grabkunst* handelt, die im Museum Maffeianum gezeigt wird. Nicht nur, dass von diesen Gräbern der Alten ein Rosenduft herüberweht. Was Goethe rührt, ist die Tatsache, dass auch auf den Mälern des Abschieds und des Todes »immer das Leben« dargestellt ist – Paare, die sich die Hände reichen, Verstorbene, die bequem lagern usw.[36] Dies gilt nicht nur

28. HA XI, S. 187.
29. Ebd., S. 208.
30. Ebd., S. 10.
31. Ebd., S. 11.
32. Ebd., S. 12.
33. Ebd., S. 19.
34. Ebd., S. 25. – »Mir ists wie einem Kinde, das erst wieder leben lernen muß«, notiert Goethe in Trient; vgl. Johann Wolfgang Goethe: *Sämtliche Werke nach Epochen seines Schaffens*. Münchner Ausgabe, hg. von Karl Richter u.a., München 1985–1998, III.1: *Italien und Weimar 1786–1790*, hg. von Norbert Miller, München 1990, S. 44. Im Folgenden zitiert mit der Sigle MA.
35. HA XI, S. 29.
36. Ebd., S. 42.

BRAVI I MORTI!

Abb. 2: Tizian: *Himmelfahrt Mariä*, um 1532. Verona: Dom.

für die antike Kunst. An Tizians *Himmelfahrt Mariä* in Verona (Abb. 2) lobt der Reisende den Blick der Madonna, der nicht gegen den Himmel, sondern gegen die zurückbleibenden Apostel gewendet ist – dem irdischen Leben zu.[37]

Genau in diesem Zusammenhang kommt es zum ersten botanischen Prodigium. »Aber merkwürdig war mir's, daß heute früh, da sie alle mit Blumen, Gemüse, Knoblauch und so vielen andern Markterzeugnissen durcheinander liefen, ihnen der Zypressenzweig nicht entging, den ich in der Hand trug. Einige grüne Zapfen hingen daran, und daneben hielt ich blühende Kapernzweige. Sie sahen alle, groß und klein, mir auf die Finger und schienen wunderliche Gedanken zu haben.«[38] In Goethes Konstruktion bemerken die italienischen »Naturmenschen« instinktiv die Aura desjenigen, der in Italien das Gesetz des formschaffenden Lebens selbst finden wird. Das Prodigium ist bezeichnenderweise antithetisch konstruiert; vier Tage später besucht Goethe in Vicenza das Herbarium des Doktor Turra. Hier »ist aber alles hin. Medizinische Praxis vertrieb die Naturgeschichte, das Herbarium wird von Würmern gespeist, der Bischof ist tot und der botanische Garten wieder, wie billig, mit Kohl und Knoblauch bepflanzt.«[39] Auch in Padua setzt sich die unvermittelte Dialektik lebendig/tot fort: Vorbereitung der späteren Synthese im Süden. Goethe besucht zunächst das anatomische Theater, wo bei größter Enge und künstlichem Licht an der fahlen Leiche demonstriert wird. Er fährt fort: »Der botanische Garten ist desto artiger und munterer.«[40] Unter einer fremden Vegetation umherwandelnd und angesichts einer leuchtenden,

37. Ebd., S. 46. Vgl. Christoph Gerhardt; Hartmut Reinhardt: »Madonnas Erdenblick. Goethe, Tizian, eine Gürtelgeschichte und eine Fernwirkung«, in: Jürgen Jaehrling u.a. (Hg.): *Röllwagenbüchlein. Festschrift für Walter Röll zum 65. Geburtstag*, Tübingen 2000, S. 251-276.
38. HA XI, S. 51.
39. Ebd., S. 54.
40. Ebd., S. 60.

»hohe[n] und breite[n] Mauer mit feuerroten Glocken der Bignonia radicans«,[41] wird Goethe zum ersten Mal vom Gedanken der Urpflanze erfasst: »Hier in dieser neu mir entgegentretenden Mannigfaltigkeit wird jener Gedanke immer lebendiger, daß man sich alle Pflanzengestalten vielleicht aus einer entwickeln könne.«[42] Der Lebensprozess der Pflanze spiegelt sich in der lebendig werdenden Idee; der anatomischen Zerstückelung antwortet die Synthesis der anschauenden Urteilskraft – jene Atmung, die »das Leben der Wissenschaft« ausmacht.[43]

Doch die stufenförmige Initiation dieser literarischen Fiktion, eine Metamorphose des Äußeren im Inneren, ist eingebettet in die erschütternde Erfahrung von Kunst, genauer: von Palladios Architektur. In Venedig bekennt Goethe, dass ihm die neu belebte Antike der Baukunst Palladios den Weg »zu aller Kunst und Leben geöffnet« hat.[44] »Die Baukunst steigt wie ein alter Geist aus dem Grabe hervor […]«.[45] Dies geschieht als ästhetische Erleuchtung. Goethe verweist auf die mystische Erfahrung Jakob Böhmes, der »bei Erblickung einer zinnernen Schüssel durch Einstrahlung Jovis über das Universum erleuchtet wurde«.[46] Der *raptus* hallt in der südlichen Umgebung nach. In Venedig bewegt man sich durch eine »bewegte Welt voll Fruchtbarkeit und Leben«.[47] Einmal mehr vermischen sich Kunst und Alltag im Motiv der Vitalität. Das zeigt sich in der Rezeptionserwartung der Bevölkerung, die das Theater als Fortsetzung des Lebens versteht und entsprechend involviert ist. Dass das Leben hier gleichsam den Tod in seine Arme schließt – und nicht umgekehrt – zeigt sich *in nuce* am begeisterten Ruf »Bravi i morti!«, der die auf der Bühne Gestorbenen vor den Vorhang ruft.[48] – »Was ist doch ein Lebendiges für ein köstliches, herrliches Ding!« entfährt es Goethe angesichts der »Wirtschaft der Seeschnecken, Patellen und Taschenkrebse« auf dem Lido.[49]

Schon dieser erste Teil der Reise ist zugleich eine biographische Verlebendigung des Lebensforschers, die auch hier auf der Metamorphose des Gleichen, Älteren (der medial vermittelten Erinnerung) beruht: Bereits in Venedig erscheint Goethe alles, als sähe er es zum zweiten Mal.[50] Doch der Gegenspieler des Lebens retardiert den Prozess der Initiation; sein Ort ist Bologna. Der Reisende sieht sich erneut, widerwillig, aufgefordert, den Tod als Mitakteur des Lebens anzuerkennen. Einstweilen wird die Malerei des katholischen Barock borniert zurückgewiesen – »man ist immer auf der Anatomie, dem Rabensteine, dem Schindanger,

---

41. Goethe: »Geschichte meiner botanischen Studien«, in: a.a.O., S. 162; vgl. »Bignonia radicans«, in: ebd., S. 127ff.
42. HA XI, S. 60.
43. Goethe: »Analyse und Synthese«, in: HA XIII, S. 51. – »Das Gebildete wird sogleich wieder umgebildet, und wir haben uns, wenn wir einigermassen zum lebendigen Anschaun der Natur gelangen wollen, selbst so beweglich und bildsam zu erhalten, nach dem Beispiele mit dem sie vorangeht.« (»Die Absicht eingeleitet«, in: ebd., S. 56.)
44. HA XI, S. 88.
45. Ebd., S. 98.
46. Ebd., S. 88.
47. Ebd., S. 65.
48. Ebd., S. 80.
49. Ebd., S. 93.
50. Ebd., S. 99.

BRAVI I MORTI!

Abb. 3: Guercino: *Grablegung und Aufnahme in den Himmel der Hl. Petronilla*, 1623. Rom: Kapitolinische Museen.

immer Leiden des Helden, niemals Handlung, nie ein gegenwärtig Interesse«.[51] Die Spannweite einer Kultur, die den Tod zum Hauptthema macht und zugleich dem Leben unterwirft, arbeitet sich aber an Goethe heran. Als er in Rom eintrifft, erschüttert ihn die Majestät der Rossebändiger (»Weder Auge noch Geist sind hinreichend, sie zu fassen«).[52] Die Papstmesse im benachbarten Quirinal bringt den Protestanten einem Konversionserlebnis nahe. »Mich ergriff ein wunderbar Verlangen, das Oberhaupt der Kirche möge den goldenen Mund auftun und, von dem unaussprechlichen Heil der seligen Seelen mit Entzücken sprechend, uns in Entzücken versetzen.« Dass sich der Papst »nur hin und her bewegt [...] sich wie ein gemeiner Pfaffe gebärdend und murmelnd«,[53] verdrießt den Enthusiasten, der hofft, dass sich auch die toten Formeln der Religion beleben mögen. Aber die widersprüchlichen seelischen Reaktionen auf diese ersten römischen Erfahrungen setzen sich in der anschließenden Betrachtung der päpstlichen Pinakothek fort. Mit Guercinos *Hl. Petronilla* (Abb. 3) erscheint der »Rabenstein« der katholischen Barockmalerei in neuem Licht: »Der Heiligen Leichnam wird aus dem Grabe gehoben und dieselbe Person neubelebt in der Himmelshöhe von einem göttlichen Jüngling empfangen.«[54]

Das Leitmotiv des ersten römischen Aufenthalts lässt sich unter dem Stichwort: Verwandlung des Sehens durch Kunst zusammenfassen. Goethe wird nicht müde, dabei die Rolle des *wiederholten* Sehens zu betonen. »Das Vergnügen des ersten Eindrucks ist unvollkommen.«[55] Dieses wiederholte Sehen verwandelt die

51. Ebd., S. 105.
52. Ebd., S. 127.
53. Ebd.
54. Ebd., S. 128.
55. Ebd., S. 133.

Anschauung des Gegenstandes selbst. »Ich fange nun schon an, die besten Sachen zum zweitenmal zu sehen, wo denn das erste Staunen sich in ein Mitleben und reineres Gefühl des Wertes der Sache auflöst«, schreibt Goethe am Weihnachtstag 1786.[56] Das »Mitleben«, in das sich die Anschauung durch Wiederholung verwandelt, ist eine Vitalisierung der Kunst auf höherer Stufe. Denn die Werke, die Goethe sieht, kennt er zumeist schon durch Reproduktionen. Diese Vorkenntnis weicht einem Staunen angesichts der Originale, die zugleich den Wunsch nach Wiederholung und vergleichendem Sehen weckt – »damit das schon Bekannte möchte in Geist und Sinn wieder neu werden«.[57] Die »Größe« der römischen Werke lässt sich nicht bequem in Erinnerungsbildern wegtragen. Sie übersteigen die Einbildungskraft. Man muss die sinnliche Anschauung immer wieder selbst erneuern. Aber das neue »Mitleben« mit den Kunstwerken ist zugleich ein geschichtliches, genetisches. »Zuerst also wird man bei dem ungeheuern und doch nur trümmerhaften Reichtum dieser Stadt, bei jedem Kunstgegenstande aufgefordert, nach der Zeit zu fragen, die ihm das Dasein gegeben«, bemerkt Goethe am 28. Januar 1787 mit Verweis auf Winckelmanns Kunstgeschichte.[58]

Goethes morphogenetische Methodologie wird zuerst von den Kunstwerken selbst gebieterisch herausgefordert, ehe sie sich auf dem Feld der Botanik bewährt. Es ist das geschichtliche Dasein der Kunstwerke, das den vergleichenden, genetischen Blick verlangt.[59] Kunstgeschichte geht der Botanik voraus. Ihr enger Zusammenhang wird stets betont, so wenn Goethe bemerkt, dass die Natur »in allen ihren Teilen wahr und konsequent ist« und die »echte Kunst [...] ebenso folgerecht ist als jene«.[60] Zugleich sucht der Anschauungen sammelnde Goethe dasjenige, was innerlich »immer wachsend, sich immer vermehren kann«.[61] Folgerichtig geht es ihm darum, dass die »Ernte« vor der Abreise nach Neapel »wenigstens niedergemäht« und »in Garben« gebunden werden kann.[62]

Im Kontext dieser absorbierenden morphogenetischen Kunsterfahrung kündigt sich in Goethes Konstruktion am Ende des ersten römischen Aufenthalts erneut die Metamorphose der Pflanzen an. Angesichts eines explosiv aufbrechenden römischen Frühlings (im Februar 1787) denkt er an Neapel und Sizilien, daran, »daß in diesen Paradiesen der Welt sich zugleich die vulkanische Hölle so gewaltsam auftut.«[63] Goethe fasst sich »Mut« und geht in diesen Tagen vermehrt zeichnen. Die – mit Karl Philipp Moritz zu sprechen – »Empfindungsfähigkeit« des kunstbetrachtenden Goethe wird in künstlerische »Bildungskraft« transformiert; dies wird dann den zweiten römischen Aufenthalt maßgeblich prägen.[64]

---

56. Ebd., S. 151.
57. Ebd., S. 448.
58. Ebd., S. 167.
59. Vgl. dazu auch den langen Brief an Knebel vom 17. 11. 1786 (*Goethes Werke*, hg. im Auftrage der Großherzogin Sophie von Sachsen [Weimarer Ausgabe], 133 Bde. [in 143], Weimar 1887–1919, Abt. IV, Bd. 8, S. 57f.).
60. HA XI, S. 149.
61. Ebd., S. 169.
62. Ebd., S. 172.
63. Ebd., S. 171.
64. Vgl. Goethes Wiedergabe von Moritz' *Über die bildende Nachahmung des Schönen* (1788) in: HA XI, S. 540.

Die gestaltende, nachahmende Tätigkeit des Zeichners Goethe bewirkt eine weitere Annäherung an die »Urpflanze«. Zwei Tage, nachdem er von seinen zeichnerischen Übungen berichtet, kann Goethe befriedigt feststellen: »Meine botanischen Grillen bekräftigen sich an allem diesen, und ich bin auf dem Wege, neue schöne Verhältnisse zu entdecken, wie die Natur, solch ein Ungeheures, das wie nichts aussieht, aus dem Einfachen das Mannigfaltige entwickelt.«[65] Gemeint ist jenes »Prinzip«, das die Metamorphose variierend entfaltet und das die Kunstbetrachtung des zweiten römischen Aufenthalts bestimmt, auch wenn Goethe dabei kaum über vage Andeutungen hinauskommen wird.

Goethes Reise nach Neapel und Sizilien geht jedenfalls in den Frühling hinein. Überall begegnen ihm fremde Pflanzen; der Früchtereichtum der Bäume ist überwältigend. Die Kunst tritt zurück. Goethe folgt auf seine Art dem Stereotyp der italienischen Kavalierstour: »Wenn man in Rom gern studieren mag, so will man hier nur leben«.[66] Außer den Gemälden von Capodimonte und den Antiken von Portici sieht Goethe kaum Kunst. Aber die »botanischen Aufklärungen [gehen] weiter und weiter [...]; es ist immer dasselbe Prinzip, aber es gehörte ein Leben dazu, um es durchzuführen. Vielleicht bin ich noch imstande, die Hauptlinien zu ziehen«, lässt Goethe am 13.3. Herder ausrichten.[67]

Kurz danach hat der Müßiggänger, der vor allem das Volksleben Neapels genießt, aber ein authentisches Pygmalionerlebnis. Der englische Gesandte Lord Hamilton, der Jünglinge dafür bezahlt, sich vor seiner Terrasse nackt im Meer zu vergnügen, lockt mit einer Sensation, die alle Besucher in Bann schlägt: einer jungen Frau »von etwa zwanzig Jahren«, die als lebendes Bild agiert. »Sie ist sehr schön und wohl gebaut. Er hat ihr ein griechisch Gewand machen lassen, das sie trefflich kleidet, dazu löst sie ihre Haare auf, nimmt ein paar Schals und macht eine Abwechslung von Stellungen, Gebärden, Mienen etc., daß man zuletzt wirklich meint, man träume.«[68] Hamilton, »der alte Ritter«, »findet in ihr alle antiken, alle schönen Profile der sizilianischen Münzen, ja den Belvederschen Apoll selbst.«[69] Tischbein beschließt sogleich, das androgyne Mädchen zu malen. Vor diesem Hintergrund einer betörenden Verlebendigung der Antike inszeniert Goethe seinen weiteren Weg in den Süden, zur Urpflanze, als Entscheidung des Fatums. »Über meine sizilianische Reise halten die Götter noch die Waage in Händen; das Zünglein schlägt herüber und hinüber«, heißt es am 17.3. Goethe überlässt die Entscheidung dem numinosen Wink: »Noch nie bin ich so unentschieden gewesen; ein Augenblick, eine Kleinigkeit mag entscheiden.«[70] Fünf Tage später siegt der Lockruf der Sirenen; Goethe erhofft sich günstige Winde, mithin das Einverständnis Fortunas. Der Reisende schließt bei dieser Gele-

---

65. Ebd., S. 175.
66. Ebd., S. 208.
67. Ebd., S. 205.
68. Zu Emma Hamilton vgl. Lori-Ann Touchette: »Sir William Hamilton's ›Pantomime Mistress‹. Emma Hamilton and her Attitudes«, in: Clare Hornsby (Hg.): *The Impact of Italy. The Grand Tour and Beyond*, London 2000, S. 123–146; Alicia Craig Faxton: »Preserving the Classical Past. Sir William and Lady Emma Hamilton«, in: *Visual Resources* 20/4 (2004), S. 259–273.
69. HA XI, S. 209.
70. Ebd., S. 210.

FRANK FEHRENBACH

Abb. 4: Gian Giacomo Caraglio (nach Raffael): *Verkündigung*, um 1550. Kupferstich.

genheit erneut Kunst und Botanik metaphernsicher kurz. Sich seiner schnellen Auffassungsgabe versichernd, stellt er fest: »Hab' ich einem Gegenstande nur die Spitze des Fingers abgewonnen, so kann ich mir die ganze Hand durch Hören und Denken wohl zueignen.«[71] *Ex ungue leonem* wird hier zur Metapher der Pflanzenmetamorphose. Später wird es Goethe – *ex folio plantas* – gelingen, aus einem Teil und seiner imaginären »Ausdehnung« und »Zusammenziehung« die ganze Pflanze wachsen zu lassen: »Alles ist Blat«.[72]

Vier Tage vor der Abreise nach Sizilien wird die Idee der Urpflanze wie ein wirkliches Inspirationserlebnis inszeniert. Am 25.3.1787 ist es soweit. Das Datum wird in der *Italienischen Reise* mit einer ostentativen und zunächst unmotiviert scheinenden »Verkündigung Mariä« präzisiert. Goethe lernt auf einer Dachterrasse die Freundin des Malers Kniep kennen, der ihn nach Sizilien begleiten wird. Als die beiden Männer die Aussicht auf Neapel und den Golf genießen, erscheint »ein gar artiges Köpfchen« in der Falltür. »Und da nun das Engelchen völlig hervortrat, fiel mir ein, daß ältere Künstler die Verkündigung Mariä also vorstellen, daß der Engel eine Treppe heraufkommt.« Bei der eher seltenen Ikonographie mag Goethe an eine durch Gian Giacomo Caraglio verbreitete Bildidee Raffaels (Abb. 4) gedacht haben.

»Dieser Engel aber war nun wirklich von gar schöner Gestalt.«[73] Aber warum das Bild des Verkündigungsengels? Wo mag sein Pendant, die *Annunziata* zu suchen sein? Goethe bleibt die Antwort nicht schuldig. Nachdem er sich verabschiedet hat und am Meer einen Spaziergang unternimmt, »still und vergnüglich«,

71. Ebd., S. 217.
72. Vgl. Goethe: »Die Metamorphose der Pflanzen«, in: a.a.O., S. 100f.; Hans Werner Ingensiep: *Geschichte der Pflanzenseele. Philosophische und biologische Entwürfe von der Antike bis zur Gegenwart*, Stuttgart 2001, S. 345f. Vgl. jetzt auch Olaf Breidbach: *Goethes Metamorphosenlehre*, Paderborn 2006.
73. HA XI, S. 221.

BRAVI I MORTI!

Abb. 5: Gregorio Tedeschi: *Santa Rosalia*, 1625. Palermo: Santuario di Monte Pellegrino.

Abb. 6: Chimäre, um 1747. Bagheria: Villa Palagonia.

geschieht es: »Da kam mir eine gute Erleuchtung über botanische Gegenstände. Herdern bitte ich zu sagen, daß ich mit der Urpflanze bald zustande bin, nur fürchte ich, daß niemand die übrige Pflanzenwelt darin wird erkennen wollen.«[74] – So wie sich Lady Hamilton, das lebende Bild antiker Skulpturen, durch Knieps Freundin in die *imago* des Erzengels Gabriel verwandelt, so wird Goethe zum lebenden Bild der inspirierten Maria, das einstweilen mit der botanischen Erleuchtung schwanger geht.

Wieder fordert die zunehmende Erfassung des Lebensgesetzes ihr biographisches Pendant. Goethe hofft, im Verlauf der weiteren Reise, immer mehr leben zu lernen (26.3.1787). Die sizilianische Kunst lässt ihn dabei weitgehend im Stich. Außer den antiken Bauwerken hebt Goethe eigentlich nur die Jesuitenkirche von Messina hervor. Der Brunnen von Piazza Pretoria in Palermo erscheint ihm monströs – eine hypertrophe Mimesis der Tierwelt, populär und geschmacklos. Ein lebendiges Bild begegnet Goethe nur einmal – bezeichnenderweise im Sanktuarium der Hl. Rosalia am Monte Pellegrino, das er am Karfreitag besucht. Der Neugierige ist von der unter dem Altar liegenden Barockskulptur der toten Heiligen (Abb. 5), die er nur kniend betrachten kann, so entzückt, dass er auf einen der ältesten Lobtopoi lebendiger Bildwerke: *spirantia signa*, zurückgreift – »Kopf und Hände, von weißem Marmor, sind, ich darf nicht sagen in einem hohen Stil, aber doch so natürlich und gefällig gearbeitet, daß man glaubt, sie müßte Atem holen und sich bewegen.«[75]

Das Gegenbild begegnet drei Tage später in Bagheria, in der Villa des Fürsten Palagonia. Während Kniep angesichts der skulpturalen Capricci des Auftraggebers mit körperlichem Unwohlsein zu kämpfen hat, kann sich Goethe vom grausen Anblick gar nicht losreißen und protokolliert »viel detailversessener und beschreibungssüchtiger als bei jedem griechischen Tempel«[76] unter anderem: »Tiere: nur Teile derselben, Pferd mit Menschenhänden, Pferdekopf auf Menschenkörper, entstellte Affen, viele Drachen und Schlangen, alle Arten von Pfoten an Figuren aller Art, Verdoppelungen, Verwechslungen der Köpfe.«[77] Was Goethe hier fasziniert, sind die letzten Chimären der frühen Neuzeit (Abb. 6).

In der additiven Kombinatorik der Körperteile begegnet ihm ein Gegenmodell zur eigenen, morphogenetischen Methode; eine Parodie der »zufälligen« Metamorphose mit ihren »monströsen, und doch in gewisse Grenzen eingeschränkten Auswüchsen«.[78] Die Chimäre bindet das Getrennte gewaltsam, sprunghaft zusammen (darüber kann man mit Horaz entweder lachen oder erschrecken, in jedem Fall aber künstlerische *licentia* bewundern), während Goethe primär an der folgerichtigen Entwicklung des Organismus aus einem »allgemeine[n], einfache[n] Prinzip« interessiert ist.[79]

---

74. Ebd., S. 221f.
75. Ebd., S. 239. Paradigmatisch: Vergil, *Georgica III*, S. 34.
76. Miller: *Der Wanderer*, a.a.O., S. 267.
77. HA XI, S. 244f.
78. Goethe: »Die Metamorphose der Pflanzen«, in: a.a.O., S. 65.
79. Goethe: »Schicksal der Handschrift«, in: HA XIII, S. 103. – Vgl. Horaz, *Ars Poetica*, S. 1–13.

Wo die Kunst fehlt, wird aber die ganze Natur zum Bild. »Man sah keine Natur mehr, sondern nur Bilder.«[80] Im Rückblick betont Goethe die synästhetische Einheit der Sizilienerfahrung, die »Klarheit des Himmels, der Hauch des Meeres, die Düfte, wodurch die Gebirge mit Himmel und Meer gleichsam in ein Element aufgelöst wurden«.[81] Dennoch, die Hoffnung, kurz vor der Abreise aus Palermo nochmals der »alten Grille« folgend, die Urpflanze zu entdecken, wird enttäuscht. Goethe will dichten, wird aber im Orto Botanico von seiner *idée fixe* verfolgt. »Eine solche [Urpflanze] muß es denn doch geben!« – Aber er endet resigniert: »Warum sind wir Neueren doch so zerstreut, warum gereizt zu Forderungen, die wir nicht erreichen noch erfüllen können!«[82]

Die anschließende Reise durch Sizilien ist entbehrungsreich. Goethe protokolliert geographische und landwirtschaftliche Besonderheiten;[83] der Ton ist häufig verdrießlich. Parallel träumt er, so die Konstruktion der *Italienischen Reise*, an seiner Nausikaa-Dichtung weiter. Sizilien: Das ist für Goethe auch die schmerzhafte Erfahrung eines Schnittes quer durch die Sprache und die sie begleitenden Anschauungen: zwischen Beobachtung und Imagination, Beschreibung und Dichtung. Natur und Geschichte erscheinen als überwältigende, zermalmende, desintegrierende Mächte. Goethes emphatische Äußerung, dass erst durch die Erfahrung Siziliens aus Italien ein inneres Bild entstehe[84], sollte vor dem Hintergrund der Begegnung mit einem fried- und ziellosen Leben gelesen werden. Manchmal ist angesichts der rohen Kräfte der Natur nicht einmal mehr für den Zeichner etwas zu holen (vor dem Jupitertempel in Agrigent). Das Gefühl, von einem guten Stern begleitet zu sein, der durch das löchrige Dach der Herberge scheint (Castelvetrano, 21.4.87), lässt den Reisenden zwar hoffen. Aber am Ende droht sich das Fazit der Inselreise für den seekranken Goethe zu einem düsteren Panorama zu schließen: »Wir hatten doch eigentlich nichts gesehen, als durchaus eitle Bemühungen des Menschengeschlechts, sich gegen die Gewaltsamkeit der Natur […] zu erhalten.«[85]

Die Überfahrt nach Neapel wird aber zur Katharsis. Goethe modelliert sie erneut am Leitbild des Heiligen. Als die Passagiere in Todesangst vor einer Havarie zu rebellieren beginnen, fordert sie der seekranke Goethe in einer flammenden Rede auf, »euer brünstiges Gebet zur Mutter Gottes [zu wenden], auf die es ganz allein ankommt, ob sie sich bei ihrem Sohne verwenden mag, daß er für euch tue, was er damals für seine Apostel getan, als auf dem stürmenden See Tiberias die Wellen schon in das Schiff schlugen, der Herr aber schlief […]«.[86] Die Rede Goethes, der hier wirklich in die Haut des Jesuiten schlüpft, hat Erfolg. Goethe aber geht, wie der angesprochene Prototyp, kaltblütig schlafen. Im Traum erscheint ihm der entsprechende Stich aus Matthäus Merians Bibel (Abb. 7).

80. HA XI, S. 240f.
81. Ebd., S. 298.
82. Ebd., S. 267.
83. Als *pars pro toto*: »Motta ist ein schöner, bedeutender Fels. Hier stehen die Bohnen als sehr hohe Stauden. Die Äcker sind veränderlich, bald sehr kiesig, bald gemischt.« Ebd., S. 289.
84. Ebd., S. 252.
85. Ebd., S. 314.
86. Ebd., S. 318.

FRANK FEHRENBACH

Abb. 7: Matthaeus Merian: *Sturm auf dem See Genezareth*, aus: Bybel Printen, Amsterdam 1650. Kupferstich.

Und als Goethe nicht wie sein Vorbild nach dessen Passion am dritten, sondern »früh am vierten Tage unserer Fahrt erwachte, befand ich mich frisch und gesund«.[87]

Im Licht dieser kathartischen Rettung des nackten Lebens muss die Rückdatierung des Briefes an Herder gedeutet werden, in dem Goethe, angeblich kaum in Neapel angekommen, die Metamorphose der Pflanzen beschreibt. Dieser Brief endet mit der lapidaren Feststellung: »Dasselbe Gesetz wird sich auf alles übrige Lebendige anwenden lassen.«[88] Der weitere Verlauf der *Italienischen Reise* versucht, diesem Anspruch gerecht zu werden. In Rom kehrt Goethe durch Raffaels Teppiche »wieder in den Kreis höherer Betrachtung« zurück. Nach dem süditalienischen Intermezzo, bei dem Goethe zuletzt in Lethargie zu verfallen drohte, stellt er nun befriedigt fest: »Ich bin fleißig […] und wachse von innen heraus.«[89] Natur und Kunst sollen ihm nun mehr denn je »lebendiger Begriff« werden. Der zweite römische Aufenthalt ist denn auch durch eine bezeichnende Metamorphose gekennzeichnet. Goethe ist weniger der Aufnehmende, Sammelnde, sondern der Tätige, rastlos Dichtende und künstlerisch Schaffende.[90] Schon in Paestum hatte Goethe bemerkt, wie wichtig die (körperliche) Aktivität bei der

87. Ebd., S. 320.
88. Ebd., S. 324.
89. Ebd., S. 350.
90. Vgl. Goethe: »Schicksal der Handschrift«, in: a.a.O., S. 102.

Erfahrung von Architektur ist: »Denn im architektonischen Aufriß erscheinen sie [die baulichen Überreste] eleganter, in perspektivischer Darstellung plumper, als sie sind, nur wenn man sich um sie her, durch sie durch bewegt, teilt man ihnen das eigentliche Leben mit; man fühlt es wieder aus ihnen heraus, welches der Baumeister beabsichtigte, ja hineinschuf.«[91] Der Neugeburt des ersten römischen Aufenthalts folgt nun Selbst-Erziehung. Die Metamorphose der Pflanzen dient dabei erneut als Paradigma biographischer Reifung im Ausnahmezustand der Reise:[92] »Formen des Aufnehmens und Gegenwirkens«[93] sind Aspekte eines identischen Prozesses, einer Gesetzlichkeit, »um lebendiges Gebild, als Muster alles künstlichen, hervorzubringen«.[94] Selten hatte Goethe, wie er später bemerkt, »operosere, mühsamer beschäftigte Tage zugebracht«;[95] die assimilierende »Spiraltendenz« pflanzlichen *und* biographischen Lebens wird erst hier mit der zielgerichteten, stabilisierenden »vertikalen Tendenz« konfrontiert.[96]

Ein letztes Mal erscheint das hier skizzierte Hauptmotiv – das eine, übermächtigprekäre Leben, das sich in Kunst, Botanik und biographischen Prozess differenziert – am Ende der *Italienischen Reise* in einer signifikanten Konstellation. Die Dattelpflanzen, die Goethe während der römischen Zeit gezogen hatte, werden bei einem Freund zurückgelassen, »wo sie noch am Leben sind, und zwar bis zur Manneshöhe herangewachsen, wie ein erhabener Reisende [sic] mir zu versichern die Gnade hatte.«[97] Die mittlerweile zur Höhe eines Menschen *emporgewachsenen* Pflanzen kontrastieren schroff mit der Besichtigung von Raffaels Schädel in der Accademia di San Luca und mit dem *unterirdischen* Gang in die Katakomben bei San Sebastiano, den Goethe unwillig bis zuletzt aufgeschoben hatte. Er ist schnell wieder heraus, »diese dumpfigen Räume erregten mir alsobald ein solches Mißbehagen, daß ich sogleich wieder ans Tageslicht hervorstieg«.[98] Nicht dem Tod, dem Leben möchte Goethe, der mit seinem nahenden Ende rechnete,[99] zuletzt nochmals begegnen.

Pygmalion steht dabei erneut Pate. Unter umgekehrten Vorzeichen wiederholt sich eine Schlüsselepisode von Vasaris Viten – Präludium zur lebendigen Kunst nach 1500. Der Maler Francesco Francia, unter anderem berühmt wegen seiner Darstellung der *toten* Hl. Cäcilie, öffnet arglos die Kiste, in der Raffaels *lebendige* Heilige (Abb. 8) nach Bologna transportiert wurde. Der Schock angesichts unerreichbarer ästhetischer Lebendigkeit führt zum raschen Tod des provinziellen Meisters.[100]

---

91. HA XI, S. 220.
92. Zur Anthropomorphisierung der Pflanze, besonders seit Linnés Betonung der pflanzlichen Sexualität, vgl. Ingensiep: *Geschichte der Pflanzenseele*, a.a.O., S. 260f.; S. 303–307 (Herder).
93. Goethe: »Das Unternehmen wird entschuldigt«, in: HA XIII, S. 53.
94. Goethe: »Schicksal der Handschrift«, in: a.a.O., S. 102.
95. Goethe: »Geschichte meiner botanischen Studien«, in: a.a.O., S. 164.
96. Vgl. Goethe: »Spiraltendenz der Vegetation«, in: a.a.O., S. 130ff.
97. HA XI, S. 548. – Vgl. Ferdinand Gregorovius: *Wanderjahre in Italien*, München 1967, S. 253ff.; Miller: *Der Wanderer*, a.a.O., S. 655, Anm. 73.
98. HA XI, S. 548.
99. »[…] die nächsten zehen Jahre, die ich höchstens noch arbeiten darf […]« (1.2.1788, an Herder; MA XV, S. 610); vgl. Miller: *Der Wanderer*, a.a.O., S. 405f.
100. Giorgio Vasari: *Le vite de' più eccellenti pittori, scultori e architettori [...]*, hg. von Ro-

FRANK FEHRENBACH

Links: Abb. 8: Raffael: *Die Hl. Cäcilie mit den Hll. Paulus, Johannes Ev., Augustinus und Maria Magdalena,* 1513–16. Bologna: Pinacoteca Nazionale.
Rechts: Abb. 9: Nymphe, röm. Kopie eines griech. Originals des 5. Jh. v. Chr. (Kopf 4. Jh.). Rom: Vatikanische Museen.

Goethe, der bekanntlich gerade dieses Gemälde Raffaels am höchsten bewunderte, hat einen ähnlichen Gegenblick zu parieren. Unter zwielichtigen Umständen wird ihm die antike Statue einer Tänzerin (oder Nymphe), die er schon in Neapel verehrte, zum Kauf angeboten (Abb. 9).[101]

Der Abreisende und Johann Heinrich Meyer eilen zum Ort, wo der Schatz aufbewahrt wird, einem Lastkahn auf dem Tiber. Der Händler »hub sogleich ein Brett von der Kiste, die auf dem Verdeck stand, und wir sahen ein allerliebstes Köpfchen, das *noch nie vom Rumpfe getrennt* gewesen, unter freien Haarlocken *hervorblickend,* und nach und nach aufgedeckt eine *lieblich bewegte Gestalt,* im anständigsten Gewande, übrigens wenig versehrt und die eine Hand vollkommen gut erhalten.«[102] Für Goethe entfaltet sich zur lebendigen Statue eine personale

sanna Bettarini, komm. von Paola Barocchi, 9 Bde., Florenz 1966-87, IV, S. 586ff.; dazu Fehrenbach: »Kohäsion und Transgression. Zur Dialektik des lebendigen Bildes«, in: *Transgressionen / Animationen,* a.a.O., S. 24.
101. Die Statue gelangte im selben Jahr in den Vatikan; vgl. dazu Miller: *Der Wanderer,* a.a.O., S. 425.
102. HA XI, S. 550 (Herv. d. Verf.). *Motus* und *sensus* sind schon Leon Battista Albertis

Beziehung – »denn eine Verbindung war es im ideell-pygmalionischen Sinne«.[103]
Aber auch hier gewinnt das Motiv der Entsagung die Oberhand: Goethe verzichtet schweren Herzens auf den begehrten Fetisch; unter der lebendigen Statue ziehen die römischen Wasser dahin – und der »pittore tedesco Möller« verlässt die Ewige Stadt, die Laren anrufend.

Hauptkriterien ästhetischer Lebendigkeit; vgl. *De pictura II*, S. 37; zu den klassischen aristotelischen Kriterien des animalischen Lebens – Selbstbewegung, Wahrnehmung und Ernährung/Reproduktion – vgl. *De anima*, II 413ab. Zu Letzterem (als Kohäsion/Bindekraft): Gad Freudenthal: *Aristotle's Theory of Material Substance. Heat and Pneuma, Form and Soul*, Oxford 1995; Frank Fehrenbach: »Calor nativus – Color vitale. Prolegomena zu einer Ästhetik des ›Lebendigen Bildes‹ in der frühen Neuzeit«, in: Ulrich Pfisterer; Max Seidel (Hg.): *Visuelle Topoi. Erfindung und tradiertes Wissen in den Künsten der italienischen Renaissance*, Berlin, München 2003, S. 151–170.

103. HA XI, S. 551.

Winfried Menninghaus

»Ein Gefühl der Beförderung des Lebens«
Kants Reformulierung des Topos »lebhafter Vorstellung«

Die klassischen *enárgeia*-Devisen der antiken Rhetorik und Poetik gelten in erster Linie dem Ziel der Veranschaulichung und der phantasmatischen Affektion des Rezipienten. Nur gelegentlich werden diese Devisen direkt mit den Begriffen »Leben« und »lebendig« zusammengedacht oder gar durch diese Verbindung erst bestimmt. In der Renaissance-Poetik dagegen figurieren »Lebhaftigkeit« und »Lebendigkeit« als viel gebrauchte Leitchiffren für lobenswerte Anschaulichkeits- bzw. Erregungsqualitäten künstlerischer Darstellung.[1] »Lebhafte Vorstellung/Darstellung« ist seitdem topisch und zu einer kardinalen *virtus* der künstlerischen Anstrengung geworden. In Baumgartens Ästhetik erfährt der Topos als *repraesentatio vivida* eine philosophische Neubestimmung. Diese wird in dem vorliegenden Aufsatz kurz skizziert, um Kants Reformulierung des Topos vergleichend entfalten zu können.

Bei Kant wird die biologische Theorie der Autopoiesis von Organismen erstmals das zentrale Moment im Denken des Topos. Das Phantasma der Anschaulichkeit eines repräsentierten Objekts oder Geschehens spielt beinahe keine Rolle mehr. In Übereinstimmung mit Kants transzendentaler Wende wird der Fokus von der Lebhaftigkeit der Vorstellung selbst und ihrer mechanisch gedachten Wirkung auf den Betrachter auf ein sich selbst verstärkendes – und sich selbst fühlendes – Geschehen im Subjekt verschoben. Die vor allem aus der Renaissance überlieferten Devisen des Wechsels der Farben kehren als generalisierte Theorie eines belebenden »Wechsels der Vorstellungen« wieder und werden ihrerseits in einer Psychologie des »Lebensgefühls« begründet.

Baumgartens »repraesentatio vivida«

In seiner Schrift *Meditationes philosophicae de nonnullis ad poema pertinentibus* (1735) gibt Baumgarten dem aus Rhetorik und Poetik überlieferten Topos der *repraesentatio vivida* eine förmliche philosophische Definition. Diese lautet:

---

1.   Vgl. dazu insbesondere die einschlägigen Arbeiten von Frank Fehrenbach: »›Das lebendige Ganze, das zu allen unsern geistigen und sinnlichen Kräften spricht‹ – Goethe und das Zeichnen«, in: Peter Matussek (Hg.): *Goethe und die Verzeitlichung der Natur*, München 1998, S. 128–156, S. 486–489; ders.: Lemma »Lebendigkeit«, in: Ulrich Pfisterer (Hg.): *Metzlers Lexikon Kunstwissenschaft. Ideen, Methoden, Begriffe*, Stuttgart 2003, S. 222–227; ders.: »Calor nativus – Color vitale. Prolegomena zu einer Ästhetik des ›Lebendigen Bildes‹ in der frühen Neuzeit«, in: Ulrich Pfisterer; Max Seidel (Hg.): *Visuelle Topoi. Erfindung und tradiertes Wissen in den Künsten der italienischen Renaissance*, München, Berlin 2003, S. 151–170; ders.: »Kohäsion und Transgression. Zur Dialektik des lebendigen Bildes«, in: Ulrich Pfisterer; Anja Zimmermann (Hg.): *Transgressionen / Animationen. Das Kunstwerk als Lebewesen*, Berlin 2005, S. 1–40.

»§ 112. Lebhaft (vividus) nennen wir das, bei dem man gehalten ist, mehrere Bestandteile entweder gleichzeitig oder aufeinander folgend in der Wahrnehmung aufzufassen.«

Der Akzent auf Vielheit ist klar, aber mehr als eine abstrakte Regel der möglichst vielfältigen und wechselnden Vorstellung ist aus § 112 allein nicht zu ersehen. § 113 gibt einen weiterführenden Hinweis: »lebendige Vorstellungen« seien eben das, was die Schrift bereits zuvor als »extensiv klare Vorstellungen« definiert habe. Die *Meditationes* gewinnen ihre Beschreibungsperspektive auf eine spezifisch ästhetische Konfiguration von Einheit und Mannigfaltigkeit bekanntlich durch die geniale Dissoziation der berühmten *clare et distincte*-Formel des Descartes.[2] Klar und zugleich deutlich, so Baumgarten, können nur die theoretischen Erkenntnisse des logisch operierenden Verstandes sein. Weder klar noch deutlich, sondern dunkel (*obscurae*) sind für Baumgarten dagegen etliche Sinnesvorstellungen, die keine weitere Zergliederung erlauben. Die ästhetischen Vorstellungen nun bieten ein *tertium datur*: sie sind gleichzeitig klar für die *cognitio sensitiva* und verworren (*confusae*) für den theoretischen Verstand. »Extensiv klar« sind ästhetische Vorstellungen, weil sie sehr reich an sinnlichen und individualisierenden Merkmalen sind und doch zugleich eine intuitive Synthesis des Mannigfaltigen zulassen, also nicht in eine reine Heterogenität der Vielfalt zerfallen. Verworren sind sie, weil diese ästhetische Klarheit andererseits nicht eine *deutliche* Erkenntnis ihrer zahlreichen distinkten Einzelmerkmale impliziert oder gar voraussetzt. Das Bild der Mona Lisa vermögen wir zwar perfekt klar als ein Ganzes wahrzunehmen und wiederzuerkennen; wir können aber in aller Regel diesen klaren Totaleindruck nicht annähernd in eine Liste der distinktiven Merkmale zerlegen, aus denen er zusammengesetzt ist. Eben dies ist Baumgartens grundlegende Entdeckung: Ästhetische Erkenntnis ist nur zu verstehen, wenn die Ansprüche an sinnlich-intuitive Klarheit von denen an theoretische Deutlichkeit scharf unterschieden werden. Ästhetik ist geradezu definierbar als die Theorie der offen gehaltenen Differenz zwischen sinnlich-intuitiver Klarheit und (theoretischer) Deutlichkeit.

Im engeren Sinn lebendig sind für Baumgarten nur Besonderheiten und Singularitäten. Individuen oder allgemeiner *singularia* sind dadurch definiert, viele Merkmale zu haben, die nicht aus einem allgemeinen Begriff ableitbar sind; daher auch der bekannte Topos *individuum est ineffabile*. Die *perfectio* des Ästhetischen nimmt nach Baumgarten genau den Weg zu den extrem merkmalshaltigen *singularia*. Denn das Kriterium der *perfectio* heißt – mit einem Terminus der antiken Rhetorik – *ubertas*,[3] auch *copia* oder *plenitudo*, der Reichtum an Merkmalen: Je mehr Merkmale eine gleichwohl klare Vorstellung enthält – eben dies heißt eine »extensiv klare Vorstellung« –, desto ästhetisch vollkommener ist sie für Baumgarten. In der antiken Rhetorik figuriert Reichtum an Details vor allem

2. René Descartes: *Meditationes*, in: ders.: *Œuvres de Descartes*, hg. von Charles Adam; Paul Tannery, Paris 1964, III, S. 35: »[...] illud omne esse verum, quod valde clare et distincte percipio« ([...] dass alles das wahr ist, was ich ganz klar und deutlich einsehe).
3. Alexander G. Baumgarten: *Ästhetik*, hg. von Dagmar Mirbach, Hamburg 2007, insbesondere §§ 116–118.

als Steigerung von Anschaulichkeit (*Hypotypose*) und/oder der Realitätsillusion. Erst die philosophische Ästhetik scheint die rhetorischen Devisen merkmalsreicher Anschaulichkeit mit großer begrifflicher Konsequenz auf eine ästhetische Theorie der *individua* und *singularia* auszulegen. (In Kants Theorie der belebenden Darstellung findet Baumgartens Akzent auf *singularia*, ja auf Eigennamen[4] allerdings keine Fortsetzung.)

Im abstrahierenden Prozess der logischen Erkenntnis geht der Reichtum individualisierender Merkmale programmatisch verloren: theoretische Deutlichkeit wird um den Preis der Reduktion von Merkmalsreichtum erkauft.[5] Baumgartens *repraesentatio vivida* entspricht in technischer Hinsicht weithin den Verlebendigungsleistungen, die im Kontext früherer Poetiken von den *enárgeia*-Devisen erwartet wurden. In epistemologischer Hinsicht jedoch bringt sie schon deshalb neue Motive zur Geltung, weil ihr Vergleichshorizont nicht eine vermeintlich a-rhetorische Nullstufe der Sprache, sondern die theoretische Erkenntnis ist. Zur extensiven Klarheit der *repraesentationes vividae* gehören – anders als zur streng rationalen Erkenntnis – integral die Einbildungen, Erdichtungen, Gefühle und Leidenschaften des Menschen. Baumgartens *repraesentatio vivida* begründet Lebendigkeit poetischer Darstellung insofern durch den gezielten Kontrast mit der Selektivität, Abstraktheit, Merkmalsarmut und normativen Nicht-Affektivität der theoretischen Erkenntnis.

Kants Detopisierung der »lebhaften Vorstellung/Darstellung«

Der erste Befund zum Topos der lebhaften Darstellung bei Kant ist ein negativer. In den Passagen der dritten Kritik, in denen ein Rekurs auf den Topos zu erwarten wäre, wird er systematisch vermieden. Wo er dagegen gebraucht wird, da geht er als eine abgegriffene Münze durch, auf die kein Gewicht gelegt und keine Finesse der Bestimmung verschwendet wird.

(1) § 59 der *Kritik der Urtheilskraft* enthält eine ausführliche Erörterung des Begriffs der »Darstellung«, verstanden als »Hypotypose« und »subiectio sub adspectum«. Die explizite Referenz auf die Vorbilder aus Rhetorik und Poetik ließe erwarten, dass der symbolisch-intuitiven Darstellung in Abgrenzung von reinen Bezeichnungen zugleich der distinktive Titel einer »lebhaften Darstellung« verliehen würde. Goethe wird genau diese Konsequenz ziehen und den Symbolbegriff sowohl mit dem modernen Lebensbegriff als auch mit dem überlieferten Topos der lebendigen Darstellung verknüpfen. Nicht so Kant. Kant wahrt eine klare Grenze zwischen der Evokation der Veranschaulichungs-Topik der alten Rhetorik und der Zuschreibung des Lebendigkeitsprädikats. Die Worte »lebhaft« und »lebendig« kommen in dem langen Paragraphen kein einziges Mal vor; sie scheinen – wie zuerst Rüdiger Campe angemerkt hat[6] – konsequent vermieden

---

4.   Alexander G. Baumgarten: *Meditationes philosophicae de nonnullis ad poema pertinentibus/Philosophische Betrachtungen über einige Bedingungen des Gedichtes*, hg. von Heinz Paetzold, § 89.
5.   Baumgarten: *Ästhetik*, a.a.O., insbesondere §§ 560–561.
6.   Rüdiger Campe: »Vor Augen Stellen. Über den Rahmen rhetorischer Bildgebung«, in:

WINFRIED MENNINGHAUS

zu werden. Rodolphe Gaschés brillanter Aufsatz über die Hypotypose bei Kant[7] benutzt dagegen zur Erläuterung so oft und so selbstverständlich den Topos der lebendigen Darstellung, dass man zwangsläufig glaubt, auch Kant selbst habe die Hypotypose als Unterart, ja als einen anderen Begriff für lebhafte Darstellung verwendet. Der philologisch relevante Befund ist aber gerade die konsequente Trennung dieser Semantiken. Der Paragraph liefert dafür auch mehrere Motive, die über Kants generelle Distanzierung von den rhetorischen »Maschinen der Überredung«[8] hinausgehen:

a. »Unsere Sprache«, so Kant, »ist voll von dergleichen indirecten Darstellungen nach einer Analogie, wodurch der Ausdruck nicht das eigentliche Schema für den Begriff, sondern bloß ein Symbol für die Reflexion enthält. So sind die Wörter *Grund* (Stütze, Basis), *Abhängen* [...] und unzählige andere [...] symbolische Hypotyposen.«[9] Was aber von »unzähligen« Wörtern der Sprache geleistet wird, reicht offenbar nicht aus, um den Distinktionsanspruch, der mit dem Lobtopos der lebhaften Darstellung verknüpft ist, zu begründen. Unter den wenigen anderen Beispielen, die der Paragraph für symbolische Hypotyposen anführt, ragt als prägnantestes das der Versinnlichung eines (despotisch-)absolutistischen Staates durch eine »Handmühle« heraus.[10] Diese Veranschaulichung enthält gewiss eine klare »Analogie«, aber sie kann kaum zugleich als Musterbeispiel für rhetorische oder ästhetische Lebhaftigkeit gelten. Anschaulichkeit ist bei Kant nicht bereits Garant von Lebhaftigkeit und Lebhaftigkeit nicht notwendig an Anschaulichkeit gebunden. Diese Unterscheidung mag erklären, warum der lange Paragraph über die Versinnlichung nicht ein einziges Mal die Attribute »lebhaft« oder »belebend« verwendet.

b. Die Ausführungen über Darstellung und symbolische Hypotypose münden bekanntlich in die Behauptung, das Schöne sei zugleich »Symbol« intelligibler Vernunftbegriffe. Als Grund dieser Bestimmung wird keine Ähnlichkeit oder objektive Verwandtschaft zwischen Schönheit und reiner Vernunft geltend gemacht. Eine derartige Beziehung – wie sie mit der idealistischen Lehre von der *kalokagathia* verbunden wird – hatte Kant gleich zu Beginn der dritten Kritik zurückgewiesen, und er bleibt dieser Position auch in der Verbindung von Schönheit und Sittlichkeit mittels des Symbolbegriffs treu. Die symbolische Beziehung beider besteht allein darin, dass die *Regeln der subjektiv-urteilenden Reflexion* auf Schönheit mehrere formale Analogien zur theoretischen Reflexion über Vernunftideen aufweisen. Kant greift hier explizit den in der Einleitung exponierten Gedanken auf, dass die Schönheit der *Natur* als »Darstellung des Begriffs der

Gerhard Neumann (Hg.): *Poststrukturalismus. Herausforderung an die Literaturwissenschaft*, Stuttgart, Weimar 1997, S. 208–225, hier: S. 211.
7.   Rodolphe Gasché: »Some Reflections on the Notion of Hypotyposis in Kant«, in: *Argumentation* 4 (1990), S. 85–100.
8.   Immanuel Kant: *Kritik der Urtheilskraft*, in: ders.: *Kant's gesammelte Schriften*, hg. von der Königlich Preußischen Akademie der Wissenschaften, Berlin 1907ff., V, S. 327. (Alle Kant-Zitate werden nach dieser Ausgabe unter Angabe von Band und Seitenzahl nachgewiesen.)
9.   Ebd., S. 352.
10.   Ebd.

formalen (bloß subjectiven) [...] Zweckmäßigkeit«[11] verstanden werden könne. Ohne diese Annahme, »die der Geschmack macht«, würden uns »lauter Widersprüche erwachsen«.[12] Einleitung und letzter Paragraph stellen in ihrer Verbindung von Darstellungslehre und Orientierung am Naturschönen eine Klammer dar, die zugleich den Übergang zur anschließenden Erörterung der Teleologie der Natur im zweiten Teil der *Kritik der Urtheilskraft* herstellt.

Wenn in diesem Sinne der Begriff des Schönen in § 59 vor allem das Schöne der Natur meint, dann ist auch die Abkopplung der Hypotypose von der Rhetorik lebhafter Darstellung nur konsequent. Denn die fragliche symbolische Hypotypose meint dann weder eine rhetorische noch eine poetische Devise, die für ihre künstlich evozierte Lebendigkeit lobfähig wäre, sondern eine rein implizite transzendentale Reflexionsregel über das Schöne der Natur, das wir als eine unverdiente »Gunst« dankbar akzeptieren sollten.[13] Für die ästhetische Transfiguration der Hypotypose in eine auf Natur bezogene Figur spricht auch, dass die Unmittelbarkeit oder Begriffslosigkeit des Gefallens am Schönen, die Kant in § 59 zur Basis der hypotypotischen Reflexionsanalogie macht, zuvor allein dem Schönen der Natur zugesprochen worden war. Kunst impliziert für Kant dagegen immer auch ein absichtliches, begriffliches, ästhetisch ›unreines‹ Moment, das sie zugleich kunstvoll dissimuliert.[14] § 42 unterstützt diese Verschiebung der Hypotypose aus dem Bereich einer intentionalen rhetorischen Figur in eine Regel unseres Umgangs mit der Natur: nur »ein unmittelbares Interesse an der Schönheit der Natur [sei] jederzeit [als] ein Kennzeichen einer guten Seele« anzusehen;[15] Empfänglichkeit für Schönheiten der Kunst lässt Kant dagegen nicht per se als Indikator sittlicher Tugenden gelten.[16]

Gewiss beginnt § 59 mit dem Rekurs auf den *rhetorischen* Topos der Hypotypose als »Versinnlichung« (*sub oculos subiectio*). Von Anfang an wird die symbolische Hypotypose aber nicht, wie in der Mehrzahl der einschlägigen rhetorischen Beispiele, als Versinnlichung von *Ereignissen* – von meist stark affektiven Szenarien der Bedrohung, des Kampfes usw. – gedacht, sondern als eine von »Begriffen« und spezieller als Versinnlichung von Begriffen, die »nur die Vernunft denken und de[nen] keine sinnliche Anschauung angemessen sein kann«.[17] Dies kann z.B. der Begriff des Staates, eines Gottes usw. sein.[18] Die Veranschaulichung solcher Begriffe gehört in Teilen durchaus ins Gebiet rhetorischer Techniken. Im weiteren Verlauf des Paragraphen 59 wird indes deutlich, dass es – wie schon in der Einleitung – der Begriff einer übersinnlichen Zweckmäßigkeit der »Natur« ist, zu dem die »Schönheit als Symbol der Sittlichkeit« einen »Übergang«[19] herstellen soll. Dieser Begriff des Naturschönen ist primär nicht Korrelat irgendeiner herkömmlichen rhetorischen Technik der Veranschaulichung, da Kant erkenn-

11. Ebd., S. 193.
12. Ebd., S. 353.
13. Ebd., S. 184, S. 380.
14. Ebd., S. 306, S. 307.
15. Ebd., S. 298.
16. Ebd., S. 299.
17. Ebd., S. 351.
18. Ebd., S. 352–353.
19. Ebd., S. 354.

bar *nicht* an künstlerische Darstellungen von Naturschönheit, sondern durchaus und eindeutig an diese selbst denkt. (Andererseits erlaubt die Simulation von »Natur« durch die Kunst[20] es auch, die rhetorische Bedeutung der Hypotypose zumindest im Modus einer sich selbst wissenden Illusion auf die ›Darstellung des Begriffs der formalen Zweckmäßigkeit der Natur‹[21] zurückzubeziehen. Über diese argumentative Linie bleiben rhetorische Devisen der Veranschaulichung auch noch am Schluss des Paragraphen 59 im Spiel.)

(2) Kants Beitrag zur Bestimmung lebendiger/lebhafter Darstellung ist auch nicht an den wenigen blassen Stellen zu finden, in denen er den Topos direkt verwendet. Die Paragraphen über Darstellungsart und Wert der einzelnen Künste in der *Kritik der Urtheilskraft* (§ 51–53) zeigen immerhin eine klare Verwendungsregel. Der Topos »lebhafte Darstellung« kommt nur einmal vor, und zwar im Kontext der Kantischen Kritik an der Rhetorik. »Wenn es um bürgerliche Gesetze, um das Recht einzelner Personen, oder um dauerhafte Belehrung und Bestimmung der Gemüter zur richtigen Kenntnis und gewissenhaften Beobachtung ihrer Pflicht zu thun ist«, dann – so Kant – dürfe man nicht »die Maschinen der Überredung hiebei anlegen«.[22] Es genüge vielmehr »der bloß deutliche Begriff dieser Arten von menschlicher Angelegenheit, mit einer lebhaften Darstellung in Beispielen verbunden«. »Lebhafte Darstellung in Beispielen« meint hier also eine stark gemäßigte, reduzierte Form der Rhetorik, die auf den Glanz ihrer wirkungsvollsten »Maschinen« gerade verzichtet.

Das Wort »lebhaft« wird des Weiteren in § 54 für allen »Wechsel der Empfindungen« verwendet, durch den Abendgesellschaften, Spiele, Lachanlässe und gelegentlich auch die gedankenfreie Musik uns unterhalten und unsere »Gesundheit« befördern können.[23] Wo es dagegen um die von Kant am höchsten geschätzte Kunst, die Poesie, geht, da verwendet Kant eine ganz andere Sprache. Statt des eher abgegriffenen Adjektivs »lebhaft« oder »lebendig« wird das Substantiv »Leben« verwendet: der Dichter, so lädt Kant den Topos mit neuem Gewicht auf, »verschafft dem Verstande spielend Nahrung« und vermöge so »durch Einbildungskraft Leben zu geben«.[24]

Kants eigentliche Arbeit am Topos lebendiger Darstellung findet da statt, wo der Topos auch sprachlich dekonfiguriert, detopisiert und in neue grammatische Muster transformiert wird. Im ästhetischen Urteil, so heißt es schon in § 1 der »Analytik des Schönen«, wird eine »Vorstellung gänzlich auf das Subject und zwar auf das Lebensgefühl desselben […] bezogen«. Und § 23 rekapituliert die Analytik des Schönen mit der bündigen Bestimmung: »das Schöne [führt] directe ein Gefühl der Beförderung des Lebens bei sich«. Die folgenden Ausführungen versuchen, in vergleichender Lektüre die Stellung dieser Sätze zum Topos der lebhaften Darstellung zu bestimmen. Da Kants Arbeit am Problem lebendiger bzw. »belebender« Darstellung auch dessen topisierte sprachliche Form verändert, ist verständlich, warum die Kant-Forschung hier weithin überhaupt kein

20. Ebd., S. 306, S. 307.
21. Ebd., S. 193.
22. Ebd., S. 327.
23. Ebd., S. 331–332.
24. Ebd., S. 321.

Thema gesehen hat. Die traditionelle Unkenntnis rein philosophischer Interpretationen gegenüber Desideraten aus Rhetorik und Poetik ist dafür ein zweiter, eher genereller Grund. Analoges gilt für die inzwischen breite Forschungstradition, die Kants Rezeption biologischer Theorien untersucht (hat). Dass der »Lebens«-Diskurs der dritten Kritik immer auch Referenzen auf überlieferte rhetorisch-poetische Lebens-Semantiken enthält, ist in der Perspektive auf biologische Implikationen durchweg vernachlässigt worden.

Kants Psychologie des »Lebensgefühls«

Die Anthropologie des 18. Jahrhunderts geht weithin von einer durchgängigen Affektivität aller menschlichen Wahrnehmungen, Gedanken und Handlungen aus; die heutige neurowissenschaftliche Emotionsforschung hat dieser Annahme zu neuer Aktualität verholfen. Wir haben nicht nur diskrete Gefühlsskripte – wie Trauer, Hass, Angst, Zorn, Empathie, Liebe usw. –, sondern auch nicht-diskrete, namenlose Affekte, die alle denkbaren Wahrnehmungen, Gedanken und Handlungen begleiten und konditionieren. Seit Wilhelm Wundt werden diese Affekte »dimensionale« Affekte genannt, sofern sie primär durch die Dimensionen *Valenz* (positiv-negativ, Lust-Unlust) und *Erregungsintensität* (stark-schwach) bestimmbar sind. Kant schreibt:

> »Alle Vorstellungen in uns, sie mögen objectiv bloß sinnlich, oder ganz intellectuell sein, können doch subjectiv mit Vergnügen oder Schmerz, so unmerklich beides auch sein mag, verbunden werden (weil sie insgesammt das Gefühl des Lebens afficiren, und keine derselben, sofern als sie Modification des Subjects ist, indifferent sein kann).«[25]

Die Gesamtbilanz aller dieser affektiven »Modificationen des Subjects« definiert für Kant das »Wohlbefinden« bzw. die »Zufriedenheit« oder das »Übelbefinden«[26] – hoch zusammengesetzte affektive Größen, die erst von der heutigen Psychologie des »well-being« als wissenschaftlicher Gegenstand wiederentdeckt worden sind. Die je momentane Wahrnehmung, anders gesagt: den bewusst gefühlten Seismographen dieser hochkomplexen dimensionalen Lust-Unlust-Bilanz jenseits diskreter Affekte nennt Kant das »Lebensgefühl«. Der Begriff postuliert ein Doppeltes:

(1) Alle Gedanken, Wahrnehmungen und diskreten Emotionen, die uns zu einem gegebenen Zeitpunkt »afficiren«, ergeben in ihrer Gesamtheit einen kompositen dimensionalen Affektbetrag, der auf einer Skala zwischen den Polen »Beförderung« und »Hemmung des Lebens«, »Wohlbefinden« und »Übelbefinden« zu verorten ist.

---

25. Ebd., S. 277.
26. Ebd.; Immanuel Kant: *Anthropologie in pragmatischer Hinsicht*, in: ders.: *Kant's gesammelte Schriften*, a.a.O., VII, S. 234–235.

(2) Die aktuell gefühlte Veränderung dieses Affektbetrags in der Zeit verschafft dem »Subject« eine unmittelbare Selbstwahrnehmung, die eine binäre Bewertung seiner Situation mit Rücksicht auf Übereinstimmung vs. Nicht-Übereinstimmung mit seinen eigenen »Vermögen« impliziert. Im positiven Fall spricht Kant von »Beförderung«, im negativen von »Hindernis« oder »Hemmung« des Lebens.[27]

Aus der Warte heutiger Terminologien ist es wichtig zu sehen, dass der Begriff des »Lebensgefühls« alle in ihn eingehenden Korrelate, auch diskrete Emotionen, nicht nur mischt und in einen rein dimensionalen Betrag addiert, sondern dabei auch ihre ›objektiven‹ Antezedenzien ganz in bloße Anlässe einer reinen Selbstwahrnehmung verwandelt. Gefühlt wird nicht dies oder das, sondern eben »das Lebensgefühl des Subjects« selbst. Reinhard Löw lässt in seinem vorzüglichen Buch zur *Philosophie des Lebendigen* bei Kant neben der ästhetisch belebenden Darstellung auch die gesamte Psychologie des »Lebensgefühls« aus.[28] Diese reflektiert einerseits das Prinzip der Selbstveränderung als Grundmerkmal alles Lebendigen, das nie einfach identisch in Raum und Zeit bleiben kann: »Das Leben der Geschöpfe ist die Reihe der Veranderungen aus innerem principio«.[29] Andererseits betont der Begriff »Lebensgefühl« die irreduzible Binnenperspektive der Erfahrung von Lebendigsein, die Löw ansonsten vorzüglich herausarbeitet. Lust an einem Gegenstand oder einer Handlung wird in diesem Zusammenhang definiert als gefühlte »Übereinstimmung des Gegenstandes oder der Handlung mit den *subjectiven* Bedingungen des Lebens«.[30]

Wie viele Autoren von Plato über Freud bis Lacan geht Kant davon aus, dass Lust kein autonomer Dauerzustand, sondern stets relativ zu Unlust ist, dass alles Leben wesentlich Mangel-, d.h. Unlust-getrieben ist und auf vorübergehende Wiederherstellung von Lust zielt und dass es wesentlich deshalb einen Antrieb (eine Motivation) zu handeln gibt, um die Lust-Unlust-Differenzen abzuarbeiten:

> »Was unmittelbar (durch den Sinn) mich antreibt meinen Zustand zu verlassen (aus ihm herauszugehen): ist mir unangenehm – es schmerzt mich; was eben so mich antreibt, ihn zu erhalten (in ihm zu bleiben): ist mir angenehm, es vergnügt mich. Wir sind aber unaufhaltsam im Strome der Zeit und dem damit verbundenen Wechsel der Empfindungen fortgeführt. [...] Vergnügen ist das Gefühl der Beförderung; Schmerz das einer Hinderniß des Lebens. Leben aber [...] ist [...] ein continuirliches Spiel des Antagonismus von beiden.«[31]

Lust und Unlust werden mithin – von ihrer motivationalen Dimension her – als zwei entgegen gesetzte Kausalitäten des Handelns bestimmt: nämlich einen

---

27. Kant: *Anthropologie in pragmatischer Hinsicht*, a.a.O., S. 231.
28. Reinhard Löw: *Philosophie des Lebendigen: Der Begriff des Organischen bei Kant, sein Grund und seine Aktualität*, Frankfurt a. M. 1980.
29. Immanuel Kant: *Handschriftlicher Nachlaß Metaphysik, Erster Teil*, in: ders.: *Kant's gesammelte Schriften*, a.a.O., XVII, S. 728.
30. Immanuel Kant: *Kritik der praktischen Vernunft*, in: ders.: *Kant's gesammelte Schriften*, a.a.O., V, S. 9; vgl. auch Kant: *Kritik der Urtheilskraft*, a.a.O., S. 187 und Immanuel Kant: *Die Metaphysik der Sitten*, in: ders.: *Kant's gesammelte Schriften*, a.a.O., VI, S. 211.
31. Kant: *Anthropologie in pragmatischer Hinsicht*, a.a.O., S. 231.

Zustand erhalten oder ihn verlassen zu wollen. Kompliziert wird dieses Modell dadurch, dass eine dauerhafte positive Erhaltung eines lustvollen Zustands nicht möglich ist, weil ein permanenter positiver Zustand entweder nicht mehr *als* Lust erfahren wird oder als Erstickung aller Handlungsantriebe das Leben selbst beendet: »Denn was würde aus einer continuirlichen Beförderung der Lebenskraft, die über einen gewissen Grad sich doch nicht steigern läßt, anders folgen als ein schneller Tod vor Freude?«[32] Unter der Überschrift »Von der langen Weile und der Kurzweil« definiert Kant daher bündig:

> »Sein Leben fühlen, sich vergnügen, ist also nichts anders als: sich continuirlich getrieben fühlen, aus dem gegenwärtigen Zustande herauszugehen (der also ein eben so oft wiederkommender Schmerz sein muß).«[33]

Glücksspiele und Schauspiele sind zwei von vielen Beispielen, an denen Kant diese Logik einer »Beförderung des Lebensgefühls« durch immer wieder unterbrochene und dadurch immer wieder erneuerte Lustgefühle ausführt:

> »Warum ist das Spiel (vornehmlich um Geld) so anziehend und, wenn es nicht gar zu eigennützig ist, die beste Zerstreuung und Erholung nach einer langen Anstrengung der Gedanken; denn durch Nichtsthun erholt man sich nur langsam? Weil es der Zustand eines unablässig wechselnden Fürchtens und Hoffens ist. Die Abendmahlzeit nach demselben schmeckt und bekommt auch besser. – Wodurch sind Schauspiele (es mögen Trauer- oder Lustspiele sein) so anlockend? Weil in allen gewisse Schwierigkeiten – Ängstlichkeit und Verlegenheit zwischen Hoffnung und Freude – eintreten und so das Spiel einander widriger Affecten beim Schlusse des Stücks dem Zuschauer Beförderung des Lebens ist, indem es ihn innerlich in Motion versetzt hat.«[34]

Kants generelle Hypothese, jedes »Vergnügen«, jede »Lust« sei ein »Gefühl der Beförderung des Lebens«, hat unter anderen systematischen Voraussetzungen ein Analogon in den Grundannahmen einer Evolutionstheorie der Gefühle gefunden. Danach sind Lust-Unlust-Gefühle evolvierte Adaptionen, welche die elementare Bewertung von und – als proximate Ursachen – die angemessenen Reaktionen auf zuträgliche resp. schädliche Situationen steuern. »It is no accident«, so reformuliert etwa Richard D. Alexander den von Kant behaupteten Regelkreis, »that we withdraw from painful stimuli and approach pleasurable ones (or, respectively, reduce or raise their likelihood of occurrence).«[35] Essen und Sex sind die klassischen Beispiele für die Verstärkung lebensbefördernder Tätigkeiten durch den Chemismus assoziierter Lustgefühle. Wenn aber *alle* Lustgefühle tendenziell das »Gefühl des Lebens« – und sogar das Leben selbst – befördern, was ist dann die besondere Leistung des ästhetischen Gefühls der Lust am Schönen?

32. Ebd.
33. Ebd., S. 233.
34. Ebd., S. 232.
35. Richard D. Alexander: *Darwinism and Human Affairs*, Seattle, London 1979, S. 105.

WINFRIED MENNINGHAUS

Das Verweilen beim Schönen

Das dritte Moment der »Analytik des Schönen« spricht dem ästhetischen Lustgefühl eine eigentümliche »Causalität« zu, »den Zustand der Vorstellung selbst und die Beschäftigung der Erkenntniskräfte ohne weitere Absicht zu *erhalten*. Wir weilen bei der Betrachtung des Schönen, weil diese Betrachtung sich selbst verstärkt und reproduciert.«[36] Ohne dass dem Schönen selbst irgendein erkennbarer Zweck eignen muss, ist es mithin zweckmäßig und kausal dafür, auf der Seite des Betrachters eine sich selbst reproduzierende Lustökonomie in Gang zu setzen.[37]

Kants Sprachgebrauch macht feine Unterschiede. Generell spricht Kant mit großer Konsistenz davon, dass mit Lust erfahrene Phänomene uns »antreiben«, den positiven »Zustand« ihrer Erfahrung zu »erhalten«.[38] Auch der Paragraph über die »Causalität« des Schönen spricht zweimal – und beide Male mit graphischer Hervorhebung – von einer Konditionierung, den »Zustand« der Lust zu »*erhalten*«. Zur näheren Erläuterung wählt Kant indes einige Begriffe, die er mit Rücksicht auf andere »Vergnügen« nicht gebraucht: die »Betrachtung des Schönen« bringe uns dazu, bei ihr zu »weilen«; sie sei eine »sich selbst stärkende« und »sich selbst reproducierende« Betrachtung. Der Anspielungshorizont dieser Semantik wird im zweiten Teil der dritten Kritik vollends explizit: es ist die biologische Theorie der Autopoiesis lebendiger »Naturdinge«, die als »sich selbst organisierende Wesen« über eine »sich fortpflanzende bildende Kraft« verfügen.[39] Wie sein Hauptgewährsmann Blumenbach hat Kant diese Position im Streit um das Verstehen des Lebensphänomens nicht als eine bewiesene wissenschaftliche Theorie angesehen, sondern als eine Hypothese, die ihm plausibler schien als die konkurrierende Hypothese von der Präformation aller Lebewesen zu Anfang der göttlichen Schöpfung.[40] Die selbstheilende Kraft und insbesondere die Fähigkeit vieler Organismen, verlorene Körperteile erneut auszubilden, gehörte zu den Argumenten dieser Neubelebung der Aristotelischen Epigenesis-Lehre.

Kants Beitrag zum Begriff der Selbstbildung oder Autopoiesis ist die rigorose philosophische Analyse ihrer Implikationen: wenn etwas als sich selbst bildend und erhaltend behauptet wird, dann muss dieses Etwas von sich selbst zugleich Ursache und Wirkung sein; und wenn etwas von sich selbst durchgängig Ursache und Wirkung ist, dann müssen alle seine Teile und das Ganze untrennbar sein, in ständiger Wechselwirkung stehen.[41] Unser theoretischer, an klaren Kausalitäten orientierter Verstand, so Kant, kann derartige Phänomene nicht begreifen. Gleichwohl hat sich gerade diese aporetische Semantik autopoietischer Strukturen nicht nur für die Beschreibung lebendiger Organismen, sondern ebenso für die idealistische Theorie des Kunstwerks als untrennbarer Einheit von Inhalt und Form usw. durchgesetzt. Die »Analytik der teleologischen Urteilskraft« lässt

---

36. Kant: *Kritik der Urtheilskraft*, a.a.O., S. 222.
37. Ebd., S. 220.
38. Kant: *Anthropologie in pragmatischer Hinsicht*, a.a.O., S. 231.
39. Kant: *Kritik der Urtheilskraft*, a.a.O., S. 374.
40. Vgl. Helmut Müller-Sievers: *Self-Generation. Biology, philosophy, and literature around 1800*, Stanford 1997.
41. Kant: *Kritik der Urtheilskraft*, a.a.O., S. 373.

keinen Zweifel, dass Kant die Theorie der Selbstbildung allein als eine subjektive Reflexionsregel für die Urteilskraft heranzieht, die sich anders nicht bei der Erklärung der »Naturdinge« zu helfen weiß. Die »Analytik des Schönen« macht bereits von diesem Modell Gebrauch. Dabei fällt auf, dass Kant seine Rede von der sich selbst erhaltenden Kausalität ästhetischer Lust kaum oder gar nicht unter die Kautelen stellt, mit denen die Rede von Selbstorganisation und Selbstreproduktion in der späteren Erörterung der teleologischen Urteilskraft abgesichert wird.

Die allgemeine Theorie einer Kausalität von Lust, das sie erfahrende Subjekt zur Erhaltung des Lustzustandes zu konditionieren, ist durchaus konform mit einer mechanischen Theorie von Ursache und Wirkung. Die Aussagen zu ästhetischer Lust dagegen gehen beinahe unvermerkt in ein autopoietisches Modell über. Die Fortsetzung der zitierten Passage legt auf diskrete Weise diesen ›autopoetic turn‹ offen:

> »Wir weilen bei der Betrachtung des Schönen, weil diese Betrachtung sich selbst verstärkt und reproduciert: welches derjenigen Verweilung analogisch (aber doch nicht mit ihr einerlei) ist, da ein Reiz in der Vorstellung des Gegenstandes die Aufmerksamkeit wiederholentlich erweckt, wobei das Gemüt passiv ist.«[42]

So wenig konkret diese Analogie zu nicht-spezifizierten außerästhetischen Wiederholungsphänomenen auch sein mag, völlig deutlich wird die Differenz zur »Betrachtung des Schönen« markiert. Im analogen Fall geht die Verweilung ganz auf die Wiederholung eines *äußeren* »Reizes« zurück, und das Gemüt bleibt »passiv«. Beim Schönen dagegen ist das »Weilen« Effekt einer *Selbst*verstärkung der Betrachtung; das »Gemüt« spielt hier also eine aktive, sich selbst organisierende Rolle. Die Worte »weilen« und »Verweilung« sind trotz Kants markanter Definition scheinbar nicht in die Theoriebildung der Ästhetik eingegangen – obwohl Goethes berühmte Verse »Werd' ich zum Augenblicke sagen:/ Verweile doch! du bist so schön!/ Dann magst Du mich in Fesseln schlagen«[43] geradezu als dichterische Nachlese zum § 12 der *Kritik der Urtheilskraft* gelten können. »Weilen« und »verweilen« sind kaum übersetzbare Worte, die ein Gespinst aus Subjekt und Zeit(raum) weben. Die Zeit selbst kann vergehen, evtl. auch stehenbleiben, sie weilt aber nicht; das kann nur ein Agens, das – bei welchem Anlass auch immer – aus eigenem Antrieb sein Weitergehen suspendiert. (Eine bloß fremdbestimmte Behinderung des Orts- und Zeitwechsels würde nicht als »Weilen« bezeichnet.) »Weilen« als Verbleiben in einem Zeitraum hat des Weiteren die besondere Eigenschaft des Heraustretens aus der quantitativen messbaren Zeit: »Weile«, so heißt es im Grimmschen Wörterbuch, »ist stets die ungemessene Zeitspanne«.[44] Die Weile hat unpräzise, nicht genau messbare Erstreckungen, selbst wenn sie kurz oder lang genannt wird. Man spricht nicht von einer Weile von drei Minuten oder zwei Stunden. Die Adjektiv-freie, quasi absolute »Weile« verschränkt

42. Ebd., S. 222.
43. Johann Wolfgang von Goethe: *Faust*, hg. von Albrecht Schöne, Frankfurt a. M. 1994, S. 76.
44. Jacob und Wilhelm Grimm: *Deutsches Wörterbuch*, Leipzig 1936 (Nachdruck München 1984), XXVIII, Sp. 791.

mithin Bedeutungsmomente der Ruhe mit solchen einer prinzipiell unmessba-
ren, rein qualitativen Intensität eines Zeitraums. Sofern die Weile das messbare
Weitergehen der Zeit aufschiebt, hat sie auch die Bedeutung von »Aufschub« und
»Verzug«.[45] (Hätte Derrida die deutsche Sprache hinreichend gut gekonnt, hätte
er vielleicht ein ganzes Buch über die Weile als weitere Figur der »différance«
geschrieben.)

Der Suspens, die Verlangsamung der Zeit im Weilen und Verweilen hat eine
Assoziation des ›Weichen‹, Lustbetonten, einer Anwandlung, einer Neigung
Sich-Ergebenden. Entsprechend kennt das Wort »Verweilen« auch die Gefahr
des Säumens und Versäumens, des zu langen »Weilens« in einem angenehmen
Handlungsaufschub, des Risikos, den rechten Moment zu verpassen, den Suspens des Weilens wiederum zu suspendieren. Zuerst aber ist die Weile und mehr
noch das Weilen selbst eine Gestalt des stimmigen, »schönen« Seins und Bleibens
in einem intensivierten Zeitraum, der den reinen Fluss der Zeit entschleunigt,
ohne ihn doch je ganz anzuhalten. Wer sich dieser Weile anvertraut, wer in ihr
»weilt«, kann eine »gute Weile« haben, im Grimm als »gute Unterhaltung« übersetzt.[46] Das Wunsch-erfüllende Moment der »Weile« ist auch daran zu erkennen,
dass man sich »gute Weile« wünschen konnte.

Die Weile ist, so gesehen, ein hochkomplexes und hochinteressantes *tertium
datur* neben »der langen Weile und der Kurzweil«,[47] jenen beiden Abhängen der
Weile, über deren Vorteile und Gefahren so viel in den Ästhetiken des 18. Jahrhunderts zu lesen steht. Nur Kant scheint diesen Diskurs um den sanft-ekstati-
schen Begriff des »Weilens« selbst – Weilen *sans phrase* – erweitert zu haben; er
krönt mit dieser terminologischen Volte die Analyse des dritten Moments des
ästhetischen Urteils. Kants Formulierung – »Wir weilen bei der Betrachtung des
Schönen, weil diese Betrachtung sich selbst verstärkt und reproduciert« – identifiziert geradezu das Weilen als den Effekt der autopoietischen Struktur ästhetischer Lust. Da Autopoiesis das zentrale Merkmal von Kants Semantik des Lebendigen ist, setzt der Satz letztlich ästhetische Belebung und Veranlassung bzw.
Verführung zum »Weilen« gleich.

Belebende Selbstverstärkung durch »ästhetische Ideen«

Kants Theorie der »ästhetischen Idee« liefert Anhaltspunkte dafür, warum das
»Gefühl der Beförderung des Lebens« im besonderen Fall der ästhetischen Lust
so eng an das Modell biologischer Selbsterhaltung und Selbstreproduktion ange-
schlossen wird. Der entsprechende Paragraph erläutert zu Beginn förmlich, was
ein autopoietisches ästhetisches »Spiel der Gemütskräfte« meint:

»Geist in ästhetischer Bedeutung heißt das belebende Princip im Gemüthe.
Dasjenige aber, wodurch dieses Princip die Seele belebt, der Stoff, den es dazu

45. Ebd., Sp. 792.
46. Ebd., Sp. 793.
47. Kant: *Anthropologie in pragmatischer Hinsicht*, a.a.O., S. 233.

anwendet, ist das, was die Gemüthskräfte zweckmäßig in Schwung versetzt, d.i. in ein solches Spiel, welches sich von selbst erhält und selbst die Kräfte dazu stärkt.«[48]

Zur Belebung oder »Vivification«[49] genügt es nicht, dass ein Objekt oder ein Subjekt durch einen äußeren Reiz oder eine von außen kommende Kraft affiziert bzw. in Bewegung gebracht wird. Von Belebung in einem engeren Sinn ist erst zu sprechen, wo der Empfänger des Reizes derart »in Schwung versetzt« wird, dass er die äußere Affektion in ein Geschehen der Selbstaffektion, also in eine potentiell *sich selbst erhaltende Eigenbewegung* umwandelt. Die Eigenart einer »ästhetischen Idee« kommt diesem Erfordernis in besonderem Maß entgegen. Sie entfaltet ihre Kraft nämlich nur in dem Grade, in dem der Rezipient den ihm erteilten »Schwung« in ein virtuell unendliches Wechselspiel seiner Einbildungskraft und seines Verstandes transformiert:

»Nun behaupte ich, dieses [belebende] Princip sei nichts anders, als das Vermögen der Darstellung ästhetischer Ideen; unter einer ästhetischen Idee aber verstehe ich diejenige Vorstellung der Einbildungskraft, die viel zu denken veranlaßt, ohne daß ihr doch irgend ein bestimmter Gedanke, d.i. Begriff, adäquat sein kann, die folglich keine Sprache völlig erreicht und verständlich machen kann.«[50]

»Mit einem Worte, die ästhetische Idee ist eine einem gegebenen Begriffe beigesellte Vorstellung der Einbildungskraft, welche mit einer solchen Mannigfaltigkeit der Theilvorstellungen in dem freien Gebrauche derselben verbunden ist, daß für sie kein Ausdruck, der einen bestimmten Begriff bezeichnet, gefunden werden kann, die also zu einem Begriffe viel Unnennbares hinzu denken läßt, dessen Gefühl die Erkenntnißvermögen belebt.«[51]

Die Affinität zu Baumgartens *repraesentatio vivida* ist offensichtlich: wieder ist die Belebung Funktion einer irreduziblen, begrifflich nicht zu bändigenden »Mannigfaltigkeit«. Zugleich erfährt Baumgartens »ubertas« eine temporalisierende Neufassung und eine Forcierung durch negative Topoi der Grenzenlosigkeit. Baumgartens *repraesentatio vivida* bietet in ihrer Merkmalsfülle eine »extensiv klare« und »materiale Vollkommenheit«; Kants Analogon dagegen überbietet diese positive Vollkommenheit durch eine Sequenz transgressiver Bestimmungen, die Affinitäten zu mystischen und negativ-theologischen Figuren haben: »viel Unnennbares«, »Aussicht[en] in ein unabsehliches Feld«,[52] »unbegränztes« ästhetisches »Erweitern«. Für Baumgarten ist die *confusio*, welche der sinnliche Reichtum ästhetischer Merkmale für den Deutlichkeitsanspruch des Begriffs

---

48. Kant: *Kritik der Urtheilskraft*, a.a.O., S. 313.
49. Immanuel Kant: »Gedanken von der wahren Schätzung der lebendigen Kräfte und Beurtheilung der Beweise, deren sich Herr von Leibniz und andere Mechaniker in dieser Streitsache bedient haben, nebst einigen vorhergehenden Betrachtungen, welche die Kraft der Körper überhaupt betreffen«, in: ders.: *Kant's gesammelte Schriften*, a.a.O., I, S. 146–147.
50. Kant: *Kritik der Urtheilskraft*, a.a.O., S. 313–314.
51. Ebd., S. 316.
52. Ebd., S. 315.

zur Folge hat, nur eine in Kauf zu nehmende Folge der materialen ästhetischen *perfectio* im Sinne einer »materialen Vollkommenheit«, die sich auch »an dem Chaos und dem Stoff freut«.[53] Bei Kant dagegen bleibt der Stachel des niemals passenden, immer unvollständigen Begriffs ein wichtiger, fortgesetzt treibender Teil der ästhetischen Belebung selbst. Erst dieser Stachel führt auf die Paradoxie des Denkens von Unnennbarem und integriert damit ältere Unsagbarkeitstopoi (das Schöne als das »je ne sais quoi« usw.) in das autopoietische Modell ästhetischer Belebung. Er versetzt dabei Einbildungskraft und Verstand in eine fortgesetzte Oszillation (»freies Spiel«) und begründet eben dadurch die unabschließbare, virtuell »unbegränzte«[54] Temporalität der Prozessierung ästhetischer Lust. Dadurch schließt Kants Belebungsmodell einerseits an alte Ewigkeitstopoi des künstlerischen Fortwirkens an und begründet andererseits das (hermeneutische) Geschäft der unendlichen Lektüre.

Das sich selbst verstärkende »Weilen« der ästhetischen Lust schiebt – zumindest virtuell – das Gesetz der Unmöglichkeit fortgesetzter Lustzustände noch aus einem weiteren Grund auf: weil es nämlich die Regel des »Wechsels« mit anderen Zuständen in seine Selbstreferenz einbaut. Die Theorie der aufmerksamkeits- und luststeigernden Mischung »angenehmer« und »unangenehmer« Empfindungen war in der Ästhetik des 18. Jahrhunderts ein viel benutztes Modell, um etwa das scheinbare Paradox der Lust an der tragischen Darstellung von Gatten- und Kindermord zu erklären. Sofern nun das belebende »Spiel der Gemütskräfte« im »Zustand« ästhetischer Lust die Mischung von »Belebung« und »Hemmung« zu ihrem eigenen Gesetz macht, braucht ihm die normative Unterbrechung aller Lust nicht mehr mit gleicher Notwendigkeit *von außen* zuzustoßen. Dann ist vielmehr auch in dieser Hinsicht das ästhetische »Gefühl einer Beförderung des Lebens« in besonderem Grad einer autopoietischen Selbstfortsetzung fähig. Für andere »Vergnügen« gilt allerdings Analoges, sofern auch sie die Belebungsregel vom »Wechsel der Empfindungen«[55] und »Wechsel der Vorstellungen«[56] ihrem eigenen Geschehen integrieren.

Poetik des »convivium«

Neben den Wechselfällen und entsprechend wechselnden Affektlagen des Glücksspiels erörtert Kant besonders gern und besonders ausgiebig die Poetik des *convivium*, der geselligen Mahlzeit. Während Esslust allein rasch den endlichen Punkt ihrer Sättigung erreichen mag, folgt ein geselliges Mahl einer multiplen Poetik des »Wechsels«: nicht allein durch die »Vielheit« der Gerichte, sondern ebenso der Unterhaltungsgegenstände, der tonangebenden Gesprächspartner, der Pausen, der Mischung von Scherz und Ernst usw. Die »Regeln eines geschmackvollen Gastmahls, das die Gesellschaft animirt«,[57] beschäftigen Kant auch aus einem

---

53. Baumgarten: *Ästhetik*, a.a.O., § 564.
54. Kant: *Kritik der Urtheilskraft*, a.a.O., S. 315.
55. Kant: *Anthropologie in pragmatischer Hinsicht*, a.a.O., S. 231.
56. Ebd., S. 234.
57. Ebd., S. 281.

elementaren terminologischen Grund. Sein Verdacht ist, dass der dem Bereich des Essens entstammende Begriff des »Geschmacks« nur deshalb zur Leitkategorie der Ästhetik werden konnte, weil und sofern das Essen seinerseits Teil einer abwechslungsreichen, Sinnlichkeit und Verstand integrierenden, auf Mitteilung angelegten und belebenden Sozialität ist, die eine selbst verstärkende Tendenz sowohl zu langer Fortsetzung als auch zur Wiederholung hat: »Es ist keine Lage, wo Sinnlichkeit und Verstand, in einem Genusse vereinigt, so lange fortgesetzt und so oft mit Wohlgefallen wiederholt werden können, – als eine gute Mahlzeit in guter Gesellschaft.«[58]

Kant stellt am protosozialen Akt des gemeinsamen Essens die Idealität der »Unterhaltung«, die »comparative Allgemeinheit« des die Gerichte wählenden »Geschmacks«, die »Mannigfaltigkeit«, die Poetik eines belebenden »Wechsels«[59] und die selbst verstärkende Tendenz auf Fortsetzung und Wiederholung des »Wohlgefallens« heraus. Die Endlichkeit des einmaligen und individuellen Verzehrs von Speisen und Getränken ist demnach in der Kunst des *convivium* durch eine Poetik des sozialen Teilens und Mitteilens dergestalt überlagert, dass Kant für diese Poetik den Begriffsapparat seiner »Analytik des Schönen« mobilisieren kann, obwohl er andererseits auf scharfen Trennungen von rein ästhetischer Lust und sonstigen Vergnügen besteht.

Kants Poetik des belebenden Gastmahls teilt mit seinen anderen ästhetischen Belebungstheoremen eine grundsätzliche Differenz zu dem biologischen Lebensbegriff, auf den das Moment der Autopoiesis anspielt. Lebendig im biologischen Sinn sind die Zuschauer einer Tragödie oder allgemeiner: die Subjekte ästhetischer Urteile auch schon, bevor sie *zusätzlich* durch die Lust am Schönen oder an gelungener Unterhaltung »belebt« werden. Der Begriff des Lebendigen meint hier also niemals nur das biologische Leben. Er meint ganz eindeutig eine qualitative Steigerung oder – in Kants Worten – eine »Beförderung des Lebens«, einen als Lust wahrgenommenen *besonderen* sinnlich-mentalen Zustand. Dies galt bereits für alle früheren Devisen rhetorisch-poetischer Lebhaftigkeit: Sie sind grundsätzlich niemals mit dem allgemeinen biologischen Lebensbegriff zu erklären, sondern markieren ein schätzenswertes Surplus, eine Ekstase *wahrgenommener* Lebendigkeit, mit Kants Worten: eine herausgehobene »Weile« gesteigerter Intensität des »Lebensgefühls«. Deshalb konnten die entsprechenden Devisen lange Zeit so unbesorgt um ihre Beziehungen zum biologischen Lebensbegriff sein: sie meinten und meinen etwas grundsätzlich Anderes, daraus gar nicht Ableitbares. Auch bei Kant haben die Worte »lebendig«, »lebhaft« und »belebend« niemals nur die biologische Grundbedeutung des Partizip Präsens »lebend«; auch bei ihm bleiben sie qualitative Ekstasen, die sich gerade an der Differenz zum rein biologischen Am-Leben-Sein ermessen.

Zu den Innovationen von Kants Relektüre ästhetischer Lebendigkeit gehört, dass die mehr als rein biologische Ekstase ästhetischer Belebung ihrerseits mittels einer Spezifikation der biologischen Autopoiesis-Theorie auf den Begriff gebracht wird. Diese Spezifikation macht nicht nur Annahmen, die in der rein

58. Ebd., S. 242, vgl. auch ebd., S. 280–282.
59. Ebd., S. 242.

biologischen Autopoiesis-Theorie kein Äquivalent haben: insbesondere die Ein-klammerung des Interesses an der Realität der Objekte, die eine Reduktion in-teressierter Konkurrenz um den »Besitz« der Objekte impliziert und damit ein »freies Spiel der Vermögen« ermöglicht. Kant transformiert des Weiteren die auf die gesamte lebende Materie bezogene Theorie der Selbsterzeugung und Selbst-erhaltung in eine spezielle Theorie der Selbstfortsetzung einer ganz besonderen Lust. Diese Differenzen dürften auch der Grund für den unterschiedlichen me-thodischen Status der Autopoiesis-Lehre im ersten und zweiten Teil der dritten Kritik sein. Die »Analytik der teleologischen Urteilskraft« bringt die Autopoie-sis-Lehre nur mit großer Vorsicht als rein transzendentale Reflexionsregel ohne jeden objektiven Erkenntnisanspruch in Anschlag. Die »Analytik des Schönen« dagegen trägt die Theorie des »Weilens« und »Verweilens«, der sich selbst inde-finit fortsetzenden ästhetischen Lust, mit entschlossener Zuversicht als Wahrheit über das ästhetische Urteil vor (das allerdings seinerseits keinen Anspruch auf Erkenntnis eines Objekts macht).

Die transzendentale Wende der »repraesentatio vivida«

Kants Bestimmungen eines freien und belebenden Spiels der Vorstellungen kon-vergieren in einer Konsequenz: Jedes direkte oder illusionäre Anschauungsmo-ment (die *phantasia* realer Präsenz) verliert gegenüber allen früheren Formulie-rungen des Topos stark an Boden. Kant reduziert die Bindung an wirkliche und imaginäre Visualität, die nicht nur den Topos der bildenden Künste, sondern auch den der Rhetorik und Poetik bis hin zu Lessings imaginärem »Sehen« in Texten prägte.[60] An die Stelle des phantasmatischen Sehens tritt eine Konfiguration von »Gefühl«, »Reflexion« und »Denken«, und das ästhetische Zusammenspiel dieser »Vermögen« liegt nicht mehr auf der Lauer nach imaginärer Visualität, sondern erfüllt sich in einem selbstreflexiven Oszillieren. Die Hypotypose, der Kant das Prädikat »lebhaft« vorenthält, bleibt dagegen stark an das Paradigma der Veran-schaulichung gebunden. Als symbolische soll sie zwar »etwas Unmögliches« leis-ten, nämlich Begriffen der Vernunft, denen »schlechterdings keine Anschauung angemessen gegeben werden kann«, gleichwohl die Analogie einer Anschauung zu ›unterlegen‹.[61] Doch selbst diese komplexe Figur unmöglicher Veranschauli-chung bleibt Funktion der Veranschaulichung. Insofern gibt es Gründe, Kants Theorie der ästhetischen Idee, die eine Theorie spezifisch künstlerischer Darstel-lung ist, nicht einfach der in einem späteren Paragraphen entwickelten Theorie der symbolischen Hypotypose zu subsumieren, die eng an Kants Erörterung des Naturschönen gebunden ist.

Von den antiken Regeln der *enárgeia/enérgeia* bis zu Baumgartens *repraesen-tatio vivida* referiert das Prädikat »lebendig« einerseits auf ›objektive‹ Merkmale von Zeichenarrangements – etwa bestimmte rhetorische Figuren, Farbkomposi-

---

60. Gotthold Ephraim Lessing: *Laokoon: Oder über die Grenzen der Malerei und Poesie*, in: ders.: *Werke 1766–1769*, hg. von Wilfried Barner, Frankfurt a. M. 1990, V/2, S. 32, S. 118, S. 152.

61. Kant: *Kritik der Urtheilskraft*, a.a.O., S. 351.

tionen u.a. –; andererseits verweist es auf eine spezifische Kraft der kognitiven und affektiven Wirkung dieser Zeichenarrangements auf ihre Rezipienten. Die täuschende Kraft, die reale Präsenz etwa einer Bedrohung zu evozieren, ist vor allem eine Glanzleistung des Autors und eine lobenswerte Eigenschaft des von ihm Gemachten, nicht aber ein autopoietisches Geschehen auf der Seite des Rezipienten. Diesem stößt die poetische Devise vielmehr wie eine mechanische Konditionierung zu. Rhetoriken behandeln die »Seele« des Zuhörers wie eine Tastatur, auf der bestimmte Kunstgriffe bestimmte Saiten anschlagen, um dadurch das Ziel der *persuasio* zu erreichen. Dieses Ziel hat nichts damit zu tun, den Rezipienten selbst zu »beleben«, sein eigenes »Leben« bzw. »Lebensgefühl« zu »befördern«, sondern schlicht ihn zu einer bestimmten Reaktion zu konditionieren, die oft nur für den Redner vorteilhaft ist. Auch die Poetiken des *delectare* und *movere* rechnen nicht darauf, bis in die Autopoiesis von Subjektivität vorzudringen. Devisen des *movere* mögen zwar starke Affekte erregen, aber die Ursache dieser Bewegung bleibt eine externe, nämlich der von Seiten des Kunstwerks kommende Input.

Erst Kants Reformulierung des Topos verlegt das Primat des Lebendigkeitsbegriffs direkt und in einem zunehmend de-metaphorisierten Sinn auf ein autopoietisches Geschehen im Subjekt. Kant spricht deshalb sehr viel seltener von einer an sich »lebhaften« oder an sich selbst »lebendigen« Vorstellung als von einer das Subjekt »belebenden« Vorstellung. Die beinahe vollständige Vermeidung des überlieferten Topos in seiner durch Baumgarten auch Philosophie-fähig gewordenen Form – als »lebendige/lebhafte Vorstellung/Darstellung« – dürfte vor allem als eine konsequente Strategie zu lesen sein, die Abwendung vom rhetorischen und poetischen Paradigma zu betonen. Zwar hält Kant durchaus an überkommenen Regeln poetischer Synthesis (*compositio*) fest, wonach etwa Neuigkeit, Kontrast, Wechsel und Steigerung die subjektive Vorstellung »beleben« können.[62] Aber er behauptet nicht, dass »Producte der Einbildungskraft«, die diesen Regeln entsprechen, auf gleichsam mechanische Weise einen Belebungseffekt hervorbringen. Einen solchen erzielen sie nur, weil und sofern sie die eigene Einbildungskraft des Rezipienten dergestalt »in Schwung versetzen«, dass diese zu einem »Spiel« eigener Art abhebt, »welches sich von selbst erhält und selbst die Kräfte dazu stärkt«.[63]

Auf weitergehende Fragen, wie das Theorem einer Stärkung und Beförderung des Lebens durch ästhetische Lust im Sinne Kants funktional gedacht werden kann, kann ich hier nicht eingehen. Ich fasse vielmehr nur das Resultat meiner vergleichenden Kant-Lektüre am Leitfaden des Topos der »lebendigen Vorstellung« zusammen:

1. Die biologische Theorie der Autopoiesis von Organismen wird erstmals das zentrale Moment im Denken des Topos. Das Phantasma der Anschaulichkeit eines repräsentierten Objekts oder Geschehens spielt beinahe keine Rolle mehr, Strategien der Täuschung nur noch eine geringe Rolle.

2. In Übereinstimmung mit Kants transzendentaler Perspektive wird der Fokus von der Lebhaftigkeit der Vorstellung selbst und ihrer mechanisch gedachten

---

62. Kant: *Anthropologie in pragmatischer Hinsicht*, a.a.O., S. 162–165.
63. Kant: *Kritik der Urtheilskraft*, a.a.O., S. 313.

Wirkung auf den Betrachter ganz auf ein sich selbst verstärkendes – und vor allem sich selbst fühlendes – Geschehen im Subjekt verschoben. Die Kausalität ästhetischer Lust für ein autopoietisches »Weilen« und »Verweilen« im Feld dieser Lust meint eine zeitlich indefinite Raumzeit-Ekstase gesteigerter Lebendigkeit. Kant benutzt das biologische Autopoiesis-Modell mithin für die Beschreibung eines besonderen sinnlich-mentalen Zustands, der bei aller Rückkopplung zur Biologie lebender Materie doch ein hochspezifischer, qualitativ distinkter Modus eines »Lebensgefühls des Subjekts« ist.

3. Die vor allem aus der Renaissance überlieferten Devisen des Wechsels der Farben kehren als generalisierte Theorie eines belebenden »Wechsels der Vorstellungen« wieder und werden ihrerseits in einer Psychologie des »Lebensgefühls« begründet.

Jan Völker

Komplettes Leben
Zu Kants vorkritischer Ästhetik

Kants eingängige und erfolgreichste Schrift *Beobachtungen über das Gefühl des Schönen und Erhabenen*[1] von 1764 scheint vordergründig kaum auf ästhetische Fragen Bezug zu nehmen.[2]

Sie ist untergliedert in vier Abschnitte, an deren Themen dies augenscheinlich wird: Zunächst wird eine Differenz von Erhabenem und Schönem knapp eingeführt, dann werden sie als »Eigenschaften [...] am Menschen überhaupt«[3] diskutiert und anschließend auf die Geschlechterunterschiede und auf die Nationalcharaktere hin expliziert. Schönes und Erhabenes scheinen hier als Teil einer Anthropologie im weitesten – und oft auch krudesten – Sinne verstanden, als Einsatzpunkte eines Denken des Menschen, in deren Ausformulierungen viele Beobachtungen der späteren *Anthropologie* Kants vorweggenommen werden. Und dennoch spricht Kant vorkritisch an anderer Stelle von Ästhetik als »Critik des Geschmacks«, was auf die Frage führt, ob die *Beobachtungen* nicht doch eine wesentliche Explikation einer solchen Kritik darstellen, an der sich zwei wesentliche Momente der vorkritischen Ästhetik aufweisen lassen. Zum einen, dass vorkritisch Ästhetik das *ästhetische Weltverhältnis* des Menschen in Form eines regulativen Verstandes beschreibt, zum anderen, dass dieser Begriff von Ästhetik in seinem Kern auf einer Problematisierung des *menschlichen Lebens* aufruht.

Die folgende Argumentation verläuft in drei Schritten: Zunächst gilt es, in einem Überblick Struktur und Anliegen der *Beobachtungen* zu klären und anschließend das Moment einer Kritik des Geschmacks zu bestimmen. Zweitens soll anhand eines von Kant angeführten, reichlich dunklen Beispiels eine Abwehr einer Grundlosigkeit der Natur nachvollzogen werden, um schließlich, drittens, diese Struktur der Abwehr als fundamental für Kants frühe Theorie des Lebens zu erweisen.

---

1. Die Schrift bringt Kant in den Ruf eines galanten Popularphilosophen; eine Rhetorikprofessur, die ihm angeboten wird, lehnt Kant ab. Über den essayistischen Klang der *Beobachtungen* ist viel bemerkt worden. Es ließe sich zeigen, dass dieser Stil durch das Sujet des Textes bedingt ist und Kants Witz in anderen Texten andere Formen annimmt, aber dies führte hier zu weit. Vgl. für einen Überblick: John H. Zammito: *Kant, Herder, and the Birth of Anthropology*, Chicago 2002, S. 104ff.
2. Die Schrift wird stärker als Vorläufer der Anthropologie denn der Ästhetik Kants gelesen. Baeumler erachtete sie für »die Entwicklung des ästhetischen Problems« als »weniger ergiebig«. Alfred Baeumler: *Das Irrationalitätsproblem in der Ästhetik und Logik des 18. Jahrhunderts bis zur Kritik der Urteilskraft*, Darmstadt 1967, S. 264.
3. Immanuel Kant: *Beobachtungen über das Gefühl des Schönen und Erhabenen*, in: ders.: *Kant's gesammelte Schriften*, hg. von der Königlich Preußischen Akademie der Wissenschaften, Berlin 1907ff., II, S. 211. (Alle Kant-Zitate werden nach dieser Ausgabe unter Angabe von Band und Seitenzahl nachgewiesen.)

JAN VÖLKER

Regelungen des Gefühls

Bereits in den ersten beiden Sätzen der *Beobachtungen* verdeutlicht Kant die Ausgangsprämisse dessen, was hier seine Beobachtung auf sich zieht:

»Die verschiedenen Empfindungen des Vergnügens oder des Verdrusses beruhen nicht so sehr auf der Beschaffenheit der äußeren Dinge, die sie erregen, als auf dem jedem Menschen eigenen Gefühle, dadurch mit Lust oder Unlust gerührt zu werden. Daher kommen die Freuden einiger Menschen, woran andere einen Ekel haben, die verliebte Leidenschaft, die öfters jedermann ein Räthsel ist, oder auch der lebhafte Widerwille, den der eine woran empfindet, was dem andern völlig gleichgültig ist.«[4]

Der gesamte Text organisiert sich über eine relationale Logik: Es gibt nicht *die* Lust oder *die* Unlust als Korrelat eines äußeren Dings, sondern Lust und Unlust sind Titel der je eigenen, subjektiven Auslotung (›Gefühl‹[5]) eines sinnlichen Verhältnisses. Allerdings, und das macht die Schwierigkeit des Arguments in den *Beobachtungen* aus, gibt es zugleich von der Natur verfügte Dispositionen des Menschen für das Gefühl des Erhabenen oder das Gefühl des Schönen – diese Dopplung von struktureller Logik und anthropologischen Prämissen generiert eine der zentralen Schwierigkeiten des Textes. Wie verhalten sich natürliche Disposition und Logik des Denkens zueinander?

Kant will nun zunächst ausdrücklich »das sinnliche Gefühl« untersuchen und spart explizit die »hohe[n] Verstandes-Einsichten« aus.[6] Das in Frage stehende Gefühl ist dabei als *eines* zu verstehen, welches »vornehmlich zwiefacher Art«[7] ist: nämlich Gefühl des Erhabenen *und* des Schönen. Das Gefühl muss so als Relation verstanden werden, in der unter verschiedenen Vorzeichen das Erhabene zum Schönen, das Schöne zum Erhabenen in Bezug gesetzt wird. Das Erhabene »*rührt*«[8] und ist angenehm, dennoch »aber mit Grausen«,[9] das Schöne »*reizt*«,[10] sein Gefühl ist jedoch notwendig, um das »*Gefühl* des *Erhabenen* […] recht zu genießen«.[11] Das Aequilibrium des Schönen und Erhabenen, das Kant eine ganze Weile durchzuhalten sucht, gerät dort deutlich aus dem Gleichgewicht, wo der Text zur Moral voranschreitet: »In moralischen Eigenschaften ist wahre Tugend allein erhaben.«[12] Das Schöne kann »mit der Tugend harmonieren«, allein es ist

---

4.   Kant: *Beobachtungen über das Gefühl des Schönen und Erhabenen*, a.a.O., S. 207.
5.   Die Notwendigkeit einer »große[n] Zergliederung des Gefühls« übernimmt Kant von Hutcheson. Vgl. Zammito: *Birth of Anthropology*, a.a.O., S. 108. Die Auseinandersetzung mit den britischen Moralphilosophen ist für den Kant der 60er Jahre von großer Bedeutung. Dies kann an dieser Stelle jedoch nicht berücksichtigt werden, stattdessen soll hier allein die interne Logik Kants untersucht werden. Zu Kant und Hutcheson vgl. Dieter Henrich: »Hutcheson und Kant«, in: *Kant-Studien* 49 (1957/1958), S.49–69.
6.   Kant: *Beobachtungen über das Gefühl des Schönen und Erhabenen*, a.a.O., S. 208.
7.   Ebd.
8.   Ebd., S. 209.
9.   Ebd.
10.   Ebd.
11.   Ebd., S. 208.
12.   Ebd., S. 215.

nicht eigenständig edel, da es, so wird Kant ausführen, der Grundsätze ermangelt und latent im Reich blinder Leidenschaft verbleibt.[13] So genügt beispielsweise das ›schöne‹ Mitleiden allein nicht, es muss zum Grundsatz geworden sein, um wahre Tugend zu werden. Die Unterscheidung von Tugend-affinen, schönen Regungen und zum Grundsatz erhobener, wahrer Tugend bleibt zwar insofern reziprok, als auch die Grundsätze der Tugend auf ein Gefühl rekurrieren müssen und »nicht speculativische Regeln« darstellen, sondern gerade das »Bewußtsein eines Gefühls« abgeben.[14] Aber es fragt sich: Welcherlei Gefühl nun?

»Ich glaube, ich fasse alles zusammen, wenn ich sage: es sei das *Gefühl von der Schönheit und der Würde der menschlichen Natur.* Das erstere ist ein Grund der allgemeinen Wohlgewogenheit, das zweite der allgemeinen Achtung, und wenn dieses Gefühl die größte Vollkommenheit in irgend einem menschlichen Herzen hätte, so würde dieser Mensch sich zwar auch selbst lieben und schätzen, aber nur in so ferne er einer von allen ist, auf die sein ausgebreitetes und edles Gefühl sich ausdehnt. Nur indem man einer so erweiterten Neigung seine besondere unterordnet, können unsere gütigen Triebe proportioniert angewandt werden, und den edlen Anstand zuwege bringen, der die Schönheit der Tugend ist.«[15]

Beides – Gefühl der Schönheit und der Erhabenheit – müssen in einem Gefühl zusammenstimmen, der Erhabenheit wird jedoch zugleich die merkwürdige Spaltung eingetragen, auf Natur zu rekurrieren *und* sich von ihr zu unterscheiden. So besitzt das Erhabene für Kant eindeutigen Vorrang vor dem Schönen. Die menschliche Natur ist »schwach« und wird doch von der »Vorsehung« unterstützt, die »hülfleistende Triebe« zu »schönen Handlungen« eingepflanzt hat, und zwar genauer als »Supplemente der Tugend«.[16] Diese Triebhaftigkeit zum Guten wird korrespondiert vom Ehr- und Schamgefühl, das naturhaft die Vorsicht vor schädigenden Taten gebietet. So ist zu unterscheiden zwischen Tugend aus natürlichem Zufall (Kant nennt sie »*adoptirte Tugenden*«) und »*ächte[r] Tugend*« nach Grundsätzen.[17] Die Übertragung der adoptierten Tugenden in echte Tugend kann nicht rein als natürliche Entwicklung verstanden werden: Echte Tugend unterscheidet sich durch Grundsätze und kann dennoch nicht rein ›künstlich‹ sein, sondern sie muss die Natürlichkeit als solche in sich bewahren. So markiert *echte Tugend* die Spaltung zwischen Natur (Trieb) und Gesetz (Verstand), sie ist »erhaben und ehrwürdig«:[18] Erhabene Tugend muss zugleich natürlich und vom Natürlichen unterschieden sein. Zugleich wird sie so *Schönheit der Tugend.*

13. Vgl. dazu auch: Susan Meld Shell: »Kant as Propagator: Reflections on ›Observations on the Feeling of the Beautiful and Sublime‹«, in: *Eighteenth-Century Studies* 35.3 (2002), S. 455–468, hier: S. 457, die auf die Verschiebung der Argumentation an der Nahtstelle zum Moralischen hinweist.
14. Kant: *Beobachtungen über das Gefühl des Schönen und Erhabenen,* a.a.O., S. 217.
15. Ebd.
16. Ebd.
17. Ebd.
18. Ebd., S. 218.

Allein, wenn echte Tugend auf erhabene Grundsätze »gepfropft« wird, kann das natürliche Geschehen geordnet werden:

> »Nur indem man einer so erweiterten Neigung seine besondere unterordnet, können unsere gütige Triebe *proportionirt* angewandt werden und den edlen Anstand zuwege bringen, der die Schönheit der Tugend ist.«[19]

Echte Tugend hält die Kräfte im Gleichgewicht und produziert somit, so ließe sich sagen, eine Haltung, eine *hexis*, die selber auf dem Akt der Austarierung fußt. Zugleich nimmt der Text der *Beobachtungen* selbst Gewichtungen vor: die der echten Tugend vor den adoptierten Tugenden. Und so wäre Kant selbst das die Kräfte abwägende Subjekt der *Beobachtungen*. Wenngleich auch Kant den Bezug auf das Selbst durchgängig als einen hypothetisch allgemeinen Bezug auf das Selbst jedes Menschen formuliert,[20] so kann man den Autor Kant dennoch hier nicht allein in einer rhetorischen Position verstehen. In der Tat ist der Text ja nicht allein *Beobachtungen* betitelt, und der Autor weist sich selbst mehr als *Beobachter* denn als *Philosoph* aus,[21] sondern darüber hinaus entfaltet die Schrift ein komplexes Beobachtertheorem, welches vorausweisend an den Status des enthusiastischen Beobachters der Französischen Revolution bei Kant erinnert, wie Susan Meld Shell notiert hat.[22] Das *Gefühl* des Erhabenen und Schönen drückt so selbst die *Beobachtung* eines Subjekts aus, insofern eine Beobachtung als Form passiven Handelns verstanden werden kann, das Gefühl situiert sich an der Grenze von Empfindung und Handlung. Kants Text vollzieht ›Metabeobachtungen‹ (Norris), die selber jedoch wiederum »eben so anmuthig als lehrreich«[23] sind. Die Metabeobachtungen *selbst* sind so Objekt eines Gefühls des Schönen und Erhabenen.[24] Nicht nur kann Kant so an zwei Stellen subjektiv intervenieren und die Argumentation in Anspielung auf den Autor unterbrechen,[25] sondern über den Terminus ›Beobachtungen‹ prägt auch der Rousseau-Bezug[26] das Buch: Es

---

19. Ebd., S. 217, Herv. d. Verf.
20. Ein Prinzip, das sich bei Kant im Grunde bis zur *Kritik der Urtheilskraft* durchhält, wie Volker Gerhardt anmerkt. Vgl. Volker Gerhardt: *Immanuel Kant. Vernunft und Leben*, Stuttgart 2002, S. 164.
21. Kant: *Beobachtungen über das Gefühl des Schönen und Erhabenen*, a.a.O., S. 207.
22. Susan Meld Shell: »Kant as Spectator. Notes on ›Observations on the Feeling of the Beautiful and Sublime‹«, in: Tom Rockmore (Hg.): *New Essays on the Precritical Kant*, Amherst, NY 2001, S. 66–85, hier: S. 66.
23. Kant: *Beobachtungen über das Gefühl des Schönen und Erhabenen*, a.a.O., S. 207.
24. So das Argument von Andrew Norris, dem ich hier folge. Andrew Norris: »The Pleasures of Morality«, in: *New Essays on the Precritical Kant*, a.a.O., S. 86–109, hier: S. 91.
25. Einmal, wenn er zu Beginn sich mehr als Beobachter denn als Philosoph ausweist (Kant: *Beobachtungen über das Gefühl des Schönen und Erhabenen*, a.a.O., S. 207). An anderer Stelle formuliert dann der Beobachter seine problematische Rolle aus: »Wenn ich die edle und schwache Seite der Menschen wechselsweise bemerke, so verweise ich es mir selbst, daß ich nicht demjenigen Standpunkt zu nehmen vermag, von wo diese Abstechungen das große Gemälde der ganzen menschlichen Natur gleichwohl in einer rührenden Gestalt darstellen.« (ebd., S. 226)
26. Der Text fällt in die Zeit der ersten, sehr euphorischen Rousseau-Lektüren Kants. Zum Rousseau-Bezug ausführlicher Meld Shell: »Kant as Propagator: Reflections on ›Observations on the Feeling of the Beautiful and Sublime‹«, a.a.O., S. 455–468, und Norris: »The Plea-

sind lehrreiche Reflexionen, die beobachten und zur Selbstkritik anleiten.[27] Kant selbst nimmt die Position eines distanzierten Beobachters an, der sich von den Auswucherungen reiner Triebkräfte distanziert und zugleich eben daraus Genuss zu ziehen vermag: Das Prinzip reiner Tugend, Tugend aus Erfahrung (und nicht gegen Erfahrung) zu sein, findet sich in der Position Kants verdoppelt und deutet zugleich darauf hin, dass die so gewonnene Position immer nur eine für den anderen und gegenüber dem anderen sein kann.[28] Hier verbirgt sich eine der Wurzeln, warum die Ästhetik sich in der Philosophie gegen die Philosophie stellt: Weil sie mit dem subjektiven Grundsatz, weil sie mit der einzelnen, singulären Position ringt.

Rousseau, so Kant in seinen eigenen Anmerkungen am Seitenrand seines Exemplares der *Beobachtungen*, hätte zeigen mögen, wie »schulen entspringen«.[29] Die *Beobachtungen* formulieren nichts anderes als den Ansatz eines Bildungskonzepts, dessen Idee das Aequilibrium ist. Es geht um die Ausbildung des Geschmacks als subjektivem Umgang mit der Welt.

Kritik des Geschmacks

Die Regeln des Geschmacks folgen in den *Beobachtungen* nicht »der Beschaffenheit der äußeren Dinge die sie erregen«[30], sondern aus dem subjektiven Modus, in welchem das Subjekt sich auf das sinnliche Material bezieht. Gemäß der vorkritischen Position kann es keine Regeln *a priori* für die Ausübung des Geschmacks geben.[31] Zur Erhellung sei ein kleiner Exkurs in die Bestimmungen aus Kants *Logik* unternommen.[32] Ästhetik heißt das Prinzip der Beurteilung des Geschmacks nach Regeln *a posteriori*: Kritik. Darüber ist sie zunächst allgemein von der Logik unterschieden. Ästhetik verfügt als »bloße *Kritik des Geschmacks*« über »keinen Kanon (Gesetz), sondern nur eine *Norm* (Muster oder Richtschnur

---

sures of Morality«, in: *New Essays on the Precritical Kant*, a.a.O., S. 105 (Fußnote 22) sowie Zammito: *Birth of Anthropology*, a.a.O., S. 91–99, S. 113–120 und S. 125–128.

27. So Norris' in anderem Zusammenhang gewonnene Konklusion, vgl. Norris: »The Pleasures of Morality«, in: *New Essays on the Precritical Kant*, a.a.O., S. 101.

28. Zur Opposition von Beobachtung und Philosophie vgl. auch: Susan Meld Shell: »Kant's ›Observations on the Feeling of the Beautiful and the Sublime‹«, in: *The Political Science Reviewer* 30 (2001), S. 34–57, hier: S. 35. Norris weist darauf hin, dass bei Rousseau die Beobachtung schließlich die Position einer alternativen Philosophie annimmt und dass die Gegenüberstellung von Beobachtung und Philosophie vor diesem Hintergrund gelesen werden kann. Vgl. Norris: »The Pleasures of Morality«, in: *New Essays on the Precritical Kant*, a.a.O., S. 92.

29. Immanuel Kant: »Bemerkungen zu den Beobachtungen über das Gefühl des Schönen und Erhabenen«, in: ders.: *Kant's gesammelte Schriften*, a.a.O., XX, S. 29.

30. Kant: *Beobachtungen über das Gefühl des Schönen und Erhabenen*, a.a.O., S. 207.

31. Dieser Überzeugung scheint Kant ja zumindest bis 1781 anzuhängen, wie eine Fußnote der ersten Auflage der *Kritik der reinen Vernunft* zu Baumgarten anzeigt, in der Kant der Ästhetik ein eigenes Vernunftprinzip des Geschmacks abspricht. Vgl. *Kritik der reinen Vernunft*, 1. Auflage, in: ders.: *Kant's gesammelte Schriften*, a.a.O., IV, S. 30.

32. Die Vorlesungen wurden 1800 publiziert, gehen aber zurück auf Material aus den 1770er Jahren, vgl. Paul Guyer: *Kant and the Claims of Taste*, Cambridge 1979, S. 17.

bloß zur Beurtheilung) [...], welche in der allgemeinen Einstimmung besteht«, bestimmt Kant in den Vorlesungen zur *Logik*.[33]

Die Logik als Feld der Wissenschaften unterscheidet sich von den »empirischen Erkenntnissen«, die das Feld des »bloße[n] Meinen[s]« sind.[34] Zu diesen empirischen Erkenntnissen gehören »Physik«, »Psychologie u. dgl.«.[35] Die Kritik des Geschmacks nun liefert Erkenntnisse, aber allein in subjektiver Hinsicht, weswegen sie nicht dazu tauglich ist, auf die Grundlage allgemeiner Regeln gestellt zu werden. Wie bei Baumgarten ist das entscheidende *tertium* die Struktur der Vollkommenheit. Im Gegensatz zu Baumgarten betrifft die ästhetische Vollkommenheit jedoch nicht mehr die Vollkommenheit der Erkenntnis als solcher, sondern sie emergiert vielmehr aus einer Metabeobachtung, die sich auf die »Übereinstimmung des Erkenntnisses mit dem Subjecte« bezieht.[36] Ästhetische Vollkommenheit meint allein die subjektive Hinsicht auf *eine* Erkenntnis, bezieht sich somit nicht auf *die* Erkenntnis: *Ästhetisch* ist nicht die Erkenntnis als solche, sondern eine spezifische Form, die sich in ihrer Vollkommenheit äußert, sowie das Resultat dieser Form in Hinsicht auf das Subjekt. Und eben hier nun ist der strukturelle Platz der Schönheit:

»Dieses ist die *Schönheit*, das, was den Sinnen in der *Anschauung* gefällt und eben darum der Gegenstand eines allgemeinen Wohlgefallens sein kann, weil die Gesetze der Anschauung allgemeine Gesetze der Sinnlichkeit sind.«[37]

Was Kant hier implizit voraussetzt, wird an anderer Stelle, etwa in einer *Reflexion* von 1769, explizit:

»Die innere Vollkommenheit einer Sache hat eine natürliche Beziehung auf Schonheit. Denn die subordination des Mannigfaltigen unter einen Zwek erfodert eine coordination desselben nach gemeinschaftlichen Gesetzen.«[38]

Schönheit verstanden als Koordination nach gemeinschaftlichen Gesetzen stellt die Verbindung her zwischen der objektiven Vollkommenheit des Objekts und der subjektiven Übereinstimmung einer Erkenntnis mit den Strukturen der Sinnlichkeit. Schönheit lässt sich so verstehen als die Wiederholung der natürlichen Koordination in der subjektiven Koordination des gegebenen Sinnlichen.

Interpretiert man Kant so, dass die ästhetische Vollkommenheit weniger einen Modus der Erkenntnis ausmacht, sondern vielmehr den Grund aposteriorischer Übereinstimmungsregeln von Sinnlichkeit und Verstand bietet, dann ermöglicht das ästhetische Urteil im strengen Sinne keine Erkenntnis. »Schönheit ist nicht

---

33. Immanuel Kant: *Logik – Physische Geographie, Pädagogik*, in: ders.: *Kant's gesammelte Schriften*, a.a.O., IX, S. 15
34. Ebd., S. 67.
35. Ebd.
36. Ebd., S. 36.
37. Ebd., S. 37.
38. Immanuel Kant: *Handschriftlicher Nachlaß Anthropologie (Reflexionen)*, in: ders.: *Kant's gesammelte Schriften*, a.a.O., XV, S. 273, R 628.

etwas, was erkant werden [kann], sondern nur empfunden wird.«[39] Der sinnliche und der intelligible Teil der Erkenntnis gehören verschiedenen Registern an und können nicht mehr, wie bei Wolff und Baumgarten, ihrem Grad nach (als verworren und deutlich) unterschieden werden.[40] Die ästhetische Vollkommenheit betrifft dabei die »bloße[…] Form«[41] wie den sinnlichen Reiz der Erkenntnis für das Subjekt, wobei die Hinsicht auf die Form als »vorteilhaft«, der Einfluss durch den Reiz als »nachtheilig«[42] charakterisiert ist. »Faslichkeit« und »Gültigkeit« markieren die beiden Momente des Geschmacks.[43] Die Form und die darin angetroffene allgemeine Gültigkeit sind die Momente der ästhetischen Vollkommenheit, die damit in einem »Widerstreit« zur epistemologischen Allgemeinheit der Erkenntnis steht:

»Überhaupt bleibt wohl freilich zwischen der ästhetischen und der logischen Vollkommenheit unsers Erkenntnisses immer eine Art von Widerstreit, der nicht völlig gehoben werden kann. Der Verstand will belehrt, die Sinnlichkeit belebt sein, der erste begehrt Einsicht, die zweite Faßlichkeit.«[44]

Diese Überlegung ist nun völlig gegen Baumgarten gewendet. Basierte die Möglichkeit einer Vermittlung sinnlicher mit rationaler Erkenntnis bei Baumgarten auf der Grundlage einer einheitlichen Erkenntnisstruktur, so führt Kant ein doppeltes Argument dagegen an: Zum einen sind sinnliche und intellektuale Erkenntnis genetisch verschieden, zum anderen betrifft das ästhetische Moment die Leistung der »Coordination« einer Erkenntnis in Hinsicht auf die Anschauung. Die Fasslichkeit der Koordination zur Form »belebt«, und dieser belebende Affekt des Urteils, wie er sich nennen ließe, gründet in der »besonderen Sinnlichkeit des Menschen«.[45] So verstanden zielt Kant hier nicht auf die reichhaltige als lebhafte Vorstellung, sondern die Belebung ist ein strukturelles Merkmal seiner Urteilsfähigkeit, denn die ästhetische Vollkommenheit als Ergebnis der geschmacklichen Kritik belebt in ihrem affirmativen Resultat, dass eine Erkenntnis als sinnlich adäquat vorgestellt wird. Geschmack belebt so das Subjekt, ist jedoch selbst die urteilende Bewertung einer Erkenntnis in Hinsicht auf das Subjekt. Kant geht jedoch noch einen Schritt weiter. In einer *Reflexion* aus dem Zeitraum 1769 bis Herbst 1770 fasst er zusammen, inwiefern die ästhetische Reflexion nicht allein auf eine lebhafte Vorstellung, also auf die Vermittlung eines merkmalsreich-lebhaften Objekts zielt, sondern an sich selbst dem Leben des Subjektes dienlich ist:

39. Kant: *Nachlaß Anthropologie*, a.a.O., S. 298, R 672.
40. Vgl. Immanuel Kant: »De mundi sensibilis atque intelligibilis forma et principiis« (1770), § 7, in: ders.: *Kant's gesammelte Schriften*, a.a.O., II, S. 385–410, hier: S. 394. In der deutschen Übersetzung: *Von der Form der Sinnen- und Verstandeswelt und ihren Gründen*, in: *Immanuel Kant. Werkausgabe*, 12 Bde., hg. von Wilhelm Weischedel, Frankfurt a. M. 1977, V, *Schriften zur Metaphysik und Logik 1*, S. 35f.
41. Kant: *Logik*, a.a.O., S. 37.
42. Ebd.
43. Kant: *Nachlaß Anthropologie*, a.a.O., S. 298, R 672.
44. Kant: *Logik*, a.a.O., S. 37.
45. Ebd., S. 36.

JAN VÖLKER

»Die Vollkomenheit einer Erkentnis in Ansehung des obiects ist logisch, in Ansehung des subiects ist aesthetisch. Diese letztere weil sie das Bewustseyn seines zustandes durch das Verhaltnis, worin seine Sinne zum obiect gestellt werden, und durch Zueignung vergroßert, vergroßert das Bewustseyn des Lebens und heißt darum lebhaft. Die abstracte Vorstellung hebt beynahe das Bewustseyn des Lebens auf.«[46]

Eine Vorstellung heißt also gerade nicht aufgrund der noch bei Baumgarten zugeschriebenen Reichhaltigkeit der Merkmale lebhaft, sondern weil sie in einem spezifischen Bezug zum Subjekt steht und dadurch dessen Zu-stand, was sich mit Heidegger als dessen Position lesen ließe,[47] vergrößert. Das Subjekt vergrößert sein Bewusstsein des Lebens, in dem es seiner als positionierend, d.i. reflektierend und urteilend, bewusst wird. Dass die »abstracte Vorstellung« jedoch das Bewusstsein des Lebens »beynahe« aufhebt, bedeutet nicht weniger, als dass sie gerade das menschliche Leben, das in diesem Bewusstsein besteht, auf ein tierisches – d.h. automatisches – Leben zurückführt.

Das gespaltene Subjekt

Kommen wir aber zu Kants *Beobachtungen* zurück. Insofern Kant Geschmack als ausgleichende Regulierung der Triebe begreift, lassen sich die *Beobachtungen* als Versuch der Vermittlung beider Seiten lesen. Kant scheint bereits zu ahnen, dass Kritik als ihr Negativum Genie impliziert. Um 1769/70 notiert er:

»Geschmak ohne genie bringt unzufriedenheit mit sich selbst; scharfe critic an sich selbst (es ist besonders, daß diese so schweer ist) mit nicht gnugsamen fähigkeiten macht, daß man gar nicht oder sehr angstlich und peinlich schreibt; dagegen viel genie und wenig Geschmak bringt rohe und schatzbare Produkte hervor.«[48]

In den *Beobachtungen* erscheint der Begriff des Genies nur am Rande. Es ist jedoch letztlich die Figur des Beobachters, die die Person von Geschmack von dem Genie abspaltet. Denn der Beobachter beobachtet an sich selbst etwas, was seine eigene Natur und ihm zugleich am fremdesten ist. Die zeitgenössische Diskussion von Geschmack und Genie reproduziert sich in Kants *Beobachtungen* indirekt in dem Verhältnis von beobachtendem Subjekt und Natur. Das Subjekt beobachtet sich in seinen Handlungen, um in sich dasjenige zu einem Aequilibrium zu führen, wovon sich der Mensch zugleich unterscheidet: Das kontingente und triebhafte Geschehen der Natur. Den damit einhergehenden *split* des Beobachters hat Giorgio Agamben bei Diderot beschrieben:

46. Kant: *Nachlaß Anthropologie*, a.a.O., S. 299f., R 676.
47. Martin Heidegger: »Kants These über das Sein«, in: ders.: *Wegmarken*, Frankfurt a. M. 1967, S. 281.
48. Kant: *Nachlaß Anthropologie*, a.a.O., S. 297, R 671 (κ-λ).

»The spectator's is the most radical split: his principle is what is most alien to him. Taste, in order fully to be, has to become separate from the principle of creation; but without genius, taste becomes a pure reversal, that is, the *very principle of perversion*.«[49]

Somit finden sich in der Figur der Beobachtung zwei Problematiken ineinander verknüpft. Auf der einen Seite nimmt der Geschmack die Form des Urteils an und wird somit als subjektive Handlungsform verstanden, die dem rationalistischen Geschmacksdiskurs insofern entgegengesetzt ist, als dass durch sie »schulen« zur Erziehung gebildet werden können.[50] Andererseits taucht im Beobachter eine Figur von Selbstreflexion auf, in der sich das Subjekt auf seine eigene Grundlosigkeit zurückgeworfen sieht. Das anthropologische Subjekt des Geschmacks trifft in sich auf eine es bestimmende und spaltende Unterscheidung: Es ist Subjekt *des Geschmacks*, insofern es üben muss, die Kräfte der Natur zu regulieren und zu kontrollieren. Es ist jedoch auch *Subjekt* des Geschmacks, indem es diese Kräfte zu regulieren vermag. Das Subjekt des Geschmacks ist unterwerfendes wie unterworfenes *subiectum*. Es kann somit keine pejorative Bewertung des subjektiven Gefühls des Schönen und Erhabenen geben, sondern die Subjektivität des Geschmacks ist nachgerade die anthropologische Prämisse der Kritik. Ferner ermöglicht das Verständnis dieser Prämisse, das Kant mit Baumgarten teilen kann, zugleich die Einsicht darein, dass in diesem Gefühl geradezu eine spezifische Bestimmung des Menschen aufscheint, die irreduzibel auf logische Sätze bleibt. So, wie am Grunde der Existenz unauflösliche Sätze stehen, so stehen am Grunde der menschlichen Existenz die unauflöslichen Sätze des Schönen und Erhabenen.[51]

Was in den Positionen von Tugend und Natur in den *Beobachtungen* gedacht wird, ist gerade der Mensch als Wesen, in dem seine Natur und seine von der Natur unterschiedene Vernunft zusammengenommen werden müssen: Der Mensch ist in sich von sich selbst unterschieden.

Carazans Angst

Wie sehr die vorkritische Schrift Kants die Ästhetik zwischen Anthropologie und Ethik einbindet, lässt sich anhand der Nacherzählung eines Traumes des Bremer Geschäftsmanns Carazan nachvollziehen, die Kant im Vorbeigehen in einer Fußnote platziert. Hier lässt sich sehen, wie in dieser (vor-)kritischen Position die Leere der Natur wieder erscheint, als wäre die Ästhetik geradezu ihre heimliche Stätte, der Ort der Erscheinung eines aisthetischen Außen.

Das Erhabene unterscheidet Kant in drei Formen: es kann mit »Grausen«, mit »ruhiger Bewunderung« oder mit »Schönheit« konnotiert sein. Was dem Ge-

---

49. Giorgio Agamben: *The Man without Content*, Stanford 1999, S. 24.
50. Vgl. Christoph Menke: Lemma »Subjektivität«, in: Karlheinz Barck u.a. (Hg.): *Ästhetische Grundbegriffe. Historisches Wörterbuch in sieben Bänden*, Stuttgart 2003, Bd. 5, S. 734–786, hier: S. 748.
51. Vgl. Immanuel Kant: »Untersuchung über die Deutlichkeit der Grundsätze der natürlichen Theologie und der Moral«, in: ders.: *Kant's gesammelte Schriften*, a.a.O., II, S. 280.

schäftsmann Carazan geschah, liefert ein Beispiel für das »edle Grausen [...] welches die Beschreibung einer gänzlichen Einsamkeit einflößen kann«. Der Text ist nahezu unkürzbar, weswegen er fast vollständig zitiert sein soll:

>>Dieser karge Reiche hatte nach dem Maße, als seine Reichthümer zunahmen, sein Herz dem Mitleiden und der Liebe gegen jeden andern verschlossen. Indessen, [...] nahm die Emsigkeit seiner Gebeter und der Religionshandlungen zu. Nach diesem Geständnisse fährt er also fort zu reden: An einem Abende, da ich [...] den Handlungsvortheil überschlug, überwältigte mich der Schlaf. In diesem Zustande sah ich den Engel des Todes wie einen Wirbelwind über mich kommen, er schlug mich, ehe ich den schrecklichen Streich abbitten konnte. Ich erstarrte, als ich gewahr ward, daß mein Loos für die Ewigkeit geworfen sei, und daß zu allem Guten, das ich verübt, nichts konnte hinzugethan und von allem Bösen, das ich gethan, nichts konnte hinweggenommen werden. Ich ward vor den Thron dessen, der in dem dritten Himmel wohnt, geführt. Der Glanz, der vor mir flammte, redete mich also an: Carazan, dein Gottesdienst ist verworfen. Du hast dein Herz der Menschenliebe verschlossen und deine Schätze mit einer eisernen Hand gehalten. Du hast nur für dich selbst gelebt, und darum sollst du auch künftig in Ewigkeit allein und von aller Gemeinschaft mit der ganzen Schöpfung ausgestoßen leben. In diesem Augenblicke ward ich durch eine unsichtbare Gewalt fortgerissen und durch das glänzende Gebäude der Schöpfung getrieben. Ich ließ bald unzählige Welten hinter mir. Als ich mich dem äußersten Ende der Natur näherte, merkte ich, daß die Schatten des grenzenlosen Leeren sich in die Tiefe vor mich herabsenkten. Ein fürchterliches Reich von ewiger Stille, Einsamkeit und Finsterniß! Unaussprechliches Grausen überfiel mich bei diesem Anblick. [...] Die Todesängste der Verzweiflung nahmen mit jedem Augenblicke zu, so wie jeder Augenblick meine Entfernung von der letzten bewohnten Welt vermehrte. Ich bedachte mit unleidlicher Herzensangst, daß, wenn zehntausendmal tausend Jahre mich jenseits den Grenzen alles Erschaffenen würden weiter gebracht haben, ich doch noch immerhin in den unermeßlichen Abgrund der Finsterniß vorwärts schauen würde ohne Hülfe oder Hoffnung einiger Rückkehr. – – In dieser Betäubung streckte ich meine Hände mit solcher Heftigkeit nach Gegenständen der Wirklichkeit aus, daß ich darüber erwachte. Und nun bin ich belehrt worden, Menschen hochzuschätzen; denn auch der Geringste von denjenigen, die ich im Stolze meines Glücks von meiner Thüre gewiesen hatte, würde in jener erschrecklichen Einöde von mir allen Schätzen von Golconda weit sein vorgezogen worden.«[52]

Ein seltsamer Einsatz markiert die Wiedergabe dieser Erzählung. Als Beispiel auf der dritten Textseite eingeführt, nimmt Kant keinen weiteren Bezug auf Carazans Traum, wodurch die Erzählung bereits über ihre Unverbundenheit mit dem Argumentationsgang der *Beobachtungen* herauszustehen scheint und einen eigenen, aber abgetrennten Platz innerhalb der Schrift beansprucht. Dass es sich bei Carazans Traum um eine Erzählung handelt, die edles Grausen zu erregen

---

52. Ebd., S. 209.

vermag, erinnert daran, dass der Ausgang des Affektes nicht in der inneren Beschaffenheit des Erzählten liegen kann, »nicht so sehr auf der Beschaffenheit der äußeren Dinge, die sie erregen«, als auf dem »jedem Menschen eigenen Gefühle dadurch mit Lust oder Unlust gerührt zu werden.«[53] Als *Erzählung* jedoch reflektiert die Fußnote in sich die komplizierte Logik der *Beobachtungen* in allgemeiner Form. Zugleich mit dem Traum auf etwas dem Subjekt Äußeres verweisend, findet sich dieses Äußere in der Erzählung in das Subjekt eingezeichnet: Die Erzählung wird durch ein inneres Ereignis provoziert. So müsste die Erzählung selbst bereits eine Positionierung des Erzählenden zum Erzählten behandeln und darstellen, Kant geht jedoch noch eine Stufe weiter, indem die Erzählung hier wiederum als Erzähltes den Erreger des edlen Grausens in sich trägt. Es ist die *mise en abyme* der Beobachtung nach innen.

In dem Traum wird der Geschäftsmann gestraft für seine Abkehr von weltlich-gesellschaftlichen Zusammenhängen, während er zugleich seinen Appell an die übernatürliche Macht Gottes stärkt. Seine Anrufung schlägt fehl, er wird gestraft für seine Entfernung aus der Gemeinschaft, die eine in den »unzähligen Welten« hätte sein können, an derer statt er jedoch seine Konzentration auf den Handlungsvorteil bündelt. Die Strafe formuliert klar, Gemeinschaft bedeutet *auch* Gemeinschaft mit der Schöpfung, aus der er nun ausgestoßen werden soll. Ohne Gemeinschaft hingegen zerreißt das notwendige Band, nichts hängt mehr miteinander zusammen, und am »äußersten Ende der Natur« erscheinen die »Schatten des grenzenlosen Leeren«. Der Abgrund dieser Finsternis ist unendlich, und nicht messbar ist die Entfernung von den »Grenzen alles Erschaffenen«, sondern in grenzenloser Leere fliegt Carazan wie ein verkehrter Engel in die dunkle Ewigkeit. Am Ende der Gemeinschaft verkehrt sich die Welt von Grund auf, die Grenzen, Endlichkeiten und Messbarkeiten lösen sich auf, Grund verwandelt sich in Abgrund. Die Perversion der Welt besteht in der Auflösung aller Bestimmungen bei Beibehaltung der eigenen Existenz. Diese Existenz jedoch stürzt selbst in ihre eigene Auflösung; je weniger sie zu bestimmen vermag, desto stärker wird sie selbst allein vom Fingerzeig des Todesengels bestimmt, sie droht sich selbst so in die kontingente Bestimmungslosigkeit und Passivität der Natur zu verlieren. Der Traum lässt die Auflösung der subjektiven Existenz als Bild einschweben, als Ordnung der Koordination gegenüber jener der Sukzession und Subordination, Zeitlichkeit verdichtet sich auf den Augenblick.

Am »Rande der äußersten Natur« erscheint diese Leere bereits als »Schatten«. Die »Leere« und ihre »Schatten«: Man kann hier die exakte Widerspiegelung zweier Figuren des *nihil* erkennen, die Kant an anderer Stelle unterschieden hatte. Das *nihil privativum* als relationales Ergebnis der waltenden Kräfte droht umzuschlagen in das *nihil negativum,* das Nichts der widersinnigen und inhaltsleeren Bestimmungsdestruktion.[54] Die vollkommene Leere jenseits jedweder

---

53. Ebd., S. 207.
54. Zur Gegenüberstellung der beiden Figuren des Nichts vgl. Immanuel Kant: »Versuch den Begriff der negativen Größen in die Weltweisheit einzuführen« (1763), in: ders.: *Kant's gesammelte Schriften*, a.a.O., II, S. 171.

Grenzbestimmung ist eine begriffs- und anschauungslose Leere. Der Traum ist der einzige Ort, an dem diese Unwelt zu erscheinen vermag.[55]

Eine perverse Drohung tritt im Traum auf, da er gebietet, seine mögliche Verwirklichung auszustreichen und er zugleich mit dem unmöglichen, dem wirklichen Nichts droht. Das träumende Subjekt kämpft mit einem Gespenst: Die im Traum beschriebene Unwelt ist logisch unmöglich und folgenlos, und dennoch wird der Traum das Subjekt zwingen, anders zu handeln, er produziert Folgen ohne Realgrund. Im Traum droht ein vernichtendes Nichts, das zu jedweder Bestimmung nur über deren Aufhebung in Verbindung steht.

Der Traum zeigt ein Aufklaffen der Leere der Natur im Menschen selbst, in der Zeit, in der er nicht denkt, sondern – schläft. Dem Menschen, der vernünftig die Natur reguliert, zeigt sich am Boden der Vernunft sein Unvermögen. Carazans Traum exemplifiziert jedoch, dass die Aufgabe der Ästhetik genau darin besteht, Undarstellbares zu lenken, den Ausdruck der Natur zu komplettieren. Carazans Traum verdeutlicht noch einmal, dass Kants Regel das *noble Erhabene* ist. In dem »triptych« des grausamen, noblen und prächtigen Erhabenen, »the noble sublime occupies the middle position [...], as the fine feeling of the aesthetic does the scale of human feeling in general.«[56] Das »feinere Gefühl« hatte Kant zu Beginn der Abhandlung genau zwischen der reinen Sinneslust und der rein intellektuellen Lust platziert, um es sogleich als in sich »zwiefach« zu beschreiben: Als »Gefühl des Erhabenen und des Schönen«.[57]

In jenem feineren Gefühl, in dem sie zuerst angesiedelt ist, zeigt sie sich als Spaltung von Schönem und Erhabenem, und in beiden Teilen noch einmal als Spaltung von Natur und Vernunft: wobei nach Kants Beobachtung im Erhabenen die Vernunft die Oberhand erringt. Zugleich ist dabei das Erhabene in ständiger Vermischung seiner drei Formen anzutreffen, denn die Position des *noblen* Erhabenen lässt sich allein im Akt des Subjekts herstellen. In Carazans Traum ist noch dieser Akt an die Grenze seiner Spaltung geführt, wenn der Träumende in »Betäubung« die Hände so ausstößt, dass er erwacht. Es ist, so ließe sich sagen, nichts anderes als die Vernunft, die Carazan aus seinem Schlummer reißt und rettet zugleich – eine Vernunft jedoch, die zurückgeworfen ist auf den innersten Punkt ihrer eigenen Unvernunft.

So lässt sich am Beispiel Carazans auch die triptychale Ordnung der Ästhetik vor Augen führen, die Kant in den *Beobachtungen* vorlegt. In der Anordnung von Sinnlichkeit, Vernunft und Ästhetik bezeichnet letztere genau jene Stelle, an der aus der Sinnlichkeit die von ihr verschiedene Vernunft entspringt. Ästhetik ist in ihrer einen Richtung Anthropologie – das heißt Beobachtung und Erziehung der sinnlichen Vermögen – und in ihrer anderen Richtung Konstitution von Subjektivität am Rande der Leere. Die Erziehung der Sinne setzt ein Leben in Gemeinschaft gegen ein Unleben der leeren Natur. Somit findet sich die Per-

---

55.   Die Denkmöglichkeit solcher Welten ist der Anlass für Kants bedeutende Auseinandersetzung mit den Schriften Swedenborgs in den *Träumen eines Geistersehers, erläutert durch Träume der Metaphysik* (1766), in: ders.: *Kant's gesammelte Schriften*, a.a.O., II.

56.   Norris: »The Pleasures of Morality«, in: *New Essays on the Precritical Kant*, a.a.O., S. 97.

57.   Kant: *Beobachtungen über das Gefühl des Schönen und Erhabenen*, a.a.O., S. 208.

spektive verschoben: Nicht länger gilt es, sinnliche und logische Erkenntnis in einem gemeinsamen Rahmen zu spannen, wie noch bei Baumgarten, sondern Kant überträgt die Spaltung im Walten der Natur in eine Spaltung zwischen leerer Natur und menschlichem Leben. Als *ästhetisch* lässt sich nun das formalisierte und nach Prinzipien organisierte Leben verstehen, das die Leere der Natur therapiert und den Menschen über sie erhebt.

Das komplette Leben

Die ästhetische Vollkommenheit der Erkenntnis vergrößert das Bewusstsein des Subjekts und heißt insofern lebhaft, hatte Kant notiert.[58] Was aber bedeutet an dieser Stelle »lebhaft«, wenn nicht allein die metaphorische Unterstreichung einer wie auch immer gearteten Energie der vollkommenen Erkenntnis hervorgehoben werden soll? Die therapeutische Ästhetik der *Beobachtungen* hatte zunächst gezeigt, dass Maßstäbe zur Justierung eines ausgleichenden Gefühls des Erhabenen und Schönen zu bestimmen sind, die das Leben in seiner Triebhaftigkeit und Unwillkürlichkeit bändigen und ausgleichen. Erziehung bekam an dieser Stelle ihren Platz, wo das Subjekt angelernt werden muss, ein Aequilibrium seiner eigenen Natur vermittels des Verstandes herzustellen. Echte Tugend lässt sich dabei nicht allein auf die Aufpfropfung von Grundsätzen gegenüber der Natur reduzieren, echte Tugend ist in sich selbst vielmehr zugleich natürlich und schließt an eine natürliche Disposition des Menschen zum Guten an; sie markiert somit die Spaltung der Natur, in der sie sich auf etwas anderes hin spaltet. Nur in der Durchhaltung der Subjektivität gegenüber der absoluten Leere, dies zeigt eindringlich Carazans Traum, lässt sich dieses andere der Natur jedoch allein formulieren, artikulieren und existent halten.

Vor der transzendentalen Lösung ergibt sich so jedoch Subjektivität zugleich als relativ auf die Natur bezogene Größe, als Vermögen der Reflexion auf diese Relationalität. Subjektivität ist an sich nichts, sie ist nur etwas in Bezug auf die Natur. Als aus der Natur entsprungen wiederum wäre Subjektivität selbst als die Verklammerung von Natur und ihrem Anderen – ihrer Leere – zu verstehen. Subjektivität hat so in einem prägnanten Sinne ihren Ort an der Leere der Natur, gegenüber der sie sich erheben muss. So kann Kant sie in den *Beobachtungen* als genau jene notwendige Instanz verstehen, die die Leere der kontingenten, willkürlichen, iterativ waltenden Natur verspannt. Sie vermag dies über die Handlung des Urteilens. *Handlung*, wie jene unbewusste Hand Carazans, die zur Decke greift, sich nach »Gegenständen der Wirklichkeit« streckt,[59] markiert das Moment, an welchem Natur und Subjektivität unverbunden ineinander übergehen. Unverbunden, da die Handlung nicht als Akt der Natur zu begreifen ist, ineinander übergehend, da die Handlung ein Akt des *natürlichen Wesens* Mensch ist. In gewissem Sinne ließe sich so »das Bewustseyn des Lebens«[60] als *genitivus*

---

58. Kant: *Nachlaß Anthropologie*, a.a.O., S. 299f., R 676.
59. Kant: *Beobachtungen über das Gefühl des Schönen und Erhabenen*, a.a.O., S. 209.
60. Kant: *Nachlaß Anthropologie*, a.a.O., S. 300, R 676.

subiectivus wie als *genitivus obiectivus* lesen: dasjenige Bewusstsein, das dem Leben selbst entspringt, vergrößert sich, und insofern wird die vollkommene Erkenntnis lebhaft genannt, als sie selbst einen anderen Teil des Lebens verstärkt.

Aber was bedeutet Leben? Nun hat Kant sich bereits lange vor der *Kritik der Urtheilskraft* für den im 18. Jahrhundert für die Entstehung der Biologie äußerst relevanten und von der Wissenschaftsgeschichte vielfach untersuchten Streit um die verschiedenen Zeugungstheorien interessiert.[61] Im Kern dreht sich dieser Streit um die Frage, ob das Leben eigenen Gesetzen innerhalb der Welt folgt oder aber in Bezug auf die göttlichen Gesetze ein für alle Mal geregelt ist. Nachdem Kant bereits in der *Allgemeinen Naturgeschichte* von 1755 in Bezug auf die mögliche mechanistische Erklärung der Welt ausrufen konnte: »*Gebet mir Materie, ich will eine Welt daraus bauen!*«[62], folgte ein paar Zeilen später die Einschränkung, dass die Erzeugung einer Pflanze oder eines Insekts nicht unter diese Regeln zu fallen scheint. Eher ließe sich die Bildung der Himmelskörper einsehen denn »die Erzeugung eines einzigen Krauts oder einer Raupe«.[63]

Zwar kann Kant in der *Beweisgrundschrift* darauf hinweisen, dass die Natur nach ihren allgemeinen Gesetzen Figuren hervorzubringen vermag, die wie einzelne »Schneefiguren«[64] die meisten Blumen an »Nettigkeit« und »Proportion«[65] überträfen, aber dies darf nicht darüber hinwegtäuschen, dass für Kant der Unterschied von organischem und anorganischem Leben eine entscheidende Triebfeder des Denkens von Beginn an ist und bleibt. Ein gewisses Maß der Unregelmäßigkeit bestimmt das Moment des Organischen im Verhältnis zum Anorganischen. So kommt nun Kant bereits in der *Beweisgrundschrift* auf die konkurrierenden Zeugungstheorien zu sprechen:

»Gleichwohl ist die Natur reich an einer gewissen andern Art von Hervorbringungen, wo alle Weltweisheit, die über ihre Entstehungsart nachsinnt, sich genöthigt sieht, diesen Weg zu verlassen. Große Kunst und eine zufällige Vereinbarung durch freie Wahl gewissen Absichten gemäß ist daselbst augenscheinlich und wird zugleich der Grund eines besondern Naturgesetzes, welches zur künstlichen Naturordnung gehört. Der Bau der Pflanzen und Thiere zeigt eine solche Anstalt, wozu die allgemeine und nothwendige Naturgesetze unzulänglich sind. Da es nun ungereimt sein würde die erste Erzeugung einer Pflanze oder Thiers als eine mechanische Nebenfolge aus allgemeinen Naturgesetzen zu betrachten, so bleibt gleichwohl noch eine doppelte Frage übrig, die aus dem angeführten Grunde unentschieden ist: ob nämlich ein jedes Individuum derselben unmit-

---

61. An dieser Stelle kann auf diesen Streit nicht ausführlicher eingegangen werden. Stellvertretend für die hier interessierende Problematik sei jedoch die wegweisende Untersuchung von Helmut Müller-Sievers: *Self Generation. Biology, Philosophy, and Literature around 1800*, Stanford 1997 genannt.
62. Immanuel Kant: *Allgemeine Naturgeschichte und Theorie des Himmels oder Versuch von der Verfassung und dem mechanischen Ursprunge des ganzen Weltgebäudes, nach Newtonischen Grundsätzen abgehandelt*, in: ders.: *Kant's gesammelte Schriften*, a.a.O, I, S. 230.
63. Ebd.
64. Immanuel Kant: *Der einzig mögliche Beweisgrund zu einer Demonstration des Daseins Gottes*, in: ders.: *Kant's gesammelte Schriften*, a.a.O, II, S. 113.
65. Ebd., S. 114.

telbar von Gott gebauet und also übernatürlichen Ursprungs sei, und nur die Fortpflanzung, das ist, der Übergang von Zeit zu Zeit zur Auswickelung einem natürlichen Gesetze anvertrauet sei, oder ob einige Individuen des Pflanzen= und Thierreichs zwar unmittelbar göttlichen Ursprungs seien, jedoch mit einem uns nicht begreiflichen Vermögen, nach einem ordentlichen Naturgesetze ihres gleichen zu erzeugen und nicht blos auszuwickeln.«[66]

Die Erzeugung neuen Lebens lässt sich nach mechanischen Gesetzen nicht erklären, aber sie lässt sich auch nicht darlegen, indem »innerliche Formen« oder »Elemente organischer Materie«[67] erdacht werden, die sich wie in Buffons vitalistischer Epigenesis-Lehre[68] zu neuem Leben zusammenfügen. Beide Erklärungen, mechanisch nach Gesetzen oder vitalistisch über die Erdenkung belebter Materie, reichen nicht hin. Noch weniger hilfreich jedoch, so führt Kant die Argumentation fort, sei es, sich auf einen übernatürlichen Grund zu stützen. Das »Vermögen des Hefens seines gleichen zu erzeugen« sei mechanisch nicht begreifbar zu machen, »und gleichwohl bezieht man sich desfalls nicht auf einen übernatürlichen Grund.«[69] Kant zielt auf einen anderen Zusammenhang, für den die Kritik dreier Erklärungen den Weg bereiten soll. Erstens ist innerhalb der mechanischen Gesetze das Leben nicht zu erklären, zweitens hilft jedoch weder eine willkürliche Erfindung noch drittens ein übernatürlicher Grund weiter, da sie allesamt auf der falschen Ebene argumentieren. Ja, alle drei Theorien überschreiten metaphysisch ihre Grenzen, insofern auch die mechanistische Erklärung des Lebens letztlich auf die vorprägende göttliche Handlung rekurrieren muss: »[D]enn der ganze Unterschied läuft nicht auf den Grad der unmittelbaren göttlichen Handlung, sondern lediglich auf das Wenn hinaus.«[70] Das tatsächliche Problem stellt sich folglich als eines der Naturgesetze selbst, wenn nicht auf eine irgendwie geartete, spekulative Erweiterung derselben zurückgegriffen werden soll. So kann Kant folgern, »daß man den Naturdingen eine größere Möglichkeit nach allgemeinen Gesetzen ihre Folgen hervorzubringen einräumen müsse, als man es gemeiniglich thut.«[71]

Man sieht, dass das Problem des Organischen schon für den frühen Kant zumindest einen Probierstein des Denkens darstellt, an dem sich die Frage nach der naturwissenschaftlichen Erklärbarkeit im Verhältnis zur Konstruktion der ontologischen und kosmologischen Gottesbeweise anschaulich machen lässt. Dass Kant der Problematik des Lebens jedoch bereits früh einen größeren denn rein

---

66. Ebd.
67. Ebd., S. 115.
68. Für Buffon ist das Lebendige nicht als eine der Materie über- oder vorgeordnete Kategorie zu verstehen. Vielmehr sei davon auszugehen, so schreibt er in der *Histoire des animaux*: »[…] qu'enfin le vivant & l'animé, au lieu d'être un degré métaphysique des êtres, est une propriété physique de la matière«. George Louis Leclerc Compte de Buffon, zitiert nach: *Œuvres philosophiques de Buffon. Texte établi et présenté par Jean Piveteau*, Paris 1954, S. 238.
69. Kant: *Der einzig mögliche Beweisgrund zu einer Demonstration des Daseins Gottes*, a.a.O., S. 115.
70. Ebd.
71. Ebd.

JAN VÖLKER

exemplarischen Stellenwert zumisst, lässt sich an verschiedenen *Reflexionen* der
1760er Jahre ablesen.

Mit dem Leben steht nicht allein die Gesetzmäßigkeit der Natur auf dem Spiel,
sondern in ihm zeigt sich an der Frage des Menschen die Möglichkeit einer Erklärung von Welt, die nicht auf Gott als determinierende Kraft zurückgreift. In einer
Reflexion aus dem Zeitraum 1764–1768[72] findet sich eine frühe Überlegung, die
auf den Begriff des »Lebens« überhaupt zielt und von einer denkerischen Ausbildung einer eigenen Region des Lebens im Sein der Natur zeugt:

> »Das Leben ist das Vermögen, aus einem innern *Principio* einen Zustand (sei-
> nen oder eines andern) anzufangen. Das erstere ist nicht ein completes Leben,
> indem dasienige, dessen zustand veranderlich ist, selbst etwas äußeres zur Ur-
> sache bedarf. Korper haben wohl ein inner *principium*, in einander zu Wirken
> (z.E. Zusammenhang), auch [etwas] einen äußerlich ertheilten Zustand zu er-
> halten, aber nicht von selbst anzufangen. Also beweiset alle Veränderung, aller
> Ursprung einen ersten Anfang und mithin freyheit. [Also] Weil aber der An-
> fang comparative der erste seyn kan, nemlich nach mechanischen Gesetzen. z.E.
> Wenn den Hund ein Aas anricht, so fängt in ihm Bewegung an, die, weil sie
> nach mechanischen Gesetzen nicht vom Geruch erzeugt, sondern durch rege
> Machung der Begierde verursacht war. Bey Thieren aber ist dieses eben so wohl
> eine äußere Nothigung als in machinen; daher sie *automata spiritualia* heißen.
> aber beym Menschen ist in iedem Falle die Kette der determinirenden Ursa-
> chen abgeschnitten, und daher unterscheidet man auch das immateriale als ein
> *principium* des Lebens vom materiellen. Beym Menschen ist der Geist frey und
> will das Gute; das Thier ist *automaton*; würde dieser Geist nur immer beym
> thierischen Wirksam seyn und nicht mit dessen Kräften wechseln, so würden
> wir mehr Beweise der Freyheit finden.«[73]

Bemerkenswert an dieser Stelle ist die Aufspaltung des Lebens in zwei Formen, die ihrerseits doch wieder in einem *principio* verknüpft werden. Schwer
verständlich ergibt sich dabei der genaue Bezug dieser zwei Formen. Zunächst
scheint Kant das Vermögen, den *eigenen* Zustand von dem Vermögen, einen *anderen* Zustand zu beginnen, zu unterscheiden. Die folgenden Sätze klären darauf,
wie »seinen eigenen Zustand zu beginnen« zu verstehen ist. Wenn das Aas den
Hund anriecht, beginnt im Leben des Hundes sein Zustand der Begierde, der sich
jedoch zugleich nicht als autonom verstehen lässt, sondern determiniert ist. Der
Hund lebt als Maschine. Warum aber *lebt* er dann und ist nicht vielmehr eine
Maschine allein?[74] Nun stand im 18. Jahrhundert die Lebendigkeit noch nicht unbedingt im Gegensatz zur tierischen Maschine. Es galt vielmehr die Überzeugung,
dass mit zunehmender Perfektion menschliche Nachbauten von Lebensmaschi-

---

72. Abschnitt η, nach der Zuordnung der *Reflexionen* durch Erich Adickes.
73. *Reflexion* 3855, ca. 1764–1768, in: Immanuel Kant: *Handschriftlicher Nachlaß Metaphysik, Erster Teil*, in: ders.: *Kant's gesammelte Schriften*, a.a.O., XVII, S. 313f.
74. Damit setzt Kant sich vom mechanistischen Diskurs, der im Anschluss an Descartes bis
hin zu Wolff Tiere und auch die Welt als Automaten begriff, ab. Zu diesem Diskurs vgl. auch:
Axel Sutter: *Göttliche Maschinen. Die Automaten für Lebendiges*, Frankfurt a. M. 1988.

KOMPLETTES LEBEN

nen möglich seien. Einen Hund als lebendige Maschine zu verstehen, stellt in diesem Sinne noch kein Paradox dar.[75]

Die Lebensmaschine wird zwar nach mechanischen Gesetzen, aber nicht durch den Geruch, sondern durch das innere Prinzip der rege gemachten Begierde in Gang gesetzt. Interessant ist jedoch, dass Kant ›Leben‹ so versteht, dass es in ein »completes« und ein ›halbes‹ Leben spaltbar wird. Mag diese Unterscheidung zunächst nach dem Ergebnis einer Vollkommenheitslogik klingen, so wird hier dennoch das grundlegende Problem des Lebensbegriffes ansichtig. Ein halbes Leben für sich allein erscheint widersinnig und lässt sich überhaupt erst vom Standpunkt des humanen, vollständigen Leben aus konzipieren. So ist das »erstere«, das tierische Leben, »nicht ein completes Leben«, und das Leben komplettiert sich erst dort, wo die »Kette der determinirenden Ursachen abgeschnitten« ist, im Menschen mit seinem immateriellen Principium der Freiheit. Um die beiden Prinzipien zusammenzubekommen, hatte Leibniz gerade den Menschen als ›geistigen Automaten‹ bezeichnet.[76] Ein Problem, welches jedoch bei Kant hier erscheint, ist, dass das »complete Leben« nicht aus dem tierischen ableitbar ist, sondern geradezu dessen Voraussetzung bilden muss. Andernfalls ließe sich das tierische *principium* nur als unbelebtes verstehen, sobald jedoch tierisches und geistiges unter dem Begriff des Lebens zusammenkommen, stellt sich die Frage nach der Struktur dieser Vermittlung, nach der Bedeutung des Lebens.

Hier mag noch einmal die Diskussion der Zeugungstheorien als ein indirekter Hinweis dienen, dass sich das Konzept des Lebens allmählich von seiner aristotelischen Auffassung abzulösen beginnt. In den von Kant kritisierten inneren Formen Buffons und dessen Annahme organischer Materie beginnt ein Verständnis des Lebens seinen Ausgang zu nehmen, das die Entwicklung der Form nicht mehr allein aus dem Chaos der Materie, sondern über die Vermittlung von Heredität zu denken beginnt.[77] Das Leben wird, vor allem in der Auseinandersetzung um die Epigenese als Prinzip der allmählichen Entwicklung des Neuen, zu einem Prinzip der Organisation werden, dass sein eigenes Ziel in sich trägt und nicht mehr als Verwirklichung eines vorgängigen Grundes verstanden werden kann.

In einer *Reflexion* notiert Kant die Kehrseite des angedeuteten Problems im Leben des Hundes:

---

75. Zur Tradition der lebendigen Automaten vgl. auch: Anne Fleig: »Automaten mit Köpfchen. Lebendige Maschinen und künstliche Menschen im 18. Jahrhundert« (25.10.2008). In: *Goethezeitportal.* URL: <http://www.goethezeitportal.de/db/wiss/epoche/fleig_automaten.pdf>
76. In der Vorlesungsmitschrift »Metaphysik Herder« bezieht Kant den Ausdruck *automaton spirituale* selbst auf Leibniz (vgl. Immanuel Kant: *Vorlesungen über Metaphysik und Rationaltheologie,* in: ders.: *Kant's gesammelte Schriften,* a.a.O., XXVIII, S. 153). Bei Leibniz findet er sich in der *Theodizee,* vgl. Gottfried Wilhelm Leibniz: *Die Theodizee von der Güte Gottes, der Freiheit des Menschen und dem Ursprung des Übels,* in: ders.: *Philosophische Schriften* 2.2, hg. von Herbert Herring, Frankfurt a. M. 1986, 3. Teil, Pt. 53, S. 245. In der *Kritik der praktischen Vernunft* taucht die Formulierung noch einmal auf: Hier, wie auch bei Leibniz, im Zusammenhang mit der Seele. An dieser Stelle spricht Kant also in abweichender Weise von Tieren als *automata spiritualia.* (Vgl. Immanuel Kant: *Kritik der praktischen Vernunft,* in: ders.: *Kant's gesammelte Schriften,* a.a.O., V, hier: S. 97.)
77. Vgl. François Jacob: *Die Logik des Lebendigen. Eine Geschichte der Vererbung,* Frankfurt a. M. 2002, S. 92.

JAN VÖLKER

»Es ist die Frage, ob es eine organisch bildende Natur gebe (*epigenesis*) oder blos eine, die mechanisch und chemisch bildet.
Es scheint: hiezu gehöre ein Geist wegen der Einheit der beziehung aller theile ihrer Erzeugung nach auf jeden Einzelnen. Aber ist nicht auch in thieren und pflanzen ein geistiges belebend wesen. Auf solche weise müste man so gar in das erste *chaos* belebenden Geist annehmen, um die verschiedenen thiere zu erklären, die sich itzt nur fortpflanzen können.
Von dem [bricht ab]«[78]

Wie bei dem mechanischen Hund, der dennoch lebt, steht Kant hier vor der Frage, ob, wenn etwas lebt, nicht Leben als solches in allem sein müsse. An der Frage des »completen Lebens« scheint somit eine Problematik auf, die die organisch bildende Natur im Verhältnis zur Frage des inneren *principiums* betrifft. Ein tierischer Geist geht jedoch mit der cartesianischen Trennung von Körper und Geist nicht mehr überein. Das teleologische Prinzip, das in der lebendigen Maschine in der Form präsent war, dass sie von Gott ein für alle Mal konstruiert sein musste, wird durch ein teleologisches, inneres Prinzip des Lebens abgelöst werden müssen – was jedoch erst das Programm der *Kritik der Urtheilskraft* sein wird.[79]
Man muss nun die entscheidende Rolle der Subjektivität hinzuziehen, die Kant in den *Beobachtungen* gegenüber den Prozessen des automatischen Lebens einschreibt, um zum einen zu sehen, wie der Begriff des Lebens in den frühen Überlegungen zwischen einer Verbindung von ›Körper‹ und ›Geist‹ und einer rein geistigen Definition schwankt, und zum anderen die Konsequenz nachzuvollziehen, die aus der Theorie des »completen Lebens« entspringt. Das Leben wird nicht als Funktion der Seele und diese als Form des Stoffes der Pflanzen, Tiere, Menschen verstanden werden können, sondern es wird eine Unterbrechung in die entelecheischen Prozesse der Natur eingetragen, insofern das menschliche Leben erst Leben im eigentlichen Sinne ist. Kant unterscheidet den Menschen geradezu über das geistige Leben von der tierischen Natur.

»Dieweil das Leblose kein Grund des Lebens, sondern vielmehr ein Hindernis desselben seyn muß, so wird das reine Geistige Leben das Ursprüngliche und selbständige Leben seyn; dagegen ist das thierische Leben abgeleitet und eingeschrenkt. Also ist die Geburth nicht ein Anfang des Lebens überhaupt, sondern des thierischen Lebens, und ein Grad Leblosigkeit, und das Vollständige Geistige Leben hebt nach dem Tode des Thieres an.«[80]

Dieser Satz wirft einige Fragen auf, sobald er auf die *Beobachtungen* angewendet wird. Das *Vollständige Geistige Leben* erhebt sich auf dem abgetöteten Tier,

---

78. Kant: *Nachlaß Metaphysik*, a.a.O., S. 591, R 4552. (Die Adickes-Datierung gibt zur Datierung den weiten Zeitraum 1764–1775 an.)
79. Zu dem Problem der internen Teleologie der Maschine bei Descartes vgl. Georges Canguilhem: »Machine et organisme«, in: ders.: *La connaissance de la vie*, Paris 2006, S. 129–164, hier: S. 141ff.
80. Kant: *Nachlaß Metaphysik*, a.a.O., S. 474, R 4240 (λ (?) 1769–1770).

und es fragt sich, ob es nicht das im Menschen abgetötete Tier sei, das einen Beginn der Ästhetik markiert, an dem der Mensch sich von dem Tier, das er als sein innerstes Anderes erkennt, abheben muss, um zu leben. Im ästhetischen Weltverhältnis würde der Mensch dann dazu erzogen, die Leere der Natur zu regulieren und in geistiger Form zu bändigen. Das *Vollständige Geistige Leben* nimmt seinen Ausgang an der Abtötung des automatischen, tierischen Lebens in sich, das, später, in den Träumen, als Angst vor der Leere des *automaton* zurückkehrt, die zugleich von Beginn an in ihm wohnt.

Felix Ensslin

»Zum Ungeheuren hast Du mich gewöhnt…«
Symbolischer Tod, *acting-out* und *passage à l'acte* in Schillers *Die Räuber* und *Wilhelm Tell*

Ästhetik und Biologie sind, historisch betrachtet, in zeitlicher Nähe als eigenständige Diskurse erwachsen. Daraus werden Überlegungen abgeleitet, die ein immanentes Verhältnis der beiden Wissenschaften zueinander darzustellen versuchen. Die folgenden Betrachtungen sind der Versuch einer indirekten Widerrede gegen diese Hypothese. Dazu werde ich das Schicksal des Begriffs des Ungeheuren innerhalb der ästhetischen Diskussion von Burke über Kant zu Schiller skizzieren: Das Ungeheure wird von Burke zunächst im Erhabenen angesiedelt, dann aber aus der Ästhetik verbannt und als negativer Grenzbegriff des Politischen gefasst. Auch Kant entzieht es dem Ästhetischen im eigentlichen Sinn, so dass es in einem begrifflichen Niemandsland verharrt. Schiller führt das Ungeheure zwar in seinen Dramen wieder ein, insbesondere im *Wilhelm Tell*, allerdings auch, um es nicht endgültig in der Ästhetischen Theorie verorten zu müssen. Somit handelt es sich also um einen Begriff, der weder allein im Ästhetischen noch im Politischen beheimatet ist – der aber nicht gefasst werden kann, wenn nicht beide Bereiche mitgedacht werden. Dass er bei Schiller zum Gegenstand einer dramatischen Untersuchung bestimmter Handlungen herangezogen wird, zeigt, dass gerade in dieser Spannung zwischen Ästhetik und Politik auch eine ethische Frage aufgeworfen wird. Im Zuge seiner Ausbürgerung aus dem Gebiet der Ästhetik zeitigt der Begriff zwar eine Verbindung zum Politischen, keine jedoch zu einem biologischen Lebensbegriff. Vielmehr ist er die Stelle, an der sich der Bruch mit der Natur als Chiffre eines geordneten Seins vollzieht, als welche sie bis zum 18. Jahrhundert verstanden wird. Mit dem Politischen steht das Ungeheure in Beziehung, weil es an einem symbolischen Ort auftaucht – symbolisch hier verstanden im Sinne einer Ordnung von Gesetz, Brauch und Sprache, die strukturell immer vorgängig ist. Durch die Analyse der Reaktionen auf die Begegnung mit dem Ungeheuren in Begriffen, die der Psychoanalyse Jacques Lacans entliehen sind, soll gezeigt werden, dass das Ungeheure eine Art Bruch- oder Leerstelle zu benennen versucht, die sich am Abgrund des Symbolischen zeigt und somit jegliche Verbindung zu einem biologisch verstandenen Lebensbegriff kategorisch ausschließt. Der durch das Ungeheure markierte Bruch verändert das Politische, gerade indem er auf es verweist und zwischen Politik und Natur eine Spaltung einführt oder offen legt, die niemals überwunden werden kann. Dieser Gedankengang kann in der hier gebotenen Kürze nur als Skizze entworfen werden und wird am Ende bei der Eröffnung einer Frage an das Ästhetische innehalten, oder besser: einer Frage an das Ungeheure im Ästhetischen, die in den theoretischen Zugängen zur ästhetischen Erziehung ausgeklammert und im dramatischen Werk Schillers nur indirekt gestellt und keinesfalls beantwortet wird. Diese Frage lautet in Kürze: Wenn es zutrifft, wie ich zu zeigen versuchen werde, dass in dem *acting-out* Karls in *Die Räuber* und der *passage à l'acte* des Titelhelden in *Wilhelm Tell* zwei Reaktionsweisen auf die ungeheure Erfahrung des Abgrundes im Herzen des Symbolischen

FELIX ENSSLIN

– auf die Erfahrung des symbolischen Todes – dramatisiert werden, lässt sich dann vor diesem Horizont die Perspektive auf eine andere, dritte, Möglichkeit eröffnen? Doch zunächst ist es notwendig, die bereits angedeutete historische Skizze der Begriffsgeschichte des Ungeheuren in der Ästhetik zu vertiefen.

Burke und das *political monster*

In Burkes *Reflections on the Revolution in France*[1] (1790) taucht die Idee des *monstrous*, des Ungeheuren, mehrfach auf.[2] Im Vergleich zu seinen früheren Überlegungen über das Erhabene und Schöne[3] wird das Ungeheure nun im Politischen und durch das Politische, eben durch das Nachdenken über die Französische Revolution, zum selbstständigen Gegenstand der Betrachtung. Das Erhabene ist bei Burke eng an die Macht und damit an den Souverän gebunden. Doch mit dem Ungeheuren taucht in den *Reflections* eine spezifische Weise der Verbindung des Politischen mit dem Ästhetischen auf, die in gewissem Sinne negativ bestimmt ist, d.h. als Bruch: Das Feld des Politischen erzeugt Phänomene, die trotz offenkundiger Nähe zum Gebiet des Erhabenen, wie Burke es verstehen möchte, aus ihm ausgeschlossen werden müssen. Die Trias Erhabenheit, Souveränität, Repräsentation soll aufrechterhalten werden, was aber nur durch den Ausschluss dessen ermöglicht wird, was sich als Ungeheures in der Revolution zeigt.[4] Der politische Aspekt wird in der *Inquiry* als ästhetischer Schrift nur indirekt thematisiert. In dem Unterkapitel »Macht«[5] bezieht sich Burke vornehmlich auf die machtvolle Erscheinung bestimmter Tiere und auf Gott, schreibt aber auch, er kenne außer jenen Ursachen, die unmittelbar Gefahr signalisieren, »nichts Erhabenes, das nicht eine gewisse Modifikation der Macht wäre.«[6] Das Erhabene ist also grundsätzlich mit der Macht verbunden. Sie muss also immer mitgelesen werden, und zwar in ihrer souveränen Form. Deren Extrem und Modell, die souveräne Form

1.   Im Folgenden zitiert nach der Übersetzung von Friedrich Gentz, die kurz nach Erscheinen des Originals verlegt wurde. Edmund Burke: *Über die Französische Revolution. Betrachtungen und Abhandlungen*, hg. von Hermann Klenner, Berlin 1991/Edmund Burke: *Reflections on the Revolution in France*, in: *Harvard Classics*, New York 1909–1914, Bd. 24.3. Vgl. auch die Internetausgabe auf: Bartleby.Com.2001, September 2008: http://www.bartleby. com/24/3/ (aufgerufen: 07.09.2008).
2.   Vgl. Burke: *Reflections*, a.a.O., *monster*, §§ 327, 356, 375; *monstrous*, §§ 15, 59, 111, 203, 322, 357.
3.   Edmund Burke: *Philosophische Untersuchungen über den Ursprung unserer Ideen vom Erhabenen und Schönen*, übers. von Friedrich Bassenge, hg. von Werner Strube, Hamburg 1980/Edmund Burke: *A Philosophical Inquiry into the Origin of Our Ideas of The Sublime and Beautiful*, in: *Harvard Classics*, New York 1909–1914, Bd. 24.2. Vgl. auch die Internetausgabe auf: Bartleby.Com.2001, September 2008: http://www.bartleby.com/24/2/ (aufgerufen: 07.09.2008).
4.   Diese einleitenden Bemerkungen verdanken einem Artikel des Politologen Mark Neocleous sehr viel, der über den Übergang zwischen der *Inquiry* und den *Reflections* anhand des Monströsen nachdenkt. Mark Neocleous: »The Monstrous Multitude: Edmund Burke's Political Tetraology«, in: *Contemporary Political Theory* (2004), 3/1, S. 70–88.
5.   Burke: *Philosophische Untersuchungen*, a.a.O., S. 99–107.
6.   Ebd., S. 99.

schlechthin, die »Allmacht« Gottes, »vernichtet« geradezu »unsere Natur«.[7] Darin deutet sich schon an, was später in den *Reflections* geschehen wird, wenn in dem Grenzfall des Erhabenen – der Französischen Revolution – der *horror*[8] des *terror* zu groß ist, um ihn im Erhabenen zu belassen. Zwar hatte Burke geschrieben, dass alle »Arten des Erhabenen«[9] dem *terror* entspringen, doch im *Terreur* wird dieser zu buchstäblich. Aber hier, in der *Inquiry*, vollzieht sich dieser Schritt noch nicht. Im Gegenteil: Um ihn zu verhindern, wird die Souveränität des Erhabenen noch an die Repräsentation gebunden und somit die *natürliche* Trias komplettiert, wenn Burke schreibt: »Allenthalben, wo Gott in der Heiligen Schrift als erscheinend oder redend dargestellt wird, da wird jedes schreckenerregende Ding der Natur aufgeboten, um das Ehrfurchtsvolle und Feierliche der göttlichen Gegenwart zu erhöhen.«[10]

In den *Reflections* wird der politische Gehalt dieser Überlegungen deutlich. Und zwar gerade weil der *terror*, in der *Inquiry* noch eine Universalquelle alles Erhabenen, schleunigst aus dessen Feld ausgeschlossen werden muss. Die »erscheinende« und »redende« Souveränität, die in eine Repräsentation eingebunden ist, zerbricht, weil die Falschen – zum Beispiel die Mitglieder der Armee, die selbst politisch beraten und nicht mehr bloßes Instrument sind – reden und sich dabei das Falsche, nämlich das Ungeheure im Erhabenen, offenbart, das ansonsten in jedem Symbolischen verdeckt bleibt. Mit Lacan lässt sich sagen: Der Signifikant taucht auf. Es mag hier genügen, ihn vorläufig so zu verstehen: Als ein Sprechen oder ein Symbolisches, das zunächst *von Natur aus* nichts bedeutet; als solcher ist er seiner stützenden Bilder, die ihn mit der Natur und dadurch als Schöpfungen mit dem Schöpfer vereinen, beraubt – darin zeigt er sich als ungeheuer oder als das, was das Ungeheure hervorbringt. Durch das Ungeheure offenbart er sich als das Genießen der Schöpfung *und* des Schöpfers und nicht als die *tranquil* Ordnung des Schöpfers für die Schöpfung. Die Ruhe, welche das Erhabene durch seine Ordnung stiftet, wird ersetzt durch die Unruhe, die das Genießen des Anderen, der spricht, hervorruft. Das Politische ist nicht mehr Ausdruck einer natürlichen Ordnung, sondern stiftet sich selbst, was bedeutet, dass es keine Begründung außerhalb seiner selbst gibt. In den *Reflections* gibt es darum die Rede von der *military democracy*, die dadurch entstehe, dass in der Armee, die natürlicherweise als Instrument vorgesehen ist, selbst politische Debatten geführt werden. Dadurch wird sie zu einem *political monster*.[11] Überhaupt sei die neue Gesellschaft insgesamt eine *monstrous tragi-comic scene*[12] oder eine *monstrous fiction*,[13] welche die »Staatsoperationen [gemeint sind alle Arten von Staatsge-

---

7.   Ebd.
8.   Vgl. Burke: *A Philosophical Inquiry*, a.a.O., I. 6.
9.   Burke: *Philosophische Untersuchungen*, a.a.O., S. 99.
10. Ebd., S. 105.
11. Burke: *Über die Französische Revolution*, a.a.O., S. 352; vgl. ders.: *Reflections*, a.a.O., § 356.
12. Burke: *Über die Französische Revolution*, a.a.O., S. 60; vgl. ders.: *Reflections*, a.a.O., § 15.
13. Hier geht es um die nach Burke unerlaubte Übertragung der Gleichheit vom moralischen auf das politische Feld, welche das Monströse gebiert. Burke: *Über die Französische Revolution*, a.a.O., S. 98; vgl. ders.: *Reflections*, a.a.O., § 59.

schäften] in Missgeburten [formt].«[14] Doch entgegen der Absicht und wohl auch Überzeugung seines Autors selbst schleicht sich in die Terminologie ein Echo der früheren ästhetischen Überlegungen ein. Denn die Revolution ist die »erstaunungswürdigste, die sich bisher in der Welt zugetragen hat«.[15] *Astonishment* aber ist in der *Inquiry* der Affekt des Erhabenen *par excellence*. Von dieser *passion* wird gesagt, dass sie den Zustand der Seele beschreibt, in dem alle Bewegung »gehemmt« ist.[16] Dennoch oder gerade darum liegt in diesem Zustand auch ein »gewisser Grad von Schrecken.«[17] Dieser Schrecken aber, so heißt es an späterer Stelle, betreffe die »Selbsterhaltung«,[18] d.h. diejenigen Ereignisse, die das Potential der Frage nach Leben und Tod in sich tragen. *Tranquility tinged with terror*,[19] so beschreibt Burke den Effekt des Erhabenen, das gut dreißig Jahre vor dem *Terreur* der Revolution den Schrecken des Ungeheuren im *terror* offensichtlich noch in sich verbirgt.

Mark Neocleous[20] hat nachgezeichnet, dass Burke in seiner Kritik an der Französischen Revolution das Ungeheure vom Erhabenen zu scheiden sucht. Das Ungeheure wahrt nicht mehr genug Distanz zum Betrachter, der so dem erhabenen Objekt seines *astonishments* zu nahe gekommen ist. *The removal of pain or danger*, welche das Erhabene vom Ungeheuren in der *Inquiry* noch auf ungenaue Weise unterscheidet,[21] ist bei dieser jetzt historisch realisierten Übernähe zum Erhabenen nicht mehr garantiert. So muss die Trennung klarer vollzogen werden. Für Burke ist Herrschaft, Macht und Gesetz, ist das Symbolische *der Natur nach* erhaben, aber die unnatürliche Revolution zeigt: es könnte dies nur bleiben, wenn die Distanz der Subjekte, für die das Symbolische erhaben ist, zu diesem Symbolischen niemals aufgehoben wird. Die Verbindung von Ästhetischem und Politischem, die durch die Tatsache geschaffen wurde, dass alles Erhabene *some modification of power* ist, löst sich auf, indem mit dem Ungeheuren ein in negativer Weise als unnatürlich bestimmter Bereich ausgeschlossen wird. Doch entgegen Burkes Absicht lässt gerade dieser Ausschluss das Politische grundsätzlich zu dem werden, was sich im Ungeheuren der Revolution zeigt. Die Ahnung, dass das Ungeheure im Herzen des Erhabenen und damit die Gesetzlosigkeit im Herzen des Gesetzes herrscht, die spielerisch im ästhetischen Diskurs – *tinged with terror* – angeklungen war, ist jetzt, da in der tatsächlichen Revolution realisiert, in weite Ferne zu bannen. Mit einem Lacanschen Kürzel ließe sich sagen: Wenn ein Signifikant, zum Beispiel der Monarch, ein Subjekt für einen anderen Signifikanten, zum Beispiel einen Untertan, repräsentiert, dann nur solange dieses Subjekt nicht *als* solches – als gebarrtes, beschnittenes, geklüftetes – sichtbar wird, d.h.

---

14. Burke: *Über die Französische Revolution*, a.a.O., S. 149; vgl. ders.: *Reflections*, a.a.O., § 111.

15. Burke: *Über die Französische Revolution*, a.a.O., S. 60; vgl. ders.: *Reflections*, a.a.O., § 15.

16. Burke: *Über die Französische Revolution*, a.a.O., S. 60.

17. Ebd. Vgl. Burke: »On the Passions Caused by the Sublime«, in: *A Philosophical Inquiry*, a.a.O., I. 6.

18. Burke: *Philosophische Untersuchungen*, a.a.O., S. 176.

19. Vgl. Burke: *A Philosophical Inquiry*, a.a.O., IV. 7.

20. Neocleous: »The Monstrous Multitude«, a.a.O., S. 70–88.

21. Vgl. etwa Burke: *Philosophische Untersuchungen*, a.a.O., S. 73.

als genießendes Subjekt oder als Subjekt, das sich nur im Genießen entdeckt. Dann aber würde die Repräsentation keineswegs mehr in der natürlichen Verbindung von Macht und Erhabenem wurzeln, sondern im Gegenteil im Bruch dieser Verbindung und einem ungeheuren Genießen, das sich darin offenbart und für das sich keinerlei natürliche Gründe angeben lassen.[22]

Kant: Das Ungeheure vernichtet die Zweckhaftigkeit

In § 26 der *Kritik der Urteilskraft* kommt Kant in der Vorbereitung der »Analytik des Erhabenen« kurz auf das Ungeheure zu sprechen, um dann sogleich festzustellen, dass es aufgrund der dort gegebenen Definition nicht Gegenstand der Ästhetik sein kann: »Ungeheuer ist ein Gegenstand, wenn er durch seine Größe den Zweck, der den Begriff desselben ausmacht, vernichtet. [...] Ein reines Urteil über das Erhabene aber muß gar keinen Zweck des Objekts zum Beistimmungsgrunde haben, wenn es ästhetisch und nicht mit irgendeinem Verstandes- oder Vernunfturteile vermengt sein soll.«[23] Es ist klar, warum Kant diese Einschränkung macht: Das reine ästhetische Urteil bringt Sinnlichkeit und Vernunft miteinander ins Spiel, aber dergestalt, dass dieses *a priori* erfasst werden kann. Allerdings kommt auf diese Weise eine ähnliche Vermischung des Erhabenen und des Ungeheuren zustande, wie es noch in der Burkeschen *Inquiry* der Fall war. Denn wenn nur die Sprengung des Zwecks ein Urteil über das Ungeheure ermöglicht, gleichzeitig aber gerade diese Bestimmung, weil sie noch an einen Zweck gebunden ist, aus dem ästhetischen Urteil ausgeschlossen bleibt, kann es kein unabhängiges Urteil über das Ungeheure im Ästhetischen selbst geben. Aber umgekehrt gilt auch: Das durch ein ästhetisches Urteil konstruierte Objekt hat außerhalb seiner möglichen ästhetischen Bestimmung keinen Zweck. Auch wenn *kein Zweck* nicht unmittelbar mit der *Vernichtung des Zwecks* gleichzusetzen ist, bleibt in beiden Fällen die Zwecklosigkeit. In diesem Aufriss des Ungeheuren zeigt sich eine gewisse Dialektik. Ist der Zweck eines Gegenstandes, der »den Begriff desselben ausmacht«, vernichtet, dann ist tatsächlich kein äußerer Zweck mehr vorhanden, der Bestimmungsgrund sein könnte. Dann schwebt dasjenige, welches zuvor noch eine Bestimmung hatte, frei und ohne Bindung. Und so bleibt – oder bliebe, denn Kant macht diesen Schritt selbstverständlich nicht – nach der Vernichtung durch und zum Ungeheuren das ästhetische Urteil. Dann aber ließe sich folgern, dass gerade die Erfahrung des Ungeheuren die Bedingung dafür ist – oder vorsichtiger ausgedrückt: zumindest eine *mögliche* Bedingung sein könnte –, dass kein Zweck in die Beurteilung des Gegenstandes einfließen kann und ein »reines

---

22. Für die hier dargelegten Überlegungen reicht dies schon als Definition dessen, was Jacques Lacan »Herrendiskurs« nennt. Ein Signifikant (S1) repräsentiert ein Subjekt ($), das unter dem S1 verdeckt bleibt, für einen anderen Signifikanten (S2). Unter diesem liegt ein Produkt dieser Operation. Ein Mehrgenießen, Mehrwert, Abfall. In der Lacanschen Algebra das *a*. Die Operation, in der das zunächst im Erhabenen eingebettete Ungeheure als eigenständiger Agent oder als Abgetrenntes auftaucht: Das ist der Moment, in dem dieses *a* über die Barre springt, an die Oberfläche kommt, wenn man es bildlich fassen will.

23. Immanuel Kant: *Die Kritik der Urteilskraft*, in: ders.: *Immanuel Kant. Werkausgabe*, hg. von Wilhelm Weischedel, 12 Bde., Frankfurt a. M. 1977, X, S. 172.

Urteil« über das Ungeheure, das kein Erkenntnisurteil ist und das noch nicht in Schönes und Erhabenes geschieden wurde, möglich wird. Zeigt sich nicht, wenn man auch die mathematische Relation in Rechnung stellt, die in der Aussage zum Ausdruck kommt, ab einer seine Bestimmung überschreitenden Größe könne ein Gegenstand seinen Zweck »vernichten«, dass in jeder Zweckrelation durch die der quantitativen Kategorie der Größe eingeschriebene Relativität ihre eigene Auflösung *potentiell* immer schon vorhanden ist? Und könnte das ästhetische Urteil nicht gerade dann eine Stellung einnehmen, die seiner Bindung an die Zweckfreiheit vollkommen entspräche? Das Ungeheure, einerseits durch die Vernichtung des Zwecks *an* eben diesen Zweck *gebunden*, andererseits durch eben jene Vernichtung *von* ihm *befreit*, ist dadurch zweizeitig, bewegt sich von der Latenz, in der es auch in Burkes ästhetischen Betrachtungen verharrt, in eine Position, in der es eigenständig und eigenwirksam wird. In dieser Zweizeitigkeit ist das Ungeheure einerseits relativ und andererseits die Auflösung der Relation. Es ist die Auflösung der Relation des Gegenstands zu seinem Zweck, der »den Begriff desselben ausmacht«, und die Auflösung des Verhältnisses des Subjekts zu diesem Gegenstand, der, eigentlich zweckgebunden, keinen Zweck mehr erfüllen kann. Das Verhältnis von Subjekt und Gegenstand ist dann in gewissem Sinne neutralisiert oder befreit: Es wird potentiell ästhetisch. Kant zieht diesen Schluss nicht. Wenn bei Burke das Ungeheure als Grenzbegriff ausgeschlossen wird und unwillentlich *ex negativo* das Politische definiert, dann verbleibt es bei Kant am Rande des Ästhetischen: Nicht ganz ausgeschlossen, aber als ein Moment, in dem die Vernichtung des Zwecks nicht Anfang ist, sondern Ende.

Das Ungeheure in Schillers Dramen

Das von Burke und Kant ausgebürgerte Ungeheure erscheint bei Schiller wieder in den Dramen. In den theoretischen Schriften folgt Schiller in kritischer Absicht Kant und greift die Begriffe des Spiels und des Schönen auf. Das Ungeheure, am Rande liegen geblieben, wird dagegen zentraler Punkt des *Wilhelm Tell*, der nach der Beschäftigung mit Kant und nach der *Ästhetischen Erziehung* entstanden ist. Durch diese Dimension des *Wilhelm Tell*[24] ergibt sich auch eine andere Lesart der *Räuber*[25] als ein Drama, das sich der Wirkung der Erfahrung des Ungeheuren noch nicht bewusst war. Die beiden Dramen, zwischen denen die Französische Revolution liegt, bilden ein Doppel, das die Frage nach Gewalt und Ordnung stellt.

In *Wilhelm Tell* kommt es in dialektischem Bezug zur Anrufung des erhabenen moralischen Gesetzes und des Naturrechts in der Rütlischwurszene[26] und in der Apfelschussszene, einschließlich ihrer Vorbereitung und ihres tödlichernsten Nachspiels, zur exemplarischen Darstellung der Begegnung mit dem

---

24.   Friedrich Schiller: *Wilhelm Tell*, in: ders.: *Werke und Briefe in zwölf Bänden*, V: *Dramen IV*, hg. von Matthias Luserke, Frankfurt a. M. 1996.
25.   Friedrich Schiller: *Die Räuber*, in: ders.: *Werke und Briefe in zwölf Bänden*, II: *Dramen I*, hg. von Gerhard Kluge, Frankfurt a. M. 1988, .
26.   Vgl. Schiller: *Wilhelm Tell*, a.a.O., S. 452, Z. 1275–1281.

Ungeheuren im Herzen der Souveränität. Es sei an Gesslers ideologische Disziplinierungsmaßnahme erinnert, die darin bestand, die Schweizer zum Gruß des »leeren Huts«, eines zweckfreien Gegenstands, zu verpflichten. Kurz vor seinem gewaltsamen Tod erläutert er die gouvernementale Logik dieses Vorgehens. Es geht um die Etablierung einer polymorphen – weil »leeren«, man könnte auch sagen »formal freien« – Disziplin, die aber, im Gegensatz zum Frondienst etwa, nicht innerhalb einer in Hinblick aufs Staatsganze entworfenen Zwecklogik »aufgerichtet« ist, sondern die durch immer neue leere Regulierungen *qua* Regulierungen erhalten werden soll. Wenn Freiheit die Möglichkeit ist, den Willen zu Sprechakten und Handlungen zu bestimmen – eben zu praktischen *Zwecken* –, dann ist genau dieses Vermögen Objekt seiner Herrschaftstechnik. Der Wille soll in praktischer Hinsicht *zweckfrei* funktionieren, automatisch werden. Gessler beschreibt die Begründung seiner Disziplinaraktion wie folgt:

»Ich hab den Hut nicht aufgesteckt zu Altdorf
Des Scherzes wegen, oder um die Herzen
des Volkes zu prüfen, die kenn ich längst«. [27]

Es geht also nicht um Moralität, aber auch nicht um Legalität, sondern um die Aktivierung einer Automatik, die sich durch die *aisthesis* – hier: »das Aug« – vollzieht. Der zweifach vom Zweck befreite Hut – weder ist er die erhabene Person des Herrschers, noch verkörpert er die Insignien seiner symbolischen Investitur – erzeugt durch die geforderte Verehrung nichts als Disziplin, insofern sie der offenbarte Überschuss der Verehrung des erhaben Symbolischen ist. Als zweckfreies Objekt, geknüpft an die Macht, ist es ein ungeheures Objekt. Und als zweckfreie Disziplin ist die Disziplin der Macht eine ungeheure. Ihr geht es ausschließlich um die Einschreibung ihrer selbst:

»Ich habe ihn aufgesteckt, dass sie den Nacken
Mir lernen beugen, den sie aufrecht tragen –
Das Unbequeme hab ich hingepflanzt
Auf ihren Weg, wo sie vorbeigehen müssen,
Dass sie drauf stoßen *mit dem Aug*, und sich
Erinnern ihres Herrn, den sie vergessen«. [28]

At stake sind nicht die Rituale der Bewahrung einer symbolischen Ordnung, sondern es geht um etwas Neues, die Disziplinierung von Körpern, der »Nacken« der Bevölkerung. Dies ist trotz des Verweises »an den Herren, den sie vergessen«, richtig. Dies muss mitgedacht werden, wenn der Apfelschuss, den Gessler von Tell für die Überschreitung des Gebots fordert, nicht bloß als Ausdruck individueller Perversion verstanden werden soll. So wie die Disziplin den Gehorsam gegenüber der Souveränität übersteigt und zerstört, so übersteigt und zerstört Gesslers Strafspiel den *lien social* des Herrendiskurses. Gessler ist im Foucaultschen Sin-

---

27. Ebd., S. 483, Z. 2716–2718.
28. Ebd., Z. 2719–2724.

ne nicht mehr eine Figur der Souveränität, sondern vermittelt eine Strategie der Macht, die ein Dispositiv der Disziplin produzieren möchte. Er ist damit, durch die Zerstörung des Zwecks souveräner Herrschaft, wie Tell richtig erkennen wird, ein Agent des Ungeheuren. Aus dem Blickwinkel der Burkeschen Betrachtungen über die Revolution in Frankreich ergibt sich so eine merkwürdige Verdoppelung des Ungeheuren: Bei Burke taucht es auf der Seite des *mobile vulgus* auf, auf Seiten des revolutionären Volkes. Hier, in den Augen des Schillerschen Tells, auf der Seite des modernen Disziplinarchitekten Gessler. Diese Disziplin zielt, wie Foucault beschreibt, auf den Körper – eben den »Nacken« und

»seine Dressur, die Steigerung seiner Fähigkeiten, die Ausnutzung seiner Kräfte, das parallele Anwachsen seiner Nützlichkeit und seiner Gelehrigkeit, seine Integration in wirksame und ökonomische Kontrollsysteme [...]«.[29]

Die polymorphen Zweckbestimmungen der Disziplin – Ausnutzung der Kräfte, Anwachsen der Nützlichkeit, Gelehrigkeit usw. – setzen durch diese Vervielfältigung ein in praktischer Hinsicht zweckfreies Dispositiv der Disziplin voraus: Darum geht es bei Gesslers Hut. Die Disziplin der Macht schafft keine sozialen Realitäten, sondern Dispositive. Schiller selbst kennt diesen Zusammenhang, schreckt aber vor seiner Radikalität zurück – und teilt ihn in zwei Aspekte. In die Reformrevolutionäre des »neuen alten Bundes«, die innerhalb der Logik der Souveränität reagieren, und den unbewussten Revolutionär Tell, der erst durch die Begegnung mit dem Ungeheuren der Macht das »Neue« am »neuen alten Bund« ermöglicht. Er trennt also die beiden Aspekte der Berufung auf das Erhabene und der Begegnung mit dem Ungeheuren.

Karls Flucht in den Aufruhr

Bevor ich mit der Analyse *Wilhelm Tells* fortfahre, möchte ich kurz darstellen, wie das Ungeheure, das von Tell benannt wird, in *Die Räuber* zwar auftaucht, aber in ein übergeordnetes Phantasma eingebettet bleibt. Wenn Gesslers Adjutant Harras nach der Tat Tells sagen kann:

»denn aufgelöst in diesem Augenblick sind aller Ordnung,
aller Pflichten Bande, und keines Mannes Treu ist zu vertrauen«,[30]

dann kann man feststellen, dass hier etwas verwirklicht wird, was durch die ganzen *Räuber* hindurch zwar ständig droht, aber immer indirekt bleibt: Die Freistellung einer Subjektivität, die durch einen traumatischen Augenblick vor

---

29. Michel Foucault: *Der Wille zum Wissen. Sexualität und Wahrheit 1*, Frankfurt a. M. 1983, S. 166.
30. Schiller: *Wilhelm Tell*, a.a.O., S. 487, Z. 2826–2827. Er macht diesen Ruf in der vergeblichen Absicht, man möge dem »Kaiser seine Feste retten« (ebd., Z. 2825). Genau dies, die Rettung der Souveränität und Repräsentation, wird nicht gelingen und kann es nicht, weil Gessler selbst sie bereits entzweckt, aufgelöst hat.

jede symbolische Bindung versetzt ist. Tell ist das Subjekt dieser Erfahrung und seine Tat macht sie anderen zugänglich. Wenn dagegen Karl Moor in den *Räubern* sagt: »Die Gesetze der Welt sind Würfelspiel worden, das Band der Natur ist entzwei«[31], dann klingt das zwar ähnlich. Aber im Gegensatz zu Tell verlässt Karl die Bühne oder Szene des Gesetzes nie, so dass die Homonymie zum »Band der Natur«, die Aufforderung der Räuber, Karl möge »Amalia für die Bande«[32] einlösen, einen ganz anderen Deutungszusammenhang erhält: Die Opferung von Amalia ist ein Opfer für die Aufrechterhaltung der symptomalen Szene natürlicher väterlicher Allmacht – eben die vermeintlichen »Bande der Natur«, die Karl in Wirklichkeit niemals verlässt. Das »für« bezeichnet dabei keine Substitution, sondern eine Stütze. So gibt es in den *Räubern* auch keinen noch so abgeschwächten »neuen alten Bund« für das Band der Natur, sondern die (Räuber-)Bande spiegelt nur den alten, väterlich-natürlichen Bund. Schon zu Anfang des Stücks, als Karl durch den von seinem jüngeren Bruder Franz gefälschten Brief, in dem der väterliche Fluch geschrieben steht, mit einer Situation konfrontiert wird, in der er die bisherigen Grundannahmen über seine Existenz überprüfen, ja über Bord werfen müsste, reagiert der ältere, indem er sein – in der Figur des Spiegelberg buchstäblich gewordenes – Selbst-Bild rettet, d.h. seine imaginäre Einheit. Er geht nicht den umgekehrten Weg, der darin bestünde, die Zerstörung dieser imaginären Einheit, seine *subjective destitution* und damit die Zerstörung väterlich-erhabener Allmacht anzunehmen. Eher als die durch den Brief ermöglichte Einsicht in Betracht zu ziehen, dass es dem Symbolischen als solchem eigen ist, ambivalent oder enigmatisch zu sein, dass keine Botschaft, und sei sie noch so klar, *unmittelbar* den Willen des Anderen offenbart und er somit selbst entscheiden kann, ja muss, wie er mit der Zerstörung seiner Identifikationen umgeht, vollzieht Karl ein doppeltes Manöver, um dieser Einsicht aus dem Weg zu gehen. Die Botschaft ist immer strukturiert durch den Signifikanten, und dieser ist *zunächst* ohne Bedeutung. Gerade darin besteht der Riss im »Band mit der Natur«. Diesen – den Signifikanten – an seine Bedeutung zu binden, heißt ihn wieder zu »naturalisieren«. Karl vermeidet die Angst, die die Einsicht birgt, dass die erhabene Macht des Symbolischen grundsätzlich keine *restlose* Bestimmung bedeutet und er gerade dank der Zerstörung seiner vermeintlichen Identität und ihrer Voraussetzungen genau in diesem Augenblick frei wäre. In einer klassisch ausagierenden Weise richtet er beides gleichzeitig wieder auf: Einerseits die Allmacht des Symbolischen, das in Form des Briefes zur unhintergehbaren Schicksals*bedeutung* erhöht wird; der Brief wird Anlass dafür, die Gestalt des Vaters als allmächtige, alles bestimmende Figur zu imaginieren. Und andererseits, indem er auf die grandios-narzisstischen Vorschläge Spiegelbergs eingeht. So richtet er sein Ich, das der Grundlosigkeit des Symbolischen so nahe gekommen ist, an der Identifikation mit Spiegelberg als ebenso omnipotentem Gegenstück zur phantasierten Allmacht des Vaters wieder auf. Während er vor Erhalt des Briefes in voller Erwartung der Erfüllung seiner Hoffnungen Spiegelbergs Vorhaben zunächst

---

31. Schiller: *Die Räuber*, a.a.O., S. 271.
32. Vgl. die Fassung von 1781 (Friedrich Schiller: *Die Räuber*, a.a.O., S.157, Z. 23–28) und die Fassung von 1782 (ebd., S. 288, Z. 24–26).

FELIX ENSSLIN

ablehnt und sich von ihm verabschiedet,[33] ist er ein paar Minuten später Feuer und Flamme für die mörderischen Pläne. Dieses Agieren ist aber wiederum auf die Vorstellung des Vaters gerichtet, diesmal nicht als einem allgütigen, sondern allbösen. So, wie er vor Erhalt des Briefs seine Identität in der Rolle des Reuigen an den allmächtigen Vater band, so berauscht er sich nun an der Vorstellung seines Selbst als ebenso omnipotentem Gegenstück. In seinem radikalen Zorn[34] setzt er als Reaktion auf seine traumatische Begegnung mit dem Symbolischen eben jenes Symbolische auf imaginäre Weise absolut. So schreibt er ihm und damit seinem Vater zu, dass sie auf seine »unüberwindliche Zuversicht«[35] nur mit der absoluten Abwesenheit jeglicher Verlässlichkeit geantwortet hätten und für ihn – und damit aus seiner Sicht generell – »kein Erbarmen«[36] zeigten. Die letztendliche Unzuverlässigkeit – Unbestimmtheit – des erhabenen Symbolischen wird nicht diesem als solches zugeschrieben, sondern einem Willen, der es stützt. Karls Antwort, die diesem Verlust der symbolischen Verankerung auf imaginärer Ebene absolut äquivalent ist, besteht in genozidalen Omnipotenzphantasien: »Oh ich möchte den Ozean vergiften, dass sie den Tod aus allen Quellen saufen.«[37]

Agieren: *Acting-out* und *passage à l'acte*

Im Seminar X, *L'angoisse*,[38] entwickelt Jacques Lacan eine Art Matrix, anhand derer er die affektiven Verstrickungen aufzeigt, die einerseits zum *acting-out* und andererseits zur *passage à l'acte* führen. Die narzisstische Besetzung des imaginären Selbstbildes kann niemals vollkommen sein, da es immer einen ausgeschlossenen, abgeschnittenen Rest gibt, der in der Repräsentation dieses Bildes nicht

33. Schiller: *Die Räuber*, a.a.O., S. 37, Z. 9–12.
34. Die Symbolische Ordnung in ihrer funktionalen Gesamtheit ist dazu da, dass die »Schräubchen in die Löchelchen« gehen. Hier liegt der einfache und fundamentale Grund, warum die Diskurse, die Jacques Lacan im Seminar XVII einführt, *liens* sind – Bande, die eben niemals »das Band mit der Natur« sein können, weil sie sich ausschließlich aufgrund und durch den Signifikanten artikulieren. Wenn die »Schräubchen ins Löchelchen« gehen, dann darum, weil dieser Exzess phantasmatisch in soziale Praxen, Werte und deren vorgesehenen Überschreitungen eingebettet wird. Diese halten ihn in der einen oder anderen Form »symptomatisch« *aufrecht*. Hier ist die Rolle des »Ich-Ideals« zu suchen. Wenn es ins Schwanken gerät und, in einer Unterscheidung, die Lacan aus Freud herausbuchstabiert, sich das »Ich-Ideal« in Richtung eines imaginären »Ideal-Ichs« bewegt, taucht strukturnotwendig dieser Exzess irgendwo im Realen auf. Jenseits dieses, wenn man so will, »ersten Schrittes«, der je nach Perspektive dann auftaucht, wenn sich »jemand nicht an die Spielregeln« des gültigen *lien social* hält oder wenn das Subjekt sich diesem nur scheinbar unterwirft, radikalisiert sich dieser Exzess: zum Ungeheuren oder, auf der Seite des Affekts, zur Angst, die sich darum als das entpuppen, was im Herzen jedes Spiels des Symbolischen liegt und die so die transzendentalen Bedingungen der Entstehung des »Neuen« sind.
35. Schiller: *Die Räuber*, a.a.O., S. 44, Z. 20.
36. Ebd., Z. 21.
37. Ebd., Z. 18–20.
38. Vgl. Jacques Lacan: *Le séminaire, Livre X: L'angoisse*, Paris 2004. Die folgende Zusammenfassung der hier relevanten Aspekte stützt sich auch auf eine unveröffentlichte Übersetzung von Gerald Schmitz (im Folgenden mit der Sigle Die Angst-GS und Sitzungsdatum angegeben) sowie auf Roberto Harrari: *Lacan's Seminar on Anxiety: An Introduction*, hg. von Rico Franses, New York 2001.

auftaucht. Es ist diese Stelle – oder vielmehr sind es diese Stellen –, an der sich der Bruch zeigt, der das imaginäre Selbstbild immer an den Anderen bindet, von dem es wiederum gestützt wird. Bei Freud sind dies die klassischen erogenen Zonen, bei Lacan wird die Unmöglichkeit, sich selbst im Spiegel als Einheit zu befrieden, struktural gefasst: Es ist das Objekt *a*. Diese Stütze funktioniert gerade deswegen, weil in dieser Lücke das Selbstbild beweglich auf die Reizungen von außen reagieren kann, indem es sich durch aggressive Bewegung, durch Gefühlsintensität oder durch die imaginäre Identifikation mit den vom Anderen kommenden Signifikanten aufrichtet. *Acting-out* liegt auf der Ebene der Bindung an das Symbolische, die hier von Lacan mit der Ebene des Symptoms identifiziert wird, die *passage à l'acte* hingegen auf der Ebene des Subjekts, dem jeweiligen Modus des Agierens, der dieser Störung durch Reizung begegnet. Der Übergang zum Akt ist dabei näher an der Annahme der Angst, näher am Realen, als die symptomale Aufrechterhaltung der väterlichen Allmacht – und damit der eigenen – durch *acting-out*. Erst wenn sich diese Störung der Einheit fortsetzte, bis zu einem Punkt jenseits von *acting-out* und *passage à l'acte*, führte sie zur Annahme der Angst. Das geschieht weder bei Karl Moor noch bei Wilhelm Tell. Die Angst taucht dort als Affekt auf, wo das durch den Anderen begründete eigene Begehren nicht mehr vom Genießen des Anderen unterschieden werden kann. Wobei hier – im Genießen des Anderen – alle Aspekte des Genitivs mitgehört werden müssen. Der imaginierte Zweck des Begehrens, nämlich die Verankerung der Einschreibung in die symbolische Ordnung, wird oder ist in diesem Moment der Angst vernichtet: Im »reinen Signifikanten«, ohne imaginäre Bindung, zeigt sich die ganze *ungeheure* Falltiefe des Symbolischen selbst. Dort eröffnet sich ein Doppeltes: Der reine Signifikant hat keine Bedeutung und das Genießen hat keinen Zweck außer sich. Mehr noch: Weil die Angst einer Dysfunktion der Bindung an das Symbolische gleichkommt – einem Aussetzen des Symptoms, das jede Einschreibung auch ist –, signalisiert sie einen Verschluss der Lücke, durch den das Spiel von Selbstbild und Einschreibung, von Ideal-Ich und Ich-Ideal unterbunden wird. Dadurch ist es nicht mehr möglich, die Wunde, die sich an der Bruchstelle des imaginären Selbstbildes zu erkennen gibt, durch Aktivität zu – wenn man so sagen kann – entsetzen und sie dadurch – eben gerade durch diese Bewegung – am Verschluss zu hindern. Die Angst wird Ort bewegungsloser Bewegung: *terror tinged with tranquility*. Das Subjekt sieht sich somit in der Angst mit einem »Mangel an Mangel«[39] konfrontiert, damit, dass es im Realen des Genießens keinen Mangel gibt, sondern dieser erst durch das Symbolische eingeführt wird. Damit aber ist das Funktionieren des Symbolischen selbst gefährdet, weil es seine vermeintliche natürliche Bestimmung verliert, nämlich Orte und Bedeutung zuzuschreiben. Dieser Verlust ist sowohl in *Die Räuber* wie auch in *Wilhelm Tell* dramatisiert. In der Erfahrung dieses Verlustes gabeln sich die Möglichkeiten, die sich dem Subjekt bieten, um diesen Weg zur Annahme der Angst *vor* dieser Annahme zu unterbrechen. Wenn der *ungeheure* »Mangel an Mangel« auch als die bedrängende Erfahrung der Zwecklosigkeit verstanden werden kann, dann liegen gerade hierin die Themen dieser Untersuchung: die

---

39.   Lacan: Die Angst-GS, Sitzung III, 28.11.1962.

FELIX ENSSLIN

Vernichtung des Zwecks durch das Ungeheure, die Zwecklosigkeit des Ästhe-
tischen bei Kant und Schiller und die Dimension *vor* der Unterscheidung von
Erhabenem und Schönem, die im »Mangel an Mangel« zusammentreffen. Sein
Index ist die Angst. Es gibt zwei Wege, um sie in ihrer Radikalität zu vermeiden:
Einerseits der Versuch, durch *acting-out* das Symbolische in imaginärer Weise
zu stärken, was zu einer Dialektik von allmächtigem Anderen und allmächtigem
Ich führt, wie wir sie bei Karl Moor kennen gelernt haben. Oder andererseits die
Möglichkeit, die schon näher am Genießen ist, dem drohenden Verschluss und
dem Neuen, das er ermöglicht, durch eine *passage à l'acte* zuvorzukommen: dies
ist der Weg Tells. Diese Gabelung, das sei nur am Rande bemerkt, ist auch der
Grund dafür, dass Lacan den Freudschen Begriff des »Agierens« in zwei Begriffe
aufteilt. Aus dem Englischen übernimmt er den Begriff des *acting-out*, der durch
seine Referenz auf das Schauspiel andeutet, dass das Subjekt, das solcherart auf
das Trauma der Begegnung mit dem ungeheuren Kern im Symbolischen reagiert,
die imaginierte Szene dieses Symbolischen eigentlich nicht verlässt. Im Gegenteil,
durch diese Reaktion will es sie unbewusst gerade wieder in Kraft setzen. Aus der
französischen Psychiatrie stammt dagegen die *passage à l'acte*, die ursprünglich
die psychotische Handlung beschreibt. Diese ist gerade dadurch gekennzeichnet,
dass sie die Szene, in der das Subjekt sich findet, zerstört, wobei beides ausge-
löscht wird.

Um das Symbolische imaginär als allmächtig und bedeutungs*voll* aufrechtzuer-
halten, verfängt sich Karl in der Schlinge der »narzisstischen Verstrickung«[40] –
mit dem Spiegelbild Spiegelberg und den bekannten Folgen. Es ist dann auch
nur folgerichtig, dass er viel später am Grab des untoten Vaters, im Moment der
Einsicht, durch die Intrige des Bruders getäuscht worden zu sein, sich wieder
an denjenigen erinnert, der ihm das »Sirenenlied« gesungen habe: eben Spiegelberg.[41] Er denkt an sein Spiegelbild als (kleinen) anderen und mittels dieser Erinnerung verdrängt er wieder, was doch der fundamentale Grund dieser Täuschung
ist: dass das Symbolische polyvalent ist, das Genießen des Anderen zum Abgrund
hat und darum in letzter Konsequenz nicht dazu taugt, die eigene Handlung *als*
eigene zu rechtfertigen, weder im Bezug zum großen, noch im Bezug zum kleinen Anderen. Noch die vermeintlich abrupte Wende am Ende des Stückes ist
Teil derselben Szene, derselben Phantasie: So, wie er sich am Anfang *an der und
gegen die* imaginierte Allmacht des Symbolischen aufgerichtet hat, so opfert er
sich auf der Szene, die eben jene Allmacht inszeniert, indem er sich dem Gesetz
ausliefert – und unterwegs noch die narzisstische Befriedigung erlangt, durch das
viele Kopfgeld, dass auf ihn ausgesetzt ist, einem »armen Offizier« zu helfen, dem
er sich zu übergeben gedenkt.[42]

---

40. Lacan: Die Angst-GS, Sitzung I, 14.11.1962.
41. Schiller: *Die Räuber*, a.a.O., S. 264, Z. 5.
42. Dies gilt für beide Varianten, vgl. Schiller: *Die Räuber*, a.a.O., S. 160, Z. 32 und S. 292,
Z. 13–14.

»Zum Ungeheuren hast Du mich gewöhnt«

»Zum Ungeheuren hast Du mich gewöhnt –
Wer sich des Kindes Haupt zum Ziele setzte,
Der kann auch treffen in das Herz des Feinds.«[43]

Tell wiederholt diesen Gedanken gleich noch einmal. Doch diesmal mit dem klaren Hinweis darauf, dass es die Begegnung mit der *jouissance* des Anderen ist, die die Möglichkeit verschließt, dem traumatischen Erlebnis der Anrufung wie Karl durch die Stärkung der »narzisstischen Verstrickung« entgegenzutreten. Tells Reaktion muss darum eine andere sein:

»Als Du mit grausam teuflischer Lust
Mich zwangst, aufs Haupt des Kindes anzulegen.«

Tell ist mit einem irrationalen, keiner symbolischen Ordnung entsprechenden, ja die Ethik dieser Ordnung gerade zerstörenden Genießen des Anderen konfrontiert. Das erinnert an die Aufforderung Abrahams, seinen Sohn zu opfern. Nicht dem Gesetz, sondern dem realen Genießen im Herzen dieses Gesetzes stehen Tell und Abraham gegenüber. Aber, im Gegensatz zu Gessler, instituiert Gott gerade durch dieses Beispiel die Gültigkeit der ethischen Ordnung auf der Basis des Abgrunds dieses Genießens. Er wiederholt den Abgrund, um darauf ein Neues zu errichten. Das Genießen wird offenbart, wird von Abraham erfahren, aber es wird – in einem ebenso unergründlich unbegründbaren Akt – wieder eingeholt. Nachdem der monotheistische Gott durch die Anrufung deutlich gemacht hat, dass das Gesetz sich nicht selbst begründet, sondern immer am Genießen hängt, lässt er ab und die Ethik erneuert gelten. Gessler dagegen konfrontiert Tell mit der Umkehrung dieses Vorgangs. Sein Genießen kommt in Gestalt eines Gesetzes, ja noch seine letzten Worte zeugen von dieser Umkehrung:

»Ich will ihn brechen diesen starren Sinn,
den kecken Geist der Freiheit will ich beugen.
Ein neu Gesetz will ich in diesen Landen
Verkündigen – Ich will …«[44]

Dann bricht Schiller diese Verkündung des neuen Ausnahmebundes ab und Gessler wird von »Tells Geschoss« getroffen, mitten in der Formel, die dem Genießen im Herzen des Gesetzes zugrunde liegt: »Ich will…« – vollenden müsste man: weil ich genieße, bzw. weil ich genießen will, bzw. weil ich will…

Gesslers letzte Worte kommen zu spät: »Gott sei mir gnädig«, ruft er mit »matter Stimme«[45], wie es im Paratext heißt. Es ist darum zu spät, weil an die Stelle des Gottes Abrahams bereits Tell selbst gerückt ist. Tell ist mit der Macht des

---

43. Schiller: *Wilhelm Tell*, a.a.O., S. 478, Z. 2574–2576.
44. Ebd., S. 485, Z. 2783–2785.
45. Ebd., Z. 2786.

Symbolischen in einem Ausmaß, einer Größenordnung konfrontiert worden, die den Zweck dieser als souverän verstandenen Ordnung vollständig vernichtet hat. Wenn der Gott Abrahams die »teleologische Suspension« (Søren Kierkegaard) des Ethischen betrieben hat, um aufzuzeigen, was ihr zu Grunde liegt, und gerade dadurch das Ethische grundlos zu begründen, dann hat Gessler diesen Ab-Grund erscheinen lassen und zum Gegenstand der Erfahrung gemacht; und zwar nicht als nicht vollzogene Ausnahme, wie es die Suspension des Ethischen im Falle Abrahams ist, sondern in der Form der Suspension *als* Ethischem. Aber damit ermöglicht Gessler, dass sich Tell selbst an die Stelle begibt, von der aus er konstituiert wurde – jener Stelle, an die er sich als Anderswo, als Anderer normalerweise durch seine imaginären Identifikationen anlehnt und dadurch stützt. Jetzt ist er nicht mehr Vater, noch Jäger, noch Ehemann: Er erlebt den symbolischen Tod. Diesen Vollzug des Ausschlusses hat Schiller längst schon vorbereitet, indem er den Helden als Einzelgänger entworfen und ihn vom Schwur zum »neuen alten Bund«, dieser Rückbesinnung, die unter Kantschem Imperativ auf der Rousseauschen Naturzustandsweide abgehalten wurde, fern gehalten hat. Jetzt ist die imaginäre Einkleidung seiner symbolischen Identität durch den Schuss auf seinen Sohn Walther völlig zerstört und in seiner Kontingenz entlarvt worden. Hinter der Larve der symbolischen Identität tritt das Reale als Ungeheures, das Reale des Genießens des Anderen hervor. Genau an dieser Stelle wird ununterscheidbar, wo es denn anzusiedeln ist. Beim Anderen? Oder beim Subjekt, das seine Destitution erlebt? So oder so ist es das Genießen, welches den Zweck der symbolischen Ordnung so steigert, dass es diesen Zweck vernichtet. Das Urteil: »Zum Ungeheuren hast Du mich gewöhnt« – sprich: diese Ordnung, die Gessler aufrecht erhält bzw. im Wechsel von der Souveränität zur Macht erschafft, ist zwecklos – konfrontiert ihn mit einer Situation, in der die Flucht in die »narzisstische Verstrickung«, die in den *Räubern* von Karl so unheilvoll durchexerziert wird, keine Option mehr ist. Nicht *acting-out,* sondern *passage à l'acte*; nicht Stärkung des Individuums als imaginäre Persönlichkeit, die sich auf der Szene vor dem Anderen und dessen Allmacht produziert, sondern ein Fallen aus der Szene, ein Fallen *an die Stelle* des Anderen:

> »Mit furchtbarem Eidschwur, den nur Gott gehört,
> Dass meines nächsten Schusses erstes Ziel
> Dein Herz sein sollte – Was ich mir gelobt
> In jenes Augenblickes Höllenqualen,
> Ist eine heilige Schuld, ich will sie zahlen.«[46]

Falls der Kurzschluss »Was ich *mir* gelobt [...] *Ich* will [es] zahlen« und die Tatsache, dass der Schwur nur dann ein solcher sein kann, wenn er wie in der Rütliszene von einem die symbolische Ordnung aufrechterhaltenden Anderen garantiert wird, noch nicht ausdrücklich genug war, findet Schiller noch deutlichere Worte, deutlicher wahrscheinlich, als ihm lieb ist:

46. Ebd., S. 478, Z. 2585–2589.

»Du bist mein Herr und meines Kaisers Vogt,
Doch nicht der Kaiser hätte sich erlaubt
Was Du – Er sandte dich in diese Lande,
Um Recht zu sprechen – strenges, denn er zürnet –
Doch nicht um mit der mörderischen Lust
Dich jedes Greuels straflos zu erfrechen
Es lebt ein Gott zu strafen und zu rächen.« [47]

Was auf den ersten Blick wie eine Rechtfertigung der Notwehr im Ausnahmezustand aussieht, wie auch Stauffacher sie vorgenommen hat, entpuppt sich als das Resultat der Konfrontation mit dem Genießen des Anderen im Herzen des Gesetzes. Es ist die Möglichkeit, sich mit diesem Genießen zu identifizieren, sich in der *passage à l'acte* selbst an die Stelle des Anderen zu setzen. Denn wer ist denn dieser Gott, der lebt »zu strafen und zu rächen«? Es ist Tell selbst, vom Ungeheuren einer grenzenlosen oder entgrenzten symbolischen Macht in das Ungeheure, in das Reale seiner eigenen Subjektivität getragen. Ich habe bereits mehrfach darauf hingewiesen, dass die Frage, die damit auftaucht, folgende ist: Gibt es einen Akt jenseits der *passage à l'acte,* gibt es also eine Stellung des Subjekts in und durch die Erfahrung des Ungeheuren jenseits von Karl Moor und Wilhelm Tell / Parricida (um die Doppelung Schillers hier zu einer Einheit zusammenzufassen)? Die dramatischen Werke Schillers und die ihnen vorausgehenden Diskussionen um die Erhabenheit und die Repräsentation, das Ungeheure und den Bruch mit der Natur, geben zwar die Frage, nicht aber die Möglichkeit, nach der sie fragt, zu denken. In dieser Möglichkeit müsste das Gesetz in seiner Kontingenz zwar erkannt und in seiner Geltung aufrechterhalten werden, jedoch ohne die imaginierte Zuschreibung der Bedeutung. Für Karl gilt das Gesetz immer und bedeutet es alles. Für Tell gilt es nicht mehr und bedeutet nichts. Weiter reicht der Horizont der Dramen Schillers nicht.

---

47. Ebd., S. 479, Z. 2590–2596.

1800-1900

Sektion 3
Prekäres Leben

Einleitung

Die Befragung des grundsätzlichen Verhältnisses von Ästhetik zu dem ihr eigentümlichen Lebensbegriff hat gezeigt, dass dieser stets von Polaritäten geprägt ist (Leben und Lebendigkeit, Leben und Tod oder auch Unterbrechung und Schließung). Diverse in den ersten beiden Sektionen diskutierte Themen und Problembereiche tauchen im 19. Jahrhundert in partiell neuer Bedeutung wieder auf. Das ist nicht nur den anderen Kontexten – in der Folge vornehmlich denen der englischen und französischen Romantik – geschuldet, in denen obige Fragestellungen weiter verhandelt werden. Die neuen Vorzeichen, unter denen Leben und Lebendigkeit nun diskutiert werden, betreffen nämlich sowohl die einzelnen Disziplinen Ästhetik und Biologie selbst, wie deren vermeintlichen Kreuzungspunkt »ästhetische Lebendigkeit«, an der ihr Spannungsverhältnis ablesbar wird.

Zunächst verschiebt sich die Diskussion von allgemein ästhetischen in Richtung auf konkretere, künstlerische Fragen. Die zuvor als im Begriff der Lebendigkeit angelegt beschriebene Spannung wird in dieser Sektion an konkreten Figuren anschaulich. Zudem tritt der poetologische und kunsttheoretische Einsatz von, sei es auch prekär gewordener, »Lebendigkeit« wieder deutlicher hervor. Die Dringlichkeit der Fragestellung erweist sich auch daran, mit welcher Vehemenz einzelne Dichter selbst in der Debatte um Mechanismus und Vitalismus Partei ergreifen, etwa wenn Coleridge und Keats meinen, Newtons Entzauberung des Lebens als mechanistische kritisieren zu müssen (vgl. den Beitrag von Denise Gigante).

In aller Deutlichkeit zeigen sich die Konsequenzen der zuvor besprochenen Detopisierung ästhetischer Lebendigkeit in den literarischen und künstlerischen Produktionen der Romantik. Auf allen Ebenen erweist sich Lebendigkeit nicht allein als gefährdetes, sondern zunehmend auch selbst als bedrohliches Prinzip. Dieses Prekärwerden ästhetischer Lebendigkeit kann sowohl in ihren produktions- wie wirkungsästhetischen Aspekten aufgezeigt werden. Schon auf produktionsästhetischer Ebene zeichnet es die avantgardistischen Maler der zweiten Hälfte des 19. Jahrhunderts aus, nunmehr fast ausschließlich künstliche, synthetische Farben zur Darstellung des menschlichen Körpers zu verwenden und damit Bilder zu malen, die auf die Zeitgenossen Manets und Degas' nicht zufällig wie tot oder leichenhaft wirken mussten (vgl. den Beitrag von Barbara Wittmann). Analog dazu wird die noch bei Blanckenburg präsente »lebendige Metapher«, mittels derer Aristoteles zufolge der Dichter Lebendiges an die Stelle des Toten treten lässt (vgl. den Beitrag von Rüdiger Campe), in romantheoretischen Überlegungen seit Schlegel auch als wirkungsästhetische Kategorie prekär.

Kein Wunder also, dass vormalige Lebenssymbole – wie die zunächst rein mechanistisch verstandene Entdeckung des Blutkreislaufs durch Harvey 1637, die das Blut zu einem neuen Lebensprinzip erhob – neu thematisiert wurden und in der Folge eine Projektionsfläche für morbide Kräfte bieten konnten. Von einem vitalistischen Standpunkt aus gedacht ist *Leben* getrennt vom Anorganischen zu begreifen, womit es sich andererseits als auf seinen Gegenpol *Tod* hin offen erweist. Diese wechselseitige Durchlässigkeit der beiden Pole wiederholt sich auf dem ästhetischen Feld von Leben und Kunst. Immer wieder sind es untote oder vampiristische Züge, die sowohl in den Beschreibungen von Kunstwerken (erinnert sei hier an das Porträt Dorian Grays) oder an den Protagonisten selbst hervortreten. Das Prekärwerden von Lebendigkeit äußert sich in zwei möglichen Ausgestaltungen: in den nur rudimentär Lebendigen der ersten Vampirgeschichten seit Beginn des Jahrhunderts nicht anders als in dem gehäuften Auftreten von exzessiv lebendigen »Monstern« (so der spätestens seit Mary Shelleys *Frankenstein* auch literarische Ausdruck für die Gefahr der Un-Möglichkeit der Beherrschung einer sich selbst hervorbringenden Lebenskraft).

In mehrfacher Weise tritt der Tod in dem von Leben und Kunst aufgespannten Themenfeld auf. Einerseits sind es Figuren ästhetischer Existenz, der *vita aesthetica*, die zum Träger zunehmender Künstlichkeit und Ent-lebendigung werden. Andererseits wird in der Ästhetisierung des Lebens eine mortifizierende Funktion auch als poetologisches Prinzip deutlich (vgl. den Beitrag von Armen Avanessian). Es handelt sich dabei um einen selbstzerstörenden Effekt, der sowohl die Kunstwerke (hier verwandelt sich das lebendige *opus* zum toten *corpus*), die darin Dargestellten oder Porträtierten als auch die Künstler selbst treffen kann. Mit Blick auf Baudelaire hat Giorgio Agamben deswegen auch von einer Notwendigkeit gesprochen, dass »der Künstler-Dandy ein lebender Leichnam werden [muss], fortwährend auf ein *Anderes* gerichtet, ein seinem Wesen nach nichtmenschliches und antihumanes Geschöpf«.[1]

In den vorigen Sektionen ist deutlich geworden, dass sich biologische und ästhetische Lebensbegriffe nicht zur Deckung bringen lassen. Daraus ergibt sich im vorliegenden Kontext vor allem eine negative Konsequenz für einen wechselseitigen Anspruch: Kunst durch Leben – etwa durch illusionistische Animierung der Gegenstände – zu vollenden erscheint als ebenso prekär wie das Bedürfnis des Lebens nach einer formalen Schließung oder Bearbeitung durch die (ästhetische) Form (zur romantheoretischen Dimension dieser Überlegungen vgl. den Beitrag von Rüdiger Campe).

Armen Avanessian

---

1.   Giorgio Agamben: *Stanzen. Das Wort und das Phantasma in der abendländischen Kultur*, Zürich u.a. 2005, S. 90f.

Denise Gigante

Das Monster im Regenbogen
Keats und die Wissenschaft vom Leben[1]

Bei Benjamin Haydons »immortal dinner« am 28. Dezember 1817 war Keats mit
Charles Lamb einer Meinung, dass Newton »had destroyed all the poetry of the
rainbow, by reducing it to the prismatic colors«.[2] Ihr Zeitgenosse, der Physiologe
John Abernethy (1764–1831), den Keats aus der Zeit seiner medizinischen Ausbildung im Guy's Hospital kannte, behauptete damals, dass materialistische Vertreter der »science of life« die ganze Poesie des lebendigen Organismus zerstörten,
indem sie ihn auf die Summe seiner Funktionen reduzierten. So wie die Physik
das Leben des Regenbogens zum Verschwinden gebracht hatte, drohten radikale
Physiologen wie Abernethys Rivale William Lawrence (1783–1867) das Geheimnis
des Lebens selbst aufzulösen.

Der wissenschaftliche Diskurs zwischen 1780 und 1830 beschäftigte sich intensiv
mit der Idee eines »living principle« (»Lebensprinzips«), das lebendige Materie
von nichtlebendiger unterschied. Der Bezugspunkt für die Auseinandersetzung
zwischen Abernethy und Lawrence um die Möglichkeit eines eigenen Vitalprin-
zips war das Werk des britischen Physiologen John Hunter (1728–1793). Obwohl
Hunter nicht der Erste war, der sich gegen die mechanische Anwendung der
Newtonschen Prinzipien auf den lebendigen Organismus wandte, konnte er die
Idee, dass Leben der natürlichen Organisation – als besondere Qualität – hinzuge-
fügt würde, durch umfangreiche empirische Experimente stützen.[3] Gegen einen
Materialismus, wie Lawrence ihn vertrat, versuchten Vitalisten wie Hunter die

---

1.   Dieser Aufsatz ist eine gekürzte Version des zuerst unter »The Monster in the Rainbow:
Keats and the Science of Life Author(s)« in: *PMLA*, Vol. 117/3 (2002), S. 433–448, erschie-
nenen Aufsatzes.
2.   Benjamin Robert Haydon: *The Autobiography and Memoirs of Benjamin Robert Haydon, 1786–1846*, hg. von P. D. Penrose, London 1927, S. 231. Newtons Hauptwerke *Philosophiae
naturalis principia mathematica* (1687) und *Opticks; or, A treatise of the Reflexions, Refrac-
tions, Inflexions, and Colours of Light* (1704) etablierten die Prinzipien und Methoden der
quantifizierenden Naturphilosophie. Schofield und Thackray beschreiben die zahlreichen
wissenschaftlichen Denkschulen, die im 18. Jahrhundert wirksam waren und sich auf Newton
bezogen.
3.   Das Konzept einer zusätzlichen Lebenskraft, die Materie beleben konnte, war nicht neu.
In Reaktion auf iatrochemische und iatromechanische Modelle menschlicher Physiologie
(die wiederum auf animistische und scholastische Modelle reagiert hatten) stellten Theoretiker von Georg Ernst Stahl (1660–1734) bis Paul Joseph Barthez (1734–1808) unterschiedliche
causae vitae in den Raum, darunter »Kräfte«, »Mächte«, »Eigenschaften« und »Prinzipien«.
Brown (Theodore M. Brown: »From Mechanism to Vitalism in Eighteenth-Century English
Physiology«, in: *Journal of the History of Biology 7* [1974], S. 179–216), de Almeida (Hermione
de Almeida: *Romantic Medicine and John Keats*, New York 1991, S. 87–110), Gode-von Aesch
(Alexander Gode-von Aesch: *Natural Science in German Romanticism*, New York 1941,
S. 183–203), Goodfield-Toulmin (June Goodfield-Toulmin: »Some Aspects of English Physi-
ology: 1780–1840«, in: *Journal of the History of Biology 2* [1969], S. 283–320), Hall (Thomas
S. Hall: *Ideas of Life and Matter. Studies in the History of General Physiology, 600 B.C.–1900
A.D.*, Chicago 1969, Bd. 2, S. 5–278) und Schofield (Robert E. Schofield: *Mechanism and Mate-
rialism. British Natural Philosophy in an Age of Reason*, Princeton 1970, S. 191–231) enthalten
hilfreiche Darstellungen des Aufstiegs des Vitalismus.

DENISE GIGANTE

Wissenschaft vom Leben jenseits der mechanistischen Sphäre der Newtonschen Wissenschaft, die in der ersten Hälfte des 18. Jahrhunderts die Physiologie dominiert hatte, zu bestimmen.[4] Das Paradox, das Keats in *Lamia* (dem Ort seiner berühmten Attacke auf die Newtonianische Neigung, »to [u]nweave the rainbow«[5]) so brillant herausarbeitet, ist, dass dieselbe Philosophie, die Leben auf die Summe seiner körperlichen Funktionen reduzierte, auch half, eine Gegentheorie des Lebens als Überschuss zu entwickeln. Die Theorie einer sich selbst verbreitenden Vitalkraft, die auch über die natürlichen Grenzen eines Organismus hinausgehen könnte, fand dann in den verschiedenen Erscheinungen romantischer Monstrosität schöpferischen Ausdruck: eine radikal neue Ästhetik, die aus der Naturphilosophie des späten 18. und frühen 19. Jahrhunderts hervorging.

Die ästhetische Definition von Monstrosität veränderte sich in dieser Zeit deutlich. Wo die Aufklärung von Defekt und Deformierung gesprochen hatte, sah die Romantik ein Zuviel an Leben. Hunter, dessen Werk den Ausgangspunkt für die Kontroverse zwischen Abernethy und Lawrence bildete, postulierte sogar ein noch spekulativeres »principle of monstrosity«,[6] demzufolge Monstrosität nicht entstand, wenn während der Entwicklung des Organismus etwas schief ging, sondern geradezu ein Resultat dieser Entwicklung war.[7] Nach Hunter war Monstrosität nichts anderes als das Lebensprinzip, das aus sich heraus zu weit ging. Dieses physiologische Konzept hatte in der Naturphilosophie der frühen deutschen Romantik ein Äquivalent. Bei Johann Friedrich Blumenbach wurde es als *Bildungstrieb* oder *nisus formativus* in die Diskussion gebracht.[8] Es wurde über Kants dritte Kritik in die romantische Ästhetik eingeführt. Die ästhetische Defi-

---

4.   Ab 1740 begann die Praxis der Physiologie sich von mechanistischen Techniken in der Folge Newtons zu einem neuen Vitalismus hinzuwenden, in dem es zentral um die Natur des Lebensprinzips ging. Zu der Zeit, als diese Umorientierung begann, waren die relevanten Autoritäten in der britischen Physiologie die Iatromechanisten (Giovanni Alfonso Borelli, Lorenzo Bellini, Giorgio Baglivi, Archibald Pitcairn) und die Iatrochemiker (Jean Baptiste van Helmont, Franciscus Sylvius, Thomas Willis). In der zweiten Hälfte des Jahrhunderts hatte Albrecht von Haller (1707–1777) schon bestimmte Vitalphänomene identifiziert, vor allem Empfindungsvermögen und Reizbarkeit, die durch die Gesetze der Physik und Chemie nicht erklärt werden konnten. Er ermöglichte der Wissenschaft vom Leben dadurch, aus dem Schatten Newtons herauszutreten.
5.   John Keats: *Complete Poems*, hg. von Jack Stillinger, Cambridge 1978, S. 342–359; Buch 2, Vers 237.
6.   John Hunter: *Essays and Observations on Natural History, Anatomy, Physiology, Psychology, and Geology. Vol. 1*, London 1861, S. 240.
7.   Zu einem diesbezüglichen Argument, auf das ich erst nach Fertigstellung dieses Texts stieß, siehe Hagner (Michael Hagner: »Enlightened Monsters«, in: William Clark; Jan Golinski; Simon Schaffer [Hg.]: *The Sciences in Enlightened Europe*, Chicago 1999), der sich auf die epigenetische Neudefinition des Ungeheuren bei Caspar Friedrich Wolff und dessen Anwendung durch Samuel Thomas Soemmerring konzentriert.
8.   Blumenbach führte die Idee eines bildenden Triebs, durch den lebendige Wesen eine bestimmte Form annehmen und im Fall der Zerstörung wiederherstellen, in seinem Aufsatz »Über den Bildungstrieb (Nisus Formativus) und seinen Einfluß auf Generation und Reproduktion« ein. Der Aufsatz wurde später zu *Über den Bildungstrieb und das Zeugungsgeschäfte* (1781) erweitert, das 1785 ins Lateinische übersetzt wurde und 1792 als *An Essay on Generation* in Englisch herauskam. Zu der Fruchtbarkeit des Konzepts eines bildenden Triebs für die deutsche Romantik siehe Gode-von Aesch (Gode-von Aesch: *Natural Science*, a.a.O., S. 198).

nition des Ungeheuren bei Kant als das, was die Darstellung übersteigt, wurde durch die von Hunter und Blumenbach herkommende Vorstellung dessen, was Kant »eine sich fortpflanzende bildende Kraft«[9] nennt, geprägt. Kant verbindet Naturphilosophie mit Ästhetik, um das sich herausbildende romantische Konzept von Monstrosität auszudrücken. Hier liegen die Ursprünge für eine neue Art von Monster in der Literatur der romantischen Periode: ein Wesen, dessen Lebenskraft zu stark für die Materie ist, in die sie eingeschlossen ist.

In der Debatte über das Lebensprinzip im frühen 19. Jahrhundert hielt Lawrence gegen Abernethy daran fest, dass »[a]n immaterial and spiritual being could not have been discovered amid the blood and filth of the dissecting-room«.[10] Allerdings diente dieser Raum den romantischen Autoren als geistiges Labor einer Schöpfung aus dem Schmutz. Mary Shelley verzeichnet in ihrer Einleitung zu *Frankenstein* aus dem Jahr 1831, dass ein abendliches Gespräch in der Villa Diodati im Juni 1816 über das so genannte Lebensprinzip zwei der berühmtesten Monster dieser Zeit hervorrief: Frankensteins Kreatur und den Byronschen Vampir. Coleridge, der seine *Theory of Life* gegen Ende des Jahres 1816 als Antwort auf Lawrence schrieb, zeichnet die klimaktische Szene in *The Rime of the Ancyent Marinere* als Begegnung mit Ungeheuern aus der Tiefe. Und Keats antwortet mit seinem »regenbogenhäutigen« Monster Lamia auf Newton. Von Shelleys Kreatur einer pervertierten Physiologie bis zu Keats' belebtem Regenbogen bildete das zeitgenössische wissenschaftliche Interesse an einem sich selbst vermehrenden Leben die Bedingung für die Möglichkeit romantischer Monstrosität.

Im Folgenden werde ich die theoretischen Hintergründe für die Form der Monstrosität, die Keats in *Lamia* zum Leben erweckt, darlegen, und dann untersuchen, wie sehr diese Monstrosität eine Antwort auf die romantische (und vor allem Keats') Frage darstellt, was es bedeutet, in das Leben geboren zu werden – oder in das Leben zu sterben. Keats' episches Fragment *Hyperion*, entworfen Ende 1818, bricht bekanntlich genau in dem Moment ab, in dem der Held auf seinem Aufstieg im Begriff ist, in das Leben zu sterben – »[d]ie into life«.[11] *Lamia* und *The Fall of Hyperion*, an denen er zwischen Juli und September 1819 gleichzeitig arbeitete, reagieren auf diesen Abgrund des Unbekannten, auf das ungeschriebene Geheimnis des »Lebens« am Ende des *Hyperion*. Während aber *The Fall of Hyperion* die schwere Naturverfallenheit von Körpern darstellt, die kaum das Leben aufrechterhalten können, zeigt *Lamia* eine exzessive Vitalität, die sich als zu stark für den schwachen Körper des vorgeblichen Helden Lycius erweist. Lamia verschwindet am Ende des Gedichts, und »Lycius' Arm umfing sein Glück nie

---

9.   Immanuel Kant: *Kritik der Urtheilskraft*, in: ders.: *Kant's gesammelte Schriften*, hg. von der Königlich Preußischen Akademie der Wissenschaften, Berlin 1907ff., V, S. 374. (Alle Kant-Zitate werden nach dieser Ausgabe unter Angabe von Band und Seitenzahl nachgewiesen.)

10.   William Lawrence: *Lectures on Physiology, Zoology, and the Natural History of Man, Delivered at the Royal College of Surgeons*, Salem 1828, S. 18.

11.   John Keats: *Manuscript Poems in the British Library: Facsimiles of the Hyperion Holograph and George Keats's Notebook of Holographs and Transcripts*, hg. von Jack Stillinger, Bd. 5: *The Manuscripts of the Younger Romantics*, hg. von Donald H. Reiman, New York 1988, Buch 3, Vers 130.

wieder, / Ganz wie seit dieser Nacht das Leben seine Glieder«.[12] In diesem Licht ist *Lamia* nicht einfach eine narrative Abschweifung von Keats' epischen Ambitionen; vielmehr ist es eine überschwellende Antwort auf das Problem des Lebens, das sich am Ende des ersten *Hyperions* gestellt hatte und das in der zweiten Version bis zu einem Punkt durchgearbeitet wurde, an dem ein gegenteiliger Effekt eintrat. Lamia verkörpert das vollkommene romantische Ungeheuer, eine Vision des Lebens, die über die materiellen Tatsachen seiner Organisation hinausgeht.

I

Als Keats im Sommer 1819 sein regenbogenhäutiges Ungeheuer entwarf, hatte die Debatte zwischen Abernethy und Lawrence über das Lebensprinzip gerade ihren Höhepunkt erreicht. In einer Reihe von öffentlichen Vorträgen am Royal College of Surgeons zwischen 1814 und 1819 vertrat Abernethy die Auffassung, dass das, was Hunter eine *materia vitae diffusa* genannt hatte, nichts anderes als ein unsichtbares Vitalfluidum sei, das die Quelle oder das »principle« des Lebens darstelle.[13] In seinem Eröffnungsvortrag *Enquiry into the Probability and Rationality of Mr. Hunter's Theory of Life* (1814) behauptete Abernethy in einer Erneuerung des vormodernen Konzepts des Äthers, dass »a subtile substance of a quickly and powerfully mobile nature, seems to pervade every thing, and appears to be the life of the world; and therefore it is probable that a similar substance pervades organized bodies, and produces similar effects in them«.[14] Im März 1816 antwortete Lawrence mit *An Introduction to Comparative Anatomy and Physiology*. Er bestritt die Gegenwart eines überschüssigen Lebensfluidums und hielt daran fest, dass Leben nur eine Sache der Organisation sei. Anders als seine radikaleren französischen Gegner erkannte Lawrence allerdings, dass Albrecht von Hallers aus der Mitte des 18. Jahrhunderts stammende Entdeckung von Sensibilität und Irritabilität die unkritische Anerkennung der mechanistischen Physiologie Newtons unmöglich hatte werden lassen. Seine Definition des Lebens als »Anordnung aller Funktionen« (anstelle einer Anordnung von Gliedern) war dementsprechend eine materialistische und keine mechanistische Theorie des Lebens.[15] Diese Unterscheidung ist von Bedeutung, denn die neue vitalistische Monstrosität, die im Gegenzug hervortrat, wäre in der mechanistischen Welt von Newton nicht möglich gewesen.

In einer Reihe von Aufsätzen, die er in den 1770er Jahren veröffentlichte, prägte Hunter die Methoden der modernen Physiologie, indem er sie auf die zentrale

12. Ebd., Buch 2, Vers 306–308.
13. John Abernethy: *An Enquiry into the Probability and Rationality of Mr. Hunter's Theory of Life*, London 1814, S. 32. Hunters *materiae vitae* war eine unsichtbare, hypothetische Substanz, anders als die sichtbare Lebensmaterie, die die Mikroskopisten (z.B. C. F. Wolff, Otto Fredrik Muller, Abraham Trembley) untersuchten, und die unter der Bezeichnung »Protoplasma« die *materiae vitae* des 19. Jahrhunderts wurde.
14. Abernethy: *An Enquiry*, a.a.O., S. 51.
15. William Lawrence: *An Introduction to Comparative Anatomy and Physiology, Being the Two Introductory Lectures Delivered at the Royal College of Surgeons on the 21st and 25th of March, 1816*, London 1816, S. 120.

Annahme gründete, dass, »[w]hatever Life is, it most certainly does not depend upon the structure or organization«.[16] Stattdessen glaubte Hunter, dass Leben das Ergebnis einer zusätzlichen, vor allem gestaltenden Kraft sei. In Abernethys Formulierung: »Hunter was the first who deduced the opinion, as a legitimate consequence of legitimate facts, that life actually constructed the very means by which it carried on its various processes«.[17] Dieses Konzept einer sich selbst fortpflanzenden Lebenskraft, die sich auch über die natürlichen Grenzen des Organismus hinaus behaupten konnte, war ausschlaggebend für die Möglichkeit eines Übergangs von dem aufklärerischen Konzept von Monstrosität zu einem vitalistischen.

Hunters Untersuchung von Monstern in den drei Bereichen mineralischer, pflanzlicher und tierischer Materie hält die Logik bereit für diese plötzliche Wendung von der etablierten Auffassung von Monstrosität als Defekt oder Deformierung zu dem romantischen Verständnis der Monstrosität als gefährlicher Überschuss des Lebensprinzips. Hunters Erörterungen zu Monstern[18] gingen von dem früheren Verständnis von Monstrosität als Missbildung aus: »Nature being pretty constant in the kind and number of the different parts peculiar to each species of animal, and also in the situation, formation and construction of such parts, we call *everything that deviates from that uniformity a ›monster‹* whether (it occur in) crystallization, vegetation, or animalization.[19] Monstrosität wurde als Abweichung von Uniformität bezeichnet, so wie Schönheit im 18. Jahrhundert durch »Uniformity amidst variety«[20] aufgefasst wurde. In seinen Vorlesungen zur Ästhetik von 1814 schreibt Coleridge: »The BEAUTIFUL [...] is that in which *the many*, still seen as many, becomes *one*.«[21] Er nennt das Ergebnis »multeity in Unity«, und zwei Jahre später definiert er in seiner *Theory of Life* das Leben ähnlich (aber mit einem Unterschied) als »the *power* which discloses itself from within as a principle of *unity* in the *many*«, oder »the principle of unity in *multeity*«.[22] So wie Schönheit als eine statische Harmonie von Teilen aufgefasst wurde, wurde das Leben nun als Prinzip einer Harmonie zwischen Teilen aufgefasst. Und Monstrosität geht daraus als das Prinzip hervor, das der harmonischen Konvergenz der Form entgegengesetzt ist.

Die Aufklärung hatte Monstrosität als statische, falsche Zusammenstellung von Teilen begriffen (in anderen Worten: im Einklang mit einer mechanistischen Newtonianischen Physiologie). Hunter bereitet nun den Weg für das neue romantische Denken von Monstrosität als Erweiterung des Lebensprinzips. Er beobachtet, dass »every animal is formed from a portion of animal matter endowed with life and actions, being [...] so arranged in itself as only to require new matter

16. Hunter: *Essays*, a.a.O., S. 114.
17. John Abernethy: *The Hunterian Oration for the Year 1819*, London 1819, S. 42.
18. Hunter: *Essays*, a.a.O., S. 239–251.
19. Ebd., S. 239, Herv. d. Verf.
20. Francis Hutcheson: *An Inquiry into the Original of Our Ideas of Beauty and Virtue*, London 1725, S. 11.
21. Samuel Taylor Coleridge: »Shorter Works and Fragments«, in: H. J. Jackson; J. R. de J. Jackson (Hg.): *The Collected Works of Samuel Taylor Coleridge*, Princeton 1995, XI, 1. Teil, S. 371.
22. Ebd., S. 510.

for it to expand itself according to the principle inherent in itself.«[23] Monstrosität
stellt nun nicht mehr eine Abweichung von Uniformität dar, sondern repräsentiert ein Mehr (genau genommen, ein Zuviel) des Selben. Hunters Prinzip der
Monstrosität war nichts anderes als die Kraft des Tiers, aus sich selbst fortzube-
stehen, oder deren erste »first arrangements to go on expanding the animal according to the first principles arising out of them«.[24] Hunter gibt das Konzept einer Monstrosität als irreguläre Anordnung von Teilen nicht vollständig auf. Aber
er beobachtet, dass »[a] deficiency and a mal-conformation are much more easily
conceived than the formation of a additional part.«[25] Und auf diesen zweiten, un-
denkbaren Fall von Monstrosität richtet er den größten Teil seines Augenmerks.

Zur Illustration betrachtet er zuerst mineralische Monstren. Im Fall eines Kris-
talls, schreibt er, kann ein Defekt zu Beginn der Entstehung dazu führen, dass
das Mineral sich inkorrekt ausbreitet. Das Mineral beginnt gewissermaßen mit
einem falschen Schritt und bleibt dann auf dem Weg monströser Ausbildung,
indem es seine irregeleitete Selbstproduktion wiederholt, »the first setting out
being wrong, and (the formation) going on in the same (wrong line).« Man
kann sehen, wie sich Hunters Prinzip der Monstrosität entwickelt, indem er die
Mineralbildung, in der der Kristall dadurch monströs wird, dass er mehr von
sich selbst herausbildet, auf pflanzliches und tierisches Leben anwendet, dessen
Selbsthervorbringung heterogener ist. Er vertritt tatsächlich die Auffassung, dass
Pflanzen auch »(consist) only of two parts, the old and the new; the one only a
repetition of the other.« Pflanzenmonster resultieren nicht mehr aus einem ver-
pfuschten Arrangement von Teilen, sondern aus einer ungehemmten und fehl-
geleiteten Wachstumsenergie. Die Pflanze muss sich nur durch Wiederholung
ausdehnen, um zu einem Monster zu werden, denn durch diesen Prozess »the
vegetable works up itself«. Die Huntersche Pflanze ist eine schäumende, nicht
eindämmbare Selbstschöpfung, die ständig Gefahr läuft, neue Monstren zu erzeugen. Pflanzen enthalten sogar die größte Anzahl an Monstrositäten, »because
a vegetable can, and is always producing new parts«. Deswegen »[i]f a natural
branch decays, or is destroyed, two or three shall arise in its place, all of which
are so many monsters«[26]. An der Stelle des einen abgestorbenen Teils droht die
Pflanze mit einer monströsen Vielheit, sie wird zum Elternstamm von »so many
monsters«. Nicht, dass der fehlende Teil sich reproduzieren wird, gibt Grund zur
Furcht, sondern dass er sich über Gebühr reproduzieren wird, dass das Lebensprinzip in der Pflanze von dem vorübergehenden Mangel an Substanz profitieren
und mit schöpferischer Macht durchbrechen wird.

Pflanzen bestehen, wie Kristalle, aus nur zwei Teilen – das Alte und das Neue,
wobei das erste sich in dem zweiten wiederholt. Tiere dagegen sind unbestreitbar
organisierte Wesen. Aber genau so, wie ein fehlender Zweig zu einer Vielzahl von
monströsen Reproduktionen führen kann, behalten auch bestimmte Tierglieder
dasselbe Vermögen. Hunter erwähnt zum Beispiel »a lizard, which, having lost its
tail, has the power of generating a new one [...] in such we often find a double tail,

23. Hunter: *Essays*, a.a.O., S. 240.
24. Ebd., S. 239.
25. Ebd., S. 244.
26. Ebd., S. 241–243.

arising from the broken part«.[27] Wie bei den Pflanzen behauptet sich hier Hunters Prinzip der Monstrosität als Kraft zur Regeneration. In der romantischen Debatte über das Lebensprinzip erklärte Lawrence, dass »[t]he Power of reproduction – of restoring or renewing parts, that have been mutilated or entirely lost, is one of the most striking characters of organized bodies«.[28] Coleridge verwendet den Begriff Reproduktion ähnlich in seiner *Theory of Life*, um »[the] growth and identity of the whole, amid the change or flux of all parts« zu bezeichnen.[29] Und für Blumenbach (ein wichtiger Einfluss für Kant) bedeutet Reproduktion »the replacing of mutilated parts«.[30] In der Welt der Physiologie nach Newton bedeutet Reproduktion weitgehend Selbstreproduktion – »what qualities are to chemistry, *productiveness* is to the science of Life«.[31] Hunter nimmt nicht nur die romantische *Naturphilosophie* vorweg, indem er pflanzliches und tierisches Leben als parallele Prozesse in einem einheitlichen Bereich darstellt; sein Konzept eines sich aus sich selbst speisenden Lebensprinzips stärkt die romantische Ästhetik der Monstrosität.

Indem er frühe Formen tierischen Lebens als analog zu pflanzlichem Leben (wo nicht als dessen Fortsetzung) betrachtet, kann Hunter sogar tierische Monstrosität auf das Prinzip einer Natur zurückführen, die mehr von sich selbst herstellt. Er stellt fest, dass die meisten tierischen Monstrositäten sich vor der Geburt entwickeln und versucht »[to] inquire in what respect is an animal, some time before birth, similar to a vegetable, or to the parts of animals which have the power of regeneration after birth«. Seine Antwort ist, dass »the principle of life (before birth) comes much nearer to vegetation, and most probably the further back we go, this similitude is stronger«.[32] Wenn die frühesten Formen des tierischen Lebens wie das pflanzliche aus nur zwei Teilen bestehen, dann kann auch das tierische Prinzip der Monstrosität als eine Art Selbst-Wiederholung definiert werden. Pflanzliche Monstrositäten entstehen aus Ansammlungen, Erweiterungen und einer Vervielfachung von Teilen. Zu tierischen Monstrositäten kommt es, wenn das Lebensprinzip sich nicht auf die Grenzen der Form des Organismus zu beschränken vermag. Monstrosität bei Tieren und Pflanzen (in allem, was das Lebensprinzip enthält) ist in der Beschreibung von Hunter das Ergebnis von zu viel Leben. Monster sind nicht länger mechanische Fehlbildungen: nach dem Niedergang der mechanistischen Physiologie im späten 18. Jahrhundert werden sie zu Produkten einer unkontrollierbaren Vitalität der Lebewesen.

Diese Theorie der Monstrosität als Überschuss des »living principle« beeinflusste Wissenschaftler in den 1820er Jahren, in deren planmäßiger Schaffung von Monstern aus Hühnerembryos es seltsame Parallelen zur romantischen Fiktion gibt. Der französische Zoologe Etienne Geoffroy Saint-Hilaire gründete eine Schule philosophischer Anatomie auf der Grundlage eines Konzepts »l'unite de

27. Ebd., S. 245.
28. Lawrence: *Introduction*, a.a.O., S. 14.
29. Coleridge: »Shorter Works«, a.a.O., S. 526.
30. Johann Friedrich Blumenbach: *The Institutions of Physiology*, trans. from the Latin by John Elliotson, Philadelphia 1817, S. 355.
31. Coleridge: »Shorter Works«, a.a.O., S. 519.
32. Hunter: *Essays*, a.a.O., S. 243.

composition«. Er baute dabei auf den Arbeiten von Georges Cuvier und Jean Baptiste de Lamarck auf. Das Konzept erlaubte es Geoffroy und seinem wichtigsten Schüler Etienne Serres, Monstrosität wie Hunter als etwas zu definieren, bei dem Probleme im Zuge seiner »recapitulation« oder Selbstwiederholung aufgetreten waren.[33] Der konservative Cuvier befürchtete zu Recht, dass diese Experimente mit Küken-Monstrositäten langfristig auch menschliche Lebewesen einem autonomen Naturgesetz unterwerfen würden. Tatsächlich war der Boden für die moderne Evolutionstheorie schon durch Erasmus Darwin bereitet worden, der in *Zoonomia* (1794) von »changes produced probably by the exuberance and nourishment supplied to the fetus« spricht, »as in monstrous births with additional limbs; many of these enormities are propagated, and continued as a variety at least, if not as a new species of animal«.[34] Der Physiologe William Carpenter erklärte Ausnahmen vom Naturgesetz wie zum Beispiel »monsters« in seinen *Principles of General and Comparative Physiology* (1839) in ähnlicher Weise als Teil einer experimentellen Selbsterweiterung durch sich selbst verbreitende Materie.[35] Für Ausübende einer Lebenswissenschaft nach Hunter war Monstrosität nicht missgebildet, sondern eine Lebensmaterie, die zu weit geht.

Ein solcher monströser Überschuss war das notwendige Resultat eines Universums, das gegen das mechanistische Modell entworfen worden war. In Newtons Kosmos funktionierte jeder Teil in Harmonie mit dem Rest und mit dem Ziel des Funktionierens eines größeren Ganzen. Kant hingegen schrieb in der *Kritik der Urtheilskraft* (1790), dass das »nicht genug« sei, sondern dass ein Teil nur »als ein die andern Teile (folglich jeder den andern wechselseitig) hervorbringendes Organ« zu denken sei.[36] Kant folgte einer erneuerten vitalistischen Naturphilosophie: »Ein organisiertes Wesen ist also nicht bloß Maschine: denn die hat lediglich bewegende Kraft; sondern es besitzt in sich bildende Kraft und zwar eine solche, die es den Materien mitteilt, welche sie nicht haben (sie organisiert): also eine sich fortpflanzende bildende Kraft, welche durch das Bewegungsvermögen allein (den Mechanism) nicht erklärt werden kann.«[37] Gegen die statische Weltuhr Newtons, deren Teile im Einklang mit einem mechanistischen Plan synchronisiert waren, geht Kants »bildende Kraft« über Organisation hinaus.[38] Sie bringt den ontologischen Behälter des Organismus zum Überlaufen und dehnt sich auf äußere Materie aus, die es nach ihren eigenen Zwecken formt.

In der *Kritik der Urtheilskraft* definiert Kant: »Ungeheuer ist ein Gegenstand, wenn er durch seine Größe den Zweck, der den Begriff desselben ausmacht,

---

33. Adrian Desmond: *The Politics of Evolution, Morphology, Medicine, and Reform in Radical London*, Chicago 1989, S. 52f.
34. Erasmus Darwin: *Zoonomia; or, The Laws of Organic Life*, London 1794, Bd. 1, S. 501.
35. Alison Winter: »The Construction of Orthodoxies and Heterodoxies in the Early Victorian Life Sciences«, in: Bernard Lightman (Hg.): *Victorian Science in Context*, Chicago 1997, S. 24–50, hier: S. 36.
36. Kant: *Kritik der Urtheilskraft*, a.a.O., S. 374.
37. Ebd.
38. Wie Walter D. Wetzels feststellt: »Das Wort *mechanisch* wurde [...] allgemein das polemische Adjektiv im Kampf gegen die alte (Newtonianische) und für die neue organische Physik« (Walter D. Wetzels: »Aspects of Natural Science in German Romanticism«, in: *Studies in Romanticism 10* [1976], S. 44–59, hier: S. 46).

vernichtet.«[39] Wie oben erwähnt, setzt Blumenbachs Konzept eines Bildungstriebs voraus, dass alle Organismen zu einer Form tendieren, wodurch sie als zu
einer Spezies gehörig charakterisiert werden. In ähnlicher Weise zeigen Dinge
der Natur in Kants ästhetischer Ontologie eine Zweckmäßigkeit. Sie orientieren sich an einem Telos, das sie als organisierte Wesen definiert.[40] Wie Hunters
formbildende Kraft, die »so many monsters« durch kurzzeitige Lücken im Organismus hervorbringt, wendet sich auch die ästhetische Kraft, die ihren eigenen
Zweck auslöscht, nach außen und zerstört so das Telos der Form. David Farrell
Krell merkt an, dass Kants dritte Kritik der Ort ist, »an dem die Schaffenskraft der
Natur, und selbst noch ihre hehren schrecklichen Kräfte, zum Vorschein kommen: Kant bezieht sich nebenbei auf eine der ›wundersamsten Eigenschaften organisierter Kreaturen‹, nämlich auf ihre Neigung, Ungeheuer und Missbildungen
hervorzubringen.«[41] Dieses vitalistische Konzept eines Lebensprinzips, das sich
in monströse Schaffenskraft fortsetzt, bekräftigt die romantische Ästhetik des
Ungeheuren. Es muss nun noch gezeigt werden, wie diese Lebenskraft in *Lamia*
Form annimmt.

II

Als Keats im Sommer 1819, gegen Ende der Debatte zwischen Abernethy und
Lawrence, die Newtonsche Neigung beklagte, »einen Regenbogen zu entwirren«,
war der eigentliche Gegenstand seiner Kritik vielleicht nicht so sehr die mechanistische Philosophie der natürlichen Wissenschaften, sondern deren Anwendung auf die Wissenschaften vom Leben. Denn die Poesie des »awful rainbow«[42]
zu leugnen, bedeutete so viel wie Lamia das Lebensprinzip abzusprechen, das
im Endeffekt ihre Monstrosität ausmacht.[43] In Buch 1 tritt sie zum ersten Mal

---

39. Kant: *Kritik der Urtheilskraft*, a.a.O., S. 253.
40. Während für Kant das Vermögen zur Selbsttätigkeit hinreichend war, um lebendige
von nichtlebendiger Materie zu unterscheiden, kam Blumenbach zu der Auffassung, dass sie
eine der drei vitalen Kräfte war, nämlich »[o]rganic *formation* and increase; *motion* in the
parts when formed; *sensation* from the motion of certain similar parts« (im Gegensatz zu den
»toten« Kräften, also physikalischen, chemischen oder mechanischen). Blumenbach: *Institutions*, S. 18. Zu Blumenbachs Einfluss auf Kant siehe Lenoir (Timothy Lenoir: *The Strategy of
Life. Teleology and Mechanics in Nineteenth-Century German Biology*, Dordrecht 1982).
41. David Farrell Krell: *Contagion, Sexuality, Disease, and Death in German Idealism and
Romanticism*, Bloomington 1998, S. 13.
42. John Keats: *Lamia, Isabella, The Eve of St. Agnes and Other Poems*, London 1820, Buch
2, Vers 231.
43. Als die mechanistische Newtonianische Weltsicht schon im Niedergang und vitalistische Theorien im Kommen waren, versuchte Christopher Smart im Fragment B (Christopher
Smart: *Selected Poems*, hg. von Karina Williamson; Marcus Walsh, London 1990, S. 648–659)
von *Jubilate Agno* (1758–1763) dem Newtonschen Regenbogen ein wenig Poesie zurückzuge-
ben. Epstein und Greenberg (Julia L. Epstein; Mark L. Greenberg: »Decomposing Newton's
Rainbow«, in: *Journal of the History of Ideas 45* [1984], S. 115–140), Jones (William Powell
Jones: *The Rhetoric of Science. A Study of Scientific Ideas and Imagery in Eighteenth-Century
English Poetry*, Berkeley 1966) und Nicolson (Marjorie Hope Nicolson: *Newton Demands the
Muse. Newton's Opticks and the Eighteenth-Century Poets*, Princeton 1946) diskutieren den
Effekt von Newtons *Opticks* auf die Dichtung des 18. Jahrhunderts.

als eine »regenbogenhäutige«, schlangenhafte Verführerin[44] auf. Sie beginnt ein Gespräch mit dem Gott Hermes, der nach einer Nymphe Ausschau hält, die er anbetet und die Lamia unsichtbar gemacht hat. Lamia verspricht ihm, dass sie die Nymphe wieder sichtbar werden lässt, wenn er im Gegenzug einwilligt, ihr eine menschliche Form zu geben.

Lamia liebt den Jungen Lycius aus Korinth, den sie nach ihrer Metamorphose heiratet. Die entscheidende Spannung in dem Gedicht kommt aus Lamias Weigerung, vor den Augen der Öffentlichkeit zu heiraten. Sie befürchtet ihre Zerstörung unter dem analytischen Blick von Apollonius, dem Lehrer von Lycius. Ursprünglich hatte Keats die Formulierung »Destroy a rainbow« an Stelle von »Unweave a rainbow« verwendet,[45] und als Lamia in dem Gedicht zum ersten Mal erscheint, ist alles Farbe:

»She was a gordian shape of dazzling hue,
Vermilion-spotted, golden, green, and blue;
Striped like a zebra, freckled like a pard,
Eyed like a peacock, all crimson bar'd […].«[46]

Keats zeichnet seinen Regenbogen als weiblich, aber an Stelle eines klar unterteilten Spektrums, das durch »Regeln und Axiome« (»rule and line«) streng geschieden ist, erscheint sie als eine Explosion von Farben, die so nur in der Sprache erscheinen kann. Die starren Farbstreifen und -balken sind mit Streifen, Balken, Flecken durchsetzt. Lamia ist deswegen schwierig, wenn überhaupt, ästhetisch repräsentierbar. Garrett Stewart beschreibt sie als eine »lebendige gemischte Metapher«,[47] und David Perkins, der diese Linien als »Groteskerie« beschreibt, weist auf die »Inkongruenz der Menagerie« hin.[48] Lamia ist insofern monströs, als sie über das Telos der ästhetischen Form hinausgeht. Aber als Regenbogen, der mit Lebenskraft getränkt ist, ist sie ein monströses Objekt, das nicht der Newtonschen Physik entstammt, sondern der Wissenschaft des Lebens.

Zwei Wochen nach Haydons »immortal dinner«, bei dem Keats und Lamb auf »Newtons Gesundheit, und auf Verwirrung der Mathematik«[49] anstießen, bemerkte Hazlitt, dass wissenschaftliche Forschung »der Poesie die Flügel zu stutzen« drohte, einer Poesie, die bereits »einen spürbaren Schock durch die Fortschritte der experimentellen Philosophie« erlitten hatte[50]. In *Lamia* führt Keats eine ähnliche Klage gegen die Naturphilosophie:

---

44. Keats: *Lamia*, a.a.O., Buch 1, Vers 54.
45. John Keats: *Poetry Manuscripts at Harvard*, hg. von Jack Stillinger, Cambridge 1990, S. 215.
46. Keats: *Lamia*, a.a.O., Buch 1, Vers 47–50.
47. Garrett Stewart: »Lamia and the Language of Metamorphosis«, in: *Studies in Romanticism 15* (1976), S. 3–41, hier: S. 10.
48. David Perkins: *The Quest for Permanence. The Symbolism of Wordsworth, Shelley and Keats*, Cambridge 1959, S. 267.
49. Haydon: *Autobiography*, a.a.O., S. 231.
50. Ebd., S. 9.

»There was an awful rainbow once in heaven:
We know her woof, her texture; she is given
In the dull catalogue of common things.
Philosophy will clip an Angel's wings,
Conquer all mysteries by rule and line,
Empty the haunted air, and gnomed mine –
Unweave a rainbow [...].«[51]

Das ist die gleiche Tendenz, die Wordsworth in *The Tables Turned* mit den Worten »murder[ing] to dissect« bezeichnet. Die Metapher der Vivisektion bei dem älteren Dichter deutet ebenfalls darauf hin, dass es nicht die analytischen Verfahren Newtons sind, die zu dieser Zeit Grund zur Besorgnis geben, sondern ihre Anwendung auf das Leben.

Keats schreibt über *Lamia*, dass »there is that sort of fire in it which must take hold of people in some way – give them either pleasant or unpleasant sensation«.[52] Unterschiedliche Formen von Feuer – »electric fire«, »animal fire«, »fire-air« – waren damals als Bezeichnung für das Lebensprinzip geläufig. Hunter schlug in seinem Aufsatz »On Life and the Living Principle«[53] eine Analogie zwischen Leben und Feuer vor: »I would consider Life as a Fire, or something similar, which might for distinction's sake be called Animal fire«.[54] Stuart Sperry hat von »the fiery pangs of Lamia's etherealization«[55] gesprochen, und man könnte die farblichen Einsprengsel (die Tupfer, Flecken und Augen, die die klaren Linien von Keats' lebendigem Regenbogen unterbrechen) als organische Restbestände in dieser Verbrennung bezeichnen. Für Donald Goellnicht ist die »sort of fire«, die in Lamia brennt, verwandt mit dem »electric fire« oder der nervösen Energie, mit der menschliche Wesen ihre Sinneswahrnehmung erfahren.[56] Tatsächlich sprüht Keats' Beschreibung des Monsters vor elektrisierendem Leben. Sie ist »dazzling«, »crimson«, »full of silver moons« und sie brennt hell.[57] Ein wenig später in Buch 1 »[she f]lash'd phosphor and sharp sparks«.[58] Dieses elektrische Feuer, das Lamia belebt, musste einen vertrauten Klang haben in einer Zeit, in der Elektrizität bildlich, aber auch wörtlich gesprochen, der Lebensfunke war.

Die Theorie, die Lawrence in seiner Auseinandersetzung mit Abernethy als die »electro-chemical hypothesis of life« lächerlich zu machen versuchte, nahm eine elektrische Lebenskraft an, die lebendige Materie anregte und lebendig erhielt.[59] In den späten 1770er Jahren hatte Luigi Galvani die Idee einer »Tierelektrizität« populär gemacht: einer angeborenen Lebenskraft oder Eigentümlichkeit, die sich

---

51. Keats: *Lamia*, a.a.O., Buch 2, Vers 231–237.
52. John Keats: »To George and Georgiana Keats, 27 September 1819, letter 199«. in: Hyder Edward Rollins (Hg.): *The Letters of John Keats*, Cambridge 1958, Bd. 2, S. 189.
53. Hunter: *Essays*, a.a.O., S. 113–121.
54. Ebd., S. 113.
55. Stuart M. Sperry: *Keats the Poet*, Princeton 1973, S. 303.
56. Donald C. Goellnicht: *The Poet-Physician. Keats and Medical Science*, Pittsburgh 1984, S. 153.
57. Keats: *Lamia*, a.a.O., Buch 1, Vers 47–52, 92.
58. Ebd., Vers 152.
59. Lawrence: *Lectures*, a.a.O., S. 22.

von der »natürlichen« Elektrizität unterschied.[60] Und Franz Anton Mesmer hatte die Idee eines tierischen Magnetismus (im Unterschied zu einem anorganischen Magnetismus) in den späten 1770er Jahren eingeführt. Galvanis Werk führte in den 1790er Jahren zu einer Welle von Experimenten mit galvanischer Elektrizität (wie man diese organische Kraft fortan bezeichnete), und Humphry Davys Vorlesungen zur Elektrochemie um die Jahrhundertwende regten die öffentliche Phantasie ebenso sehr an wie verwandte Phänomene wie das »electric fluid« und »electromotion«. Davy glaubte damals, dass es im Lauf der Experimente zu der Entdeckung einer chemischen Lebenskraft ähnlich der Elektrizität und der Wärme, nur noch größer, käme.[61] Obwohl Abernethy (anders als andere Vitalisten) nicht glaubte, dass Elektrizität das Leben ausmachte, hielt er doch fest an »Mr. Hunter's opinion that irritability is the effect of some subtle, mobile, invisible substance, superadded to the evident structure of the muscles, or other forms of vegetable and animal matter, as magnetism is to iron, and as electricity is to various substances with which it may be connected«.[62] Diese zeitgenössische Beschäftigung mit der Idee einer elektrischen Lebenskraft erfuhr große kritische Aufmerksamkeit, allerdings vorwiegend in Hinsicht auf *Frankenstein*.[63] Durch Mary Shelley sind wir mit den zahlreichen Experimenten mit galvanischer Elektrizität vertraut, die an Pflanzen, Tieren, Menschen und (wie Shelley in ihrer Einleitung zu *Frankenstein* schreibt) sogar an Nudeln vorgenommen wurden. Aber Keats' leuchtend bunte, antimechanistische Kreatur, die Phosphor und Funken sprüht, gehört ebenfalls in die Kreuzungspunkte dieser Debatte.

60. Luigi Galvani: *Commentary on the Effects of Electricity on Muscular Motion*, hg. von I. Bernard Cohen, Norwalk 1953, S. 59–88.

61. Sein *A Discourse, Introductory to a Course of Lectures on Chemistry* (1802) war wahrscheinlich der Text, den Mary Shelley am 28. Oktober 1816 las, während sie an *Frankenstein* arbeitete. Davy beschreibt galvanische Elektrizität als »a new influence [...] which had enabled man to produce from combinations of dead matter effects which were formerly occasioned only by animal organs« (zitiert in: Laura E. Crouch: »Davy's A Discourse. Introductory to a Course of Lectures on Chemistry. A Possible Scientific Source of Frankenstein«, in: *Keats-Shelley Journal 27* [1978], S. 35–44, hier: S. 37). Zur zeitgenössischen öffentlichen Kultur der Elektrochemie siehe Golinski (Jan Golinski: *Science as Public Culture. Chemistry and Enlightenment in Britain, 1760–1820*, Cambridge 1992, S. 188–235).

62. John Abernethy: *An Enquiry*, a.a.O., S. 88f. Lawrence entgegnete, dass »there is no resemblance, no analogy between electricity and life: the two orders of phenomena are completely distinct; they are incommensurable. Electricity illustrates life no more than life illustrates electricity« (Lawrence: *Introduction*, a.a.O., S. 170–171). Aber auch Abernethy verneinte eine direkte Gleichung zwischen Elektrizität und Leben: »It is not meant to be affirmed that electricity is life. There are strong analogies between electricity and magnetism, and yet I do not know that any one has been hardy enough to assert their absolute identity« (Abernethy: *An Enquiry*, a.a.O., S. 51). Trotz dieser klaren Aussage wurde Abernethy als Vertreter dieser Gleichung missverstanden. Für seine Position ist auch von Interesse, dass Hunter eine direkte Gleichung zwischen Leben und Feuer bestritten hatte (»I do not mean real and actual fire; but something that is similar, and is effected and brought about much in the same manner.« [Hunter: *Essays*, a.a.O., S. 113]).

63. Eine kompetente und schnell wachsende Literatur zu Shelley und der Wissenschaft beginnt mit Crouch (Crouch: »Davy's A Discourse«, a.a.O.), Mellor (Anne K. Mellor: *Mary Shelley. Her Life, Her Fiction, Her Monsters*, New York 1988, S. 89–114) und Vasbinder (Samuel Holmes Vasbinder: *Scientific Attitudes in Mary Shelley's Frankenstein*, Ann Arbor 1984).

DAS MONSTER IM REGENBOGEN

Lamias Verwandlung in ein menschliches Wesen ist eine Schöpfungsszene, die seltsamerweise viele Analogien zu der in *Frankenstein* aufweist, und ihre elektrische Geburt weist stärker auf filmische Versionen von *Frankenstein* voraus als Shelleys Roman selbst, in dem das Geschöpf hinter geschlossenen Türen lebendig wird. Anders als bei Shelley sind bei Keats die Details der elektrischen Belebung sichtbar:

»Her eyes in torture fix'd, and anguish drear,
Hot, glaz'd, and wide, with lid-lashes all sear,
Flash'd phosphor and sharp sparks, without one cooling tear.
The colours all inflam'd throughout her train,
She writh'd about, convuls'd with scarlet pain:
A deep volcanian yellow took the place
Of all her milder-mooned body's grace;
And, as the lava ravishes the mead,
Spoilt all her silver mail, and golden brede;
Made gloom of all her frecklings, streaks and bars,
Eclips'd her crescents, and lick'd up her stars:
So that, in moments few, she was undrest
Of all her sapphires, greens, and amethyst,
And rubious argent: of all these bereft,
Nothing but pain and ugliness were left.«[64]

Lamias farbenprächtige Kurzschlüsse, ihre »scharfen Funken« und der »scharlachrote Schmerz« deuten alle auf ein schief gegangenes galvanisches Experiment hin. Wie in der kinematischen Entstehung Frankensteins aus Blitz und Donner verfehlt auch das beschriebene elektrochemische Experiment seinen Zweck, weil es zuviel Leben schafft. In beiden Szenen ging es um die Erschaffung von Objekten voller Schönheit, und aus beiden bricht Monstrosität hervor.

Hunters Prinzip der Monstrosität beruhte auf dem Lebensprinzip, das zu einem radikalen Extrem gesteigert wurde. So kann auch Lamia nicht länger auf die »Form einer Frau«[65] beschränkt bleiben. Ihre plötzliche Explosion ins Leben überschreitet nicht nur ihr »schillerndes« Äußeres, sie verfehlt auch ihren eigenen Zweck und damit ihren Status als eine Schönheit: »Nur Schmerz und Hässlichkeit waren verblieben.« Wie sollen wir diese Hässlichkeit im Inneren von Keats' lebendigem Regenbogen verstehen? Slavoj Žižek schlägt vor: »In the case of beauty, the outside of a thing – its surface – encloses, overcoats, its interior, whereas in the case of ugliness, this proportionality is perturbed by the excess of the interior stuff that threatens to overwhelm and engulf the subject.«[66] Lamia ist insofern hässlich, als sie eine lebendige Form ist, die ihre Proportionen durch

---

64. Keats: *Lamia*, a.a.O., Buch 1, Vers 150–164.
65. Ebd., Vers 118.
66. Slavoj Žižek: »The Abyss of Freedom«, in: ders.; F. W. J. von Schelling: *Ages of the World*, Ann Arbor 1997, S. 1–104, hier: S. 22f.

DENISE GIGANTE

Ausdehnung über die Grenzen der Form hinaus zu stören vermag.[67] Der Exzess
ihres elektrischen Lebens verbrennt sie bis zu einem »tief-vulkanischen Gelb«.

Keats bezieht sich in seinen Notizen zu einem Anatomiekurs mit Astly Cooper
und Henry Cline jr. direkt auf die zeitgenössische Obsession für die Möglichkeit
einer elektrischen Lebenskraft. Er erwähnt die Auswirkungen einer »tierischen
Elektrizität« in diesen seltsam geladenen Organismen, *Gymnoti electrici* oder
elektrische Aale:

> »The opinion of late years entertained concerning the Cause of nervous energy
> was started by Mr. J. Hunter. He examined ye Body of a Gymnotus Electricus
> he found it provided with abundance of Nerves sufficient to account for its
> electric properties. From this he inferred that the Nerves were conductor of
> electric fluid. Galvani found that a‹n› action of ye Nerves was produced by
> applying Metal thereto. The present opinion therefore is that a fluid, like that
> of the electric is secreted in ye brain which is thence communicated along the
> Nerves.«[68]

Bei seinem Versuch, zu den Geheimnissen des Lebens vorzudringen, schnitt
Hunter in das Gewebe des elektrisch geladenen Aals und entdeckte dessen vitale
Kräfte. In seiner Beschreibung dieses Experiments in den *Philosophical Transactions of the Royal Society* vom 11. Mai 1775 schreibt er, dass der *Gymnotus electricus*
»may be considered, both anatomically and physiologically, as divided into two
parts; *viz.* the common animal part; and a part which is superadded, *viz. the peculiar organ.*«[69] Dieses »peculiar organ« ist der Gegenstand seiner Untersuchung,
denn es hat »peculiar powers«, die über »the common animal part« des Organismus hinausgehen. Hunter beansprucht nicht, »animal electricity« entdeckt zu
haben, sondern verweist auf den Physiker John Walsh (1725–1795), der einige der
ersten Experimente mit Elektrotherapie in England durchführte und der Hunter einen elektrischen Aal zum Sezieren überließ.[70] Aber erst Hunter bringt die
»peculiar property« des Aals ans Licht, die Fähigkeit, seine Kräfte durch seine
gesamte natürliche Organisation und darüber hinaus wirken zu lassen und damit
buchstäblich Hunters Prinzip der Monstrosität ins Werk zu setzen.

---

67. Zu dieser Auffassung des Hässlichen in *Frankenstein* siehe Gigante (Denise Gigante:
»Facing the Ugly. The Case of Frankenstein«, in: *ELH 67* [2000], S. 565–587). Adorno versteht
Hässlichkeit (eine Lücke in der Ästhetik des 18. Jahrhunderts) als politisches Phänomen.
Und, wie Hanafi gezeigt hat, seit der Interpretation des Monströsen in der frühen Moderne
war diese »nothing less than an alternative political science« (Zakiya Hanafi: *The Monster in
the Machine. Magic, Medicine, and the Marvelous in the Time of the Scientific Revolution*,
Durham 2000, S. 3). Vergleiche Baldick zu diesem Aspekt der Monstrosität in *Frankenstein*
(Chris Baldick: »The Politics of Monstrosity«, in: Fred Botting [Hg.]: *Making Monstrous:
Frankenstein, Criticism, Theory*, Manchester 1991, S. 48–68).
68. John Keats: *Anatomical and Physiological Note Book*, hg. von Maurice Buxton Forman,
New York 1970, S. 58.
69. John Hunter: »An Account of the Gymnotus Electricus«, in: *Philosophical Transactions
of the Royal Society 65* (1775), S. 395–407, hier: S. 359.
70. Solche Experimente beginnen Mitte des Jahrhunderts. 1748 verwandte sich der britische
Physiker Henry Baker für den medizinischen Einsatz von Elektrizität, wie es auch anderswo
in Europa praktiziert wurde.

DAS MONSTER IM REGENBOGEN

1820 veröffentlichte auch Blumenbachs Student Alexander von Humboldt die Ergebnisse seiner Experimente mit diesen Lamia-ähnlichen Wesen. Er kam zu dem Schluss, dass »Gymnoti are neither charged conductors, nor batteries, not electro-motive apparatuses. [...] The electric action of the fish depends entirely on its will.«[71] Wie die Lamia bei Keats, von der wir erfahren, dass »where she will'd, her spirit went«,[72] war der *Gymnotus electricus* laut Humboldt »capable of directing the actions of its organs to an external object«.[73] Hermione de Almeida bemerkt dazu: »Dressed in Lamia's skin of many colors, these brilliant electric snakes [...] used their superior vital power to influence and possess from a distance bodies of lesser vital power.«[74] Allerdings konnte diese Kraft nicht vom lebendigen Organismus abgetrennt und als mechanische Kraft zum Einsatz gebracht werden; sie hing unverbrüchlich mit der Vitalität des Tiers zusammen. Davy kommt in einer frühen Vorlesung über Elektrochemie zu dem Schluss, dass »in the *Gymnotus electricus* the electrical instrument is composed wholly of living matter [...] and, in the case of the galvanic action of the nerves and muscles of frogs, and warm blood animals, the effect is apparently connected with some remains of vitality«.[75] Wie die Schaffenskraft romantischer Monstrosität, die in Keats' Gedicht eine Identität über die individuelle Subjektivität von Lamia hinaus bekommt, konnte sich die »electric force« (Humboldts Ausdruck) des *Gymnotus electricus* über ihn selbst hinaus erstrecken und äußere Materie in ihrem Sinn organisieren.

Coleridges *Der alte Seemann* teilt Keats' Faszination für die monströsen Kreaturen, die die Analogie zwischen Elektrizität und Leben verkörperten. Auf dem Höhepunkt kommt es zu einer Begegnung mit elektrischen Seeschlangen von der Art der *Gymnoti electrici*:

»Beyond the shadow of the ship
I watch'd the water-snakes:
They mov'd in tracks of shining white;
And when they rear'd, the elfish light,
Fell off in hoary flakes.

Within the shadow of the ship
I watch'd their rich attire:
Blue, glossy green and velvet black

---

71. Alexander von Humbolt: »Account of the Electrical Eels, and the Method of Catching Them in South America by Means of Wild Horses«, in: *Edinburgh Philosophical Journal 2* (1820), S. 242–249, hier: S. 245. (Der deutsche Originaltext ist erschienen unter dem Titel »Jagd und Kampf der electrischen Aale mit Pferden. Aus den Reiseberichten des Hrn. Freiherrn v. Humboldt«, in: *Ann. Physik 25* [1807], S. 34–43. Die Zitate sind im Deutschen nicht vorhanden. *Anm. d. Hg.*)
72. Keats: *Lamia*, a.a.O., Buch 1, Vers 205.
73. Humboldt: »Account of the Electrical Eels«, a.a.O., S. 245.
74. De Almeida: *Romantic Medicine and John Keats*, a.a.O., S. 72.
75. Humphry Davy: *The Collected Works of Sir Humphry Davy*, London 1839–40, Bd. 2, S. 224f.

149

They coil'd and swam; and every track
Was a flash of golden fire.«[76]

Als der Seemann eine monströse Verströmung von Leben in der See bemerkt, wirkt das Meer, als sei es lebendig, voll elektrischer Vitalität. Verschiedene Interpreten haben die Verbindung dieses Bilds mit der zeitgenössischen wissenschaftlichen Kultur des Galvanismus, Elektromagnetismus und ozeanischer Elektrophosphoreszenz bemerkt.[77] Diese unterschiedlichen Interpretationen, welche Art von »Feuer« Coleridge im Sinn hat, machen Sinn. Er selbst bestand schließlich darauf, dass die drei Formen tierische Elektrizität, Galvanismus und Magnetismus Ausdrücke derselben Lebenskraft sind.[78] Coleridges Meer ist mit einer undefinierbaren Vitalität belebt, die sich in »Spuren von leuchtendem Weiß«, »elfischem Licht«, »grauen Flocken« und einem »Blitz goldenen Lichts« über die individuellen Organismen hinaus fortsetzt. Lamia reflektiert »den Phosphor und die scharfen Funken« eines ähnlichen elektrischen Lebens. Wie wir aus einem Brief vom 15. April 1819 (geschrieben knapp vor der Entstehung von *Lamia*) wissen, traf Keats Coleridge auf einem Spaziergang und hörte seine Ansichten zu einer großen Zahl von Themen, von »Metaphysics« bis zu »Monsters«.[79] Wie Keats war auch Coleridge aus einer Reihe von Quellen mit mythologischen Lamias vertraut. Und wenn Coleridge in *Theory of Life* Abernethys Idee einer überströmenden Lebenskraft verteidigt, dann bezieht er sich auf Lawrences mechanistische Unterscheidung in aller Materie zwischen »things with life and things without life« als »the twin sisters in the fable of the Lamiae, with but one eye between them both, which each borrowed from the other as either happened to want it«.[80] Coleridge zeichnet Lamiae als Figuren einer falschen Individuation. Sie beruhen auf einer Version von sich, die eine Abstraktion von ihrer individuellen Tieröko-

76. Keats: *Manuscript Poems*, a.a.O., S. 264–273.
77. Für eine konzise kritische Geschichte siehe Rzepka (Charles J. Rzepka: »Re-collecting Spontaneous Overflows«, in: Elizabeth Fay [Hg.]: *Romantic Passions*, Romantic Circles Praxis, Apr. 1998, 22 Jan. 2002, www.rc.umd.edu/praxis/passions/rzepka/rzp.htm, besonders S. 20–22).
78. Hier ist Coleridge von deutscher *Naturphilosophie* beeinflusst, in der »electricity, galvanism, and magnetism inevitably came to be depicted as the manifestations of life in all of nature. [...] Schelling then projected these three phenomena into the realm of living organisms where they reappeared as reproductivity, irritability, and sensibility« (Wetzels: »Aspects of Natural Science«, a.a.O., S. 47).
79. Keats: »To George and Georgiana Keats, 15 April 1819, letter 159«, in: *The Letters of John Keats*, a.a.O., S. 189.
80. Coleridge: »Shorter Works«, a.a.O., S. 489. – Diese Unterscheidung, die auf Galilei zurückgeht, begründete die moderne Debatte zwischen Mechanismus und Vitalismus. Anders als Galilei, für den nur unbelebte Bewegung zum Gegenstand von Wissenschaft werden konnte, betrachtete Descartes Tiere als Maschinen mit einem Repertoire an Reflexen (die Menschen bilden eine Ausnahme, weil sich ihr Wille durch die Zirbeldrüse betätigt). Descartes' Student Julien Offray de LaMettrie verabschiedete diese Unterscheidung später in *L'homme machine* (1748). Als Standardwerke zu der Debatte um Mechanismus und Vitalismus siehe Jaynes über Descartes' Entdeckung des Reflexes (Julian Jaynes: »The Problem of Animate Motion in the Seventeenth Century«, in: *Journal of the History of Ideas 31* [1970], S. 219–234) und Mayr über heutige Argumente gegen den Vitalismus (Ernst Mayr: *The Growth of Biological Thought Diversity, Evolution and Inheritance*, Cambridge 1982, S. 51–53).

nomie darstellt, und haben die Fähigkeit, willentlich unterschiedliche Teile ihrer Anatomie an- oder abzulegen. Ohne die besondere Anordnung von Augen sind diese »Monsters of Hell« mehr als physische Organisation.[81] Obwohl wir niemals genau wissen werden, ob zwischen den beiden Schriftstellern auf ihrem Spaziergang tatsächlich von Lamiae die Rede war, wissen wir zumindest, dass just in dem Moment, in dem Coleridge sie in der *Theory of Life* gegen Lawrences materialistische Physiologie ins Treffen führt, Keats seine Lamia gegen eine mechanistische Wissenschaft setzt, die sich anmaßt, »einen Regenbogen zu entwirren«. In beiden Fällen brachte die drohende Reduktion von Leben auf physikalische Organisation eine Gegenvision des Lebens als Überschuss hervor.

III

Über das mechanistische Spektrum der Farben hinaus gibt es nur Ausbrüche in Schmerz und Hässlichkeit. Das ist es jedenfalls, was Lamia nahe legt. Auch andere Monstren der romantischen Zeit, Frankensteins Geschöpf und Byrons Vampir, erweisen sich als zu groß für ihren narrativen Rahmen und werden zu kulturellen Ikonen oder Mythen. Lamia lässt sich gleichermaßen nicht auf die allegorischen Bezüge des Gedichts beschränken. Obwohl die Erzählung allegorische Deutung zu suggerieren scheint, hat keine sich als wirklich befriedigend erwiesen. Die größte Verwirrung hat der anscheinend unnötige Rahmen zu Beginn gestiftet, in dem Lamia eine Begegnung mit dem Gott Hermes und dessen Liebesobjekt hat, einer Nymphe, der bald Gewalt angetan wird. Wenn man die Stelle nicht als narrative Abschweifung liest, sondern als Fortsetzung zu dem abrupt abgebrochenen *Hyperion*, dann gibt Keats' monströse Vision des Lebens als Exzess eine alternative Vision dessen, was mit der geschändeten Nymphe am Ende von *Hyperion* geschieht, dort aber ausgelassen wird.

Die einzige existierende Handschrift des *Hyperion*-Fragments enthält eine Analogie, die in dem veröffentlichten Gedicht von 1820 gestrichen ist. Apollo wird darin mit einer »ravish'd Nymph« verglichen.[82] Keats war wütend darüber, dass seine Verleger, John Taylor und James Hessey, ohne sein Wissen ein »Advertisement« in dem Band veröffentlichten, das besagte: »If any apology be thought necessary for the appearance of the unfinished poem of HYPERION, the publishers beg to state that they alone are responsible, as it was printed at their particular request, and contrary to the wish of the author«.[83] Es war wahrscheinlich auch

81. Coleridge: »Shorter Works«, a.a.O., S. 270.
82. Keats: *Manuscript Poems*, a.a.O., S. 55.
83. Keats: *Lamia*, a.a.O. Rollins vermerkt, dass Keats in einem Exemplar der Ausgabe diese Stelle wegkratzte und darüber schrieb: »This is none of my doing – I w(as) ill at the time« (Keats: *Letters*, a.a.O., S. 277f.). Jack Stillinger deutet das in seiner Einleitung zu der publizierten Handschrift von Keats so: »Keats did not want *Hyperion* included in the volume« (Jack Stillinger: Introduction, Keats: *Manuscript Poems*, a.a.O., S. ix–xvi, hier: S. xi). Ich verstehe die Behauptung des Verlegers, dass die Ausgabe »at their particular request« hin gedruckt wurde, so, dass Keats sein Einverständnis gab, aber beschämt war durch die Einfügung, dass eine Entschuldigung notwendig wäre. Ironischerweise wurde *Hyperion* aus dieser Ausgabe das ganze 19. Jahrhundert hindurch am besten aufgenommen.

gegen den Wunsch des Autors, dass in der gedruckten Version der Metamorphose Apollos[84] die Zeilen drei bis fünf aus der nachfolgenden Passage aus Keats' Manuskript getilgt waren:

»And soon wild commotions shook him, and made flush
All the immortal family of his limbs
Into a hue more roseate than sweet pain
Gives to a ravish'd Nymph when her warm tears
Gush luscious with no sob. Or more severe;
More like the struggle at the gate of death,
Or liker still to one who should take leave
Of pale immortal death and with a pang
As hot as death is chill, with fierce convulse
Die into life.«[85]

Die erste Ausgabe verkürzt und verändert die zweite bis zur sechsten Zeile folgendermaßen: «All the immortal fairness of his limbs;/*Most* like the struggle at the gate of death«.[86] Ich weise auf diese Auslassung nicht deswegen hin, weil ich von einer direkten Übertragung ausgehen möchte, dass nämlich die »ravish'd Nymph«, die aus dem *Hyperion* verschwindet, als die Nymphe wiederauftaucht, die »cower'd, nor could restrain / Her fearful sobs«, als sie sich Hermes in *Lamia* hingibt[87] oder dass sie Lamia wird: »[r]avish'd [she] lifted her Circean head« zu Hermes kurz vor ihrer Metamorphose.[88] Vielmehr schlage ich vor, dass Keats als Antwort auf die offene Frage aus dem *Hyperion*, was es bedeutet, »in das Leben zu sterben«, zwei Szenarien entwarf. Wenn einerseits, wie es so viele Leser

---

84. Keats: *Lamia*, a.a.O., Buch 3, Vers 124–130.
85. Keats: *Manuscript Poems*, a.a.O., S. 55. Keats zog auch noch die folgende, später gestrichene Zeile nach Buch 3, Vers 125 in Erwägung: »Roseate and pained as any a ravish'd nymph« (ebd.). Auf die leere halbe Seite, die auf das Ende des *Hyperion*-Fragments folgt, schrieb Keats' Freund John Woodhouse seinen eigenen Vorschlag für eine Umarbeitung. Er wollte nach der oben zitierten Zeile so fortsetzen: »Into a hue more roseate ‹as› than a Nymph's / By a warm kiss surprised« (ebd., S. 182). Das Ausmaß der sexuellen Erregung wird hier zurückgenommen. Stillinger erwähnt die fehlende Analogie zu der »ravish'd Nymph« in seinen Anmerkungen zu den *Complete Poems* von Keats nicht.
86. Keats: *Manuscript Poems*, a.a.O., Buch 3, Vers 125f., Herv. d. Verf. Nicht nur die Bekanntmachung, sondern auch Keats' Klagen gegenüber Taylor über andere unermächtige Änderungen in dem Band (vgl. »To John Taylor, June 1820, letter 263«, in Keats: *The Letters of John Keats*, a.a.O., S. 294–295) und sein Verweis auf das Buch-Manuskript als »my or rather Taylor's manuscript (»To Fanny Brawne, April 1820, letter 257«, in Keats: *The Letters of John Keats*, a.a.O., S. 286) deuten darauf hin, dass die Streichung auf die Verleger zurückgeht. Stillinger bemerkt, dass Woodhouse darauf bestand, dass die existierende Handschrift keine überarbeitete oder zweite Fassung enthält, sondern »the original & only copy […] composed & written down at once as it now stands«. Leigh Hunt betrachtete es als »the original manuscript«, und Stillinger schlägt vor, dass »probably we should accept Woodhouse's and Hunt's terms« (Jack Stillinger: Introduction, Keats: *Manuscript Poems*, a.a.O., S. xi). Ich neige eher dazu, in der Veränderung von »family« zu »fairness« ein weiteres Indiz für Eingriffe von Taylor und Hessey zu sehen (Keats: *Manuscript Poems*, a.a.O., Buch 3, Vers 125); Keats' Formulierung »family of his limbs« wurde zum Beispiel auch von Mary Shelley verwendet.
87. Keats: *Manuscript Poems*, a.a.O., Bd. 1, Vers 137f.
88. Ebd., Vers 115.

DAS MONSTER IM REGENBOGEN

annehmen, Apollo sterbend zu dem Dichter-Sprecher von *The Fall of Hyperion* wird, dann stirbt er in eine materielle Welt, der alle Vitalität mangelt. Die abgesetzten Titanen sind »nerveless, listless, dead«,[89] während sich der Sprecher heftig bemüht, »to escape/ The numbness«. »Slow, heavy, deadly was my space: the cold / Grew stifling, suffocating, at the heart«[90] *Der Fall des Hyperion* verheißt kein Leben jenseits der Materie – selbst der Sprecher ist dem unterworfen. Keats wusste, dass er gegen den Tod schrieb, und die Verzweiflung in dem Gedicht ist zum Teil eine metaphysische Verzweiflung darüber, dass das Leben nicht mehr ist als ein Mechanismus mit schweren Gliedern. Auf der anderen Seite bedeutet eine Imagination, die darüber hinausgeht und das Leben als eine autonome Kraft sieht, die über ihre materiellen Dimensionen hinausgehen kann, die Vorstellung von etwas Monströsem.

Anders als die unheimlichen, geisterhaften Figuren in der Schauerliteratur bersten die Monstren, die aus dem romantischen Imaginären hervortreten, geradezu vor Leben. Lamia bricht aus den mechanischen Streifen des Regenbogens heraus. Frankensteins Kreatur dringt zwischen den Nähten in seiner Haut heraus und erweist sich damit als eine weitere Figur exzessiver Vitalität. Selbst der romantische Vampir ist voll überschüssigen Lebens. Vor Blut zu bersten bedeutete, vor Leben zu bersten. In dem Kreis um Keats und Shelley wussten alle gut genug, dass die Debatte um das Lebensprinzip im frühen 19. Jahrhundert teilweise auch eine Debatte über die Natur des Bluts war.[91]

Als Abernethy Hunters Theorie des Lebens so interpretierte, dass »life was something of an invisible and active nature superadded to organization«,[92] eine feine, bewegliche Substanz, die durch den Körper strömt und ihn belebt, antwortete Lawrence, dass »this Hunterian theory of life [...] is no where to be found in the published writings of Mr. Hunter; and does not ever resemble the speculations on the same subject, which occur in the posthumous work on the *Blood, Inflammation, & c. part. I, chap. I sec. 5 on the living Principle of the Blood*«.[93] Er bezieht sich hier auf den fünften Abschnitt von *A Treatise on the Blood, Inflammation, and Gun-Shot Wounds* (1794), in dem Hunter dreißig Jahre seiner Forschungen zusammenfasst und dabei erklärt, dass »blood is endowed with life«.[94] Diese vitalistische Idee hat natürlich eine lange Vorgeschichte. Trotz seines mechanistischen Vorurteils sah auch William Harvey, der den Blutkreislauf entdeckte, im Blut »a treasury of life«, »impregnated with spirits« und »indeed the foundation of life, the source of all action«.[95] An der Stelle in Keats' Gedicht, an der Lamia abstrei-

89. Ebd., Vers 323.
90. Ebd., Vers 127–131.
91. In Bram Stokers fin de siècle-Neufassung der romantischen Vampir-Mythologie in *Dracula* (1897) sagt der verrückte Renfield: »The doctor here will bear me out that on one occasion I tried to kill him for the purpose of strengthening my vital powers by the assimilation with my own body of his life though the medium of his blood« (Bram Stoker: *Dracula*, hg. von Maurice Hindle, New York 1993, S. 301).
92. Abernethy: *An Enquiry*, a.a.O., S. 94.
93. Lawrence: *Lectures*, a.a.O., S. 78f.
94. John Hunter: *A Treatise on the Blood, Inflammation, and Gun-Shot Wounds*, London 1794, S. 77.
95. William Harvey: *The Works of William Harvey*, Philadelphia 1989, S. 47. Hall (Hall: *Ideas*

153

DENISE GIGANTE

tet, dass keine »more subtle fluid in her veins / Than throbbing blood« fließt,[96] verleugnet sie faktisch die Quelle ihrer Monstrosität, jenen »invisible and very subtle agent [...] superadded to the obvious structure of the body, enabl[ing] it to exhibit vital phenomena«.[97] Sie weist, in anderen Worten, das überströmende »feine Fluidum« von sich, das mit dem Leben gleichgesetzt wird.

Weil Lamia nicht in dem formalen Telos des Schönen (oder dessen teleologischem Ausdruck in der Form organisierten Lebens) aufgeht, erscheint sie in ihrer eigenen Größe monströs. Sie verströmt dabei aber die verführerische Wirkung einer Monstrosität, die als romantische Version (oder Perversion) von Erhabenheit erscheinen kann. Lycius' erste Begegnung mit ihr wird so beschrieben: »And soon his eyes had drunk her beauty up, / Leaving no drop in the bewildering cup, / And still the cup was full«. Weil Lamia nicht in dem »bewildering cup« ihrer schönen Form bleiben kann, sondern darüber hinausschießt, wird ihre Vereinigung mit Lycius unmöglich, und sie wird zu jener verschlingenden Präsenz, die die Regeln ästhetischer Kontemplation nach innen wendet. Sie sagt zu ihrem Geliebten (und es klingt wie eine Warnung), dass sie sich nach einem Ort sehnt, »Where I may all my many senses please / And by mysterious sleights a hundred thirsts appease«.[98] Anstelle der fünf Sinne, mit denen wir Wahrnehmungen machen, rühmt Lamia sich grenzenlos »vieler«, die sie durch »mysterious sleights« besänftigen muss, denn mit allen herkömmlichen Mitteln sind sie nicht in den Griff zu bekommen. Sie schwappt auf mehr als nur eine Weise über den »bewildering cup«, und das Festmahl, das sie ihren Gästen bietet, wird entsprechend als extravaganter Exzess wahrgenommen. Keats beschreibt den Bankettsaal »[t]eeming with odours«, und Lamia, die »[t]he fretted splendor of each nook and niche« »auffrischt«. Jeder Quadratmeter der Wände geht vor unbändiger Vitalität über, über die Reihen der Jaspisplatten »there burst forth / Creeping imagery«.[99] Man bekommt den Eindruck, dass das wirklich die »symbolic extroversion of her innate qualities in the banquet décor« ist.[100] Indem sie sich als über den Genuss hinausgehende Überschwänglichkeit breit macht, ist Lamia weit mehr als menschlich – und mehr, als die Organisation der Materie zulassen würde.

Lamia stellt eine vitale, allerdings monströse Antwort auf die drängende Frage dar, was es heißt, »in das Leben zu sterben«. Lycius verkörpert das andere Extrem. In der letzten Zeile des Gedichts, nach Lamias plötzlichem Verschwinden (unter dem strengen Blick von Apollonius), wird er auf einen »heavy body« reduziert.[101] Wie Keats wohl wusste, entstand die experimentelle Naturphilosophie aus Newtons Experimenten, die zeigten, dass Körper in ihrem Fall auf die Erde denselben Gesetzen der Schwerkraft gehorchen wie Himmelskörper auf ihrer Umlaufbahn. Der »heavy body« von Lycius würde nur zu gut in Newtons Schema passen, in

---

of Life and Matter, a.a.O., Buch 1, S. 241–249) und Temkin (Owsei Temkin: Galenism. Rise and Decline of a Medical Philosophy, Ithaca 1973, S. 153–164) geben nützliche Darstellungen von Harveys Theorie des Blutes.
96. Keats: Lamia, a.a.O., Buch 1, Vers 307f.
97. Lawrence: Lectures, a.a.O., S. 78.
98. Keats: Lamia, a.a.O., Buch 1, Vers 284f.
99. Ebd., Buch 2, Vers 133–140.
100. Stewart: »Lamia«, a.a.O., S. 31.
101. Keats: Lamia, a.a.O., Buch 2, Vers 311.

dem es keinen Platz für eine ungreifbare, unquantifizierbare Lebenskraft gab. In dieser Perspektive wird Lycius zum Zeichen des Materiellen in dem Gedicht. Er ist ein Körper, der mit all den anderen gefallenen Göttern in das verhüllte Tal aus *The Fall of Hyperion* sinkt, dem Naturgesetz der Schwerkraft folgend. In einer materialistischen Welt, in der es keine Hoffnung auf Erlösung gibt, ist die Bewegung notwendig »schwer, langsam, todgleich«. Ich halte aber dafür, dass die endgültige Tragödie in Keats' unvollendetem Gedicht nicht die Reduktion des Menschlichen auf eine mechanische Ansammlung von Teilen ist, ein schwerer Körper, der seines Lebensprinzips verlustig gegangen ist, wie Newtons Regenbogen seiner Poesie beraubt wurde. Die Tragödie ist vielmehr die Möglichkeit, dass jeder Tod in etwas darüber Hinausgehendes ein Tod in das Zuviel ist – in eine monströse Existenz vor den Augen einer berechnenden Welt.

Aus dem Amerikanischen übersetzt von Bert Rebhandl

Armen Avanessian

Die ästhetische Wiederkehr des Vampirismus
Kant – Polidori – Baudelaire

> »[L]a dimension ontologique *du* vampi-
> rique qui n'est donc pas en ce sens, et ›le‹
> vampire avec chaque fois que nous utilisons
> ici le mot, un subjectivisme déterminé mais
> une *dimension* phénoménale de tout sujet –
> ne *peut* pâtir en tant que tel d'*une*
> corruption *absolue*.«[1]

Einleitung: Reale Seuche – Symbolische Latenz – Imaginäre Wiederkehr

»We will each write a ghost story«,[2] lautete eines Abends im Jahre 1816 der Vorschlag Lord Byrons an seinen Hausarzt und ein befreundetes Ehepaar am Genfer See. Die versuchte Umsetzung dieser Idee und die vorhergehende intensive
Lektüre populärer Geistergeschichten führten zu einem Nervenzusammenbruch
seines Gastes Percy Shelley und zu schweren Alpträumen von dessen Begleiterin
und späteren Ehefrau. Neben der Lektüre einiger deutscher *ghost stories* erinnert
sich Mary Shelley später im Vorwort zu ihrem *Frankenstein* auch an gemeinsame
Gespräche über naturwissenschaftliche Themen, u.a. über die Experimente Erasmus Darwins,[3] den prälamarckianischen Theoretiker der *sexual selection* und
Autor der *Zoonomia, or, The Laws of Organic Life* (1794–1796). Beides zusammen
– diese doppelte Herkunft auch des literarischen Vampirs aus der Lektüre naturwissenschaftlicher Texte und solchen des *gothic fancy* ist entscheidend – habe
in ihrer »imagination [...] the hideous phantasm of a man stretched out, and
then [...] shows signs of life [...] with an uneasy, half-vital motion« produziert.[4]
Doktor Frankensteins Monster, das dieser metaphorisch seinen »own vampire,
my own spirit let loose from the grave«[5] nennt, ist also erstens das Resultat eines neuen Blicks auf das Leben aus der Perspektive des Todes: »Life and death
appeared to me ideal bounds, which I should first break through«.[6] Zweitens ver-

---

1.   Mehdi Belhaj Kacem: »*Society*«. *Jeu investigatif aventurier sur la communauté désa-
vouable*, o.O. 2001, S. 75.
2.   So die Erinnerung Mary Shelleys in ihrem Vorwort: Mary Shelley: *Frankenstein or the
modern Prometheus*, London 2003, S. 7.
3.   Trotz seiner Ansicht, dass sich in »this age of reason [...] the supposed existence of
ghosts, vampyres, animal magnetism etc« (zit. nach Aribert Schröder: *Vampirismus. Seine
Entwicklung vom Thema zum Motiv*, Frankfurt a. M. 1973, S. 165.) erübrigt habe, wird Erasmus Darwin, neben Buffon, zu einer der Quellen der Weitertradierung des Vampirmotivs
gezählt.
4.   Shelley: *Frankenstein*, a.a.O., S. 9.
5.   Ebd., S. 78.
6.   Ebd., S. 55.

körpert der Vampir zentrale Charakteristika einer neu sich etablierenden ästhetischen Ordnung und ihrem spätestens mit der Romantik einsetzenden Oszillieren zwischen Verabschiedung und Festhalten am klassischen Topos »künstlerischer Lebendigkeit«.

Den Vampir als blutsaugenden *Wiedergänger* zu verstehen, meint in der Folge für die Zeit nach 1800 zweierlei. Zunächst liegt es im Wesen des Vampirs, von den Toten wiederzukehren; er kränkelt die Lebenden an und verwirrt damit die Grenzen zwischen Leben und Tod. Neben dieser inhaltlichen Charakterisierung ist der Vampirismus aber auch als kulturgeschichtliches Phänomen ein wiederkehrendes. Denn nach dem ersten plötzlichen, *realen*,[7] Auftauchen des Vampirismus als Seuche um 1730 und dem raschen Abklingen der Epidemien schon nach wenigen Jahrzehnten reduzierte sich das Phänomen schnell auf eine soziale oder kulturelle Metapher, die seitdem immer wieder Anwendung in politischen Auseinandersetzungen findet.[8] Erst nach 1800, nach einer *symbolischen Latenzzeit*, kehrt der Vampir plötzlich wieder mit Vehemenz, diesmal in die Literatur, zurück. Erst nach seiner *literarisch-imaginären Wiederkehr*, so die These, wird der Vampir zu einer personifizierten Allegorie eines sich neu konstituierenden kunsttheoretischen Regimes. Er ist dann keine exotische, an den Rändern der zivilisierten Imperien[9] hausende Gestalt mehr, sondern erweist sich als Heimsuchung der *episteme* und Wissensordnung des aufgeklärten Geistes selbst, des naturwissenschaftlichen Verständnisses von Lebendigkeit nicht anders als deren ästhetischer Produktion. Nach seinem mehrere Jahrzehnte dauernden Verschwinden taucht dieser neue Vampirismus also in doppelter Funktion wieder auf: einerseits als zentrales Symptom des neuen naturwissenschaftlichen und kunsttheoretischen Denkens, andererseits als Personifikation einer biologischen wie ästhetischen Problematik: Der wiederauferstandene Vampir des 19. Jahrhunderts ist so verstanden die allegorische Figur fragwürdig gewordener Lebendigkeit.

Der Regenerationsschlaf des Vampirismus verläuft parallel mit der Genese zweier Disziplinen, die sich in der zweiten Hälfte des 18. Jahrhunderts herauskristallisieren, von Biologie (als Wissenschaft vom Leben) und Ästhetik (als Theorie des Schönen). Als gemeinsames Symptom dieser beiden Disziplinen ist der Vampir insofern zu verstehen, als er sie zwingt, ihr jeweils anderes zu denken bzw. den

---

7.   Die folgende Verwendung der Trias von Real-Symbolisch-Imaginär deckt sich nicht vollständig mit derjenigen Lacans. Unter *realer Seuche* verstehe ich auch das Auftauchen der unerklärlichen Vampirseuchen in der Realität; *symbolische Latenzzeit* meint hier sowohl epistemologische Veränderungen innerhalb der Wissenschaften als auch Transformationen innerhalb der *episteme* selbst; das *Imaginäre* bezieht sich hier auf künstlerische wie rein phantasmatische Imaginationen.

8.   Erste Verwendungen im politischen Kontext finden sich bereits um 1730 (Vertreter der englischen Regierung als *bloodsucker*) und setzen sich unverändert fort über Voltaire, demzufolge es »Börsenspekulanten, Händler, Geschäftsleute gibt, die eine Menge Blut aus dem Volk heraussaugen« (Voltaire: »Vampire«, in: Dieter Sturm; Klaus Völker [Hg.]: *Von denen Vampiren oder Menschensaugern. Dichtungen und Dokumente*, Frankfurt a. M. 1994, S. 484), bis zu Marx' berühmten Formulierungen über die *vampyrmäßige Belebung der toten Arbeit des Kapitals durch Einsaugung lebendiger Arbeit*.

9.   Zur *ethnischen Diskriminierung des Vampirismus* vgl. Anja Lauper: »Das Blut der Vampire«, in: Mariacarla Gadebusch Bondio (Hg.): *Blood in History and Blood Histories*, Florenz 2005, S. 255–271, hier: S. 261.

DIE ÄSTHETISCHE WIEDERKEHR DES VAMPIRISMUS

Blick auf die in ihnen ungelösten Fragen zu richten: Für die Theorie der Kunst bedeutet dies die Konfrontation mit einem un- oder anorganischen Hässlichen und einer morbiden Künstlichkeit, die besonders an den seit dem 19. Jahrhundert so vielfältigen Formen ästhetisierten Lebens hervortritt; für die neue Wissenschaft vom Leben als distinktem Phänomen stellt sich am Untoten sowohl die Frage nach dem Nicht-mehr-Lebendigen, Toten, als auch diejenige nach dem Mehr-als-Lebendigen, nach einem monströsen Überschuss von Lebendigkeit über den Tod hinaus. Trotz dieser doppelten (naturwissenschaftlich-ästhetischen) Grundierung ist der Vampir – einige psycho-pathologische Untersuchungen so genannter *lebender Vampire* ausgenommen – im 19. Jahrhundert aber vornehmlich ein literarischer Gegenstand.

Die zentrale Bedeutung des Vampirismus zeigen nicht so sehr die zahlreichen (in sich teilweise widersprüchlichen) Charakterisierungen, die der Vampir in den letzten beiden Jahrhunderten erfahren hat,[10] oder auch die ganz unterschiedlichen Genres und Kunstformen, die als quasi medienspezifische Heimat des Vampirismus zu identifizieren versucht wurden.[11] Phänomengeschichtlich relevanter ist die Vermutung, dass ein Dispositiv prekär gewordener ästhetischer Lebendigkeit sich notwendig immer wieder in Figuren dekadenter ästhetischer Existenz reflektiert. Zuerst an John William Polidoris Novelle *The Vampire* und dann an Charles Baudelaires Vampirgedichten der *Fleurs du mal* wird sich zudem eine triebhafte Komponente des Vampirismus als (auch ästhetisches) Charakteristikum herauskristallisieren. Um das eigentliche Faszinosum des Vampirischen zu verstehen, soll in der Folge von den historischen oder sozialen Unterschieden (aristokratisch oder subversiv, männlich oder weiblich etc.) oder sonstigen arbiträren Zuschreibungen (Scheu vor Licht und Knoblauch, Fledermausflügel) so weit wie möglich abstrahiert werden. Als das auch kunsttheoretisch relevante Kriterium hinter den unzähligen Vampirvarianten erweist sich dann ein zweck-

10. Seine literarische Auferstehung um 1800 ist nur der Beginn eines einzigartigen Siegeszuges in unterschiedlichsten Gestaltungen und Variationen als homoerotischer Freund (in Polidoris *The Vampyre*, 1819), weiblicher Predator (1872 in Le Fanus *Carmilla*), oder, gegen Ende des Jahrhunderts, in Stokers *Dracula*, als patriarchischer Meister. Auch Letzteren zeichnet aus, dass »in ihm einige vitale Prinzipien in unfassbarer Weise ihre höchste Vollendung erlangt [haben], und ebenso wie sein Körper stark bleibt und gedeiht, so wächst auch sein Gehirn. Damit einher gehen die dämonischen Kräfte«. (Bram Stoker, *Dracula*, München 2007, S. 391).
11. Auch genre- und mediengeschichtlich scheint der Vampir sein plötzliches Auf- und Abtauchen zu wiederholen. Nach einigen Jahrzehnten am Beginn des 19. Jahrhunderts »the vampire rather abruptly ceased to be a subject of poetry and instead found a temporary home in the stage melodrama before finding a permanent place in the novel« (James B. Twitchell: *The living Dead. A Study of the Vampire in Romantic Literature*, Durham 1981, S. 5), oder scheint gar seine medientechnologische Heimat in Fotografie und Film zu finden. So hat Tom Gunning für die Fotografie von einem »vampiric effect on the reality it portrays« (Gunning: »Reanimation. The Invention of Cinema. Living Pictures or the Embalming of the Image of the Death«, in: Peter Geimer [Hg.]: *Untot – Undead. Verhältnisse vom Leben und Leblosigkeit*, Preprint 250 MPI, Berlin 2003, S. 19–37, hier: S. 19f.) gesprochen und die Frage gestellt, ob die Fotografie nicht ein »perfect vampire« sei, da ihre Identität sich aus einem »traffic with the lifeless« ergebe. Zu technischem Dispositiv und zeitgenössischer Debatte über den Film als Verlebendigung oder Animation qua In-Bewegung-setzen von toten *stills* vgl. Peter Geimer: »Living and Non-Living Pictures«, in: ders.: *Untot – Undead*, a.a.O., S. 39–51, speziell: S. 43.

159

freies, zwischen Aktivität und Passivität oszillierendes Begehren. Der Vampir verwirrt die in der Philosophiegeschichte immer wieder als ontologisch postulierte Polarisierung von Aktivität und Passivität, von Form und Stoff, von Seele und Leib. Das macht ihn zur paradigmatischen Verkörperung der neuen Fragwürdigkeit der Grenze von Leben und Tod, dem Canguilhem zufolge epistemisch neuen »rapport du vivant avec la mort«,[12] wie er für die aus der Naturgeschichte hervorgehende Biologie bestimmend wurde.

Der Geschichte der historisch grassierenden Vampirseuchen wurden in den letzten Jahrzehnten detaillierte kultur- und medienwissenschaftliche Untersuchungen gewidmet.[13] Für vorliegenden Zusammenhang brauchen deswegen nur einige der relevanten Symptome angeführt zu werden. Das Krankheitsbild des historischen Vampirismus – d.h. der meist im Schlaf Vampirisierten, denn für die eingebildeten Vampire selbst scheinen die das Phänomen erforschenden Mediziner und Theologen wenig Interesse gezeigt zu haben – zeichnete sich aus durch u.a. Herzangst, (vor allem nächtliche) Atembeschwerden, stockendes oder nach einem Aderlass nicht-stockendes Blut. Die zeitgenössische Medizin hatte das vor zwei grundsätzliche Fragen gestellt, die auf die beiden hier zentralen Themenbereiche verweisen: das Verhältnis zwischen Lebendigem und Totem sowie die damit korrespondierende Rolle einer dysfunktionalen oder hypertrophen Einbildungskraft der meist im Zustand des Träumens von Vampiren Befallenen. Stets waren die Vampirtraktate des 18. Jahrhunderts[14] mit der Frage nach (un-)möglichen Einwirkungen der (toten) Seele auf den (noch) lebenden Körper konfrontiert sowie auf eine eigentümliche Verstörung der Seele verwiesen, welche die Einbildungskraft der Träumenden mit Eindrücken und Bildern der Verstorbenen füllte: Welche Rolle spielt die Einbildungskraft auf den physiologischen Verfall der Erkrankten und wie ist es um die psychologisch-spirituellen Rudimente der Begrabenen bestellt? Was stiftet den Zusammenhang zwischen den Lebenszeichen der exhumierten *Toten* und den letalen Seelenleiden der noch *Lebenden*?

Diskursgeschichtlich symptomatisch, und besonders für die spätere literarische Wiederkehr des Vampirs relevant, ist, dass das seit Jahrhunderten grassierende Phantasma eines Weiterlebens oder einer Unverweslichkeit der Toten von den

---

12. »[L]a vie et la mort ne sont pas opposées«, so Georges Canguilhem lange vor Foucault und mit Blick auf Cuvier (Canguilhem: »Vie«, in: *Encyclopaedia Universalis. Corpus 23*, S. 547). »[L]e corps vivant ne garde pas un instant le même état ni la même composition; plus sa vie est active, plus ses échanges et ses métamorphoses sont continuels; et le moment indivisible de repos absolu, que l'on appelle la mort complète, n'est que le précurseur des mouvements nouveaux [...]. C'est ici que commence l'emploi raisonnable du terme de *forces vitales*« (ebd., S. 547f.).

13. Die hier zentrale Frage des Begehrens wird dabei freilich meist nur am Rande gestreift. So bei Friedrich Kittler (Kittler: »Draculas Vermächtnis«, in: ders.: *Draculas Vermächtnis. Technische Schriften*, Leipzig 1993, S. 11–57, hier: S. 41): »Die Begierde Vampyrismus wird wie jede Epidemie durch Ansteckung übertragen«.

14. Dies gilt für diverse konkurrierende medizinische Schulen und Erklärungsversuche des Vampirismus, also egal ob man in der Folge mit Boorhaevens mechanistischer Korpuskularphysiologie einen Defekt in der Bewegung der Blutkörperchen oder mit der antimechanistischen Stahl-Schule psychovitalistisch eine Verschwörung der Lebensgeister (*spiritus vitales*) konstatierte; vgl. dazu Klaus Hamberger: *Mortuus Non Mordet. Dokumente zum Vampirismus 1689–1791*, Wien 1992, speziell S. 11 und S. 29.

zeitgenössischen Vampirtraktaten aufgenommen wurde, ohne dass die prägnant beschriebenen Einbildungen der von Vampiren heimgesuchten Kranken Eingang in die Überlegungen fanden. In der medizinischen Literatur wurde der Wiedergänger nur in seltenen Ausnahmen berücksichtigt oder veranschaulicht. Viele heute populäre vampirische Attribute sind Zuschreibungen des 19. Jahrhunderts und fehlen in den zeitgenössischen Kolportagen zumeist ebenso wie die später oft ganz ausführlich beschriebenen emotionalen Verstrickungen zwischen Opfern und Tätern. Der »Vampir des 18. Jahrhunderts«, so Klaus Hambergers Resümee, war »arm im Imaginären«.[15]

Der Vampir als metaphysisches Ungeheuer (Kant)

Die letzten Jahrzehnte des 18. Jahrhunderts können als diskursgeschichtliche Latenzzeit des Vampirismus bezeichnet werden. Der von theologischen, medizinischen und aufgeklärten Traktaten domestizierte Vampirismus überwintert als bloße Metapher und wird nur durch periphere naturwissenschaftliche und biologische Diskussionen[16] weitertradiert. Die für die (ästhetische oder imaginäre) Transformation des Vampirismus entscheidenden diskursiven Verschiebungen können hier nicht im Detail analysiert werden. Deswegen sollen die Eckpunkte der epistemischen Veränderungen nur an einem Autor kurz angeführt werden. Ohne über Vampire geschrieben zu haben, ist es Immanuel Kant, dessen transzendentale Logik das spezifische ontologische Paradox des Untoten denkbar macht. Diese hilft die existentiale Modalität – mit Kants postaristotelischer Kategorientafel gesprochen: von *Dasein* oder *Nichtsein* – des blutdurstigen Vampirs zu erfassen: Lebt er oder lebt er nicht? Ist er tot oder un-tot, und bedeutet dieses privative »un« als doppelte Verneinung möglicherweise eine Steigerung an Lebendigkeit? Und vor allem: Leistet sein Körper dem (naturgesetzlichen) Tod Widerstand oder wird sein Weiterleben durch seine verdorbene Seele bewirkt? Wie lassen sich die Ein- und Auswirkungen der Phantasien der träumerischen Vampirseher erklären? Und zuletzt: Welche diskursiven Veränderungen im Symbolischen liegen zwischen den realen Vampirseuchen vor 1800 und der phantasmatischen Rückkehr der ästhetischen Figur des Vampirs im Imaginären der Kunst nach 1800?

In mehrfacher Hinsicht nun kann *Kant* zwar nicht *as a theoretician of vampirism*,[17] aber doch als exemplarische theoretisch-philosophische Schnittstel-

---

15. Hamberger: *Mortuus Non Mordet*, a.a.O., S. 16.
16. Diese entzünden sich etwa an der Frage der exakten Taxonomisierung des *Vampyrus* für die asiatische (wie Linné in der vierten Ausgabe seiner *Systema naturae*) oder eher die südamerikanische Fledermausart (wie Buffon in seiner *Histoire naturelle*). Statt es nun als »Ironie ohnegleichen« zu bezeichnen, dass »das Wissen über Vampirismus […] in diesen Schriften wachgehalten wurde, deren Autoren in der Regel jedem Aberglauben den Kampf angesagt hatten« (Schröder: *Vampirismus*, a.a.O., S. 160, dort auch [S. 161] zu Linné, Buffon und anderen), ist dieser Umstand aber als symptomatischer epistemischer Befund ernst zu nehmen.
17. So überspitzt Slavoj Žižek (Žižek: »Kant as a Theoretician of Vampirism«, in: *Lacanian ink*, New York 1994, S. 19–34), der allerdings weder die Frage nach dem Verhältnis von Kör-

le für die Transformation des Vampirdiskurses verstanden werden. Sein (freilich nicht ganz durchgehaltener[18]) Versuch einer Widerlegung des philosophischen Dualismus von Leib und Seele[19] führt ihn schon in seiner frühen Schrift über die *Träume eines Geistersehers, erläutert durch die Träume der Metaphysik* von 1766 zu einer kritischen[20] Selbstreflexion der eigenen (metaphysischen) Grenzen. Die sowohl für die spätere (romantische) Ästhetik wie den Vampirdiskurs wichtigste Transformation aber betrifft die kritische Neubestimmung der konstitutiven Funktion der Einbildungskraft.[21] Der Imagination wird eine unbedingte Unabhängigkeit zugestanden, denn dass »ein *Begriff* von Geist und Geistern auch weiterhin unmöglich ist, verhindert nicht, daß sie empfunden oder *vorgestellt* werden können«.[22] Wenn Kant in seiner parallelen (Selbst-)Kritik der Doktrinen der rationalistischen Psychologie und Metaphysik sowie des Geistersehens seine Arbeit als *vollendet* betrachtet, weil man »von dergleichen Wesen [...] vielleicht künftighin noch allerlei *meinen*, niemals aber mehr *wissen* könne«,[23] dann lanciert er gleichwohl eine epistemologische Unterscheidung zwischen Gespenstern und geistigen Wesen. Denn »mit dem philosophischen Lehrbegriff von geistigen Wesen ist es ganz anders bewandt. Er kann vollendet sein, aber im *negativen* Verstande, indem er nämlich die Grenzen unserer Einsicht mit Sicherheit festsetzt, und uns überzeugt: daß die verschiedene Erscheinungen des *Lebens* in der Natur und deren Gesetze alles sein, was uns zu erkennen vergönnet ist, das Principium dieses Lebens aber, d.i. die geistige Natur, welche man nicht kennet, sondern vermutet, niemals positiv könne gedacht werden« und man sich deswegen »mit

per und Seele noch die Entwicklung der Biologie aus der früheren Naturgeschichte thematisiert, und auch die hier zentrale Rolle der Einbildungskraft kaum berücksichtigt.
18.   Kants prinzipieller Widerstand, dem Geist einen spezifischen Ort im Körper, geschweige denn im Blut, zu geben, sieht sich mit der Tatsache konfrontiert, dass bisweilen »geistige Empfindungen in das Bewußtsein übergehen könnten«, wenn sie, und das ist die entscheidende imaginäre Komponente, »Phantasien erregen, die mit ihnen verwandt« sind (Immanuel Kant: *Träume eines Geistersehers, erläutert durch Träume der Metaphysik*, in: ders.: *Kant's gesammelte Schriften*, hg. von der Königlich Preußischen Akademie der Wissenschaften, Berlin 1907ff., II, S. 339. Alle Kant-Zitate werden nach dieser Ausgabe unter Angabe von Band und Seitenzahl nachgewiesen.). Gegen den Dualismus angetreten muss Kant, mit dem phantastischen Phänomen von Gespenstern konfrontiert, wiederum zu einem metaphysischen *pharmakon* greifen, also zu dem »was Cartesius annahm und die mehrsten Philosophen nach ihm billigten [...]: nämlich, daß alle Vorstellungen der Einbildungskraft zugleich mit gewissen Bewegungen in dem Nervengewebe oder Nervengeiste des Gehirns begleitet sind, welche man ideas materiales nennt« (ebd., S. 345). Vgl. dazu auch Friedrich Balke: »Wahnsinn oder Anschauung. Kants *Träume eines Geistersehers* und ihr diskursives Apriori«, in: Moritz Baßler; Bettina Gruber; Martina Wagner-Egelhaaf (Hg.): *Gespenster. Erscheinungen. Medien. Theorien*, Würzburg 2005, S. 297–313, hier: S. 312.
19.   Diskursgeschichtlich kann das »vampiristische Problem als kapriziöser Abkömmling des Leib/Seele-Problems« verstanden werden (Klaus Hamberger: *Über Vampirismus. Krankengeschichten und Deutungsmuster 1801–1899*, Wien 1992, S. 23).
20.   Zum »projet critique« schon in Kants früher Schrift vgl. Monique David-Ménard: *La folie dans la raison pure. Kant Lecteur de Swedenborg*, Paris 1990, speziell S. 97.
21.   Vgl. dazu detailliert Balke: »Wahnsinn oder Anschauung«, in: *Gespenster. Erscheinungen. Medien*, a.a.O., S. 301.
22.   Ebd.
23.   Kant: *Träume eines Geistersehers*, a.a.O., S. 351.

DIE ÄSTHETISCHE WIEDERKEHR DES VAMPIRISMUS

Verneinungen behelfen müsse, um etwas von allem Sinnlichen so sehr Unterschiedenes zu denken«.[24]

Zwei Jahrzehnte später nimmt Kant in der *Kritik der reinen Vernunft* das für ein Verständnis der über- oder unmenschlichen Logik der Lebensprinzipien des Vampirs wichtige Thema der *Verneinung* wieder auf, wenn er darauf besteht, dass »in einer transzendentalen Logik [...] unendliche Urteile von bejahenden noch unterschieden werden«[25] müssen. Diese Wiederaufnahme lässt sich wiederum mit den vampirtheoretisch relevanten Fragen nach Leben und Tod kurzschließen. Das exemplarische Beispiel, an dem Kant die Notwendigkeit eines unendlichen Urteilens erläutert, ist nämlich die Frage nach der Nicht-Sterblichkeit der Seele. Einem einfachen positiven Urteil zufolge sei diese mit *Nein* (die Seele ist sterblich), im Falle eines negativen Urteils mit *Ja* (die Seele ist unsterblich) zu beantworten. Ein spekulatives Ungenügen führt Kant nun zu einer transzendentallogischen Erweiterung der formalen aristotelischen (Onto-)Logik und zur Annahme auch eines unendlichen Urteils über das »*Nichtsterbende*« oder (in der ersten Auflage) das »*Nichtsterbliche*«.[26] Kraft dieses Urteils wird ein *unendlicher* Denk- und Bedeutungsraum freigesetzt, von dem »noch mehrere Teile desselben weggenommen werden [können], ohne daß darum der Begriff von der Seele im mindesten wächst, und bejahend bestimmt wird.«[27] Die entsprechenden *unendlichen Urteile* sind »bloß beschränkend in Ansehung des Inhalts der Erkenntnis überhaupt, und in so fern müssen sie in der transzendentalen Tafel aller Momente des Denkens in den Urteilen nicht übergangen werden«.[28]

Der Vampir haust nun in zweifacher Weise an den von Kant festgesetzten kritischen Grenzen. Erstens verkörpert er jene *monströse Idee* (so Kant über Herders vitalistische Entwicklungslehre), welche die organologischen Tendenzen der *Kritik der Urtheilskraft* mit Blumenbachs Konzept eines *Bildungstriebs* glaubte als regulatives Prinzip zähmen zu können.[29] Zweitens ist er eine phantasmatische Personifikation jenes berühmten »Etwas = x, wovon wir gar nichts wissen«, von jenem »transsscendentale[n] Objekt«[30], an dem sich unser sowohl endlicher als

---

24. Ebd., S. 352.
25. »[W]enn sie gleich«, wie Kant sogleich ergänzt, »in der allgemeinen Logik jenen mit Recht beigezählt sind [...] Diese nämlich abstrahieret von allem Inhalt des Prädikats (ob es gleich verneinend ist) und sieht nur darauf, ob dasselbe dem Subjekt beigelegt, oder ihm entgegengesetzt werde.« (Immanuel Kant: *Kritik der reinen Vernunft*, 2. Auflage, in: ders.: *Kant's gesammelte Schriften*, a.a.O., III, S. 88).
26. Kant: *Kritik der reinen Vernunft*, 1. Auflage, in: ders.: *Kant's gesammelte Schriften*, a.a.O., IV, S. 61.
27. Kant: *Kritik der reinen Vernunft*, 2. Auflage, a.a.O., S. 88.
28. Ebd.
29. Zu Kants Zähmungsversuch (*taming*) vgl. Robert J. Richards: *The Romantic Conception of Life. Science and Philosophy in the Age of Goethe*, Chicago 2004, S. 324. Zum Verhältnis Kants zu Blumenbach generell vgl. Jan Völker: *Ästhetik der Lebendigkeit*, Diss. Potsdam 2009.
30. Kant: *Kritik der reinen Vernunft*, 1. Auflage, a.a.O., S. 163. Der transzendentallogischen Verschiebung der Bedeutung von Urteilen entspricht in der ersten Kritik noch eine andere epistemologische Grenzziehung. Diese betrifft die aus der Urteilstafel abgeleiteten Kategorien auf *phänomenale Objekte* unserer sinnlichen Anschauung. Ein *noumenales Ding an sich* ist Kant zufolge nicht »in *positiver* Bedeutung« (ebd., S. 210) anzunehmen oder gar mittels *intellektueller Anschauung* als »*Object einer nichtsinnlichen Anschauung*« (ebd., S. 209) einzu-

163

auch unendlicher, sinnlicher wie verstandesmäßiger Erkenntnisapparat verhebt. Als Nicht-Sterbender, nicht einfach Gestorbener oder Lebender, ist der Vampir eine gespenstische Verkörperung des Noumenalen. Seine Materialisierung ist ein »borderline phenomenon that undermine[s] established differences, such as those between living and being dead [...]: In short the difference between the vampire and a living person is the difference between indefinite and negative judgment«.[31]

Wenn der Vampir »in seiner Stellung zwischen Leben und Tod ein metaphysisches Ungeheuer«[32] ist, dann ist Kant sein kritischer Dompteur einerseits und andererseits derjenige, der ihm sein neues (ästhetisches) Terrain erschlossen hat. Das Problem des Vampirismus katalysiert theoretische, philosophiegeschichtlich gesprochen: ontologische Überlegungen. Denn Vampire sind bedeutend mehr als nur körperlose Gespenster. Sie verkörpern vielmehr auf exemplarische Art und Weise die *Prinzipien des Lebens*, so wie dieses um 1800 gedacht wird. Der Vampir ist ein lebender Toter, ein Toter, der sich auf exzessive Weise ans Leben hält, er ist ein Untoter auf *exzessiver Lebenssuche* (Bachelard[33]). Wie zu zeigen sein wird, korreliert dem umgekehrt ein dekadentes Begehren. Der Vampir begehrt jenseits des Lustprinzips. Zugleich ist sein tödlicher Trieb eine Allegorie aller Kunst oder Künstlichkeit als parasitärer. Der morbide Traum einer a-generativen Sexualität ist die Kehrseite des (modern-romantischen) Traums selbstschöpferischer und übermenschlicher Kreativität, dem ästhetischen Äquivalent eines autopoietischen Sich-selbst-Hervorbringens von Leben. Die künstliche Intensivierung des Lebens verläuft nach einem Zirkelschluss. Das ästhetisierte Leben saugt immer schon an sich selbst. Sein künstlerisches Credo wird sich als Selbstvampirisierung erweisen.

Die Ästhetisierung des Vampirs (Polidori)

Nach einer Latenzzeit von einigen Jahrzehnten, in denen der Vampirismus ein unscheinbares Dasein als (polemische) Metapher fristet, kehrt er im 19. Jahrhundert als literarisches Motiv wieder im Imaginären der Dichter und Dichterinnen. Nach einigen vampiristischen Szenen und sporadischen Auftritten in deutschen (Bürgers *Leonore*, Goethes *Die Braut von Korinth*) und englischen *poems* (Coleridges *Christabel*) um 1800, lässt sich sein erstes wirkungsmächtiges Auftreten als *strukturbildendes Kernmotiv*[34] einer Erzählung genau datieren. Die entschei-

---

sehen. Vielmehr sei es im hier entscheidenden »negativen Verstande« genommen – in Analogie zur *Seele* als *nichtsterbliche* – *nicht Object unserer sinnlichen Anschauung*« (ebd.).

31. Žižek: »Kant as a Theoretician of Vampirism«, a.a.O., S. 28f.

32. Hans Richard Brittnacher: *Ästhetik des Horrors. Gespenster, Vampire, Monster, Teufel und künstliche Menschen in der phantastischen Literatur*, Frankfurt a. M. 1994, S. 129.

33. Gaston Bachelard zufolge »c'est l'exces du vouloir-vivre qui deforme les etres et qui determine les metamorphoses« (Bachelard: *Lautréamont*, Paris 1956, S. 12). So verstanden gilt auch für den Vampir Lautréamonts, dass er auf der Suche ist nach dem »sens de la vie« (ebd., S. 32).

34. Vgl. dazu Schröder: *Vampirismus*, a.a.O., S. 213.

dende »Ästhetisierung des Vampirmotivs«[35] verdankt sich dem Leibarzt Byrons, der vierten 1816 anwesenden Person in dessen Haus am Genfer See. John William Polidoris 1819 zuerst noch mit dem Zusatz *A tale by Lord Byron* erschienene Novelle *The Vampyre* erweitert einen Entwurf Byrons und stattet seinen Vampir so deutlich mit dessen Physiognomie und dandyistischen Verhaltensformen aus, dass Byron trotz seiner öffentlichen Distanzierung noch länger als Urheber der äußerst erfolgreichen und motivgeschichtlich einflussreichen Novelle angesehen wurde.[36] Schon der erste Auftritt des Hauptprotagonisten Lord Ruthven in der aristokratischen *Society* ist aufsehenerregend und beängstigend (»throw fear into those breasts where thoughtlessness reigned«[37]). Seine Gesichtszüge sind sublim, zugleich physisch schön und emotionsresistent blasiert (*beautiful form, deadly hue of his face*[38]). Psychologisch attraktiv macht ihn zudem sein scheinbares Desinteresse den »female hunters« der Gesellschaft gegenüber, welche notorisch versuchen »to win his attentions, and gain, at least, some marks of what they might term affection«.[39] Sein zynisches Verführungsprinzip – analog zu Graf Draculas »Weil unsere Bauern feige und dumm sind«[40] –, das er seinem einzigen Vertrauten mitteilt, lautet: »Women are frail«.[41] Dieser ständige Begleiter, die andere Hauptfigur der Erzählung, ein elternloser junger Aristokrat namens Aubrey, dessen platonische Geliebte sowie seine Schwester werden dann die vornehmlichen Opfer des vampirischen Dandys sein. Anhand der Erlebnisse dieser vermeintlichen Gegenfigur des Lords wird mit Fortdauer der Novelle das vampirische Geheimnis von Ruthvens blasiertem Dandyismus freigelegt. Auf der manifesten Ebene des Textes ist Aubrey nicht durch äußerlichen Zwang, sondern auf Grund eines freundschaftlichen[42] Schwures an Ruthven gebunden, der ihm verbietet, dessen unheilvolles Geheimnis aufzudecken. Metaphorik und Textaufbau legen jedoch eher einen doppelgängerischen Bann und eine homoerotische Faszination nahe, die zwischen der dämonischen Sexualität des anfangs väterlichen Freunds und Reisebegleiters und der anämischen Schwärmerei des Jünglings zu bestehen scheint.

An einer malerischen Schlüsselszene der Novelle kann das angedeutet werden. Sie zeigt Aubrey während seiner Bildungsreise in Rom und Griechenland. Dort verliebt er sich in Janthe, ein Mädchen von antikischer Statur und einer Gestalt »so beautiful and delicate, that she might have formed the model for a painter [...] save that her eyes spoke too much mind for any one to think she could belong to those who had no souls«.[43] Diesen Lebensüberschuss kann der in erotischen wie ästhetischen Dingen klassizistisch orientierte Aubrey nicht bewältigen. Wäh-

---

35. Ebd., S. 210.
36. Die Bedeutung Byrons für den (romantischen) Vampirismus behandelt Mario Praz in: ders.: *Liebe, Tod und Teufel. Die schwarze Romantik*, München 1981, speziell S. 71–75.
37. John William Polidori: *The Vampyre. A Tale*, Hertfordshire 1974, S. 17.
38. Ebd., S. 18.
39. Ebd.
40. Stoker: *Dracula*, a.a.O., S. 32.
41. Polidori: *The Vampyre*, a.a.O., S. 41.
42. Zum Motiv des homoerotischen Freundschaftsbundes vgl. Nina Auerbach: *Our Vampires, Ourselves*, Chicago 1995, speziell S. 13f.
43. Polidori: *The Vampyre*, a.a.O., S. 24.

rend er bemüht ist, mit farblosen Skizzen die leblosen und ruinösen »remains of which he wished to preserve a memorial for his future hours«[44] aufzuzeichnen, beschreibt und malt (*describe, paint*) Janthe für ihn in einem *circling dance* und in *glowing colours* mädchenhafte Hochzeitsphantasien sowie andere »subjects that had evidently made a greater impression upon her mind«:[45] Geschichten von Vampiren, die Ruthven wie aus dem Gesicht geschnitten sind. In diesen selbst-reflexiven Mal- und Erzählszenen zwischen Aubrey und Janthe – deren schöne Unschuld ist noch nicht verdorben durch »crowded drawing-rooms and stifling balls«[46] – entblößt die Erzählung selbst die delikaten Verbindungen und Anzie-hungen zwischen Opfer, Täter und der Mittlerfigur Aubrey. Dass Letzterem in dieser Situation das Blut gefriert (»blood would run cold«[47]), kündigt schon das Finden eines »lifeless corpse«[48] am nächsten Tag an.

Dass das vampirische Delikt ausgerechnet während einer von Aubreys künstle-rischen Sublimationen geschieht, verweist noch einmal auf die morbid-künstli-che Identifikation mit dem umgekehrt recht lebenslustigen Lord. Im Gegensatz zur nachvollziehbaren Lebensgier des untoten Lebemannes Ruthven zeigt sich auf Seiten seines ängstlichen Bewunderers eine vom Leben abgewandte sexuelle Orientierung. Obwohl oder gerade weil die tote Janthe nun ohne »colour upon her cheek, not even upon her lip« daliegt, findet Aubrey »a stillness about her face that seemed almost as attaching as the life that once dwelt there«.[49] Im Ge-gensatz zu dem Standesdünkel geschuldeten Zögern Aubreys (»he ridiculed the idea of a young man of English habits, marrying an uneducated Greek girl«[50]) ist der ältere Lord in »possession of irresistible powers of seduction«[51] und zögert nicht diese auszuleben. Diese Kräfte erweisen sich später, am Ende der Novelle, auch für Aubreys bis dahin ganz unschuldige Schwester, die gleich in ihrer Hoch-zeitsnacht konsumiert wird, als letal. Der, wie ca. zwei Drittel aller Vampire aris-tokratische, Übervater beendet damit endgültig den Familienroman der beiden Waisenkinder. Vampirisch an ihm ist die parasitäre Weigerung, neues Leben zu reproduzieren. Statt sich fortzupflanzen, vampirisiert und verleibt er sich seine Opfer ein.

Die parasitäre Verschwendung an Ressourcen, den dieser Einbruch in die na-türlichen Kreisläufe der Reproduktion bedeutet, ist sinnbildlich für die aristokra-tische Vorgeschichte des zweckfreien Ästhetischen, und wird in Polidoris pole-mischer Darstellung deutlich in Szene gesetzt: Der jüngere Adel scheitert an der Verwirklichung der bürgerlichen Ideale, der uralte Lord weigert sich überhaupt sie anzuerkennen – dieser geschmacks- und genussorientierte dandyistische Es-kapismus stellt sich der bürgerlichen Gesellschaft gern als nicht auszurottendes Verbrechen dar, das zeugungsfähiges Leben in tote Lust transformiert. So igno-

44. Ebd., S. 25.
45. Ebd.
46. Ebd.
47. Ebd.
48. Ebd., S. 28.
49. Ebd., S. 29.
50. Ebd., S. 26.
51. Ebd., S. 40.

riert Ruthven erfolgreich die alttestamentarische Warnung aus Moses 3.17: »Ihr sollt keines Leibes Blut essen: denn des Leibes Leben ist in seinem Blut. Wer es isst, wird ausgerottet werden«. Es ist sein hilflos erstarrter Mitwisser, der alsdann an inneren und äußeren Blutungen stirbt. Aubreys Geschlecht ist nutzlos ausgestorben, während Ruthven weiter lebhaft sein Unwesen treiben wird – so zumindest aus der Perspektive von Polidoris zuletzt geistesgestörtem jungen Protagonisten.

Tzvetan Todorov hat in seiner *Einführung in die fantastische Literatur* auch den Vampirismus als ästhetisch versteckte Form der Kommunikation sexueller Tabus verstanden: »Nekrophilie tritt in der fantastischen Literatur gewöhnlich in Gestalt einer Liebe zu Vampiren auf oder zu Toten, die unter die Lebenden zurückkehren«.[52] Obwohl etwas simplifizierend, trifft diese These doch eine für die Deutung der Vampirnovelle relevante erotisch-sexuelle, genauer: sadomasochistische[53] Dimension. Was Foucault an de Sade beschrieben hat, gilt in hohem Maß auch für den modernen Vampir. Geschichtsphilosophisch verstanden ist er die tragische Figur des zeitgenössischen Übergangs »von einer *Symbolik des Blutes* zu einer *Analytik der Sexualität*«[54] – einer Veränderung, ohne die er nicht zu denken wäre und der er gleichzeitig Widerstand leistet. Denn auch im Vampirismus »[saugt das] Blut den Sex wieder auf«.[55]

Die Begehrenslogik des Vampirismus

Der Umstand, dass sich der Vampir aber nicht nur nicht fortpflanzt, sondern direkt gegen das Weiterleben der (allzu)menschlichen Gattung Widerstand leistet, verweist auf die Frage, wie sich der Untote denn biologisch am Leben halten kann. Die Frage, was denn nun das Weiterleben des Vampirs ermöglicht, ist kurzzuschließen mit derjenigen nach der (Un)Natur seines potenzierten oder purifizierten Festhaltens am Begehren. Letzteres wird sich als Begehren des Begehrens selbst erweisen, als Begehren des eigenen Begehrens, nicht das der Anderen.

Schon in den Traktaten des 18. Jahrhunderts findet sich immer wieder ein verschämter Hinweis auf ein *wildes Zeichen*, das auf eine quasi übernatürliche vampirische Begierde verweist. Michael Ranfts schon im Titel auf das vampirische Saugen anspielende, ab den 1720er Jahren vielfach wiederaufgelegte *Tractat von dem Kauen und Schmatzen der Todten in Gräbern* hat dieses Symptom als einer

---

52. Tzvetan Todorov: *Einführung in die fantastische Literatur*, Frankfurt a. M. 1975, S.123.
53. Brittmacher geht so weit, eine »grundsätzliche Unschuld des Vampirs« anzunehmen, und die »Identifikationsofferten [für den Leser, d. Verf.] auf Opfer und Täter verteilt« zu sehen, weshalb »sadistische so gut wie masochistische Phantasien zur Darstellung gelangen. Die Vielzahl literarischer Bearbeitungen des Themas zerlegt den identifikationsträchtigen Kern des Vampirismus in eine breite Palette archetypischer, tagträumerischer und vielleicht auch perverser Phantasien. Der einen Erzählung geht es um die Erotik der Grausamkeit, einer anderen um Nekrophilie, hier werden Lolita- und dort Vernichtungsphantasie angesprochen« (Brittmacher: *Ästhetik des Horrors*, a.a.O., S. 125f.).
54. Michel Foucault: *Der Wille zum Wissen. Sexualität und Wahrheit 1*, Frankfurt a. M. 1983, S. 176.
55. Ebd., S. 177.

der ersten wissenschaftlich thematisiert und »durch die Erfahrung bestätigt« befunden: »Wer nun mit starrem Gliede stirbt, der behält auch im Tode ein starrendes Glied.«[56] Dies kann als indirekte Warnung vor den letalen Konsequenzen sexueller Überforderung oder vor einer über die Leben und Tod regulierenden Fortpflanzungsprinzipien hinausschießenden sexuellen Übererregtheit interpretiert werden. In jedem Fall reihte sich die Gliedstarre in eine Reihe von Zeichen ungeheurer Potenz und unheimlicher Lebendigkeit der Vampire ein (wie dem scheinbaren rosa Aufblühen der Wangen und Nachwachsen der Haare und Nägel), denen die Volksseele einst durch massenhaftes Pfählen und Verbrennen von Exhumierten beizukommen suchte. Spätere naturwissenschaftliche Aufklärungen haben die untoten Erektionen eher als Resultat von Fäulnisgasen bestimmt und das verzögerte Verwesen von Leichen auf sauerstoffarme Lehmböden zurückgeführt. Die Frage nach dem phantasmatischen sexuellen Gehalt des Vampirismus ist dagegen lange Zeit unbeachtet geblieben.

Ein systematisches Nachdenken über das sexuelle Faszinosum des Vampirismus setzte erst mit psychopathologischen Untersuchungen gegen Ende des 19. Jahrhunderts ein. Zwei Elementen kommt zentrale Bedeutung zu, wenn es um die sexuelle Natur des Vampirismus geht: dem *Saugen* oder *Beißen*, und dem durch den Liebesbiss hervorquellenden *Blut*. Statt beide Phänomene einfach nur als fetischistische – was sie gleichwohl gewiss sein können – normativ abzuwehren, soll in der Folge ihre symptomatische Sogkraft ernst genommen werden für ein nuanciertes Verständnis von (sexuellem) Begehren überhaupt. »Der Umstand, dass Vampirsex für das Opfer tödlich endet, verleiht dem Akt zwangsläufig eine nekrophile«[57] Komponente, lautet sowohl die Einschätzung der meisten Vampirtheoretiker als auch der psychoanalytischen Orthodoxie, welche die libidinöse Materialität des eigentümlichen Partialobjekts *Blut* meist außer Acht lässt.[58] Dieser Ausblendung der spezifischen Materialität des begehrten Stoffs gehorcht auch die zweifache Untermauerung der These einer regressiven Nekrophilie des Vampirs: So wird er erstens verstanden als übersteigerter *Nach-* und *Doppelsauger*,[59] und zweitens – mit Karl Abrahams einschlägiger Ausdifferenzierung Freuds gesprochen – als ein auf ein oral-sadistisches Stadium regrediert *Beißer*.

Schon obige *wilde Zeichen* verwiesen auf ein übertriebenes und sexuell unerfüllbares Begehren, welches zu einem erigierten Liebestod, einem Tod im Mo-

---

56. Zit. nach Klaus Völker: »Historischer Bericht«, in: *Von denen Vampiren*, a.a.O., S. 505–533, hier: S. 521.
57. Norbert Borrmann: *Vampirismus oder: die Sehnsucht nach Unsterblichkeit*, München 1998, S. 228.
58. Zu verdrängten Inzestphantasien, der banalen Möglichkeit dass ein *Toter alles gestattet*, treten in »der Vampirvorstellung noch andere Perversionen als akzessorische hinzu, vor allem sadistische, masochistische und nekrophile Tendenzen«, so exemplarisch Ernest Jones (Jones: *Der Alptraum in seiner Beziehung zu gewissen Formen des mittelalterlichen Aberglaubens*, Nendeln/Liechtenstein 1970, S. 53 und S. 39). Eine radikalere Lesart des Vampirismus, und mit starkem Rekurs auf Freuds Melancholietheorie, findet sich bei Laurence A. Rickels (Rickels: *The Vampire Lectures*, Minnesota 1999, S. 32), der »psychoanalysis and vampirism as rival sciences of the undead« versteht.
59. Vgl. dazu Borrmann: *Vampirismus*, a.a.O., S. 9. Einem Volksglauben zufolge werden bereits mit Zähnen geborene sowie nach der Entwöhnung noch einmal angelegte Kinder zu Vampiren.

DIE ÄSTHETISCHE WIEDERKEHR DES VAMPIRISMUS

ment höchster Lebenslust führt. Die *sublimatorische* Verschiebung der Logik des Begehrens setzt sich hier fort: Der *direkte Übergang von Extremen ineinander* ereignet sich diesmal auf der Seite des Objekts des Begehrens. Die im Blut übertragene Lebenskraft legt ein den üblichen Verurteilungen des Vampirismus entgegengesetztes Verständnis nahe: Der Vampir tötet nicht unbedingt sein Objekt, sondern erweckt es zu einem neuen, anderen Leben. Die »Undead do not drain vitality; they bestow it«.[60] Und sie tun dies mittels einer infizierenden Transfusion eines blutigen Begehrens, welches von nun an auch ihre erweckten Opfer nicht mehr verlassen wird.

Das Begehren (des Vampirs) als gewaltsamer Eintritt in und Austritt aus dem Zirkel(schluss) animalischer Bedürfnisse wäre demnach kein nekrophiles, sondern hätte in seinem Überschuss eine Intensivierung des Lebens zur Folge. Das zeigt sich deutlicher angesichts eines kritischen Rückblicks auf sexualpathologische Deutungen des fetischisierten Triebobjekts Blut, etwa der Binnenunterscheidung zwischen *Hämatophilie* und ihrer gesteigerten Form der *Hämatodipsie*, bei der sich sexuelle Erregung einzig noch beim synästhetischen Hören, Sehen und Schmecken von Blut zeige. Im Abschnitt über *zerebral bedingte Neurosen* von Krafft-Ebings *Psychopathia-Sexualis* zeigt sich eine gewisse Hilflosigkeit von seiner Kriterien für die *intermediäre Existenzform Fetischismus* (Böhme[61]), dessen pathologisches Skandalon es sein soll, dass »das eigentliche Ziel seiner Befriedigung nicht« der Koitus, »sondern irgend eine Manipulation an dem interessanten, als Fetisch wirksamen Körperteil oder Gegenstand«[62] sei, mittels derer sich der sexuelle Parasit dem Gebot der Generativität entziehe. Diese Begründung der fetischistischen Genitalverweigerung, der *psychischen Impotenz*[63] und der Einverleibungs- und Unendlichkeitsphantasmen real existierender Vampire geht aber von einer für das liquide Triebobjekt *Blut* völlig unplausiblen und auf dieses nicht-applizierbaren Kategorie der *Manipulation* aus. Auch die spätere Unterscheidung eines *physiologischen* von einem auf leblose Gegenstände und Kleidungsstücke bezogenen »*pathologischen erotischen Fetischismus*«[64] mag für tatsächlich vampiristische Subjekte klinisch richtig sein, verfehlt aber die hier in Frage stehende imaginär-phantasmatische Dimension vampirischen Begehrens.

Anders als der Sado-Masochist ist der Vampiriker für Krafft-Ebing kein *Monster per excessum* sondern eines *per defectum*.[65] Im Sinne der oben angedeuteten Umwertung möchte ich dagegen vorschlagen, den *Blut-Sauger* ein *Ungeheuer der Reversion* (nicht Regression!) zu nennen. Denn er greift die sexuelle Teleologie auf fundamentaler Ebene an und wird getrieben von der aberwitzigen Idee, das

---

60. Auerbach: *Our Vampires, Ourselves*, a.a.O., S. 95.

61. Hartmut Böhme zufolge ist »jeder Fetischismus eine *intermediäre Existenzform*, die zwischen Totsein und lebensvoller Gegenwart, zwischen Urszene und Erinnerung, zwischen Ding und Bedeutung, zwischen Verlust und Lust« oszilliert (Böhme: *Fetischismus und Kultur. Eine andere Theorie der Moderne*, Reinbek 2006, S. 391 und S. 395).

62. Richard von Krafft-Ebing: *Psychopathia Sexualis. Mit besonderer Berücksichtigung der konträren Sexualempfindung. Eine klinisch-forensische Studie*, Vierzehnte vermehrte Auflage, München 1912, S. 49.

63. Zur oftmals *psychischen* Impotenz des Fetischisten vgl. ebd., S. 178.

64. Ebd., S. 174.

65. Ebd., S. 175; vgl. dazu auch Böhme: *Fetischismus*, a.a.O., S. 389ff.

169

Begehren auf seine materialen Bedingungen der Möglichkeit zurück zu wenden. Vielleicht lassen sich der widersprüchliche Charakter und die paradoxe Natur des vampirischen Begehrens am besten an dieser seiner zirkulären Bewegungslogik festmachen. Das reversive (vampirische) Begehren ist intransitiv und muss wohl deshalb in die anderen eindringen. Statt seine Objekte ewig nur zu umkreisen, bricht es mit der Idolatrie der Objekte und versucht in den Zyklus reinen Begehrens selbst einzudringen. Vampirisches Begehren ignoriert Bedürfnis und Begehren der Anderen, begnügt sich nicht mit dem üblichen Verkehr der Geschlechter, und noch weniger ist sein Austausch von Flüssigkeiten auf Fortpflanzung und Produktion von neuem Leben gerichtet. Die damit freigelegte Dimension des Begehrens ist aber als fetischistische nur unzureichend erfasst. Denn das bevorzugte Partialobjekt von Vampiren und Vampirinnen ist nicht irgendein beliebiges idiosynkratisches, sondern *das* phantasmatische Begehrensmedium[66] schlechthin: Libido, die Triebkraft selbst, vorgestellt in flüssiger Form. Der jenseitige Vampir begehrt primär das Begehren selbst und nicht die sexuelle Lustbefriedigung. Sein meta-sexuelles Begehren ist ein Begehren in Reinkultur, ein selbst-reflexives Begehren, das (auf) die Bedingungen der Möglichkeit des Begehrens selbst reflektiert.

Der Blutsauger begehrt zweierlei. Nicht einfach ein Bedürfnis nach Blut treibt ihn an, sondern ein Begehren, am Trieb selbst zu saugen. Das von Lacan als lamellenhaft gefasste »organ, whose characteristic is not to exist, but which is nevertheless an organ« ist die »libido, *qua* pure life instinct, that is to say, immortal life, or irrepressible life, life that has need of no organ, simplified indestructible life.«[67] Wenn der, zwar nicht organlose aber doch nicht-phallische, Blutjunkie süchtig nach Blut ist, dann ist das auch als ein unstillbares Begehren des Lebenselixiers schlechthin zu verstehen: reines Begehren des (eigenen) Begehrens, die Sucht nach Libido pur. Einiges spricht also dafür, die unheimliche Geste von Vampiren nicht als todbringende *oder* animierende zu sehen, sondern beides zugleich: Ausdruck exzessiven Lebensinstinkts als solchem. Deswegen auch hat Mehdi Belhaj Kacem »[l]e ›sang‹ ontologique du vampire« als »la *force qui meut*«,[68] also Lebenskraft, bestimmen können. Indem er sich das Blut aus anderen Körpern aneignet, katalysiert er eine (möglicherweise nur moralisch) verderbliche Infektion mit einem unbedingteren, intransitiven Lebensdurst.

Der Vampirismus konfrontiert also mit der zentralen Frage nach der Natur jedes Begehrens. Und er unterläuft philosophische Versuche seit der Romantik – egal ob in ihrer androgynen (Schlegels *Lucinde*) oder hegelianisch-chauvinistischen (Kierkegaard) Variante – etwa zwischen (ephemeren) passivem Begehren und (hypeviriler) Begierde zu unterscheiden.[69] Deswegen verlieren sich die In-

---

66. Weder die politischen Aspekte im 19. Jahrhundert noch die medizingeschichtlich gut dokumentierte »Medialität des Blutes« (vgl. Anja Lauper: »Einleitung«, in: dies. [Hg.]: *Transfusionen. Blutbilder und Biopolitik in der Neuzeit*, Zürich, Berlin 2005, S. 12) können hier diskutiert werden.

67. Žižek: »Kant as a Theoretician of Vampirism«, a.a.O., S. 30.

68. Belhaj Kacem: »*Society*«, a.a.O., S. 63.

69. So exemplarisch Kierkegaard im ersten Teil von *Entweder – Oder* anhand verschiedener Mozart-Opern, der Unterscheidung von Faust und Don Juan sowie des asexuell-ästhetischen Protagonisten des *Tagebuch des Verführers*.

terpreten seiner infamen Zeichen oft zwischen vermeintlich nekrophilem Täter und todessehnsüchtigem Opfer. Daher auch die Schwierigkeit, die hypertrophe (A)Sexualität des Vampirs zu beurteilen. Auch deswegen verweist die (imaginäre) Realität des Vampirismus auf eine doppelte gegenseitige Anziehungskraft zwischen Subjekten in der Verführung.[70] Jenseits der problematischen Identifikation von Opfern mit ihren Tätern oder der Frage, inwiefern der jeweilige Verführer als von seinem Opfer korrumpiert zu verstehen ist, inkorporiert der Vampir ein Begehren nach zirkulären Bluttransfusionen, das sich in ein Jenseits von Passivität (Mangel) und Aktivität (Gewalt) absetzen will. »Seul celui qui *peut* agir *peut* choisir, et pourtant le vampire [in der von Belhaj Kacem als »ontologisch« gefassten Dimension, d. Verf.] ne choisit presque rien, *même pas d'agir*. Il ne choisit *que le pâtir sans réserve*, la passivité et la passion absolues.«[71]

Auch im passivsten Opfer des Vampirismus pocht das Blut aktiv darauf, gesaugt zu werden. Expliziter als die meisten anderen offenbart dieser (Blutsauge-)Trieb sein tödliches Prinzip und stellt sich dar als ein genießendes Begehren des Todes, das »die Grammatik des Lustprinzips entstellt« und »nicht ohne Wirkung auf die Geschlechterzeichen«[72] bleibt. Das vampirische Imaginäre ist ein Austragungsort sexuell-biologischer sowie ontologischer Konflikte und Fragen.[73] Wenn nicht nur über die weibliche Vampirin zu schreiben bedeutet, »über die Formationen des Begehrens zu schreiben«,[74] dann ist auf einer para-semiotischen Ebene anzusetzen, also vor der vermeintlich *ontologischen* Differenzierung in (männliche) Aktivität und (weibliche) Passivität, und somit auch vor der lacanschen Distinktion von Phallus-Haben und Phallus-Sein.[75] Diese neue Konfiguration der traditionellen ontologischen Definitionen von *Form* und *Stoff* korreliert mit dem ästhetischen Versprechen eines neuen Regimes der Kunst, das sich nicht zufällig auch um 1800 abzuzeichnen beginnt.

Ästhetische Vampirisierung des Lebens (Baudelaire)

Die ästhetische Verbindung der beiden philosophischen Begriffspaare von aktiv-passiv und Form-Stoff hat Jacques Rancière als zentrales Charakteristikum für das *Unbehagen in der Ästhetik* der Moderne, genauer: eines um 1800 neu entste-

---

70. Vgl. Jean Baudrillards (Baudrillard: *Von der Verführung*, München 1992) kritische Relektüre von Kierkegaards hegelianischem Verführer-Ästhetiker.

71. Belhaj Kacem: »*Society*«, a.a.O., S. 83.

72. Hamberger: *Über Vampirismus*, a.a.O., S. 65.

73. Dies scheint mir vorrangig gegenüber der viel diskutierten Frage nach der eigentlich-authentischen Geschlechtszuordnung oder nach möglichen geschlechtsspezifischen Unterschieden zwischen (gewalttätigen) männlichen Vampiren und (verführerischen) weiblichen Vampirinnen. Auch der aus feministischer Perspektive vorgebrachte und gerechtfertigte Verdacht, dass noch die Sexualität der scheinbar emanzipierten Vampirin wiederum nur nach phallischem Muster (penetrierende Zähne) vorgestellt werde, macht vor der entscheidenden Frage nach dem eigentlichen vampirischen Begehren Halt.

74. Petra Flocke: *Vampirinnen. Ich schaue in den Spiegel und sehe nichts. Die kulturellen Repräsentationsformen der Vampirin*, Tübingen 1999, S. 18.

75. Zu einer diesbezüglich kritischen Diskussion Lacans vgl. Judith Butler: *Das Unbehagen der Geschlechter*, Frankfurt a. M. 1991.

henden *ästhetischen Regimes* nicht nur des Denkens über Kunst angeführt. »Die Ästhetik ist nicht das Denken der *Empfindsamkeit*. Sie ist das Denken des paradoxen Sensoriums [...] einer verlorenen Menschennatur, das heißt einer verlorenen Adäquationsnorm zwischen einer aktiven und einer rezeptiven Fähigkeit.«[76] An deren Stelle tritt eine »unmittelbare Einheit, die Einheit ohne Begriff der Gegenteile, die reine willentliche Aktivität und die reine Passivität«, nicht anders als diejenige von »Form und Materie«.[77] Vor diesem Hintergrund wird plausibel, warum der Vampirismus auf einmal motivisch an die künstlerische Oberfläche gespült wird und als emblematische kunsttheoretische Allegorie verstanden werden kann, an der sich ein untergründiges Moment des ästhetischen Regimes des 19. Jahrhunderts ablesen lässt: der Zusammenhang von (untotem) Leben und Lebenskunst.

Von Anfang an ist es die paradoxe Gefahr sowohl des Paradigmas ästhetischer Lebendigkeit als auch des prekären Versprechens ästhetisierten Lebens, ihre Mortifizierung in sich zu tragen.[78] An dem ersten systematischen Analytiker ästhetischer Existenz (also von Ironiker, Ästhetiker, Verführer, Flaneur, Dandy etc.), Sören Kierkegaard, kann dieser vampirische Untergrund ästhetischer Existenz verifiziert werden. Schon in seiner Dissertation über antike und moderne Ironie nimmt er einen Vergleich aus Aristophanes' *Wolken* (*saug ihm das Blut*) zur Beschreibung der »sokratisch aussaugenden Fragen«[79] auf. Zu Recht wurde festgehalten, der »vampire becomes the figure of irony, the ironic figure *par excellence*, while blood sucking stands for the ironic/vampironic method«.[80] Nicht anders, als Ironie mit Paul de Man gesprochen nicht irgendeine, sondern *trope of the tropes* ist, so kann der Vampir als paradigmatische Personifikation dieser Mastertrope gelesen werden. Denn das vampirische Gebahren setzt sich nahtlos fort in allen auf den Ironiker folgenden historischen Ausbildungen ästhetischer Lebenskunst. Sowohl in seiner blasierten *Lebensgier* wie seinem *rebellischen Einzelgängertum* deckt sich »die romantische Vorstellung vom Vampir, des boshaften und charismatischen Einzelgängers mit der dandyistischen Selbstwahrnehmung.«[81] Für den konsequenten Dandy führt sein parasitärer Narzissmus notwendig in die Amoralität, und kein Weg zurück zu familientauglichen zwischenmenschlichen Beziehungen – egal ob man Ursprünge dieses *vampirischen Ästhetizismus* nun bei Byron, Oscar Wilde[82] oder wie hier in der Folge bei Baudelaire untersucht.

---

76. Jacques Rancière: *Das Unbehagen in der Ästhetik*, Wien 2007, S. 21.
77. Ebd.
78. Allgemein ästhetisch vgl. dazu Konrad Paul Liessmann: *Ohne Mitleid. Zum Begriff der Distanz als ästhetische Kategorie mit ständiger Rücksicht auf Theodor W. Adorno*, Wien 1991.
79. Sören Kierkegaard: *Über den Begriff der Ironie mit ständiger Rücksicht auf Sokrates*, in: ders.: *Gesammelte Werke*, Gütersloh 1991, Abt. 31, S. 44. Der Erotiker und verderbliche Mäeutiker Sokrates wird zudem beschrieben als »Menschenfresser« (ebd., S. 216). Das Aristophaneszitat stammt aus den *Wolken* und wird von Kierkegaard *in extenso* zitiert (ebd., S. 144).
80. Éva Antal: »Vamp-Irony: the Bestiality of the Socratic Irony«, in: P. L. Yoder; P. M. Kreuter (Hg.): *Monsters and the Monstrous. Myths & Metaphors of the enduring evil*, Oxford 2004, S. 191–202, hier: S. 199.
81. Kristine Fratz: *Dandy und Vampir. Die Sehnsucht nach Ungewöhnlichkeit*, St. Augustin 2001, S. 48f.
82. Auerbach (*Our Vampires*, a.a.O., S. 83) zufolge ist »Dracula's primary progenitor [...]

DIE ÄSTHETISCHE WIEDERKEHR DES VAMPIRISMUS

Baudelaire hat jene oben an Ruthven beschriebene Künstlichkeit ästhetischer Existenz in seinen Überlegungen zum Dandyismus als *impassibilité* beschrieben. Zusätzlich aber hat er diese hier als vampirisch analysierte *Unempfindlichkeit* als zentrales poetologisches Prinzip verstanden.[83] Das sich im Vampirismus Ausdruck verschaffende (nur mehr bedingt sexuelle) Phantasma einer Aufhebung der Disjunktion von Aktivität und Passivität zugleich zum Kernstück eines neuen ästhetischen Kunstdenkens gemacht zu haben, ist mit sein Verdienst. Schon in seinem programmatischen Epilogentwurf für die *Fleurs du mal* (»adressé à une dame«) hat er eine sadomasochistische Triebkraft seines Schreibens benannt.[84] Diese Motive von libertiner Grausamkeit, krankhaft unstillbarem Begehren und ironisch distanzierter, heroischer Melancholie werden in Baudelaires Vampirgedichten auch thematisch fassbar.

»Toi qui, comme un coup de couteau,
Dans mon cœur plaintif est entrée;«[85]

wird *Le Vampire* mit einem Generalthema traditioneller Misogynie eingeleitet, und mit der brutalen Einsicht in das trügerische Versprechen jedes Begehrens beendet:

»Imbécile! – de son empire
Si nos efforts te délivraient,
Tes baisers ressusciteraient
Le cadavre de ton vampire!«[86]

Noch deutlicher die Worte einer Prostituierten in dem, zunächst von der Zensur verbotenen Gedicht *Les Métamorphoses du Vampire*:

»Moi, j'ai la lèvre humide, et je sais la science
De perdre au fond d'un lit l'antique conscience.

not Lord Ruthven […] but Oscar Wilde«.
83.   Zum Motiv des Vampirs als einer »poetologischen Metapher« vgl. den einschlägigen Sammelband von Julia Bertschik und Christa Agnes Tuczay (*Poetische Wiedergänger. Deutschsprachige Vampirismus-Diskurse vom Mittelalter bis zur Gegenwart*, Tübingen 2005), den ich leider erst knapp vor Drucklegung dieses Aufsatzes zur Kenntnis genommen habe und dessen Ergebnisse daher nicht mehr verwendet werden konnten.
84.   »L'amour ne me reposera pas. – La candeur et la bonté sont dégoûtantes. – Si vous voulez me plaire et rajeunir les désirs, soyez cruelle, menteuse, libertine, crapuleuse, et voleuse; – et si vous ne voulez pas être cela, je vous assommerai, sans colère. Car je suis le vrai représentant de l'ironie, et ma maladie est d'un genre absolument incurable«. Charles Baudelaire: »Notices, Notes et Variantes«, in: ders.: *Œuvres Complètes*, hg. von Claude Pichois, Paris 1975, I, S. 984f.
85.   Charles Baudelaire: *Les Fleurs du Mal*, in: ders.: *Œuvres Complètes*, a.a.O., S. 33. Eine eingehende stilistische Analyse von Baudelaires Gedichten kann hier nicht geleistet werden. Allgemein zum teilweise *parasitären Versmaß* in den *Fleurs du mal* sowie der *satanischen Wendung* Baudelaires vgl. Thorsten Greiner: *Ideal und Ironie. Baudelaires Ästhetik der ›modernité‹ im Wandel vom Vers- zum Prosagedicht*, Tübingen 1993.
86.   Baudelaire: *Les Fleurs du Mal*, a.a.O., S. 34.

173

Je sèche tous les pleurs sur mes seins triomphants,
Et fais rire les vieux du rire des enfants.«

In postkoitaler Erschöpfung antwortet ihr Bettgenosse im zweiten Teil des Gedichts:

»Quand elle eut de mes os sucé toute la moelle,
Et que languissamment je me tournai vers elle
Pour lui rendre un baiser d'amour, je ne vis plus
Qu'une outre aux flancs gluants, toute pleine de pus!
Je fermai les deux yeux, dans ma froide épouvante,
Et quand je les rouvris à la clarté vivante,
À mes côtés, au lieu du mannequin puissant
Qui semblait avoir fait provision de sang,
Tremblaient confusément des débris de squelette,
Qui d'eux-mêmes rendaient le cri d'une girouette
Ou d'une enseigne, au bout d'une triangle de fer,
Que balance le vent pendant les nuits d'hiver.«[87]

Die sexuelle Konnotation des Vampirismus wird mit einem Zug ins Anorganische kontrastiert, der die Zwecklosigkeit in der mühsam errungenen Zweckfreiheit des Ästhetischen betont. Der Vampir ist hier eine die Lebenskräfte des Protagonisten aussaugende Hure. Letzteres ist sie nicht einfach von Berufs wegen, sondern determiniert durch ihr Geschlecht. Damit scheint Baudelaire eine lange Tradition misogyner Metaphysik fortzusetzen, deren zentrale philosophische Frage stets der Verbindung zwischen Seele und Körper galt. Am prägnantesten ausformuliert ist das in einem, wenn nicht *dem* zentralen lebenstheoretischen Text der frühen Neuzeit, Marsilio Ficinos drei Büchern über das Leben, *De vita libri III*.[88] Blut kommt darin eine für die gesamte neuplatonische Ontologie bedeutende Schlüsselstelle zu, nämlich zwischen Geist und Materie zu vermitteln. Im Zusammenhang seiner medizinischen Theorien empfiehlt Ficino nun auf der einen Seite das Trinken von Blut als eine Art Verjüngungskur.[89] Andererseits entwirft er eine spekulative kosmologische Theorie, die auf epochemachende Weise misogyne Materiefeindlichkeit mit der Personifikation des *ontological whoredom* (David Boyarin) als einer blutsaugenden mythischen Venus verbindet.[90]

87. Baudelaire: *Œuvres Complètes*, a.a.O., S. 159.
88. Marsilio Ficino: *Three Books on Life*, New York 1989. Ficino verbindet auf originelle Weise eine neoplatonische Stufenlehre des Kosmos (von reinem, göttlichen Geist, *spiritus*, bis zu profaner Körperlichkeit, mit einer dämonischen Seele als Zwischenfigur und Vermittler), mit antiken (aristotelischen, vor allem aber galenischen) Theoremen, welche Blut eine zentrale Rolle als Lebenselixier zusprachen.
89. »[I]t is possible and indeed beneficial to drink blood«, Ficino: *Three Books on Life*, a.a.O., S. 199.
90. Es handelt sich um kastrierende »Lamiae, that is lascivious and Venereal demons who take up the shape of beautiful girls and entice handsome men; as the serpent with its mouth sucks the elephant, so they likewise suck those men, using their genital opening as a mouth, and drain them dry (*exhauriant*)«. Ficino: *Three Books on Life*, a.a.O., S. 355. Zudem ist es

DIE ÄSTHETISCHE WIEDERKEHR DES VAMPIRISMUS

Das (gleich ob männliche oder weibliche) Vampirische ist eine Heimsuchung der traditionellen ontologischen Disjunktionen von aktiver Form und passivem Stoff, von männlicher Seele und weiblichem Leib. Was Vampire philosophisch unheimlich macht, ist, überspitzt zitiert, der existentielle Widerstand gegen den aristotelischen Glauben, dass nicht »die vollendete Form selbst nach sich selbst streben« kann, »sondern dies (Strebende) *ist der Stoff*, so wie wenn Weibliches nach Männlichem und Hässliches nach Schönem (begehrt)«.[91] Das von Vampiren begehrte Blut dagegen ist ein weder rein formales noch bloß stoffliches Medium; mit ihm sich zu vermengen verspricht den Gegensatz von aktivem Geist und passivem Fleisch aufzuheben.

Es sind obige Motive einer (neu)platonischen und aristotelischen Verklärung des *unsagbaren Geschlechterverhältnisses* (Lacan[92]), die Baudelaire aufnimmt und ästhetisch rekonfiguriert. Konträr zu obigen Reduktionen des Vampirismus hat er nämlich auch dem hier thematischen ästhetischen Vampir literarischen Ausdruck gegeben. Die klinische Purifizierung eines vom Sex losgelösten Begehrens findet in *L'Héautontimorouménos (Der Selbsthenker)* ihre präziseste Reflexion innerhalb seiner erotologischen Poetik.

»Je te frapperai sans colère
Et sans haine, comme un boucher,
[...]
Mon désir gonflé d'espérance
Sur tes pleurs salés nagera
[...]
Ne suis-je pas un faux accord
Dans la divine symphonie,
Grâce à la vorace Ironie
Qui me secoue et qui me mord?
[...]
Je suis la plaie et le couteau!
Je suis le soufflet et la joue!
Je suis les membres et la roue,
Et la victime et le bourreau!

Blut in maximaler Verdünnung, welches aus den Augen strahlend überhaupt erst die Verführung bewirkt. Vgl. in diesem Zusammenhang Sergius Kodera: »Ethereal Blood and Lady Vampires: on Blood, Body and the Preservation of Life in Marsilio Ficino's De vita libri III«, in: Vigdis Songe-Moller; Viebeke Tellmann (Hg.): *Bios-Eros-Thanatos in Ancient and Early Modern Philosophy*, Bergen 2003, S. 71–94 (dort auch zu David Boyarins Formulierung eines »ontological whoredom«, S. 81).

91. Aristoteles: *Physik. Vorlesung über Natur, Bücher I–IV*, Hamburg 1987, Buch 1, Kap. 9 (192a), S. 47.

92. Lacan zufolge handelt es sich bei den Termen »aktiv und passiv [...], die alles beherrschen, was über das Verhältnis von Form und Stoff gedacht worden ist, dieses so fundamentale Verhältnis, auf das sich jeder Schritt von Platon bezieht, dann von Aristoteles, hinsichtlich dessen, was es mit der Natur der Dinge auf sich hat« um Bestimmungen, die »sich nur auf ein Phantasma stützen, durch das sie versucht haben, dem zu supplieren, was auf keine Weise sich sagen kann, nämlich das Geschlechterverhältnis« (Jacques Lacan: »Eine lettre d'âmour«, in: ders.: *Encore. Das Seminar Buch XX*, Weinheim 1975, S. 89).

Je suis de mon cœur le vampire,
– Un de ces grands abandonnés
Au rire éternel condamnés,
Et qui ne peuvent plus sourire!«[93]

Jede Form (traditionell: maskuliner) Aggression zeigt sich hier als Autoaggression. Hass ist Selbsthass und Sadismus erweist sich, wo Baudelaires *cœur mis à nu* offen liegt, als Masochismus. »Il serait peut-être doux d'être alternativement victime et bourreau«,[94] lautet die auch ethische Variation vampiristischen Denkens, die einem prinzipiellen Vergleich korrespondiert demzufolge »[i]l y a dans l'acte de l'amour une grande ressemblance avec la torture, ou avec une opération chirurgicale« – »Self purification and anti-humanity« lautet dann der nächste – im Original englische – Eintrag im Abschnitt IX der *Fusées*, der bezeichnenderweise einsetzt mit dem epigrammatischen »Auto-idolátrie«, also dem Verweis auf ein ganz auf sich selbst bezogenes, selbstvampirisierendes Begehren.[95] Im Anschluss an Benjamins und Marx' Analysen des Warenfetischismus hat Giorgio Agamben auf eine vampirische Notwendigkeit des Künstler-Dandys hingewiesen, wonach dieser »ein lebender Leichnam werden [muss], fortwährend auf ein *Anderes* gerichtet, ein seinem Wesen nach nicht-menschliches und antihumanes Geschöpf«[96]. Heroisch ist der Widerstand der vampirischen *vita aesthetica* aber nicht nur angesichts der lebhaften Produktionsbedingungen der Massenkultur. Als Allegorie eines ästhetischen Regimes wird er lesbar, weil er die prekär gewordene Lebendigkeit am eigenen Körper erfährt: (künstlerisches) Leben saugt an sich und zerstört sich dabei selbst.

93. Baudelaire: *L'Héautontimorouménos*, in: ders.: *Les Fleurs du Mal*, a.a.O., S. 87f.
94. Baudelaire: *Journaux Intimes (Fusées)*, in: ders.: *Œuvres Complètes*, a.a.O., S. 676.
95. Ebd., S. 658f.
96. Giorgio Agamben: *Stanzen. Das Wort und das Phantasma in der abendländischen Kultur*, Zürich u.a. 2005, S. 90f.

Barbara Wittmann

Anti-Pygmalion
Zur Krise der Lebendigkeit in der realistischen Malerei, 1860–1880

In den vermutlich meistgelesenen Künstlererzählungen des 19. Jahrhunderts, in Edgar Allan Poes *The Oval Portrait*, in Honoré de Balzacs *Le Chef-d'œuvre inconnu* und schließlich Emile Zolas *L'œuvre* entfaltet sich ein tragischer Konflikt zwischen Leben und Kunst,[1] der unmittelbar auf die Lebendigkeit des Kunstwerks als Repräsentationsproblem bezogen wird. Diese Konstellation trägt deutlich Züge einer Inversion des Pygmalion-Mythos: Das Kunstwerk verlebendigt sich nun nicht mehr zum Modell, sondern das Modell respektive der Maler opfern dem Ideal des lebendigen Bildes ihr Leben. Allerdings erfährt diese Inversion im Durchlauf durch die drei Texte eine charakteristische Verschiebung. In allen drei Erzählungen bedroht die Vollendung des lebendigen Werks das Leben von Maler und Modell, ein Motiv, das in seinen verschiedenen Spielarten bis in die frühneuzeitliche Kunstliteratur zurückgeführt werden kann. In Poes *The Oval Portrait* gelingt dieses ehrgeizige Unternehmen, aber nur um den Preis, dass das Gemälde dem dargestellten Modell die Lebenskraft entzieht. In Balzacs Novelle und Zolas Roman scheitern die Maler an der Herausforderung des ›inkarnierten Bildes‹, die Modelle überleben, während die Künstler ihr Werk vernichten und sich selbst im Atelier das Leben nehmen.[2] Die Utopie der Lebendigkeit verliert also im Laufe des 19. Jahrhunderts zwar nicht ihre phantasmatische Anziehungskraft; im Unterschied zur zentralen Bedeutung des »Pygmalioneffekts« (Victor I. Stoichita) für die Literatur und Bildenden Künste des 18. Jahrhunderts kann die Evokation des kyprischen Bildhauers in Kunst und Literatur aber weder die Wirkästhetik der Epoche begründen noch die mimetischen Kunstgriffe der Malerei reflektieren.[3] ›Lebendigkeit‹ war – so meine erste These – für jene Maler, die kurz nach der Jahrhundertmitte in Frankreich als Avantgarde in Erscheinung

---

1. Die Liste der literarischen Texte, die von der Unvereinbarkeit von Leben und Kunst handeln, ist damit keinesfalls erschöpft. Im Gegenteil: vermutlich lassen sich im 19. Jahrhundert kaum Künstlernovellen/-romane finden, die sich nicht explizit oder implizit diesem Thema widmen. Einen Überblick bieten Marianne Kesting: »Das imaginierte Kunstwerk. E.T.A. Hoffmann und Balzacs Chef-d'œuvre inconnu«, in: *Romanische Forschungen* 102 (1990), S. 163–185; dies.: »Das lebendige Portrait«, in: *Athenäum. Jahrbuch für Romantik* 3 (1993), S. 27–54; Marie Lathers: *Bodies of Art. French Literary Realism and the Artist's Model*, Lincoln, London 2001.
2. Dazu ausführlich: Victor I. Stoichita: »Le ›Chef-d'œuvre inconnu‹ et la présentation du pictural«, in: René Passeron (Hg.): *La Présentation*, Paris 1985, S. 77–91; Barbara Vinken: »Pygmalion à rebours. Fetischismus in Zolas Œuvre«, in: Mathias Mayer; Gerhard Neumann (Hg.): *Pygmalion. Die Geschichte des Mythos in der abendländischen Kultur*, Freiburg im Breisgau 1997, S. 593–621; Georges Didi-Huberman: *Die leibhaftige Malerei*, München 2002 (erst. Paris 1985).
3. Zur zentralen Bedeutung des Pygmalion-Mythos für die Wirkästhetik des 18. Jahrhunderts vgl. Oskar Bätschmann: »Belebung durch Bewunderung. Pygmalion als Modell der Kunstrezeption«, in: *Pygmalion*, a.a.O., S. 325–370; Inka Mülder-Bach: *Im Zeichen Pygmalions. Das Modell der Statue und die Entdeckung der ›Darstellung‹ im 18. Jahrhundert*, München 1998; Victor I. Stoichita: *The Pygmalion Effect. From Ovid to Hitchcock*, Chicago 2008.

BARBARA WITTMANN

traten, also Maler wie Edouard Manet, Edgar Degas, Henri Fantin-Latour oder James McNeill Whistler, eine bedrohte oder sogar bereits verlorene Eigenschaft der Malerei, zumindest wenn man Malerei als Repräsentation und Lebendigkeit als eine Eigenschaft der Repräsentation versteht. Symptomatisch für diesen Verlust ist die kritische Aufnahme, die das wohl berühmteste Gemälde der 1860er Jahre, Manets *Olympia* von 1863, in der zeitgenössischen Presse erfuhr: Ihr nackter Körper wäre weder »wahr, noch lebendig, noch schön« (»ni vraie, ni vivante, ni belle«), ihre Haut sei »leichenblass« (»cadavéreuse«), die »verwesende Farbe« würde die »Schrecken des Leichenschauhauses« in Erinnerung rufen (»le corps d'une couleur faisandée, rappelle l'horreur de la Morgue«).[4] In gewisser Weise schließe ich mich dieser Kritik, die ihren vielleicht drastischsten Ausdruck in Emile Zolas *L'œuvre* finden wird, an, weil der Verlust der Lebendigkeit (als eine Eigenschaft des Dargestellten) den Apologeten der neuen Malerei entgangen ist.

›Lebendigkeit‹ als kunstkritischer Begriff oder Metapher kann im 19. Jahrhundert – und darin unterscheidet sich das 19. Jahrhundert kaum vom vormodernen Gebrauch des Terminus – in mindestens drei Grundbedeutungen verwendet werden:[5] 1. als *Evokation* von Bewegung und Veränderung im Bild; 2. als *Inkarnation*, d.h. als Erzeugung einer Wirkung, durch die das Bild seinen ontologischen Zustand als bloßes Ding überwinden kann – eine Wirkung, die sich vor allem am Gelingen der Darstellung des Inkarnats und der Atmosphäre zu beweisen hat;[6] und daran anschließend kann ›Lebendigkeit‹ 3. auch die *Beseelung* des Bildes meinen, wobei diese Animation in der malerischen Praxis nun auf eine sich der Darstellung entziehende »Tiefe des Lebens« verweist und mit bestimmten Opazitätseffekten einhergeht.[7] Es erübrigt sich festzuhalten, dass das Gelingen der Lebendigkeit (in allen drei Bedeutungshorizonten) sich an der sinnfälligen Verschränkung des Dargestellten mit strukturellen Eigenschaften der Darstellung, insbesondere der Komposition und dem Kolorit, zu beweisen hat.

Die Malerei der jungen Avantgarde, die in den 1860er Jahren die Bühne der Kunstgeschichte betritt, verstößt nun in mehrerer Hinsicht gegen die Utopie der ›inkarnierten Malerei‹: Zum einen, weil die deutliche Aufhellung der Palette und

---

4.   Alle zitiert nach T.J. Clark: *The Painting of Modern Life. Paris in the Art of Manet and His Followers*, Princeton 1984, S. 287, Anm. 48; S. 288, Anm. 62; S. 289, Anm. 72. Vgl. die sozialhistorische Analyse dieser und ähnlicher Quellen ebd., S. 96–98.

5.   Zum frühneuzeitlichen Bedeutungshorizont des Begriffs vgl. Mary E. Hazard: »The Anatomy of ›Liveliness‹ as a Concept in Renaissance Aesthetics«, in: *The Journal of Aesthetics and Art Criticism* 33 (1975), 4, S. 407–418; John Shearman: *Only connect... Art and the Spectator in the Italian Renaissance*, Princeton 1992, S. 108–148; Frank Fehrenbach: Lemma »Lebendigkeit«, in: Ulrich Pfisterer (Hg.): *Metzler Lexikon Kunstwissenschaft. Ideen, Methoden, Begriffe,* Stuttgart, Weimar 2003, S. 222–227; ders.: »Calor nativus – Color vitale. Prolegomena zu einer Ästhetik des ›Lebendigen Bildes‹ in der frühen Neuzeit«, in: Ulrich Pfisterer; Max Seidel (Hg.): *Visuelle Topoi. Erfindung und tradiertes Wissen in den Künsten der italienischen Renaissance*, München, Berlin 2003; ders.: »Kohäsion und Transgression. Zur Dialektik lebendiger Bilder«, in: Ulrich Pfisterer; Anja Zimmermann (Hg.): *Animationen / Transgressionen. Das Kunstwerk als Lebewesen*, Berlin 2005, S. 1–40; Frederika H. Jacobs: *The Living Image in Renaissance Art*, Cambridge 2005.

6.   Dazu ausführlich Didi-Huberman: *Die leibhaftige Malerei*, a.a.O.

7.   Vgl. Ralph Ubl: »Tiefe des Lebens, Reflexion der Malerei, Sitten der Tiger. Zu Eugène Delacroix' *Jeune tigre jouant avec sa mère*«, in: *Animationen / Transgressionen*, a.a.O., S. 183–206.

der opake, also nicht lasierende Farbauftrag jene Durchlässigkeit der Farbschichten verhindern, mit der sich traditionell der wichtigste Kunstgriff zur Nachahmung von blutdurchpulster Haut verbunden hatte. Man erinnere sich: schon Balzacs *Chef-d'œuvre inconnu* handelte praktisch ausschließlich vom Scheitern der Malerei als Medium des Diaphanen.[8] Am Ende der Erzählung standen die Maler Porbus und Poussin vor Frenhofers vermeintlichem Meisterwerk und blickten auf eine bloße Übereinanderschichtung von Farben, eine »Mauer von Malerei«, eine »langsam voranschreitende Zerstörung« der Malerei durch die Malerei, der allein ein »lebendiger Fuß« in einer Ecke des Gemäldes entkommen war.[9] Zum anderen verweigert sich die Malerei der französischen Realisten dem letztlich auf Leon Battista Alberti zurückgehenden Modell des Bildes als Organismus, also als ein sich in der Gesamtkomposition schließendes Gefüge von einzelnen Gliedern, die sich narrativ und ausdruckshaft ergänzen und nicht getrennt werden können, ohne dabei die Komposition zu zerstören.[10] Anstelle dieses Organisationsplans tritt – es kann hier nur angedeutet werden – ein recht provisorisches Modell des Bildes als Stückwerk oder Ausschnitt der gesehenen Welt.[11] Ich möchte im Folgenden nicht weiter den wirkästhetischen Implikationen des Begriffs der Lebendigkeit nachgehen, die Kunstgeschichte hat ihn bislang ohnehin fast ausschließlich auf diese Dimension hin befragt. Stattdessen werde ich nach dem produktionsästhetischen Fundament der neuen Malerei fragen, das den Austausch von Leben und Kunst regelte.

1.

In den 1860er Jahren wendete sich eine Generation von jungen Künstlern im Anschluss an Courbet der Malerei des Realismus zu, die zuvor in den Ateliers von erfolgreichen Akademikern in der Figurenmalerei ausgebildet worden war. Das Projekt der jungen Maler konvergierte in einer gemeinsamen Suche nach einer neuen Begründung der Kunst aus dem Leben heraus sowie einer bestimmten, davon abgeleiteten Ideologie der Evidenz: Es wird nur das gemalt, was man sich zuvor vor Augen gestellt hat, d.h. man erhebt die Verfahren der Portrait- oder Stilllebenmaler zum allgemeinen Gesetz der Malerei.[12] Er könne keinen Engel, ja nicht einmal eine Begebenheit aus einer vergangenen Epoche malen, da er sie nicht »à vif« studieren könne, soll der Vater des Realismus, Gustave Courbet,

---

8. Vgl. Didi-Huberman: *Die leibhaftige Malerei*, a.a.O.

9. Honoré de Balzac: »Le Chef-d'œuvre inconnu«, in: ders.: *Le Chef-d'œuvre inconnu et autres nouvelles*, hg. von Adrien Goetz, Paris 1994, S. 66.

10. Vgl. Thomas Puttfarken: *The Discovery of Pictorial Composition. Theories of Visual Order in Painting 1400–1800*, New Haven, London 2000, S. 53–62; Hans Körner: *Auf der Suche nach der ›wahren Einheit‹. Ganzheitsvorstellungen in der französischen Malerei und Kunsttheorie vom mittleren 17. bis zum mittleren 19. Jahrhundert*, München 1988, S. 14–24.

11. Michael Fried: *Manet's Modernism or The Face of Painting in the 1860s*, Chicago 1992, S. 267–270 u. S. 413–415; Barbara Wittmann: *Gesichter geben. Édouard Manet und die Poetik des Portraits*, München 2004, S. 123–145.

12. Vgl. Fried: *Manet's Modernism*, a.a.O; James H. Rubin: *Manet's Silence and the Poetics of Bouquets*, London 1994; Wittmann: *Gesichter geben*, a.a.O.

179

BARBARA WITTMANN

gesagt haben;[13] derselbe Courbet, der in den frühen 1860er Jahren eine Kuh in sein Atelier bringen lässt, damit sich seine Schüler – wie in einer Parodie auf die Konventionen der Kunstakademie – im Studium des Tiers üben können.[14] Für Courbet und die junge Generation der Realisten, die im Laufe der 1860er Jahre auszustellen beginnen, heißt *malen* also *portraitieren*, und zwar in der doppelten Bestimmung des Wortes als: ›nach der Natur malen‹ und als ›unter den Bedingungen des Ateliers malen‹ (denn das Portrait ist die Studiogattung par excellence). Die Vereinzelung und Pose der dargestellten Person, der zumeist unbestimmte Hintergrund des Portraits (der im 19. Jahrhundert auch »Ateliergrund« genannt wurde) verweisen, mehr als das in den anderen malerischen Gattungen der Fall wäre, auf das Atelier und seine Konventionen.

Maler wie Manet, Degas, Whistler und Fantin-Latour halten allesamt an diesem privilegierten Ort des Naturstudiums fest, und sie werden das mit einer Insistenz bis ans Ende ihres Lebens tun, die ihrer späteren kunsthistorischen Zuordnung zu den Impressionisten Hohn spottet. Im Unterschied zur Landschaft als Raum der Malerei ist das Atelier ein Ort, den ein Künstler so einrichtet und die darin befindlichen Modelle und Objekte in einer Weise manipuliert, dass sich an ihnen eine Erfahrung machen lässt, die bildwürdig ist;[15] man könnte auch sagen: Es ist ein Ort, an dem der Maler Leben und Kunst kalibriert, indem er Licht, Pose und Ausstattung virtuos zu beherrschen lernt. Das Atelier ist also kein unschuldiger Ort, an dem sich voraussetzungslos Erfahrungen machen ließen, im Gegenteil: Es ist ein durch die Geschichte und die Technologie der Kunst sowie durch die Weitergabe ihrer Geheimnisse während der Ausbildung stark determinierter Raum.

Welche Bedeutung hat das Atelier nun für das Projekt des Realismus in der Malerei? Im Folgenden soll dieser Frage am Beispiel eines Gemäldes von Edgar Degas aus den späten 1870er Jahren nachgegangen werden, das deutlich selbstreflexive Züge aufweist, obwohl der Maler einen eigenartig distanzierten Blick in das Studio eines heute praktisch unbekannten Kollegen wirft (Abb. 1).[16] Dieser Blick auf den befreundeten Künstler Henri Michel-Lévy, auf seine Gemälde und seine Atelierrequisiten ist nicht frei von Verachtung – Verachtung für die Schmierenkomödie des Malens, die das Heiligtum der Kunst begründet (um Baudelaire zu paraphrasieren).[17]

Der dargestellte Maler lehnt sich unbehaglich gegen eines seiner Gemälde (als ob es sich um bloße Tapete handeln würde), wird von diesem *Frühstück im Grünen* aber keineswegs aufgenommen; um ihn herum – wie nach dem Kampf hingeworfen oder zurückgelassen – die Instrumente und Objekte seiner Kunst, der

---

13.   Théophile Silvestre: »Courbet d'après nature«, in: Pierre Courthion (Hg.): *Courbet raconté par lui-même et par ses amis*, Genf 1948, S. 25–62, hier: S. 49.
14.   *Courbet und Deutschland*, Hamburger Kunsthalle, Städtische Galerie im Städelschen Kunstinstitut, Frankfurt a. M., Köln 1979 (Kat. Ausst.), S. 33 und S. 314–316.
15.   Vgl. Svetlana Alpers: »The Studio, the Laboratory, and the Vexations of Art«, in: Caroline A. Jones; Peter Galison (Hg.): *Picturing Science. Producing Art*, New York, London 1998, S. 401–417.
16.   Vgl. allgemein zu diesem Gemälde: Werner Hofmann: *Degas und sein Jahrhundert*, München 2007, S. 100–102; Clark: *The Painting of Modern Life*, a.a.O., S. 257–258; Theodore Reff: *Degas: The Artist's Mind*, New York 1976, S. 125–130.
17.   Charles Baudelaire: *Œuvres complètes*, hg. von Jacques Crépet, Paris 1922, I, S. 375.

ANTI-PYGMALION

Abb. 1: Edgar Degas: *Atelier eines Künstlers (Portrait Henri Michel-Lévy)*, 1879. Lissabon: Museu Calouste Gulbenkian.

BARBARA WITTMANN

Abb. 2: Gustave Courbet: *Das Atelier des Künstlers*, Detail, 1855. Paris: Musée d'Orsay.

geöffnete Farbkasten mit der bunt befleckten Palette und einem Bündel Pinsel sowie eine sommerlich bekleidete Atelierpuppe, die sich – unheimlich genug – allein in ihrer laschen Haltung von einem echten Modell unterscheidet. Wie anders hatte Courbet das Universum des Ateliers und die Ökonomie des Malens in seinem wohl berühmtesten Selbstportrait von 1855 zur Darstellung gebracht (Abb. 2). Schon Michael Fried hat darauf hingewiesen, dass Courbet das Bild im Bild und die kleine Gruppe von Maler, Modell und kindlichem Betrachter in einer doppelten antithetischen Bewegung organisierte:[18] Einerseits führt eine Achse vom Leben ins Werk; sie leitet vom Blick des kleinen Jungen zur Spitze des Pinsels und mündet in eine zentrifugale Kurve, die von der Silhouette der Landschaft beschrieben wird. Der Körper des Malers wird von diesem Bewegungsimpuls gleichsam ins Bild im Bild gezogen, die seinem Gemälde zugewandte Körperhälfte droht bereits von der Landschaft absorbiert zu werden. Gegenläufig zu diesem Sog der Malerei geht von dem gemalten Wasserfall eine Dynamik aus, die in der arabesken Bewegung der Katze und in den Wirbeln der zu Boden gesunkenen Kleider des Malermodells ihre Fernwirkung zeigt. Der Austausch zwischen Leben und Kunst zirkuliert buchstäblich um die Palette des Malers herum. Das Malinstrument ist Angelpunkt einer Verwandlung vom Materiellen ins Imaginäre, denn es sind die Pigmente, die eine materielle Brücke aus der Wirklichkeit in die Fiktion schlagen. Sicherlich, auch Degas' Atelier handelt von dieser geradezu alchemistischen Verwandlung von roher Materie in lebendige Malerei. Allerdings erinnert der leuchtend gefleckte Blickfang an der Schwelle des Bildes daran, dass die Farben das Gemälde nicht nur erzeugen, sondern auch das letzte Wort haben, wenn sie den Kollaps der Ähnlichkeit in der Malerei überlebt haben werden,

---

18. Michael Fried: *Courbet's Realism*, Chicago 1990, S. 158–164.

weil sie der Welt angehören, die das Bild nur mimetisch wiedergeben kann.[19] Die Farben befinden sich weniger auf der Oberfläche von Michel-Lévys Palette (am oberen Rand gleiten die Farbkleckse sogar über ihre Grenzen hinaus), als auf der Oberfläche von Degas' Gemälde; sie führen nicht in die Tiefe des Bildes, sondern klappen die Malerei zurück in die Fläche.

2.

Vergleicht man die Paletten und die Gemälde, die – der Bildfiktion folgend – jeweils mit ihrer Hilfe gemalt wurden, so wird eine eigenartige Anähnelung zwischen Malerwerkzeug und Kunstwerk bei Degas deutlich, eine strukturelle Verwandtschaft zwischen der mit wenigen, teils reinbunten Farben befleckten Tafel und den ebenfalls flachen, mit bunten Pinselstrichen gemusterten Leinwänden. Der Weg von der horizontalen Palette zum vertikalen Bild scheint sich zwischen 1855 und den späten 1870er Jahren beträchtlich verkürzt zu haben – ein Umstand, der über einen grundlegenden Wandel der Farbtechnologie hinwegtäuscht; denn technologisch betrachtet, hatten sich die Malmittel so weit von der dargestellten belebten und unbelebten Natur entfernt wie nie zuvor in der Geschichte der Malerei. Während die bildenden Künstler und Ateliergehilfen bis ins frühe 19. Jahrhundert hinein Pigmente mineralischer, pflanzlicher und tierischer Herkunft praktisch ausschließlich selbst rieben und mischten und sich dabei mit einer recht beschränkten Auswahl an reinbunten, leuchtenden Substanzen wie Zinnober oder Ultramarin bescheiden mussten, vollzog sich durch mehrere Revolutionen der (organischen) Chemie und Farbenindustrie in der ersten Hälfte des 19. Jahrhunderts eine Verwandlung der Farben vom natürlich gewonnenen Pigment zum synthetisch hergestellten Farbstoff.

Dass die technologische Aufrüstung der Farbenindustrie die malerische Praxis nicht nur auf eine neue materielle Basis stellte, sondern darüber hinaus die ästhetischen Bedingungen der Malerei grundsätzlich veränderte, zeigt der Blick in die Farbtheorie. Um 1800 hatten einzelne Farbhersteller noch angestrengt nach den mineralischen Äquivanten der drei Primärfarben, also nach den materiellen Grundlagen der Komplementärkontraste, geforscht. George Field, ein 1777 geborener Farbproduzent und -theoretiker, identifizierte 1808 beispielsweise Tonerde, Kieselerde und Kalk als Grundbestandteile der Primärfarben gelb, blau und rot.[20] Siebzig Jahre später verwandelte Camille Pissarro, der laut Cézanne bereits seit 1865 alle Erdpigmente strikt vermieden haben soll, seine Palette in das Gemälde einer Landschaft (Abb. 3), wobei er die sechs Farben, die dabei zum Einsatz kamen, am linken und oberen Rand des Holzbrettes ungemischt stehen ließ und damit experimentell nachwies, dass es keine Erdtöne braucht, um die Natur

---

19. Vgl. Jacqueline Lichtenstein: *The Eloquence of Color. Rhetoric and Painting in the French Classical Age*, Berkeley, Los Angeles 1993 (erst. Paris 1989), S. 132.
20. John Gage: *Kulturgeschichte der Farbe. Von der Antike bis zur Gegenwart*, Ravensburg 1997, S. 216.

BARBARA WITTMANN

Abb. 3: Camille Pissarro: *Palette mit Landschaft*, um 1877–79. Williamstown, MA: Sterling and Francine Clark Art Institute.

zu malen, sondern allein die chromatische Brillanz einiger weniger synthetisch gewonnener Pigmente.[21]

Unter den zwanzig meistverwendeten Farben von Realisten wie Manet, Monet, Degas, aber eben auch von daran anschließenden Impressionisten wie Pissarro, befinden sich – so der Befund einer Gruppe von Restauratoren der Londoner National Gallery – fast ausschließlich moderne chemische Pigmente: vor allem Cadmium- und Chromfarben wie die kräftigen Töne Cadmiumgelb, Zitronengelb, Chromgelb und Chromorange, aber auch Zinkfarben und Arsenite wie das für die Landschaftsmalerei besonders wichtige Viridian oder das Smaragdgrün.[22] Besonders im gelben, grünen und violetten Bereich des Spektrums standen nun Pigmente von großer Leuchtkraft zur Verfügung und ergänzten herkömmlich kräftige Buntwerte wie Zinnoberrot und Ultramarin, die nun ebenfalls künstlich hergestellt wurden. Die Farbenindustrie des 19. Jahrhunderts kappte also die natürliche Herkunft der Pigmente; die neuen Farbstoffe erwiesen sich darüber hinaus als nur bedingt geeignet zur Darstellung des menschlichen Körpers, der bekanntermaßen von recht gedämpfter Farbigkeit ist. Die Realisten und Impressionisten gehörten zur ersten Generation von Malern, die zur Darstellung von Lebewesen fast ausschließlich synthetisch gewonnene Farbstoffe einsetzten und – das scheint mir entscheidend – in ihrer künstlichen Buntfarbigkeit geradezu ausstellten.

21. Vgl. David Bomford; Jo Kirby; John Leighton; Ashok Roy: *Impressionism* (*Art in the Making*), The National Gallery, London, New Haven, London 1990 (Kat. Ausst.), S. 90.
22. Ebd., S. 51–72.

Gewiss vollzog sich auch schon auf dem Weg von Courbets Palette zum Gemälde eine Transsubstantiation von tatsächlich anorganischen und synthetisch
gewonnenen in gemalte organische Stoffe, aber der ontologische Status und die
Herkunft der Farben wurden in Courbets Atelier in keiner Weise gegen die refe-
rentielle Ähnlichkeit und Lebendigkeit der Malerei ausgespielt. In Degas' Gemälde vollzog sich dagegen eine strukturelle Annäherung von Palette und Gemälde,
die sich im Mangel an Halbtönen und einheitlicher Textur, in der Willkür der
Pinselschrift und der teils ›verspäteten‹ Mischung der Farben auf dem Bildträger
manifestierte. Die mit der Brillanz der neuen Farbstoffe einhergehende Reduktion der Farben auf der Palette und die Unterdrückung der Halbtöne (um die Intensität der Pigmente nicht zu gefährden) hatten die Schwächung des Verbunds
der Farben zur Folge, also jener Subordination der einzelnen Buntwerte unter
die vereinheitlichende Wirkung des Chiaroscuro, die – wie Frank Fehrenbach
überzeugend dargelegt hat – den Effekt der Lebendigkeit seit der italienischen
Renaissance praktisch wie theoretisch begründet hatte.[23]
Mit der Anähnelung zwischen Palette und Gemälde, also zwischen einer befleckten und einer gemalten Oberfläche, formuliert Degas' Atelierszene einen
Zweifel an der Möglichkeit der Verwandlung des *opus* in ein *corpus*. Was bleibt,
ist das Bild als *bemaltes* Objekt, das sich von der Palette nur noch in seiner hellen
Grundierung und einer gewissen Verpflichtung auf Komposition und Nachahmung der Wirklichkeit unterscheidet.[24] Degas' kleines Gemälde unterzieht die
Malerei einer anti-pygmalionischen Kritik – einer Form von Repräsentationskritik, die insbesondere den Austausch von Leben und Kunst betrifft. Während
bei Courbet belebte und unbelebte Natur um den Maler und seine Palette zirku-
lieren, findet sich Degas' Maler seinerseits eingekreist von seinen Gemälden und
Instrumenten. Michel-Lévy hat die Palette abgelegt und lehnt sich untätig, mit
übereinander geschlagenen Beinen und in die Hosentaschen versenkten Händen
gegen sein Gemälde. – Eine Pose des Dandy, die ihn abschließt gegen die fleckige
Buntfarbigkeit seiner Umgebung, ihm aber auch verhaltenes Unbehagen zu bereiten scheint. Statt einer Immersion der Welt des Ateliers ins Bild, erliegen der
Maler und sein Modell einer sanften Form von Erstarrung.[25] Nur an einer Stelle
werden die deutlich sichtbaren Grenzen der Gemälde im Bild überspielt: die Ma-

---

23.   Fehrenbach: »Calor nativus – Color vitale«, in: *Visuelle Topoi*, a.a.O.; ders.: »Kohäsion
und Transgression«, in: *Animationen / Transgressionen*, a.a.O.
24.   Die Offenlegung der substantiellen Basis der Malerei in toter Materie ist möglicherweise
eine seismische Fernwirkung eines wissenschaftlichen Paradigmenwechsels, dessen kulturelle Wirkung bislang nicht bedacht worden ist: Anfang der 1860er Jahre erbrachte Degas'
Zeitgenosse und Landsmann Louis Pasteur den Nachweis, dass Organismen stets nur aus
anderen Organismen entstünden, und widerlegte damit die Theorie der spontanen Generation (also jene Theorie, die die künstlerischen Verlebendigungsmythen in ihren vielfäl-
tigsten Versionen seit der Antike wissensgeschichtlich flankiert hatte). Seit 1861 gilt: »Omne
vivum ex vivo«. Die Wissenschaften vom Leben des 19. Jahrhunderts hatten die Kontinuität zwischen den Reichen des Organischen und des Anorganischen zerrissen, tote Materie
nimmt sich seit Pasteur unlebendiger als je zuvor aus. Vgl. dazu Bruno Latour: »Pasteur und
Pouchet. Die Heterogenese der Wissenschaftsgeschichte«, in: Michel Serres (Hg.): *Elemente
einer Geschichte der Wissenschaften*, Frankfurt a. M. 1994, S. 749–789.
25.   Schon T.J. Clark spricht vom »final lack of animation in the *Portrait de Michel-Lévy*«
(Clark: *The Painting of Modern Life*, a.a.O., S. 257).

BARBARA WITTMANN

lerpuppe spiegelt die Frau mit Sonnenhut unter dem Baum im linken Bild – sie könnte als Modell dieser Figur gedient haben.[26] Von hier aus betrachtet liest sich die ganze Atelierszene wie eine Parodie auf Pygmalions künstlerisches Projekt – umso mehr als die Puppe in der Kunstkritik des 19. Jahrhunderts als eine Doppelgängerfigur der Repräsentation auftritt, die stets das Scheitern der malerischen Inkarnation anzeigt. In seiner Salonkritik von 1868 polemisiert beispielsweise Emile Zola gegen die Gegner von Courbets und Degas' Malerei, indem er zur Nachahmung des künstlichen Körpers der Puppen aufruft:

»[...] begeht nicht den Fehler, ein Modell abzumalen, das würde Abscheu erregen. Seid einfach sinnlich, zeichnet eine Schöne so, wie die Dummköpfe sie sich erträumen, mit all den Rundungen, all der Grazie einer Schaufensterpuppe, und gebt dieser Schönen einen Hauch von Fleisch, eine Haut, so rosa wie das Trikot von Tänzerinnen.«[27]

Zolas Kritik richtet sich gegen die falsche Idealisierung des Inkarnats, den Mangel an »Haut« und »Fleisch« verknüpft der Literat interessanterweise mit der Abwehr des Modells in seiner Partikularität. Die Puppe tritt hier also als Simulakrum, als falscher Ursprung der malerischen Nachahmung auf; als falscher Ursprung insofern, als der Maler sich die Natur selbst und nicht ihr stilisiertes, verdinglichtes Abbild zum Vorbild nehmen soll, das bloße Oberfläche ist, »Hauch« und »Trikot« ohne Körper. Zolas Ekel steht einer Abscheu vor dem Sichtbarwerden des Modells gegenüber – ein Ekel, der sich an der Darstellung des Körpers in seiner Partikularität erregt, aber auch an der Drohung der Mortifikation, die von der Praxis des Modellstudiums auszugehen scheint.

3.

Das Modellstehen oder -sitzen ist eine unverzichtbare Praxis der realistischen Malerei, es ist aber auch eine Praxis, die im Realismus der zweiten Hälfte des 19. Jahrhunderts einer umfassenden Repräsentationskritik unterzogen wird.[28] In der Pose macht sich das Modell notwendigerweise zur Statue, es verliert seine Lebendigkeit, tritt ein in ein eigenartiges Zwischenreich, das nicht mehr Leben, aber eben auch noch nicht Kunst ist. Dieses Zwischenreich wird durch eine Asymmetrie von Tätigkeit und Untätigkeit, von Studium und Studienobjekt-

---

26. Eine Zusammenstellung der vielfältigen Spiegel- und Verdopplungsmotive in Degas' Werk bietet (ohne auf die Malerpuppe im *Atelier des Künstlers* einzugehen) Sergiusz Michalski: »Degas. Spiegelungen und Doubles«, in: Victor I. Stoichita (Hg.): *Das Double*, Wiesbaden 2006, S. 197–224.
27. Emile Zola: »Der Salon von 1868«, in: ders.: *Die Salons von 1868–1896. Schriften zur Kunst*, Weinheim 1994, S. 120.
28. Ausführlich zur (Professionalisierungs-)Geschichte des weiblichen Malermodells im 19. Jahrhundert und ihrer Bedeutung für den malerischen Realismus: Martin Postle; William Vaughan: *The Artist's Model: From Etty to Spencer*, York City Art Gallery u.a., London 1999 (Kat. Ausst.); Lathers: *Bodies of Art*, a.a.O., S. 21–59; Susan S. Waller: *The Invention of the Model. Artists and Models in Paris, 1830–1870*, Aldershot 2006.

ANTI-PYGMALION

Abb. 4: James McNeill Whistler: *Arrangement in Grau und Schwarz, Nr. 2: Portrait Thomas Carlyle*, 1872-73. Glasgow: Glasgow Museum and Art Gallery.

Werden strukturiert. In seiner Lektüre des *Chef-d'œuvre inconnu* hat Georges Didi-Huberman die Scham als Krankheit des Posierens identifiziert; eine Krankheit, die sich aus der Schaulust des Malers und – wie schon Balzac es nennt – der »Prostitution des angeschauten Körpers« nährt und die alle beteiligten Protagonisten befallen würde.[29] Möglicherweise handelt es sich dabei aber bloß um eine phantasmatische Krankheit des Ateliers, die die Legende vom modernen Künstler begleitet und ein m.E. weit schwerwiegenderes Leiden maskiert. Gemeint ist die Drohung der Mortifikation, die sich mit der Pose zwangsläufig einstellt und

29. Didi-Huberman: *Die leibhaftige Malerei*, a.a.O., S. 81.

187

BARBARA WITTMANN

die sich genau antithetisch zu den Zeichen der Scham – also dem belebenden Erröten – äußert. Eine reiche Symptomatik dieser Krankheit findet sich in den Selbst- und Fremdbeschreibungen, die Modelle und Atelierbesucher hinterlassen haben. So berichtet etwa Emile Zola von den Sitzungen, die er Edouard Manet 1868 für sein berühmtes, heute im Musée d'Orsay befindliches Portrait gab:[30]

»Ich erinnere mich an die langen Stunden des Stillsitzens. Während meine regungslosen Glieder allmählich einschliefen, während mein Blick in dem hellen Licht ermüdete, kamen mir immer wieder wie ein leises, dumpfes Brausen dieselben Gedanken. [...] Bisweilen sah ich im Halbschlaf des Posierens den Künstler an, der mit angespanntem Gesicht und leuchtenden Augen ganz in seine Arbeit versunken vor der Leinwand stand. Er hatte mich vergessen, er wußte nicht mehr, daß ich da war, er malte mich ab, wie er jedes andere Lebewesen abgemalt hätte, mit einer Aufmerksamkeit, einer künstlerischen Gewissenhaftigkeit, die ich nirgendwo sonst je gesehen habe.«[31]

Der Schriftsteller verwandelt sich vor den allzu aufmerksamen Augen des Malers in eine Art Stillleben. Eine verwandte Beobachtung wird nur wenige Jahre danach der englische Maler Hugh Cameron während einer Portraitsitzung Thomas Carlyles bei James McNeill Whistler machen (Abb. 4): »Es war die komischste Sache, die ich je gesehen habe. Carlyle hielt sich unbeweglich wie eine heidnische Gottheit oder ein Weiser aus dem Morgenland, und Whistler sprang um ihn herum wie ein Sperling.«[32]

Und von den mehr als siebzehn Sitzungen bei demselben Maler wird der Dichter Robert de Montesquiou-Fezensac laut Edmond de Goncourt in den 1890er Jahren berichten:

»Die Skizze sei ein *Ansturm auf die Leinwand*, ein oder zwei Stunden fieberhafter Raserei und daraus gehe der Gegenstand in seiner Schale fix und fertig hervor [...] Dann die Sitzungen, lange Sitzungen, in denen die meiste Zeit darüber verging, daß der Maler zwar den Pinsel an die Leinwand heranbrachte, die Farbe an der Pinselspitze jedoch nicht auftrug, sondern ihn wegwarf, den Pinsel! einen anderen nahm, und so kam es bisweilen vor, daß er in drei Stunden etwa fünfzig Pinselstriche auf die Leinwand brachte [...] und mit jedem Pinselstrich wurde, wie er sich ausdrückt, eine weitere Schleierschicht der Skizze aufgehoben. Sitzungen, oh! bei denen es Montesquiou vorkam, als bringe ihn Whistler mit der Starrheit seiner Aufmerksamkeit ums Leben, als *sauge* er einen Teil seiner Individualität ein; und schließlich fühlte er sich dermaßen *ausgepumpt*, daß er etwas wie eine Kontraktion seines ganzen Wesens verspürte; glücklicherweise

---

30. Für eine eingehende Analyse des Portraits vgl. Wittmann: *Gesichter geben*, a.a.O., S. 83–121.
31. Zola: »Der Salon von 1868«, in: ders.: *Die Salons von 1868–1896*, a.a.O., S. 100.
32. Zit. nach Richard Dorment; Margaret MacDonald (Hg.): *Whistler, 1834–1903*, Tate Gallery, London, Musée d'Orsay, Paris, National Gallery of Art, Washington, Paris 1995 (Kat. Ausst.), S. 144 (Übersetzung der Autorin).

Links: Abb. 5: Edouard Manet: *Mlle V... im Kostüm eines Espada*, 1862. New York, NY: The Metropolitan Museum of Art.
Rechts: Abb. 6: Edouard Manet: *Junger Mann im Kostüm eines Majo*, 1862. New York, NY: The Metropolitan Museum of Art.

habe er einen bestimmten mit *Koka* versetzten Wein entdeckt, durch den er sich von diesen schrecklichen Sitzungen wieder erholte!«[33]

Die drei Beschreibungen der Portraitsitzung treffen sich in einem eigenartigen umgekehrten Pygmalioneffekt: Während die Modelle einer schleichenden Erstarrung erliegen, gewinnen die Maler an Lebendigkeit, zeigen eine charakteristische – man möchte sagen vampiristische – Steigerung ihrer Aufmerksamkeit. Wenn man diese Drohung der Mortifikation nicht einfach auf das mangelnde Konversationstalent Manets oder Whistlers zurückführen möchte, lohnt ein kurzer Rückblick auf die Funktion der Pose als privilegierter Erinnerungsort der Kunstgeschichte im Rahmen der Künstlerausbildung.

In den Kunstakademien des 18. und 19. Jahrhunderts erlernten und übten die angehenden Maler am lebenden männlichen Modell ein jahrhundertealtes – bisweilen antikes – Repertoire von Posen (das bezeichnenderweise wie das Modell selbst »académie« genannt wurde).[34] Wie schon erwähnt, hielt noch Courbet an der traditionellen Werkstattpraxis des Modellstehens fest, ja steigerte ihren Wirkungskreis und ihre Bedeutung, indem er auch Lebewesen ins Atelier holte, die sich mit geringerem Aufwand außerhalb dieses Raums studieren hätten lassen. Er erweiterte den Kanon der Posen dabei um besonders kunstlose, akzidentielle,

33. Edmond u. Jules de Goncourt: *Blitzlichter. Porträts aus dem 19. Jahrhundert*, Frankfurt a. M. 1990, S. 187.
34. Vgl. Lathers: *Bodies of Art*, a.a.O., S. 22–23.

BARBARA WITTMANN

aber er nahm die augenscheinliche Differenz zwischen der einzelnen, im Atelier studierten Figur und ihrer Eingliederung in den Zusammenhang in eine größere, oft sogar im Freiraum angesiedelte Komposition in Kauf, auch wenn die Modelle nun wie vor Papierkulissen agierten. Es dürfte genau dieser Mangel gewesen sein, den Edouard Manet in Courbets Gemälden Anfang der 1860er Jahre als genuine Qualität entdeckte. Im Salon der Refüsierten von 1863 stellte Manet gemeinsam mit seinem notorischen *Frühstück im Grünen* zwei Figurenstudien aus, die die etwas sperrigen Titel *Mlle V... im Kostüm eines Espada* (Abb. 5) und *Junger Mann im Kostüm eines Majo* (Abb. 6) trugen.[35]

Die beiden Gemälde zeigen Manets Bruder und sein Lieblingsmodell Victorine Meurent (das Aktmodell des *Déjeuner sur l'herbe* und der *Olympia*) in spanischer Verkleidung, also in einer Art Rollenportrait. Die Körperhaltungen beider Figuren verraten das stunden- und tagelange Posieren vor dem Maler, besonders die unbewegliche, fast gefrorene Siegesgeste Victorines aktualisiert den Entstehungsprozess des Gemäldes im Atelier.[36] Es ist etwas Unentschiedenes und leicht Kippeliges in der Art, wie Victorine das hintere Bein kaum auf den Boden aufsetzt, den zweiten Handschuh nur wenig überzeugend hinter ihren linken Oberarm klemmt und recht unsicher die Insignien des Sieges präsentiert. Das Schrittmotiv selbst entstammt dem Repertoire der Kunstgeschichte, es ist so konventionell, dass die kunsthistorische Forschung dafür gleich mehrere Quellen ausfindig machen konnte.[37] Manet sucht geradezu das Klischee, um die Identifikation von Modell und Rolle umso wirksamer aufbrechen zu lassen, denn die verfehlte Pose Victorines kann schwerlich als kalkulierter Kunstgriff des Malers verstanden werden, der Betrachter wird sie stets als Ungeschicklichkeit des Modells lesen. In der Differenz zum mühelosen Gepinsel des Hintergrunds, das nicht mehr als Malerei sein will, verweisen die halbherzige Pose, die vor Anstrengung speckig glänzenden Wangen und die fleckig gerötete Haut auf einen Ursprung außerhalb der Malerei, auf das singuläre Ereignis der Anwesenheit dieses Mädchens Victorine in Manets Atelier. Die Kunst eröffnet sich hier Eigenschaften, die nicht mehr oder genauer: noch nicht Kunst sind. Darin gleicht diese Öffnung jener mit den Mitteln der Malerei versuchten Selbstaufhebung der Malerei, die in der Utopie des ›inkarnierten Bildes‹ in Aussicht gestellt worden war. Mit dem entscheidenden Unterschied, dass diese projektierte Selbstaufhebung nicht mehr an die Evokation des Körpers – seiner Bewegungen, Affekte und Funktionen – als Organismus gebunden ist; dass sie ganz im Gegenteil dort zutage tritt, wo diese Evokation scheitert – am mit Farbe zugekleisterten Inkarnat, am versteinerten Körper der Pose. Der Effekt der Präsenz wäre bei Manet also etwas, das an der

35. Vgl. Wittmann: *Gesichter geben*, a.a.O., S. 53–81.
36. Zur Selbstreferentialität der Posen bei Manet und den Realisten der 1860er Jahre vgl. Carol Armstrong: »Manet/Manette. Encoloring the I/eye«, in: *Stanford Humanities Review* 2 (1992), S. 1–46; dies.: »To Paint, to Point, to Pose. Manet's *Le Déjeuner sur l'herbe*«, in: Paul Hayes Tucker (Hg.): *Manet's Le Déjeuner sur l'herbe*, Cambridge 1998, S. 90–118; Fried: *Manet's Modernism*, a.a.O., S. 336–346; Dianne W. Pitman: *Bazille. Purity, Pose and Painting in the 1860s*, University Park 1998; Susan Waller: »Realist Quandaries. Posing Professional and Proprietary Models in the 1860s«, in: *Art Bulletin* 89 (2007), 2, S. 239–265.
37. Siehe *Manet 1832–1883*, Grand Palais, Paris, Metropolitan Museum of Art, New York 1983 (Kat. Ausst.), S. 113; Fried: *Manet's Modernism*, a.a.O., S. 88–89.

Einbruchstelle der ›Lebendigkeit‹ als malerischer Kategorie entsteht – ein Effekt, der im Konflikt mit den Konventionen der Kunst zur Erscheinung kommt und die Malerei hin auf eine Intersubjektivität öffnet, die die Repräsentation als geschlossenes System gefährdet.

4.

Was also habe ich zu zeigen versucht? Erstens, dass die realistische und impressionistische Malerei der 1860er und 1870er Jahre auf einer anderen Technologie und damit verbunden einer anderen Ästhetik der Farben beruht – auf einem neuen Kolorit von synthetisch gewonnenen Pigmenten, das jenen seit der Hochrenaissance wirksamen Verlebendigungseffekt, der aus der Unterordnung der einzelnen Buntwerte im Farbverbund gewonnen wurde, aufhebt. Das Gemälde wird damit als bemaltes Ding sichtbar, dessen Kolorit in offensichtlicher Diskontinuität zur Farbigkeit belebter Körper steht. Zweitens habe ich die Bedrohung nachzuzeichnen versucht, die unter den Bedingungen einer Kunst, die bloßes Portraitieren sein will, von der Pose und vom Posieren ausging. Die kunstvolle, künstlich gehaltene Pose gefährdet die Malerei, indem sie ihre Verfasstheit als Nachahmung einer Nachahmung, als Nachahmung zweiter Ordnung aufzudecken droht. ›Lebendigkeit‹ als Kategorie der Darstellung gerät in der Malerei des späten 19. Jahrhunderts also von zwei Seiten unter Druck: durch die Materialisierung des Kolorits als unbelebte Substanz einerseits, durch das Simulakrum, die untote Künstlichkeit der Pose andererseits.

Man könnte im Anschluss an diese These festhalten, dass Manet und die Generation der Maler von 1860 das Atelier als Ursprung des Lebendigen aus dem Erstarrten freilegen. Das Kunstwerk wäre den jungen Realisten zufolge ein Ding, das den Schein von Leben trägt, sich aber doch nicht regt. Genau in dieser Eigenschaft dürfte ein Indiz für die folgenreiche Inversion des Pygmalioneffekts vorliegen: Manets und Degas' Modelle sterben den kleinen Tod der Pose, die Darstellung des Lebens wird im Atelier dem Regime künstlicher Farbstoffe unterworfen, doch im Zustand des malerischen Scheintods wirkt ein Versprechen der Präsenz und Unmittelbarkeit, das eine direkte Folge des teilweisen Einbrechens der ›Lebendigkeit‹ als einer malerischen Kategorie ist.

Rüdiger Campe

Form und Leben in der Theorie des Romans

1. Eine Wende im Wissen der Literatur

Gegenstand und Grenze des modernen Romans ist der Begriff des Lebens in der Hermeneutik des objektiven Geistes. Dilthey hat das als Niederlegung von Lebenserfahrung in der Autobiographie verstanden. Damit kommt der Zusammenhang zwischen Roman und Leben in einer Philosophie der Form in den Blick. Die folgende Erörterung wird dazu auf Distanz bleiben. Dass Theorien des Romans häufig von Lebenslauf und lebendigem Geschehen sprechen, hat man in der Geschichte der Gattungspoetik erforscht. Auf diese der Literatur eigene Beschreibung greifen die Anmerkungen im Folgenden zurück. Sie machen sie aber nicht zu ihrem Ausgangspunkt.[1] Kurz: Eine geschichtsphilosophische Theorie der Gattungen, die sich aus der Bestimmung literarischer Paradigmen und der Philosophie der Formen zusammensetzt, ist nicht der Schauplatz der Argumentation, die hier geführt werden soll. Die Frage richtet sich auf Gegebenheit und Art des Zusammenhangs von Roman, Theorie und Leben. Dass es den modernen europäischen Roman ohne Theorie nicht geben kann, und zwar ohne eine Theorie des Lebens nicht geben kann, das ist eine Sache der Ontologie der Literatur. Roman, Theorie und Leben – so die These – bilden einen für die Gegebenheit der modernen Literatur zumindest in der europäischen Tradition charakteristischen Zusammenhang. Der Zusammenhang besteht noch vor der Unterscheidung zwischen den Werken und den Reden über sie: gegeben ist Literatur zunächst in beiden Manifestationen.[2] Auf eine andere Ebene der Untersuchung versetzt, heißt das: Es geht um das Wissen der Literatur. Unter Wissen der Literatur ist dabei verstanden, was sich über Literatur aussagen lässt und was als Wissen in sie eingelegt ist; im Fall einer notwendig in die Werke eingelegten Theorie geht beides zusammen.[3] In der Angewiesenheit des Romans auf Theorie, und zwar auf eine

---

1.   Wilhelm Dilthey: *Einleitung in die Geisteswissenschaften*, Leipzig 1883, 1. Buch. 8. Kap., besonders S. 41–43; vgl. dazu Manfred Schneider: »Politik der Lebensgeschichte um 1800 und das autobiographische Wissen im Theoriedesign des 20. Jahrhunderts«, in: Joseph Vogl (Hg.): *Poetologien des Wissens um 1800*, München 1999, S. 267–288. Als poetologische Studien zur Kategorie und zum Motiv des Lebens im Roman vgl. Gerhart von Graevenitz: *Die Setzung des Subjekts: Untersuchungen zur Romantheorie*, Tübingen 1973; Josef Fürnkäs: *Ursprung des psychologischen Romans: Karl Philipp Moritz' »Anton Reiser«*, Stuttgart 1977.
2.   Michel Foucault hat in Anlehnung an Maurice Blanchot eine Ontologie der Literatur entworfen; vgl. Foucault: »Le langage à l'infini« (1963), in: ders.: *Dits et Écrits*, Paris 1994, Bd. 1, S. 250–261. Foucault führt den Begriff ein als Beharrungsvermögen der Schrift und ihrer Spuren im Horizont der Endlichkeit. Die Resistenz der Spur bildet sich Foucault zufolge in einer Motivik von Formen der Selbstreflexion der Schrift und der Sprache aus. Der hier vorgebrachte Zusammenhang von Roman, Theorie und Leben ließe sich an dieser Stelle an Foucaults Überlegung anfügen.
3.   Unter dem Titel einer »poétique du savoir« hat Jacques Rancière für den besonderen Fall der Geschichte und ihrer Wissenschaft erörtert, wie die Rede es macht, in der Erzählung zugleich den Abstand vom Erzählen und damit den Übergang in die Wissenschaft mit

Theorie des Lebens, liegt nun eine Wende in der Gegebenheit bzw. im Wissen der Literatur: die Wende von den alteuropäischen *artes* und ihren rhetorischen *schemata* und poetologischen Formtypen, zu denen der Roman nicht zählte, zur Form der Literatur, die paradigmatisch Roman ist.[4]

»Ich meine, die Form sei ein biologisches Bedürfnis.« Dieser Satz, den Georg Lukács 1910 in Anspielung auf Schillers Wort vom Formtrieb an Leo Popper schrieb,[5] ist noch nicht auf die erst später konzipierte und niedergeschriebene *Theorie des Romans* bezogen. Der Satz greift aus der vorangehenden Essaysammlung *Die Seele und die Formen* die Vorstellung von einer Form auf, die dem Leben Einheit und Gestalt gibt. Die Formulierung spitzt das Argument zu, wenn sie die Form ein Erfordernis und Ziel für das Leben, einen Gegenstand des Bedürfnisses, nennt. Mit der Zuspitzung nimmt sie Richtung auf die Romantheorie. Denn vielleicht, so lässt sich vermuten, wird Lukács einige Jahre später zum Autor des Buches und des ganzen Diskurses der Romantheorie,[6] weil die Bezugspunkte seiner Ästhetik – Simmels Kant-Interpretation, Bergsons Bestimmung des Lebens und Émile Boutroux' *De la contingence des lois de la nature* – den Roman als Daseinsform der Literatur spezifisch betreffen.[7] Lukács' Ästhetik in diesen Jahren ist allgemeine Formlehre und weist auf Erkenntnistheorie und Metaphysik voraus. Diese allgemeine Formlehre ist aber beispielhaft gegründet auf eine Theorie von der Form des Lebens. Dass die Form »ein biologisches Bedürfnis« genannt wird, kann zweierlei heißen: Es kann meinen, dass der Formcharakter der Kunst auf einem biologischen Bedürfnis aufruht. Es kann aber auch das Bedürfnis des Lebens nach Form meinen. Entweder die Kunst gibt dem Leben ihre Form, um es

darzustellen (Rancière: *Les mots de l'histoire. Essai de poétique du savoir*, Paris 1992, S. 19f.). Daraus hat Joseph Vogl die umgekehrte Folgerung gezogen, dass die Texte der Wissenschaften und sogar ihre Begründungen auch immer poetologischen Charakter haben (Vogl [Hg.]: *Poetologien des Wissens*, a.a.O., Vorwort). Mit dem Stichwort vom Wissen der Literatur soll nun hervorgehoben werden, dass Poetik und Rhetorik ihrerseits einen Platz im Wissen oder gegenüber dem Wissen haben. Genauer gesagt, das Poetologische und Rhetorische bestimmen im und gegenüber dem Wissen dessen Geschichtlichkeit mit.

4.   Was hier mit dem modernen Roman gemeint ist, lässt sich durch eine Reihe klassischer Untersuchungen charakterisieren: Clemens Lugowski: *Die Form der Individualität im Roman*, Berlin 1932; Ian P. Watt: *The Rise of the Novel*, Berkeley 1957; Wolfgang Kayser: *Entstehung und Krise des modernen Romans*, Stuttgart [4]1963; Franco Moretti: *The way of the world. The Bildungsroman in European culture*, London 2000.

5.   Georg Lukács: *Briefwechsel 1902–1917*, hg. von Éva Karádi; Éva Fekete, Stuttgart 1982, S. 134. Dies sei, schreibt Lukács, die »Apodiktik der Form« (ebd.). Leo Popper hatte formuliert: »Die Form sei Deine Fiktion, an die man sich halten muß, wie an die Willensfreiheit [...]«. (S. 132) Vgl. Agnes Heller; Ferenc Fehér (Hg.): *Die Seele und das Leben. Studien zum frühen Lukács*, Frankfurt a. M. 1971.

6.   Zu den beiden Autorschaften vgl. Michel Foucault: »Qu'est-ce qu'un auteur?« (1969), in: ders.: *Dits et Écrits*, a.a.O., S. 789–821. Die »transdiskursiven Autoren«, bemerkt Foucault, seien nicht nur die ihrer Werke, sondern sie hätten »la possibilité et la règle de formation d'autres textes« hervorgebracht (S. 804). Man kann sich fragen, ob diese folgenreiche Rekonstruktion von Autorschaft nicht gerade in der Überkreuzung beider Bedeutungen ihre Pointe hat: in der Verantwortung für ein Werk und in der Bedingung der Möglichkeit eines Diskurses.

7.   Georg Simmel: *Kant. Sechzehn Vorlesungen gehalten an der Berliner Universität*, Leipzig 1904; Henri Bergson: *L'évolution créatrice*, Paris 1924; Émile Boutroux: *De la contingence des lois de la nature*, Paris [7]1913.

von außen her als es selbst aufzubewahren; oder die Form, die das Leben von sich aus zu seiner Abschließung braucht, erfordert eine ihm entstammende Form, in der sich das Leben selbst fremd ist und die von der Kunst als deren eigene Sache aufgenommen werden kann.[8]

Das sind die beiden großräumigen Thesen, die im Folgenden für die Entstehungszeit der Romantheorie nach Möglichkeit ausgeführt werden sollen: 1. Der moderne Roman erfordert Theorie und zwar eine Theorie des Lebens. Damit ist eine Wende im Wissen der Literatur verbunden. 2. Ästhetische Formtheorie ist seit dem Roman von einem biologischen Bedürfnis gekennzeichnet, das vom Leben her gedacht Bedürfnis nach Form und von der Ästhetik aus gesehen eines nach Biologie ist. Das ist auch dann so, wenn man, wie Lukács an der zitierten Briefstelle schnell anfügt, die Rede von der Biologie nicht naturwissenschaftlich meint, sondern ›ganz tief‹.[9]

2. Roman und Theorie

Solange es kritische Überlegungen zum Roman gibt, sind sie als seine Theorie aufgetreten. Als Theorie des Romans machten solche Überlegungen einen besonderen Anspruch geltend. Im Titel *Theorie des Romans* zeigt sich, dass hier ein neuartiges Problem zur Verhandlung anstand. Während Poetiken und Rhetoriken und sogar noch »critische Dichtkünste« bis weit ins 18. Jahrhundert den Roman weitgehend aussparten, erscheint umgekehrt, was mit kritisch-systematischer Absicht über den Roman spricht, sofort und ausschließlich als seine Theorie. Die Rede ist vom modernen Roman, dessen Aufstieg Ian Watt und Franco Moretti besprochen haben, vom Roman also seit Defoe oder den petits romans des späten 17. Jahrhunderts in Frankreich oder Fieldings *Tom Jones*. Jedenfalls ist es ein Roman, der das Leben oft schon im Titel führt: in Defoes und Fieldings Versionen des *Life of Jonathan Wild* aus den zwanziger Jahren des 18. Jahrhunderts beispielsweise oder in Marivaux' *Vie de Marianne* von 1731, dem *Leben der Schwedischen Gräfinn* von Gellert aus dem Jahr 1741 und dem großen *Life and Opinions of Tristram Shandy* von 1759. Dieser Roman existiert, wie noch genauer zu erörtern bleibt, als Gegenstand nur und sofort im Bereich einer Theorie.[10] Roman und Theorie sind Verbündete und Aneinandergekettete.

---

8.   Vgl. dazu die Beiträge in: Uwe Hebekus; Ingo Stöckmann (Hg.): *Die Souveränität der Literatur. Zum Totalitären der klassischen Moderne 1900–1933*, München 2008.
9.   Die Fortsetzung des Zitats vom ›biologischen Bedürfnis‹ lautet: »[…] (nicht im gewöhnlichen ›naturwissenschaftlichen‹ Sinn des Wortes, sondern ganz tief: als Bedürfnis, die *Ganzheit* des Lebens zu erfassen.)«. (Lukács: *Briefwechsel*, a.a.O., S. 134)
10.   Dass der Roman auf Theorie angewiesen ist, hat man im Bezug der Poetik auf säkularisierte Geschichte diskutiert, vgl. Wilhelm Voßkamp: *Romantheorie in Deutschland. Von Opitz bis Friedrich von Blanckenburg*, Stuttgart 1973; Werner Frick: *Providenz und Kontingenz. Untersuchungen zur Schicksalssemantik im deutschen und europäischen Roman des 17. und 18. Jahrhunderts*, Tübingen 1988; Rudolph Behrens: *Umstrittene Theodizee, erzählte Kontingenz. Die Krise teleologischer Weltdeutung und der französische Roman (1670–1770)*, Tübingen 1994. Um die Bedeutung dieser Diskussion zu erfassen, muss man aber zunächst verstehen, warum der Roman es zur Bestimmung seiner Form erfordert, dass man nach etwas wie dem Konzept der Geschichte fragen muss; dazu vgl. Rüdiger Campe: *Spiel der Wahr-*

RÜDIGER CAMPE

Darin kann man einen Modellfall sehen. Von der Solidarität zwischen Roman und Theorie her kann man es vielleicht überhaupt erst verstehen, was es heißt, dass es seither Literaturtheorie, Medientheorie, Kulturtheorie und überhaupt Theorie im nachdrücklichen Sinne gibt. Der Zusammenhang von Roman und Theorie modellierte seit den Romantikern die Bahn, auf der im 20. Jahrhundert die Literaturwissenschaft nicht nur die Methoden gewechselt, sondern auch den Gegenstandsbereich ausgedehnt hat. Das liegt an einem einfachen Sachverhalt, der sich aber nicht einfach erörtern lässt: Nur und erst beim modernen Roman ist es unter allen Gattungen so, dass man über Form nur als eine des Lebens sprechen kann.[11] Mit dem modernen Roman wird literarische Form statt zu einer Sache der literarischen zu einer der Lebensform.[12]

Diesen Wechsel haben die meisten Theorien des Romans registriert, indem sie den Roman vom Epos unterschieden. Es war dann das Spezifische des Romans, von der Formlosigkeit, die man ihm vom literarisch geformten Epos her attestieren musste, auf die Form des in ihm thematischen Lebens zu schließen. Mit dieser Unterscheidung können Romantheorien den Diskurs einer Gattung führen, in der Form Lebensform ist, ohne über die Ungeheuerlichkeit dieses Anspruchs, das »biologische Bedürfnis«, Rechenschaft zu geben. Will man Romantheorie nicht mit Hilfe dieser Unterscheidung als Geschichtsphilosophie fortsetzen – was sie vom barocken *Origine des romans* des Bischofs Huet bis zu Georg Lukács gewesen ist[13] –, muss man die diskursiven Praktiken und hermeneutischen Operationen untersuchen, die die romantheoretische Behauptung der Lebensform möglich machen. Man muss nach der Denkbarkeit der Roman-Theorie fragen. Der Wechsel von den literarischen, den rhetorischen und poetologischen, Formen zur Lebensform im Roman ist keine bloße Umwandlung. Er ist ein unvermittelter Sprung. Die Wende zeigt sich nicht notwendigerweise in der Geschichte

---

scheinlichkeit, Göttingen 2002.

11. Darin liegt die weitere These, dass der moderne Roman nicht eine Gattung wie Tragödie, Komödie, Sonett oder Epigramm ist, auch nicht wie Drama, Epik und Lyrik, sondern eine Seinsweise der Literatur. Vgl. zur Unterscheidung der beiden erstgenannten Gattungskonzepte: Peter Szondi: *Poetik und Geschichtsphilosophie*, Frankfurt a. M. 1974; eine den Status des Literarischen betreffende Unterscheidung wie die hier gemeinte hat Szondi für das Drama getroffen mit der Differenzierung zwischen der Tragödie und dem Tragischen; vgl. ders.: *Versuch über das Tragische*, Frankfurt a. M. 1961.

12. ›Lebensform‹ ist mit Bezug auf Giorgio Agamben: »Lebens-Form«, in: Joseph Vogl (Hg.): *Gemeinschaften: Positionen zu einer Philosophie des Politischen*, Frankfurt a. M. 1994, gesagt. Wie Eva Geulen zeigt, ist eine Fassung des Lebens gemeint, die den Unterschied zwischen politisch-rechtlichem und sozial-administrativem (biopolitischem) Leben sowohl in defizienter wie in messianisch erlösender Perspektive auslöscht (Geulen: »Form-of-Life, Forma-di-vita. Distinction in Agamben«, in: Eva Horn; Bettine Menke; Christoph Menke [Hg.]: *Literatur als Philosophie – Philosophie als Literatur*, München 2006, S. 363–374). Geulen weist auf Anbindungen an den ästhetischen Formbegriff hin. Jedenfalls ist die Agambensche Lebens-Form im Sinne der hier angestellten Überlegungen eine des Romans; seinen Anspielungen auf Kafkas und Musils Romane bleibt nachzugehen.

13. Pierre-Daniel Huet: *Traité de l'origine des romans*, kritische, annotierte Ausgabe von Arend Kok, Amsterdam 1942; Johann Christoph Gottsched: *Versuch einer Critischen Dichtkunst*, Darmstadt 1977, S. 505–528; Friedrich Schlegel: *Über das Studium der Griechischen Poesie*, in: ders.: *Kritische-Schlegel-Ausgabe*, hg. von Ernst Behler, Paderborn, München, Wien 1979ff., 1. Abt., I; Georg Lukács: *Die Theorie des Romans. Ein geschichtsphilosophischer Versuch über die Formen der großen Epik*, Neuwied, Berlin 1971.

der Werke und nicht einmal in der Geschichte der Systematisierungsversuche der Literatur. In beiden Hinsichten findet man immer Traditionen, Abhängigkeiten und Weiterentwicklungen. Aber es ist eine absolute Wende im Wissen der Literatur – eine Wende darin, wie Wissen in Literatur eingelegt ist und Wissen aus Literatur herausgehoben werden kann. Die Rhetoriken und Poetiken des alten Europa banden ihre literarischen Formen an Sprechsituationen und an Stoff-Form-Kombinationen. Von ihnen her gibt es keine Kontinuität zur Form des Romans, die als Form des Lebens jedes Mal neu begründet wird und sich von Formungen des Lebens in anderen Diskursen nicht grundsätzlich unterscheidet. Es gibt nur eine absolute Wende.

›Leben‹ ist soweit terminologisch unbestimmt. Dem Wissen der Literatur stellt sich mit dem ›Leben‹ der Roman-Theorie die Frage der Form noch einmal anders. Sie stellt sich anders, heißt das, als in den überlieferten Termen der Rhetorik und Poetik, in denen man Wörter und Dinge korrelierte. Das ›Leben‹ des Romans ist ein Hinweis gerade darauf, dass sich der Roman durch solche Korrelationen – die ganze rhetorisch-poetologische Semantik der *copia* und ihrer Passformen von *res* und *verba* – grundsätzlich nicht bestimmen lässt. Im Herausarbeiten und Geltendmachen dieser Unbestimmtheit liegt der erste und grundlegende Beitrag der Roman-Theorie zum Lebensbegriff. Möglich ist das aber andererseits nur, weil es im alteuropäischen Wissen der Literatur die Terme der Lebendigkeit und der Vergegenwärtigung geprägten Lebens, von *zoe* und *vita*, gegeben hat. Das Leben der Roman-Theorie wird diese überlieferten Lebensterme in geradezu nahtlosem Anschluss aufnehmen. Aber sie wird das im Namen einer Einheit von beidem tun, die sich aus ihnen selbst jeweils nicht ableiten lässt. Zwischen Lebendigkeit und lebhafter Vergegenwärtigung in der Poetik und dem Leben des Romans liegt der entscheidende Sprung.

3. Romantheorien

Um die wichtigsten Bezüge der Romantheorie schnell in Erinnerung zu rufen: Den Titel und die Habitualisierung von Romantheorie gibt es erst seit Lukács' Buch, das, 1914 geschrieben, 1916 in Dessoirs *Zeitschrift für Ästhetik und Allgemeine Kunstwissenschaft* in zwei Teilen erschien und schließlich 1920 in Buchform von Paul Cassirer gedruckt wurde.[14] Insofern ist Romantheorie dem realistischen Roman des späten 19. und frühen 20. Jahrhunderts zugeordnet. Aber Lukács greift auf, was er bei Friedrich Schlegel gelesen hatte. Im *Brief über den Roman,* einem Teil des *Gesprächs über die Poesie,* bringt Schlegel als Theorie des Romans ins Spiel, was er zu sagen hätte, gäbe es für ihn die Gattung Roman. Theorie heißt hier: Entwurf eines Gegenstandes, den es noch nicht gibt, oder regulative Idee von etwas, das nicht gegeben sein kann. Der Grund für diesen bloß fordernden Charakter der Theorie liegt in Schlegels Form-Argument. Für Anto-

---

14.   Der Erstdruck erschien in der *Zeitschrift für Ästhetik und allgemeine Kunstwissenschaft* 11 (1916); auch: Stuttgart 1916; die Buchausgabe Berlin 1920. Vgl. Ernst Keller: *Der junge Lukács*, Frankfurt a. M. 1984.

nio alias Schleiermacher, den Schlegel im *Gespräch über die Poesie* für den *Brief über den Roman* verantwortlich zeichnen lässt, beginnt eine Theorie des Romans damit, die ›kleinen Formen‹ wie Novelle und Märchen, die dem Roman als schon auskristallisierte Kerne der Form voraus liegen, »auf ihren ursprünglichen Charakter« zurückzuführen. »Wenn solche Beispiele ans Licht träten, dann würde ich Mut bekommen zu einer *Theorie des Romans* […].«[15] Gattungen sind Formen, in denen Wörter, Stile und Dinge rhetorisch und poetologisch konfiguriert sind und deren Konfigurationsgrund vor ihrer literarischen Formwerdung urbildhaft schon da ist. Da aber der Roman im Gegensatz zum Epos die eine Gattung ist, die nicht schon in der Naturgeschichte der Literatur vorkommt,[16] muss man Schlegel zufolge in seinem Fall die Frage nach der Form durch die Frage nach anderen, einfachen und schon vorhandenen, Formen ersetzen. In seiner Nichtgegebenheit als Gattung ist der Roman die Frage nach Formprozessen. Man kann und muss seiner Theorie vorgreifen, indem man existierende Gattungen auf die Form ihrer Form hin untersucht. Der Roman ist derjenige Formprozess, der einfache Formen in sich aufnimmt und an ihnen die eigene Formlosigkeit kompensiert.

Den Roman in diesem Verständnis gibt es nur durch und als Theorie anstelle von Gattungspoetiken; und diese Theorie ist dann, virtuell wie sie ist, Theorie immer schon von etwas anderem als nur von poetischen Formen. Sie ist Theorie der Gattungen; in der weiteren Konsequenz Theorie der Literatur, der Kultur, der Medien usw. Schließlich zielt Romantheorie, wie Schlegel aus noch zu erläuternden Gründen sagt, auf Lebenskunst. Eingelöst wird die nur als Forderung mögliche Theorie des Romans dann durch wieder etwas anderes als Theorie, nämlich die Interpretation eines einmaligen Falles, des *Wilhelm Meister*. Von ihm sagt der Rezensent Schlegel dann in der Tat, dass er eine Galerie naturhaft gegebener Gattungen in sich versammele.[17]

So einleuchtend Schlegels Fazit ist, nimmt man einmal den Standpunkt der Form ein, ist damit nicht schon einsichtig, wie man dazu kommen sollte, ihn einzunehmen. In diesem Zusammenhang ist es interessant, dass Schlegel mit seiner Vorstellung von der Theorie des Romans etwas aufnimmt, was aus ganz anderen Gründen Friedrich von Blanckenburg, der preußische Offizier aus der weiteren Verwandtschaft der Kleists, im *Versuch über den Roman* von 1774 getan hatte. Blanckenburg hatte in ähnlicher Weise unterstellt, es gebe nur einen einzigen Roman, der bisher einer zu erstellenden Theorie des Romans entspreche. In seinem Fall handelt es sich um den *Agathon*. Nur Wielands Buch, schreibt Blanckenburg

---

15.   Friedrich Schlegel: *Das Gespräch über die Poesie*, in: ders.: *Kritische-Schlegel-Ausgabe*, a.a.O., 1. Abt., II, S. 337. Vgl. dazu Günther Oesterle: »Arabeske und Roman. Eine poetik-geschichtliche Rekonstruktion von Friedrich Schlegels ›Brief über den Roman‹«, in: Dirk Grathoff (Hg.): *Studien zur Ästhetik und Literaturgeschichte der Kunstperiode*, Frankfurt a. M., New York 1985, S. 233–292.
16.   Diesen Begriff entwickelt Schlegel in: *Über das Studium der Griechischen Poesie*, a.a.O., S. 273. Die »allgemeine Naturgeschichte der Kunst« – die Geschichte der antiken Literatur und ihrer Gattungen – ist hier auf eine wiederum nur hypothetisch angenommene »objective ästhetische Theorie« bezogen.
17.   Friedrich Schlegel: *Über Goethes Meister*, in: ders.: *Kritische-Schlegel-Ausgabe*, a.a.O., 1. Abt., II, zur »Naturgeschichte des Schönen« siehe z.B. S. 132, dort im engeren Sinn auf die Lyrik bezogen, die Lieder Mignons und des alten Harfners.

gleich zu Anfang seiner fünfhundert Seiten Romantheorie, entwickele den Roman in seinem Ganzen aus dem Charakter des Helden; diese Möglichkeit aber sei das ausschließliche Charakteristikum des modernen Romans. Von diesem Argument aus entwickelt sich, was Blanckenburg beiläufig und wie selbstverständlich als Theorie des Romans bezeichnet.[18] Lässt sich nämlich wirklich ein ganzes Werk oder ein Formtypus oder noch einmal weiter gehend: Formwerdung auf den Charakter des Helden zurückführen, dann hat man damit eine Handhabe für das, was in Blanckenburgs Zeit ›Theorie‹ zu heißen begonnen hatte.

Theorie der schönen Künste und Wissenschaften oder ähnlich nannten sich seit den sechziger Jahren eine große Zahl akademischer und kritischer Bücher. Sulzers enzyklopädisches Werk, das einige Jahre vor Blanckenburgs *Versuch* erschien und zu dem Blanckenburg Anschlussbände zusammenstellte, ist nur das bekannteste darunter.[19] Sie alle versuchen Kapital zu schlagen aus der ersten Umschreibung, die Baumgarten in der *Ästhetik* für die neue philosophische Disziplin dieses Namens gegeben hatte: ›Theorie der freien Künste‹.[20] In dieser Formel war das strategische Konzept der neuen philosophischen Disziplin Ästhetik benannt: Theorie der Künste war die Ästhetik, insofern sie es unternahm, Poetik und Rhetorik mit einer zweiten Schicht von Explikationen zu verdoppeln, mit Erklärungen aus dem Reservoir der in Leibniz' und Wolffs Nachfolge so genannten sinnlichen Wahrnehmungen.

Baumgarten und seinen Nachfolgern gelang es aus nachvollziehbaren Gründen nicht, diese Explikationen zu lückenloser Deckung mit Rhetorik und Poetik zu bringen. Blanckenburgs *Versuch über den Roman* kann als die bei weitem erfolgreichste dieser Unternehmungen gelten. Setzt man nämlich den Charakter des Helden als Brennpunkt eines ganzen Textes und einer ganzen Gattung, dann wird seine psychologische Vergegenwärtigung virtuell zur lückenlosen explikativen Verdopplung oder Theorie aller literarischen Formen und rhetorischen Figurationen im Text und innerhalb dieser Gattung. Aus noch zu erläuternden Gründen ist für Blanckenburg diese Explikation an die Rhetorik der Lebensvergegenwärtigung und des Lebendigen gebunden. Allerdings ist der terminologische Anschluss allein nicht hinreichend, um die Theorie als verdoppelnde Erklärung möglich zu machen. Dazu gehört die auffallende Redundanz dieser

---

18. »Es mag vielen ein sehr dreuster und mißlicher Einfall zu seyn scheinen, daß ich eine Art von Theorie für die *Romane* schreiben will.« (Friedrich von Blanckenburg: *Versuch über den Roman*, Faksimile der Ausgabe 1774, mit einem Nachwort von Eberhard Lämmert, Stuttgart 1965, Vorbericht S. V)

19. Johann Georg Sulzer: *Allgemeine Theorie der Schönen Künste*, Biel, 2 Teile 1771 und 1774; Friedrich von Blanckenburg: *Litterarische Zusätze zu Johann Georg Sulzers allgemeiner Theorie der Schönen Künste*, Leipzig 1796–1798. Einige beispielhafte Titel ähnlicher Art lauten: Friedrich Justus Riehl: *Theorie der schönen Künste und Wissenschaften*, Jena 1767; Johann Joachim Eschenburg: *Entwurf einer Theorie und Literatur der schönen Wissenschaften*, Berlin 1783; Johann August Eberhard: *Theorie der schönen Wissenschaften*, Halle 1783; Philipp Gaeng: *Ästhetik oder allgemeine Theorie der schönen Künste und Wissenschaften*, Salzburg 1785; Christoph Meiners: *Grundriß der Theorie und Geschichte der schönen Wissenschaften*, Lemgo 1787.

20. Alexander G. Baumgarten: *Ästhetik*, Hamburg 2007, Bd. 1, S. 11.

Erklärungstechnik. Die Länge des *Versuchs* hat einen entscheidenden Anteil an seinem Gelingen.[21]

Erst Schlegels Theorie des Romans kann in der Weise kantianisch entwickelter Ästhetik den Roman als dasjenige Formproblem aufstellen, das Theorie und nur Theorie zu seiner Erörterung zulässt. Darum kann keine Beschäftigung mit Romantheorie hinter den Stand von Kants Formtheorie zurück. Aber nur die Lektüre von Blanckenburgs *Versuch über den Roman* lässt erkennen, wie es zur Solidarität von Roman und Theorie kommen kann derart, dass Roman-Theorie als unhintergehbare Konfiguration auftaucht. Nur wenn man den alteuropäischen Poetiker und den Ästhetiker der romantischen Moderne zusammen liest, sieht man, wie ein dichtes Netzwerk aus Termini des Lebens – Lebendigkeit, Lebensvergegenwärtigung, Kunst des Lebens – die Theorie des Romans als Form des Lebens möglich macht. Dennoch vollzieht sich die Wende nur inmitten dieses dichten Austauschs von Lebenstermini, ohne mit einem einzigen Terminus oder einer Neubestimmung ganz zusammenzufallen. Die Wende liegt nicht nur in der Neubestimmung oder Neuinterpretation der Termini des Lebens, sondern in der Umwendung ihres Status im Vorgang der Explikation. Schlegels Lebenskunst meint nicht nur etwas anderes, als Lebendigkeit und vergegenwärtigtes Leben in der alten Poetik und für deren Passformen bedeutet hatten. Sie meint Form anders. Als Verbalisierung der Theorie, die Poetik verdoppelt, eignet sie sich die Merkmale des Lebendigen und des gegenwärtigen Lebens aus der Poetik zwar an. Aber sie reflektiert diese überkommenen Terme vom Punkt ihrer nur als Lebenskunst denkbaren Einheit her.

4. Leben und Lebendigkeit in Blanckenburgs *Versuch über den Roman*

Blanckenburgs enorme Explikation von Wielands *Agathon* geht in zwei Schritten vor. Man erkennt in ihnen leicht die Gliederung der alten Poetik in, erstens, Erfindung (*res*) und, zweitens, Disposition und Elokution (Anordnung der Redeteile und *verba*) wieder. ›Innere Geschichte‹ ist für Blanckenburg das Leitwort in beiden Teilen der Poetik. Die Geschichte des Romans (die Erfindung seiner *res*) ist ›innere Geschichte‹, weil nicht die Handlungsweisen des Helden und die Geschehnisse um ihn der eigentliche Gegenstand des Romans sind, sondern die Wahrnehmungen, Empfindungen und Dispositionen der Personen, als deren Ausdruck die Geschehnisse erscheinen (z.B. S. 146, 162).[22] Wie Blanckenburg mit Bereitschaft zur Paradoxie sagt: Es geht um den Zustand, die geprägte *vita* der Personen, in denen ihre Handlungen sich als Ausdruck spiegeln. Alle Handlung ist – entgegen einer an Aristoteles geschulten Poetik der Mimesis – Vergegenwärtigung und Ausdruck der zu Grunde liegenden *vita* des Helden. Darin sind zwei

---

21. Das zur Verteidigung gegen Eberhard Lämmerts ironische Bemerkung über Blanckenburgs ermüdende Längen in der maßgebenden Darstellung des Blanckenburgschen Werks (Lämmert: Nachwort, in: Blanckenburg: *Versuch über den Roman*, Faksimile, a.a.O., S. 543-582, hier: S. 551).

22. Seitenzahlen im Text verweisen in diesem Abschnitt auf: Blanckenburg: *Versuch über den Roman*, Faksimile, a.a.O.

Bedeutungen der allgegenwärtigen Rede Blanckenburgs von der Lebhaftigkeit angelegt: Lebhaft ist der Roman, weil das, was vergegenwärtigt wird, geprägtes Leben ist: *vita*. Andererseits ist er lebendig, weil sich die *vita* in der Aktualität von bestimmten Zügen und Handlungen vergegenwärtigt. Damit übersetzen ›lebhaft‹ und ›lebendig‹ den rhetorischen Term der *evidentia*: In der lebendigen und lebhaften Schilderung oder Erzählung, die rhetorisch *evidentia* heißt,[23] hängt die Qualität des Präsentierens am Präsentierten, die Lebhaftigkeit des einen an der Lebendigkeit des andern. Das evidentielle Bild, die Figur der Vergegenwärtigung des Lebens, ist nun Blanckenburg zufolge im *Agathon* nicht hier und da in die Lücken zwischen einzelne Elemente der erzählerischen Verkettung eingesprengt. Das Evidentielle der Wahrnehmungen, Empfindungen und Dispositionen des Helden, in denen die Vergegenwärtigungsleistung des Romans und seiner Geschichte besteht, verdoppelt die narrativen Ketten in ihrer Gesamtheit.

Den Roman, in dem das der Fall ist, gibt es für Blanckenburg nur in der Einzahl. Aber auch dieser Roman steht, wenn man so sagen kann, nur in Abwesenheit seiner selbst für das an ihm exemplifizierte Programm ein. Wielands *Agathon* ist für Blanckenburg in der Geschichte des Romans zwar der einzige, der das gesamte Geflecht der Handlungen aus dem einen Zustand der Seele des Helden entwickelt. Aber das lässt sich auch nur wie in einer Leseanweisung und auf das Ganze hin behaupten. Weder über Wielands Roman noch andere Romane hat Blanckenburg im Einzelnen viel zu sagen. Stattdessen gibt er seitenlang fortlaufende Kommentare zu Shakespeareschen Dramenszenen.[24] Im in sich verknüpften Stellenkommentar verdoppelt er die auf der Bühne vor Augen stehende Handlung um den unmittelbar benannten Zustand der Personen. Ein phantasmatischer Text entsteht, in dem literarischer Kommentar, Theorie der Künste und evidentielles Vor-Augen-Stellen der dramatischen Aktion unmittelbar und ungeschützt zusammenfallen. Man sollte darum nicht vom kruden Referentialismus dieser Partien und von ermüdenden Wiederholungen sprechen.[25] Weil der Effekt der rhetorischen *evidentia* auf der Lebhaftigkeit der detailreichen Evokation beruht, ist diese erste Praktik der Blanckenburgschen Theorie mit ganzem Recht redundant. King Lears Wahnsinn gibt oder vielmehr ersetzt so zum Beispiel den Kommentar zum *Agathon*:

»›My wits begin to run.‹ – ›Mein Kopf fängt an zu schwärmen‹, antwortet Lear – und er verfällt zugleich in einen beynahe scherzhaften Ton, der aber nur einige Worte hindurch dauert. [...]. – Dies Lachen, oder diesen Scherz vielmehr, im Lear, möcht' ich gern mit der Meerstille vergleichen, die vor dem Orkan

---

23. A. Kemman: Lemma »Evidentia, Evidenz«, in: *Historisches Wörterbuch der Rhetorik*, hg. von Gert Ueding, Tübingen 1992ff., Bd. 3, Sp. 33–47; Rüdiger Campe: »Epoche der Evidenz. Knoten in einem terminologischen Netzwerk zwischen Descartes und Kant«, in: Sibylle Peters; Martin Jörg Schäfer (Hg.): *»Intellektuelle Anschauung.« Figurationen von Evidenz zwischen Kunst und Wissen*, Bielefeld 2006, S. 25–43.
24. Dabei handelt es sich wieder um ein Werk Wielands: um dessen epochale Shakespeare-Übersetzung. Diesen Aspekt des Blanckenburgschen Unternehmens habe ich genauer verfolgt in einem Beitrag für die von Bettine Menke und Wolfgang Struck veranstaltete Tagung »Wieland/Übersetzung« 2008; ein Tagungsband erscheint 2009.
25. Lämmert: Nachwort, in: *Versuch über den Roman*, a.a.O., S. 554f.

hergeht [...]. Mich dünkt, daß [der Scherz] Maschienenmäßig beynahe, und so erfolgt, daß die Seele im allerhöchsten Grade angespannt, sich auf dieser Höhe nicht mehr erhalten kann, – daß sie, selbst wieder ihren Willen, nun hinuntersinket, – und zu schwach jetzt, sich ihres Zustandes zu erinnern, und, wenn ich so sagen darf, im Fall zu ihrer Vernichtung, Worte und Töne äußert, die zwar noch Sinn haben, aber die nicht mehr mit ihrer Verfassung zusammenhängen. – ›Come on, my boy. How dost my boy? Art cold? / I'm cold myself. [...]‹« (S. 120f.) So seitenweise.[26]

Genau dieser das Leben auf der Bühne lebhaft nacherzählende Kommentar, den Blanckenburg zu Shakespeares Drama anstelle des *Agathon* schreibt, ist die Geschichte des Romans gemäß der Blanckenburgschen Romantheorie. Lebhafte Vergegenwärtigung des Lebens ist die Sache, die es zu erzählen gilt.

In Blanckenburgs *Versuch* tritt der zweite Schritt der alten Poetik hinzu, die Disposition und Elokution oder die stilistische Darstellungsweise des Romans. Den Kommentar im ersten Schritt kann man in seiner friedfertig verdoppelnden Art auf die Tätigkeit von kommentierenden Gelehrten, Poetikern und Philosophen zurückführen, die seit dem 16. Jahrhundert die aristotelische Topik der Affekte als Phänomenologie des Psychologischen ausschrieben.[27] Dagegen führt der zweite Schritt eine zu Blanckenburgs Zeiten eher aktuelle Form der Vergegenwärtigung ein. Während die Sache des Romans in der Verdopplung der szenischen Handlung durch den Kommentar der Theorie liegt, zeigen Disposition und Elokution den Weg von der Handlung zur Psychologie und von der Psychologie zur Handlung.[28] Zur Charakterisierung dieser Darstellungsweise im Roman fragt Blanckenburg sowohl auf der Ebene der Einzelereignisse wie der gesamten Romanhandlung: »[W]arum ist eine Handlung vielmehr so, als anders erfolgt?« (S. 278) Blanckenburg nennt diese Methode, *dispositio* und *verba* des Romans zu bestimmen, mehrfach ein Zeugenverhör. Das ist wörtlich gemeint. Statt ›bloße Erzählung‹ zu sein, soll die Erzählweise des Romans so beschaffen sein, dass wir »anschauend, wie [die Verhältnisse der inneren Geschichte] diese Wirkung [das Geschehen der bloßen Erzählung, d. Verf.] in der That hervorbringen, vor uns sehen.« (S. 273) Es geht um eine Praktik der Theorie, die vor Augen stellt, »auf welche Art, und durch welche Mittel eine Begebenheit so erfolgt ist, wie sie erfolgte [...].« (S. 293) Statt der Kette der Begebenheiten bringt die verhörsmäßige Erzählweise die Verkettung selbst in ihrem Entstehen zur Anschauung. Blanckenburg verdeutlicht das mit offensichtlichem Bezug zum Verhör auch als Untersuchung der Schuld: »Eine Begebenheit richtig beurtheilen, heißt festsetzen, in wie fern ein Mensch strafbar oder nicht darin gehandelt [...].« (S. 292) Die *elocutio* des Romans wird so zu einer einzigen Theorie und Taktik des Verhörs,

---

26. Die zitierte Passage gehört zu einem langen zusammenhängenden Kommentar zum Wahnsinn in Shakespeares *King Lear*, S. 105–148.

27. Vgl. dazu Rüdiger Campe: *Affekt und Ausdruck. Zur Umwandlung der literarischen Rede im 17. und 18. Jahrhundert*, Tübingen 1990, S. 304–401.

28. Abgesehen davon, dass hier zwei verschiedene Lebensbegriffe vorliegen, bezieht sich auch der Kommentar auf sie in unterschiedlichen Weisen der Evidenz: in lebhafter Vergegenwärtigung (bei der Sache des Romans) und zeigend (bei seiner *dispositio* und *elocutio*).

FORM UND LEBEN IN DER THEORIE DES ROMANS

in dem das Geschehen nach den Umständen seiner Realisierung und die Tat als Frage ihrer Zurechenbarkeit dargestellt werden. Die anschauliche Darstellung der Erzählung (*evidentia* als Zeigen) verlangt nicht einfach, verhörsartige Fragen mit zu erörtern, sondern die Darstellung der Geschichte, ihre *dispositio* und *elocutio*, als anschauliche in der Weise eines impliziten Verhörs zu gestalten (»eine anschauende Verbindung von Wirkung und Ursache [...], aus der wir sehen, wie die Begebenheit aus der in einer Person entstandenen [...] Empfindung und Vorstellung erfolgt ist [...]«).

Gegenüber dem friedfertig repräsentierenden Kommentar in der Sache des Romans handelt es sich auf seiner narrativen und stilistischen Ebene, dem impliziten Verhör, um einen aktiven, ja um einen aggressiven Eingriff. Die evidentielle Veranschaulichung ist hier nicht das Als-ob, das eine Quasi-Präsenz der Sache erzeugt. Es ist vielmehr eine eingreifende Technik, die die Evidenz selbst, das Indiz (im Sinne von englisch ›evidence‹), ans Licht bringt.

Kommentar und implizites Verhör haben in Blanckenburgs noch poetologisch verfasster Romantheorie beide Verbindung zur Figur der *evidentia* und ihrer Lebhaftigkeit. Den terminologiegeschichtlich älteren Fall stellt das Verhör dar. Um seine Vorbildlichkeit für die Erzählweise zu charakterisieren, spricht Blanckenburg auffällig und anhaltend vom ›Wirklichwerden‹, das der Stil vorstelle. Wirklichwerden übersetzt die frühere Variante der *evidentia*, die *energeia*. Man befindet sich mit dieser terminologischen Anbindung im Bereich von Aristoteles' *Rhetorik;* und es geht um das, was Aristoteles Vor-Augen-Stellen, *pro-ommaton*, nennt.[29] Dies ist der älteste greifbare Kontakt zwischen Darstellungsform und Leben in der Geschichte literarischen Wissens. Aristoteles erläutert die grundlegende Leistung des poetischen Stils, vor Augen zu stellen, ausschließlich am Fall der Metapher. Bis heute spricht man – Paul Ricœur ist der herausragende Fall der theoretischen Überlegung – von lebendiger Metapher.[30] Lebendig ist nach Aristoteles diejenige Übertragung, die (man möchte sagen: wörtlich) Lebendiges an die Stelle von Nichtlebendem (Totem, Abstraktem oder Abwesendem) setzt.

›So dass Griechenland laut aufschrie.‹[31] Die eigentümlichen Beispiele des Aristoteles exemplifizieren immer wieder Szenarien, in denen durch die metaphorische Übertragung etwas in Bewegung kommt. Dass Aristoteles gerade diesen Zusammenhang von Substitution und Bewegung *energeia,* mit Blanckenburg übersetzt: Wirklichwerden (des Potentiellen), nennt, ist mit der Verbindung zwischen Leben (*zoe*) und Bewegung (*kinesis*) im Buch XII der *Metaphysik* zu erklären.[32] *Zoe*, Leben, ist Aristoteles zufolge nicht nur Selbstbewegung überhaupt, wie in Platons *Phaidros*. Genauer ist in der aristotelischen *zoe* die Selbstbewegung als Wesen gemeint. Damit wird das kinetische Problem des Anfangs in der Zeit oder als Zeit – der erste Anfang der Bewegung – zusammengedacht mit dem Grund des Seien-

---

29. Siehe Rüdiger Campe: »Vor Augen Stellen: Über den Rahmen rhetorischer Bildgebung«, in: Gerhard Neumann (Hg.): *Poststrukturalismus*, Stuttgart, Weimar 1997, S. 208–225.

30. Paul Ricœur: *La métaphore vive*, Paris 1975.

31. Zu diesem Beispiel vgl. Aristoteles: *The Art of Rhetoric*, London, New York 1926, Buch 3, Kap. 10; 1411a 26f.

32. Aristoteles: *Metaphysik*, griechisch-deutsch, übers. von Hermann Bonitz, bearb. von Horst Seidl, Hamburg 1978, Buch 12, Kap. 7, besonders 1072b14–1073a13.

den, dem metaphysischen Vorrang des Wirklichen bzw. des Wirklichwerdenden vor dem Möglichen. Die Metapher bildet den metaphysischen Begriff des Lebens nicht so sehr ab, indem sie etwas Lebendes nennt: Das Lebende setzt ja Leben voraus. Eher kann man sagen, dass die Metapher durch die Ersetzung des Lebenden für Nichtlebendes vor- oder nachmacht, wie Sichbewegendes auftaucht, wo keines war. Die Einsetzung des Sichbewegenden an der Stelle des Potentiellen ist gerade das Zusammenführen von Bewegungsanfang und Grund des Seienden. Man kann soweit gehen, in der metaphorischen Ersetzung die Umschreibung des philosophischen Begriffs vom Leben zu sehen. Dann ist nicht der Zusammenhang zwischen *energeia* und *zoe* das Spezifische der Rhetorik, sondern die Verbindung dieser beiden Seiten des Lebensbegriffs mit dem dritten Bestimmungsstück der lebendigen Metapher: dem Vor-Augen-Stellen. Das gegenüber der Metaphysik des Lebens Technische oder Figurale der ›lebendigen Metapher‹ liegt danach im *pro-ommaton*, in der Sichtbarkeitsfunktion des Lebens. Das heißt, die Entscheidung dafür, den Grund als anschaulich zu setzen, und die *archai* in einer gleichsam dramatischen oder jedenfalls erzählbaren Szene zu sehen: das ist erst der Einsatz des Rhetorischen im vor Augen gestellten Leben.[33] Die metaphorische Ersetzung fällt mit der Metaphysik des Lebens in eins. Dass in der Ersetzungsbewegung das Leben vor Augen tritt, ist dagegen das Rhetorische am Lebensbegriff der Metaphysik, und es ist das, was die Rhetorik aus der Metaphysik des Lebens für ihre technischen Belange nutzt. Dieses terminologische Geflecht setzt Blanckenburg als die lebendige Anschauung des Wirklichwerdens des Wirklichen in die Erzähl- und Stiltheorie des Romans ein. Es bleibt noch anzufügen, dass er über die eigentümliche Betonung des Verhörs und seiner Frage nach dem, was auch anders sein könnte, schon mitdenkt, dass jede lebendige Metapher, jede Anschauung des Grundes als Bewegung des Lebens, den Raum des Potentiellen konnotiert. Vor Goethes *Wilhelm Meister* ist für Musil und den Roman der Möglichkeiten im terminologischen Netzwerk schon eine Stelle angegeben.[34]

Im ersten Teil von Blanckenburgs Romantheorie, dem Shakespeare-Kommentar zur Erzeugung des Romanstoffes, kann man die andere Variante des Vor-Augen-Stellens entdecken. Es handelt sich um die *enargeia* oder lebhafte Schilderung, eine Figur der Erzählung, die an der Sichtbarkeitsfunktion der *energeia* ansetzt. Die lebhafte Schilderung ist ein Kernstück der hellenistisch-römischen Erzähltheorie. Obwohl sie das aristotelische Vokabular des Augenfälligen und Präsentierenden benützt, hat sie alle Erinnerung an die Metapher verloren.[35] In der *enargeia* steht vor Augen, was in Raum und Zeit entfernt ist und durch die

33. Es ist, noch einmal genauer gesagt, der Einsatz eines poetologischen Motivs innerhalb der *Rhetorik*. Denn mit der Konstellation aus Leben, Bewegung und Vor-Augen-Stellen ist in der Rhetorik und mit ihren Mitteln das zentrale Motiv der Poetik, die Nachahmung der Handelnden, implementiert.

34. Damit ist nicht gemeint, Blanckenburg habe Musils Roman vorweggenommen oder vorausgeahnt. Aber die strukturelle Bedeutung des *energeia*-Begriffs markiert den romantheoretischen Ansatzpunkt für das Thema des Möglichen in Musils *Mann ohne Eigenschaften*.

35. Vgl. Anselm Haverkamps verdichtete Skizze zum Unterschied zwischen Aristoteles' metaphysik-naher Metapherntheorie (Analogie) und Quintilians technisch semiotischem und damit metaphysik-fernem Metaphernkonzept: Haverkamp: *Metapher. Die Ästhetik in der Rhetorik*, München 2007, S. 25–41.

Schilderung bzw. Erzählung virtuell in die Gegenwart des Sprechens und Hörens eingespeist wird: die Rhetorik der Theorie des Zeichens, der jedes Gedächtnis an die Metaphysik des Lebens geschwunden ist.[36] Wie auch Blanckenburg es tut, ist es aber für Cicero oder Quintilian selbstverständlich, sogar mit einer gewissen Obsession das Anschauliche, Gegenwärtige und Detaillierte dieser Figur zu unterstreichen. In diesen Eigenschaften der Erzählung und der Schilderung scheint das Leben als Inbegriff des unmittelbar und in aller Fülle sinnlich Aufzufassenden selbst nun zum Rhetorikeffekt geworden zu sein.[37] Was aber hat das später dann so genannte Lebendige einer Schilderung oder Erzählung mit dem Leben zu tun? Wie unter dem Druck einer unausgesprochenen Erklärungslast hat Quintilian einmal eine Erläuterung gegeben, die, an sich trivial, im Netzwerk der Terminologie Achtung verdient: So unermesslich die Wirkung der *energeia,* der lebhaften Schilderung, auch sei, so einfach könne man sie andererseits herstellen. Man müsse sich nur an die »opera vitae«, die Aufgaben oder Verrichtungen des Lebens, halten, um in jedem Fall zu wissen, wie – d.h. in welchen Hinsichten und jeweils welchem Maß – die Detaillierung und Ausführung der lebendigen Schilderung zu erfolgen habe.[38] Lebendig ist danach eine Darstellung, die den Aufgaben und Verrichtungen des Lebens als dem Maß und der Hinsicht ihrer Ausführlichkeit folgt. Zweifellos ist das eine nachgeschobene Erklärung, wie erpresst von der Leerstelle des aristotelischen kinetischen Lebensbegriffs im Vor-Augen-Stellen. Aber wie immer findet Quintilian das funktionale Äquivalent. Für die Rhetorik des semiotischen Vor-Augen-Stellens ist das Leben die *vita,* eine geprägte Sozialform. Wirklichkeit ist im Fall der *vita* gerade nicht als Wirklichwerden, sondern als Relevanzauswahl verstanden. Lebhaft ist, was in der als fertig und ausgebildet unterstellten Form des Lebens bedeutsam ist.

In ihrem Inhalt und in ihrer Form spielt Blanckenburgs Theorie des Romans noch einmal das alte rhetorisch-poetologische Spiel der Überkreuzung von *enargeia* und *energeia* – die Überkreuzung der Lebhaftigkeit, die im bildhaften Präsentieren des Abwesenden besteht, mit der Technik, die das Wirklichwerden des Potentiellen ist. In dieser Überkreuzung[39] ist das geheime Losungswort des Romans, das Leben, schon genannt: So wie die anschauliche Darstellung der *enargeia* als lebhafte gedacht war, so ist die *energeia,* das Wirklichwerden, bei Aristoteles an der so genannten lebendigen Metapher entwickelt, der Ersetzung von Leblosem durch Lebendiges. Blanckenburgs Romantheorie zielt auf rhetorisches Leben. Beides, das Lebendige der *enargeia* und die *energeia,* die sich in der

---

36. Zum Verhältnis zwischen dem Aristotelischen und dem hellenistisch-römischen Konzept des Vor-Augen-Stellens vgl. auch Rüdiger Campe: »Aktualität des Bildes. Die Zeit rhetorischer Figuration«, in: Gottfried Boehm; Gabriele Brandstetter; Achatz von Müller (Hg.): *Figur und Figuration. Studien zu Wahrnehmung und Wissen,* München 2007, S. 163–182.

37. Quintilian: *Institutio oratoria/Ausbildung des Redners,* übers. Helmut Rahn, 2. durchgesehene Aufl., Darmstadt 1988; vgl. VI, 2, 32; VIII, 3, 61 und IX, 2, 40.

38. »omnis eloquentia circa opera vitae est, ad se refert quisque quae audit et id facillime accipiunt animi, quod agnoscunt.« In Rahns Übersetzung: »Alle Beredsamkeit hat es mit Aufgaben zu tun, vor die uns das Leben stellt, auf sich (und die eigene Lebenserfahrung) bezieht jeder, was er hört, und der Geist nimmt das am leichtesten auf, was er aus eigener Erfahrung kennt.« (Quintilian: *Institutio oratoria,* a.a.O., VIII, 3, 71)

39. Vgl. dazu Heinrich Plett: *Der affektrhetorische Wirkungsbegriff in der rhetorisch-poetischen Theorie der Englischen Renaissance,* Bonn 1970, S. 239–241.

Ersetzung des Lebendigen für das Leblose darstellt, umspielen in Stoff und Stil des Romans und im Vorgehen seiner Theorie das Leben. In dieser Konvergenz aller Ebenen liegt die großartige Naivität dieser Theorie. Aber das Lebendige an der *enargeia*-Version von Evidenz ist nicht identisch mit dem Wirklichen, dessen Werden die *energeia*-Version von Evidenz umspielt. Das Lebhafte der Präsentierungsleistung kann nur geprägte Formen des Lebens wiederbringen; das Wirkliche der energetischen Technik kann sich nur auf das Wirklichwerden des potentiell Seienden beziehen. Dieser Hiat zwischen aristotelischer Metaphysik und hellenistisch-römischer Epistemologie, der der Rhetorik in der jahrhundertelangen Vermengung und Verwechslung von *enargeia* und *energeia* inhärent gewesen ist, kehrt als Theorie des Romans wieder. Lebhafter Inhalt, der Anschauung gewährt, und lebendiger Stil, der das Wirklichwerden ist, treten zusammen. Aber im Zusammentreten schütten sie die Kluft, die zwischen ihnen liegt, nicht zu.

5. Reprise von *vita* und *zoe* und ihre Reflexion in der Lebenskunst: Friedrich Schlegel über Goethes *Wilhelm Meister*

Auch wenn Blanckenburgs Romantheorie die lebendige Darstellung der Charaktere und die Darstellung des Wirklichwerdens der Handlungen einander zuordnet, hat sie dennoch keine Form für deren Überkreuzung, das Leben. Die Form des Lebens nimmt Schlegel für den *Wilhelm Meister* in Anspruch in seinem Konzept des Romans als Lebenskunst.

Zu Anfang seiner Rezension greift Schlegel zunächst die Überkreuzung der beiden Evidenzen auf, als entnähme er sie geradewegs Blanckenburgs *Versuch*. Die Evidenz der *energeia*, des Wirklichwerdens, heißt nun eine ›klare Geschichte‹: »Ohne Anmaßung und ohne Geräusch, wie die Bildung eines strebenden Geistes sich still entfaltet, und wie die werdende Welt aus seinem Innern leise emporsteigt, beginnt die klare Geschichte. [...] eine kluge Alte, die überall den Vorteil bedenkt [...]; ein Mädchen, das sich aus den Verstrickungen der gefährlichen Führerin nur losreißen kann, um sich dem Geliebten heftig hinzugeben; ein reiner Jüngling, der das schöne Feuer seiner ersten Liebe einer Schauspielerin weiht.« (S. 126)[40] Auf die ›klare Geschichte‹ des Werdens, die offenbar das Dreieck der Geschlechterbeziehungen zum Inhalt hat, folgt die Evidenz der *enargeia*, der Gegenwart der schönen Bilder: »Indessen steht alles gegenwärtig vor unsern Augen da [...].« Weiter heißt es an der Stelle: »[D]ie beweglichen Gemälde haften wie von selbst in dem Gemüte«. Landschaften »von einfachem und unscheinbarem Reiz« bieten sich dar, »sonderbar hell und unauslöschlich in der Erinnerung«. (S. 126) Man kann es mit Händen greifen, wie Schlegel den Evidenzen im Roman ebenso wie den entsprechenden theoretischen Praktiken die Stachel entzieht, die es einer Blanckenburgschen Romantheorie unmöglich machten, sie zusammenfallen zu lassen. An die Stelle des Wirklich-Werdens der *energeia* und ihrer kriminalistischen Theorieform des Verhörs tritt das Werden der klaren Geschichte;

---

40. Einfache Seitenangaben in diesem Abschnitt beziehen sich auf: Schlegel: *Über Goethes Meister*, a.a.O.

FORM UND LEBEN IN DER THEORIE DES ROMANS

an die Stelle der lebendigen Präsentation in der Theorieform des Kommentars treten die beweglichen Bilder, die unauslöschlich im Gedächtnis nisten.[41] Darstellung im Roman und die Sprache der Theorie des Romans sind hier schon zusammengefallen in eine *energeia-enargeia*, eine Indifferenz von Eingriff und Präsentation, Wirklich-Werden und Lebens-Bild. Diese Indifferenz ist das Leben, als dessen Kunst Schlegel den Roman versteht und von dem er als einem bereits Gegebenen ausgeht. Bei all ihrer Genauigkeit sind die Anspielungen auf das Lebhafte und das Lebendige der rhetorischen Poetik doch nur Reminiszenzen, die sich von jenseits ihres Zusammenfalls, von der behaupteten Form des Lebens auf sie zurück richten. Diese Einheit ist nicht die Verschmelzung oder Vereinigung von Werden und Bild, Wirklichkeit und geprägter Sozialform, sondern die Reflexion auf ihren Unterschied.

Schlegel kann und muss darum gleich im Anschluss an die Reprise von Wirklich-Werden und Lebens-Bild die Form des Lebens als Kunst und ihre Logik entfalten. Das geschieht wieder in zwei Schritten. Zunächst braucht die Form des – formlosen – Romans das Vorbild der geprägten, eidetischen Formen, nach deren Vor-Bild sie selbst kristallisiert. Hier geht das Bild, als Urbild der Form, dem Werden der Form des Romans voraus; es präfiguriert sie gleichsam im Erzählen. Diesem Versuch, Formwerdung zu starten, gelten Schlegels unermüdliche Anstrengungen, im Roman und seiner Formlosigkeit urbildlich gegebene, poetologisch einfache Formen zu entdecken, wie es im *Gespräch über die Poesie* das Idyll, das Märchen und die Novelle waren.[42] Aber der Rückblick auf vorbildliche eidetische Formen kann nur zu einem Formprozess führen, wenn es eine Art des Prozessierens gibt, in dem bildhaft gegebene Formen verarbeitet werden können. Der typologische Gegensatz zwischen Wirklich-Werden und Lebens-Bild macht sich als Unterschied zwischen der Form, auf die reflektiert wird, und dem Reflektieren der Form wieder geltend. Man sieht das an der zweiten Ebene, auf der Schlegel die Lebenskunst des Romans behandelt. Hier ist das Werden der Form ihrem Bild immer einen Schritt voraus. Der Roman kann nur dann Form sein, wenn er Form wird, d.h. einem Kalkül folgt, der gerade nicht auf den Platonismus der Urbilder vertrauen kann. Eine Form entsteht, die in ihrer ständigen Selbstunterscheidung von der Unform besteht. Form des Lebens und Ergebnis seiner Kunst ist, was sich von dem unterscheiden kann, was sie nicht ist. Damit ergibt sich ein Paradox: Jede Unterscheidung des geformten vom formlosen Leben bringt neues Leben hervor, das außerhalb der Form fällt. Dieses jeweils neue Leben ist aber das Leben selbst; es ist das charakteristisch Überschüssige an demjenigen Formprozess, der das Leben ist. Das romantheoretische Mittel, um diesen Sachverhalt zu artikulieren, ist in Schlegels Theorie des Romans nun nur in seiner beispielhaften Interpretation von Goethes Roman zu finden. Es ist das Motiv des Fremden, das in Schlegels Lektüre die Geschehnisse im Roman mit

---

41. ›Bewegliche Bilder‹ greift im Übrigen einen Terminus der Gedächtnislehre auf. Zu den imagines agentes vgl. Cicero: *De oratore* 2, 87, 358 und Quintilian: *Institutio oratoria*, XI, 2, 22.

42. Schlegel zufolge werden im *Wilhelm Meister* »auch die einfachsten Ideen über die schöne Kunst, die ursprünglichen Fakta, und die rohesten Versuche, kurz die Elemente der Kunst vorgetragen«. (S. 132)

207

den Möglichkeiten verbindet, ihn zu lesen. Schlegel kommt zum ersten Mal auf den Fremden, wenn er die Situation des Lesers beim Lesen mit den Szenen vergleicht, in denen sich im 2. Buch Wilhelm und seine neuen Bekannten von Serlos Theatertruppe wiederfinden. Zu ihrer eigenen Unterhaltung haben sie sich als *commedia dell'arte*-Figuren verkleidet und sind so maskiert zu einer Kahnfahrt aufgebrochen. Dabei stößt ein ebenfalls vermummter Fremder zu ihnen. Diesen Moment des Theaterspiels im Leben vergleicht Schlegel mit dem Lesen des Romans:[43] »Der Geist [des Lesers, d. Verf.] fühlt sich durch die heitre Erzählung überall gelinde berührt [...]. Ohne sie ganz zu kennen, hält er diese Menschen dennoch schon für Bekannte, ehe er noch recht weiß, oder sich fragen kann, wie er mit ihnen bekannt geworden sei. Es geht ihm damit wie der Schauspielergesellschaft auf ihrer lustigen Wasserfahrt mit dem Fremden. Er glaubt, er müßte sie schon gesehen haben, weil sie aussehn wie Menschen [...].« (S. 126f.) Von diesem Augenblick an hält Schlegel alle Karten in der Hand, um das Spiel des Lebens und seiner Form als Spiel von Einschluss und Ausschluss zu spielen. Dieser Fremde, der zur Figur der Lesbarkeit des Romans als Lebenskunst wird, ist, wenn man es so zuspitzen will, in Schlegels Lektüre die Hauptperson des *Wilhelm Meister* und, mehr als das, seine Hauptsache. In der Tat: vom Fremden, der Wilhelm auf der Straße vor Marianes Fenster am Ende des 1. Buchs anspricht, über den Fremden bei der Schifffahrt, über den Geist des Vaters in *Hamlet* und den Fremden, der ihn spielt, bis zur Institution der Turmgesellschaft selbst, erscheinen der und das Fremde in jedem Augenblick, in dem der Roman sich schließt. Der Fremde, »der mit so vielem Rechte der Fremde heißt«, wie Schlegel anmerkt (S. 127), ist das Moment im Text, das zugleich außerhalb des Textes steht; ein Element, das seinen Sinn im Zusammenhang des Textes dadurch erhält, dass es nicht in ihm enthalten ist. Lebenskunst ist danach gerade nicht von Kunst eingefasstes und beherrschtes Leben, sondern umgekehrt die strenge und beständige Reflexion darauf, dass als Leben die Kunst mit keiner ihrer Formen zusammenfällt. Mit Blick auf die beiden Ansätze des Lebensbegriffs in der Bewegung des Werdens und der *enargeia* des Lebensbildes kann man Lebenskunst so auffassen, dass sie im Rückblick diesen Unterschied immer aufs Neue wiederholt.

An die Stelle der rohen Blanckenburgschen Praktiken der Evidenz tritt die Operation der Form. So sehr das Operieren mit der Form eines des lesenden Bewusstseins ist, so ist die Gewalt des Zugriffs noch größer als im Fall von Blanckenburgs Praktiken des Verstehens. Denn jede Schließung und Öffnung ist nun, ihrem Anspruch nach, immer eine des Lebens selbst. So heißt es bei Schlegel nachdrücklich von dem Fremden, »der mit so vielem Rechte der Fremde heißt«: Er werde in *Wilhelm Meister* »zum Maßstab der Höhe [...], auf der vielleicht die Kunst eine Wissenschaft und das Leben eine Kunst sein wird.« (S. 128) Mit diesem programmatischen Satz ist gesagt, dass der Roman der Romantheorie Form nur sein kann, wenn er die Form des Lebens ist. Auf der Ebene des Formprozesses – der Reflexion, in der vorbildhafte Formen überhaupt zum Gegenstand werden kön-

---

43. Schlegel vergleicht das Verstehen des Lesers mit dem der Romanpersonen gerade in dem Moment, in dem sie Theater spielen. Darin nimmt er auf verdeckte Weise Blanckenburgs theatralischen Kommentar auf.

nen – ist nicht mehr nur von der Form der Kunst die Rede, die dem Leben Gestalt geben könnte, sondern vom Leben, das zu seiner Schließung selbst Form vom Typus der Kunst braucht. Die Problemstellung der Ästhetik des Romans findet ihre Behandlung nur in einem Übergang ins Ethische.

6. Lukács' *Theorie des Romans*: Form als »tiefste Betätigung der Dissonanz«

Georg Lukács hat der Formoperation der Romantheorie, wie sie in Blanckenburgs Wieland-Interpretation und in der sie neu wendenden Goethe-Interpretation Friedrich Schlegels ins Wissen der Literatur getreten ist, vielleicht den schärfsten Ausdruck gegeben:

> »Die Kunst ist – im Verhältnis zum Leben – immer ein Trotzdem, das Form- schaffen ist die tiefste Betätigung der Dissonanz, die zu denken ist. Aber in jeder anderen Form,[…] auch in der Epopöe, ist diese Bejahung etwas der Form Vo- rangehendes, während sie für den Roman die Form selbst ist.«[44]

Form ist dem Leben gewaltsam auferlegt. Das Leben ist das Ungeformte schlechthin; Leben ist Dissonanz. Form verdankt sich dem Eingriff und der Ent- scheidung, dem Leben Form zu geben. Vergleichbar mit Stefan Georges Reichs- konzeption, mit Simmels Begriff von sozialer Differenzierung oder auch mit Carl Schmitts Institutionenbegriff, lautet so der Grundgedanke einer Fundamental- ästhetik der unorganischen Form, die für die klassische Moderne in Deutschland zentral geworden ist.[45] Diese fundamentale Formtheorie gehört allerdings noch in die Zeit von *Die Seele und die Formen* vor der Wendung zur romantischen Geschichtsphilosophie in der *Theorie des Romans*. Auf den ersten Blick scheint sie ihr sogar zu widersprechen. Setzt man nämlich die Fundamentaltheorie der Form des Romans in die geschichtsphilosophische oder dialektische Spekulation, dann wird gerade deren Durchgangspunkt, die Antithese oder Dissonanz, zum Zentrum, wo sich das wahre Verhältnis der Form zum Leben darstellt.

Nun lassen sich aber die oft bemerkten inneren Schwierigkeiten der *Theorie des Romans* auflösen, wenn man die geschichtsphilosophische Gattungstheorie mit der reinen Formtheorie zusammen bringt.[46] Damit geht eine Umkehrung der Voraussetzungen in der romantischen Gattungstheorie einher, der Lukács an- sonsten zu folgen scheint. Das Ergebnis dieser Operation lässt dann verstehen, warum die Romantheorie nicht zufällig gerade bei Lukács ihren Namen und ihre Standardfassung erhalten hat. In der geschichtsphilosophischen Spekulation er-

---

44. Lukács: *Briefwechsel*, a.a.O., S. 62.
45. Hebekus; Stöckmann (Hg.): *Die Souveränität der Kunst*, a.a.O., Einleitung, S. 7–17.
46. Für eine gründliche Rekonstruktion von Lukács' Frühwerk vgl. Andreas Hoeschen: *Das ›Dostojewski‹-Projekt. Lukács' neukantianisches Frühwerk in seinem ideengeschichtlichen Kontext*, Tübingen 1999. In dem Bemühen, die Nähe zum Neukantianismus und zu Max Weber herauszustellen und den vom marxistischen Lukács später hervorgehobenen Bezug auf Hegel abzuweisen, geht Hoeschen aber zu weit, wenn er jede Berührung mit der idealis- tischen Geschichtsphilosophie für die *Theorie des Romans* in Abrede stellt.

öffnet Lukács geradezu das Widerspiel zu der Schlegels: Wenn im Epos und den anderen klassischen Gattungen der Poetik Formen urbildhaft vorgegeben sind für die Bewältigung der ursprünglichen Lebensdissonanz, dann fällt der fundamentalen Formtheorie nach die Naturgeschichte der Literatur nicht zusammen mit der Wahrheit über das Leben. Der moderne Roman, der aus der antiken Vorverständigung über Formen herausgefallen ist, kann gerade darum die volle und ungeschützte Manifestation der Lebensdissonanz und des Begehrens nach gewaltsamer Lebensformung bieten. Die literarische Form im modernen Roman ist die politische und soziologische Form und zuletzt die Form des Lebens selbst.

Das heißt aber, wie de Man in seinem Essay über Lukács und die Romantheorie klar gesehen hat, wieder nicht, dass Lukács den Roman, in dem die sekundäre Dissonanz der Kunst mit der primären des Lebens übereinkommt, für das letzte Wort der Theorie hält.[47] Obwohl die Konsonanz von Seele und Welt in der Antike nur verdeckt, ja verleugnet ist, bleibt die Totalität der antiken Kultur doch das wieder herzustellende Vorbild. Nur ist jetzt die moderne Dissonanz kein Unfall oder Sündenfall mehr. Sie kann weder überwunden noch durch Erlösung widerrufen werden. Als die Wahrheit über das Leben muss sie im Entschluss der Form bejaht werden. Bejaht werden muss, dass die Form dem Leben nicht schon immanent und doch sein Begehren ist. Für die nach-moderne Position, die eine der Moderne angemessene Antike bzw. ein dem Roman gewachsenes Epos vorzustellen erlaubt, gibt es einen Namen. Es ist derjenige Dostojewskis. Nicht zu vergessen ist, dass wie Blanckenburg seine Romantheorie dem *Agathon* widmete und Schlegels Romantheorie eine Interpretation des *Wilhelm Meister* war, so Lukács die *Theorie des Romans* als Vorwort zu einem Werk über Dostojewski geplant hatte. Das Projekt zu diesem nie geschriebenen Buch steht als monströse Verheißung in den letzten Sätzen der *Theorie des Romans*: Dostojewski sollte umgekehrt zum Epos, das dem Roman vorausgeht, für eine Wiedergeburt des Epischen im Roman stehen. Das heißt offenbar: Die Dissonanz von Form und Leben sollte wie im Roman als dessen Formproblem hervortreten, zugleich aber sollte wie im Epos die Formlösung über den Roman hinausreichen und damit die Dissonanz jenseits der Kunst als Leistung des Bewusstseins sowohl bejahen, wie auch beherrschen. Im Dostojewskischen Roman-Epos jenseits des Romans wäre nicht mehr wie bei Homer die Seele durch eine Formkonvention in der Welt eingefasst gewesen. Umgekehrt hätte die Seele in einem Akt der ethischen Selbstermächtigung die Welt in die Form ihrer eigenen Setzung gezwungen.[48] Das wäre die eine mögliche – wie gesagt, monströse – Lösung gewesen, um die Form des Lebens in ihrer Dissonanz ein für alle Mal zu affirmieren und zu beherrschen und dabei nicht durch nur ästhetische Schließung immer wieder neue Fremdheiten, weitere Nichtformen, auftauchen zu lassen. Es war Lukács, wie die Briefe aus den

---

47. Paul de Man: »Georg Lukács' *Theory of the Novel*«, in: ders.: *Blindness and Insight*, New York 1971, S. 51–59.

48. Lukács hat die mit Dostojewskis Namen verbundene Suprematie der Seele und damit der Ethik auch als »2. Ethik« bezeichnet. Unter der 1. Ethik verstand Lukács ›Pflichten gegen die Gebilde‹, unter der 2. Ethik ›Imperative der Seele‹ (oder, wie man auch sagen könnte, solche der Formung). Vgl. Georg Lukács: *Dostojewski. Notizen und Entwürfe*, hg. von J.C. Nyíri, Budapest 1985, S. 158–177.

FORM UND LEBEN IN DER THEORIE DES ROMANS

vorangehenden Jahren zeigen, klar, dass er damit nicht mehr über die Form der Kunst sprach, die dem Leben gegenüber tritt, sondern über Formwerdung oder Selbstbegrenzung des Lebens. Dostojewski stand für die Auflösung der Kunst und die Expansion ihrer Form in die ethische oder politische Lebensverfassung.[49]

Lukács hatte diese endgültige Auflösung der Romantheorie in das zu formende Leben 1914 der Jugend mit auf den Weg geben wollen. Er schrieb aber ebenso wenig ein Dostojewski-Buch wie Karl Mannheim,[50] der einen ähnlichen Plan verfolgte, und entschied sich, wie man weiß, dann ohnehin für einen anderen Weg.

49. Diese kurze Zusammenfassung versucht, die letzte Seite der *Theorie des Romans* im Licht der erhaltenen Entwürfe zum Dostojewski-Buch zu verstehen. Zweifellos aber bleibt der ethische Imperativ der Form in der *Theorie des Romans* eine Andeutung und tritt dort hinter den Hegelianismus der Geschichtsphilosophie zurück.
50. Vgl. dazu die briefliche Mitteilung von Karl Mannheim an Lukács aus dem Jahr 1912, in: Lukács: *Briefwechsel*, a.a.O., S. 274, auch S. 285.

Sektion 4
Lebenswissen

Einleitung

Das Wissen vom Leben hat Michel Foucault als eines der zentralen philosophischen Themen der Moderne herausgestellt: »Ist die Erkenntnis des Lebens nichts weiter als eines der Gebiete, die in den Bereich der allgemeinen Frage der Wahrheit, des Subjekts und der Erkenntnis fallen? Oder zwingt sie dazu, diese Frage anders zu stellen?«[1]

Diese Frage nach allgemeinen Wissensformen (des Lebens) rückt nun abschließend in den Mittelpunkt: Stand in den Beiträgen der ersten, stärker epistemologisch ausgerichteten Sektion die Genese der Disziplinen Ästhetik und Biologie im Vordergrund, so gilt es nun, die Verknüpfung von Wissen und Leben zu untersuchen. Stellt man die Frage nach dem Wissen vom Leben aus epistemologischer Sicht, bieten sich zunächst drei mögliche methodische Einsatzpunkte an. Gefragt werden kann nach unterschiedlichen Theorieströmungen (Vitalismus, Mechanismus), die das Lebenswissen prägen, dann nach den unterschiedlichen Herangehensweisen in verschiedenen Disziplinen (etwa in der Mechanik, Botanik, Biologie oder Anthropologie), schließlich nach den konkreten Phänomenen des Lebenswissens.

Die Geschichte des Vererbungsbegriffes zeigt exemplarisch, wie ein solcher Begriff in seiner Allgemeinheit erst mit der Zusammenführung verschiedener Wissensstränge im zweiten Drittel des 19. Jahrhunderts möglich wird. Von herausragender Bedeutung sind die Forschungen der Botanik und der Anthropologie, in denen sich ein zerstreutes Wissen von der Vererbung vorformuliert. In deren Untersuchungen liefern die entscheidenden Anstöße jedoch vor allem Analysen *individueller* Besonderungen und Abweichungen, und weniger, wie zu erwarten gewesen wäre, die Resultate zunehmend genauer Beobachtung und Beschreibung distinkter Arten. Aber auch kulturgeschichtliche Aspekte wie die Möglichkeit und Freude am Züchten und Sammeln einerseits sowie darstellungstheoretische Momente andererseits spielen eine Rolle bei der Herausbildung eines Feldes, das aufgrund seiner Disparitäten erst nachträglich die Kontur eines kohärenten Wissens bekommen kann. Für das Konzept der Vererbung wird eine solche Kombination verschiedener Aspekte und Wissensformen des Lebens konkret etwa in der Bedeutung des kolonialen *casta*-Systems für die Entwicklung der europäischen Anthropologie (vgl. den Beitrag von Staffan Müller-Wille/Hans-Jörg Rheinberger). Dass die Frage nach dem Leben notwendigerweise eine epistemologisch-historische Perspektive erfordert, die die einzelnen Stränge des verstreuten Wissens und einzelner Praktiken über einen langen Zeitraum hinweg zu rekonstruieren vermag, ergibt sich im konkreten Nachvollzug der gebrochenen

---

1.   Michel Foucault: »Das Leben: Die Erfahrung und die Wissenschaft«, in: ders.: *Dits et Ecrits. Schriften in vier Bänden*, hg. von Daniel Defert; François Ewald, Frankfurt a. M. 2003, Bd. 3: 1976–1979, S. 943–959, hier: S. 958.

Entwicklung einzelner Theorieströmungen. So relativiert etwa die im 19. Jahrhundert auffällige Konjunktur mechanistischer Erklärungsmodelle des Lebens die lange angenommene Überlegenheit des Vitalismus, der im 18. Jahrhundert die Unterscheidung von Anorganischem und Organischem markiert hatte. Im Gegenzug wird nun die Berücksichtigung der Eigengesetzlichkeit von Bewegung als grundsätzliches Phänomen des Lebens zu einem Ausgangspunkt anderer, neu gedachter mechanistischer Theorien des Lebens.

Einmal mehr spielt Kant in dieser Auseinandersetzung eine bedeutende Rolle. Noch im aristotelischen Kosmos war die rotierende Bewegung des Lebendigen metaphysisch von der fallenden Bewegung des Toten und Absoluten klar unterschieden. In seinen frühen Schriften, in denen die Metaphysik mit der Newtonschen Naturwissenschaft versöhnt werden soll, kommt Kant mittels der Annahme zweier irreduzibler Grundkräfte auf eine Theorie der Rotation zu sprechen, die vorausweist auf das Zeitalter der Maschine und dessen Begriff von Mechanik. Von hier aus lässt sich bis hin zur Figur der Schraube und zur Robotik ein mechanistisches Denken des Lebens nachzeichnen, welches dann wiederum als Bewegungstheorie auch die Bewegungen lebendiger Wesen in der Form des Tanzes vorzeichnet und sich in ihm zur Darstellung bringt (vgl. den Beitrag von Helmut Müller-Sievers).

In einem weiteren Kontext betrachtet lassen sich diese Überlegungen ein erneutes Mal auf dem von den Stichworten Vitalismus und Mechanismus umrissenen Kampfplatz des Wissens um das Leben eintragen. Dem vitalistischen Denken gebührt wissensgeschichtlich ein starker Anteil an der Ausformulierung einer veränderten Perspektive auf das Leben, da es ihm gelungen ist, organische gegenüber anorganischen Strukturen als Entitäten zu fassen, die nach unterschiedlichen Logiken zu begreifen sind. Zumeist positionierte sich der Vitalismus historisch in direkter Konfrontation gegenüber scheinbar antiquierten, inadäquaten Verfahren mechanistischer Erklärungen. Demgegenüber finden sich nun um 1900 naturwissenschaftliche Korrekturversuche, die ein restringiertes Verständnis mechanistischer Erklärungsmöglichkeiten zu überwinden suchen. Ein Beispiel dafür bietet der Physiker Otto Lehmann mit seinem Vorhaben, den Mechanismus seiner Maschinen-Analogie zu entkleiden und um eine Theorie sich selbst erzeugender Mechanismen zu erweitern. Lehmann bedient sich dabei konsequent des Fiktionalismus des Kantianers Vaihinger, um die Kluft der Methoden zu überwinden. Die Lebendigkeit im Modus des Als-ob wird zu einem fortschreitenden, gar ›unheimlichen‹ Effekt jenseits von Vitalismus und Mechanismus (vgl. den Beitrag von Thomas Brandstetter). Nicht zufällig wählt der Physiker im Kontext seiner Überlegungen lebende Kristalle zum Objekt seiner Untersuchungen – und experimentiert damit zugleich mit einer für das 19. wie 20. Jahrhundert zentralen ästhetischen Metapher.

Jan Völker

Staffan Müller-Wille, Hans-Jörg Rheinberger

Zur Genesis der Vererbung als biologisches Konzept, 1750–1900

Vererbung ist ein Begriff, dessen Übertragung auf biologische Phänomene überraschend spät erfolgte. Dies geschah erst um die Wende vom 18. zum 19. Jahrhundert. Der Begriff kommt aus dem Bereich des Rechtswesens.[1] Im deutschen Sprachraum war es Immanuel Kant, der sich in seinen anthropologischen Schriften aus den 1770er und 1780er Jahren einer solchen Übertragung erstmals bediente.[2] Wie Carlos López Beltrán in detaillierten Studien gezeigt hat, waren es dann zunächst französische Mediziner – insbesondere Psychiater wie Prosper Lucas mit seinem *Traité philosophique et physiologique de l'hérédité naturelle* (Abb. 1) –, die dafür sorgten, dass eine biologisch-medizinische – im Sprachgebrauch der Mitte des 19. Jahrhunderts: eine »philosophische und physiologische« – Verwendung des Wortes Vererbung gängig wurde.[3]

Im Französischen und Englischen verloren dann die Ausdrücke *hérédité* bzw. *heredity* zusehends ihre ursprüngliche juristische Bedeutung. Das englische *Black's Law Dictionary* führt diese Bedeutung heute nur noch als eine »archaische« an, während das *Oxford English Dictionary* den juristischen Sinn als »obsolet« bezeichnet. Der Begriff der Vererbung wanderte aber seinerseits im späten 19. und im Laufe des 20. Jahrhunderts wiederum aus der Biologie in alle möglichen weiteren Bereiche des gesellschaftlichen und kulturellen Lebens aus.

François Jacob hat den Übergang vom Zeugungs- zum Vererbungsdenken um 1800 als einen Bruch charakterisiert, der zwei Denkstile oder *epistémata* scharf voneinander trennt.[4] Alles deutet jedoch darauf hin, dass diesem Bruch eine lange Geschichte von Praktiken, Beobachtungen und Überlegungen voranging, die sich durchaus auf Phänomene bezogen, die wir heute als solche der Vererbung identifizieren. Diese Praktiken, Beobachtungen und Überlegungen bildeten aber keinen geschlossenen und einheitlichen Diskurs: sie blieben vielmehr auf unterschiedliche Domänen des gesellschaftlichen Lebens verteilt und fanden dementsprechend auch in ganz unterschiedlichen Formen ihren Ausdruck.[5]

---

1.   Roselyne Rey: »Génération et hérédité au 18e siècle«, in: C. Bénichou (Hg.): *L'ordre des caractères. Aspects de l'hérédité dans l'histoire des sciences de l'homme, Conférences organisées par Jean-Louis Fischer*, S. 7–41. Publié avec le concours du GRHEM – Université Paris XII – Creteil et du Palais de la Découverte, Paris 1989; Carlos López Beltrán: »In the Cradle of Heredity: French Physicians and l'hérédité naturelle in the Early Nineteenth Century«, in: *Journal of the History of Biology* 37 (2004), S. 39–72.
2.   Immanuel Kant: *Von den verschiedenen Racen der Menschen* (1785) und *Bestimmung des Begriffs einer Menschenrasse* (1785), in: ders.: *Immanuel Kant. Werke in 6 Bänden*, hg. von Wilhelm Weischedel, Darmstadt 1956–1964, VI, S. 9–30 und S. 63–82.
3.   Prosper Lucas: *Traité philosophique et physiologique de l'hérédité naturelle dans les états de santé et de maladie du système nerveux*, 2 vols., Paris 1847–1850.
4.   François Jacob: *Die Logik des Lebenden. Eine Geschichte der Vererbung*, Frankfurt a. M. 2002.
5.   Staffan Müller-Wille; Hans-Jörg Rheinberger: »Heredity – The Production of an Epistemic Space«, in: dies. (Hg.): *Heredity Produced: At the Crossroads of Biology, Politics, and Culture 1500–1870*, Cambridge, MA 2007, S. 3–34.

STAFFAN MÜLLER-WILLE / HANS-JÖRG RHEINBERGER

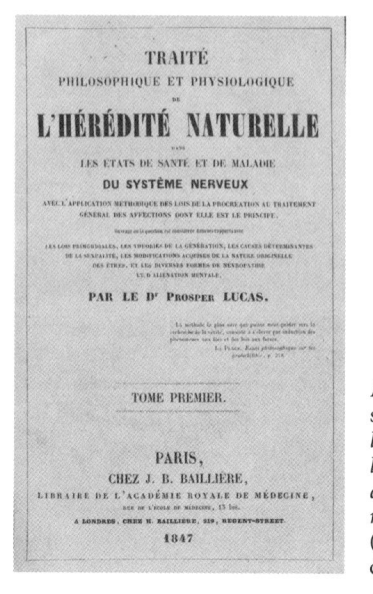

Abb. 1: Titelblatt der Originalausgabe von 1847. Prosper Lucas: *Traité philosophique et physiologique de l'hérédité naturelle dans les états de santé et de maladie du système nerveux avec l'application méthodique des lois de la procréation au traitement général des affections dont elle est le principe.* Paris 1847 (Chez J. B. Baillière, Librairie de l'Académie Royale de Médecine).

Hier wollen wir uns nur mit Naturgeschichte, Züchtung und Anthropologie etwas näher befassen, drei Bereiche, in denen sich – ebenfalls zum Ende des 18. Jahrhunderts hin – ein verstärktes Interesse an erblichen Varietäten bemerkbar machte, d.h. an Eigenschaften, die bei den Nachkommen auch unter veränderten Lebensumständen erhalten blieben.

Dabei ergibt sich ein überraschender Sachverhalt. Ein verallgemeinerter Begriff biologischer Vererbung, so scheint es, ging keineswegs allmählich aus einer immer aufmerksameren Beobachtung der Ähnlichkeiten hervor, die zwischen Eltern und Nachkommen bestehen, einer Fixierung also des forschenden Geistes auf das Regelmäßige, unter Absehung von Erscheinungen der Kontingenz und Komplexität. Man kann das auch so formulieren: Das Problem, das sich mit der Erforschung der Vererbung Raum verschaffte, war gerade nicht die Konstanz der Arten. Diese war ja von alters her in der einen oder anderen Weise im Blick. Die beunruhigenden und zu neuen Forschungen und Überlegungen Anlass gebenden Erscheinungen waren vielmehr die veränderlichen Muster und Prozesse, die das Leben auf einer Ebene unterhalb der Arten kennzeichnen: Krankheiten, Monstrositäten und andere individuelle Abweichungen von der Norm.

Im deutschen Sprachraum begannen Konzeptionen der Vererbung, wie bereits erwähnt, erst in den anthropologischen Schriften Kants eine spezifisch biologische Bedeutung anzunehmen.[6] Der Grund für diese Bedeutungsübertragung war wie gesagt nicht ein schärferer Blick auf die Ähnlichkeiten, die Nachkommen im Allgemeinen mit ihren Erzeugern verbinden. Es war vielmehr ein eng umschriebenes, höchst spezifisches Phänomen, nämlich die Existenz verschiedener Menschenrassen, die durch Eigenschaften ausgezeichnet waren, die sich in hybriden

6. Peter McLaughlin: »Kant on Heredity and Adaptation«, in: *Heredity Produced*, a.a.O, S. 277–292.

Verbindungen zwar mischen ließen, sich aber selbst unter dauerhaft veränderten Umweltbedingungen »unausbleiblich«, wie Kant sich ausdrückte, auf die Nachkommen übertrugen.[7]

Ein solches Phänomen unterlief die Unterscheidung zwischen arteigenen, also spezifischen Formen und individuellen Eigenheiten. Rassencharaktere gehörten, da sie ja Gruppen unterhalb der Ebene einer Art auszeichneten, zu den individuellen Eigenheiten, die insofern mit der Universalität der Artcharaktere in Konflikt standen; da sie aber andererseits unfehlbar Generation für Generation reproduziert wurden, schienen sie doch der gleichen Art von Regelmäßigkeit unterworfen, die auf der Ebene der Arten herrschte. Um diesem Umstand Rechnung zu tragen, brachte Kant in seinem Begriff der »Vererbung« Naturgesetz und kontingente (Familien-)Geschichte zusammen: Die Dispositionen oder »Anlagen« für die erblichen Eigenschaften der Rassen waren, so nahm er an, von Anfang an in der ursprünglichen Organisation eines gemeinsamen Vorfahren vorhanden – sie waren also gewissermaßen präformiert und nicht erworben. Wenn sie aber einmal als Reaktion auf eine veränderte Umwelt aktualisiert wurden – nun also gewissermaßen epigenetisch erworben worden waren –, wurden sie auch dauerhaft und unweigerlich an die Nachkommen weitergegeben.

Die Art, wie Kant das Problem stellte, und die Weise, wie er es zu lösen versuchte, kann als prototypisch für das In-Erscheinung-Treten der Vererbung als biologisches Phänomen gesehen werden. Das Problem war demnach also gerade nicht die Konstanz der Artformen, es waren vielmehr die Varietätenmuster, die das Leben auf einer Ebene unterhalb der Arten strukturierten. Solange solche Muster mit lokal umschriebenen Umgebungen zusammenfielen und verbunden blieben, konnten sie problemlos durch die Dauerhaftigkeit der Bindungen zwischen den Lebewesen und ihren »natürlichen Orten« erklärt werden. Bei diesem Erklärungsmodus ist es gewissermaßen der Standort, der seine Bewohner »erbt« und ihnen seinen Stempel aufdrückt. Erst als diese Bindungen sich zugunsten einer Vielzahl von Beziehungen zwischen Formen, Standorten und Wegen der Weitergabe aufzulösen begannen, so unsere These, ergab sich die Notwendigkeit der Anwendung einer komplexeren Metapher wie derjenigen der Vererbung, um den sich vervielfältigenden Erscheinungen von Wandel und Stabilität gerecht zu werden.

Eine besondere Rolle für die Herausbildung des Vererbungsdiskurses gegen Ende des 18. Jahrhunderts spielten botanische Gärten und Menagerien. Um Umwelteinflüsse von erblichen Faktoren unterscheiden zu können, mussten Organismen aus ihren endemischen Umgebungen verpflanzt werden. Genau das bewirkten botanische Gärten und Menagerien, indem sie Lebewesen aus aller Welt unter mehr oder weniger technisch kontrollierten Bedingungen versammelten.[8] Der Austausch von Exemplaren zwischen diesen Institutionen verstärkte noch die Möglichkeit, komplexere Vererbungsmuster wie Atavismen, Spaltung von

---

7.   Kant: *Werke*, a.a.O., S. 69.
8.   Staffan Müller-Wille: »Ein Anfang ohne Ende. Das Archiv der Naturgeschichte und die Geburt der Biologie«, in: Richard van Dülmen; Sina Rauschenbach; Meinrad von Engelberg (Hg.): *Macht des Wissens. Die Entstehung der modernen Wissensgesellschaft*, Köln 2004, S. 587–605.

STAFFAN MÜLLER-WILLE / HANS-JÖRG RHEINBERGER

Eigenschaften bei den Nachkommen oder plötzlich auftretende Veränderungen sichtbar zu machen und zu beschreiben. Es verwundert deshalb auch nicht, dass Gärten und Menagerien, obwohl zunächst unter dem deskriptiven Regime der Naturgeschichte gegründet, zu den ersten Orten gehörten, an denen Fragen der Vererbung dann auch experimentell angegangen wurden.

Die ersten botanischen Gärten entstanden bekanntlich Mitte des 16. Jahrhunderts an den norditalienischen Universitäten Padua und Pisa. Anders als die schon zuvor bestehenden Klostergärten, die vordringlich der Versorgung der lokalen Bevölkerung mit pflanzlichen Heilmitteln dienten, wurden Pflanzen in diesen Universitätsgärten ausschließlich zu Darstellungszwecken angebaut. Sie dienten in der Regel allein dem botanisch-pharmazeutischen Unterricht, als Referenzsammlung für lokale Kaufleute oder Forschungszwecken der Naturgeschichte. Die Bedeutung dieser Gärten für die Entwicklung der Lebenswissenschaften hängt damit zusammen, dass diese Institutionen global operierten.[9] Bereits die ersten Direktoren der botanischen Gärten von Padua und Pisa unternahmen Sammlungsreisen und unterhielten Tauschbeziehungen mit Botanikern in ganz Europa, um ihre Sammlungsbestände zu vervollständigen. Neben Universitäten begannen im 17. Jahrhundert außerdem Apothekervereine, Handelsgesellschaften und Adelspersonen botanische Gärten anzulegen. Auch in den europäischen Kolonien selbst entstanden erste botanische Gärten, so 1653 in der holländischen Kolonie am Kap der Guten Hoffnung. Die königlichen Gärten bei London sowie der *Jardin du Roi* in Paris wandelten sich dann im frühen 19. Jahrhundert zu staatlichen Institutionen, die ihren Teil zur weltweiten Exploration und Exploitation natürlicher Ressourcen durch die Kolonialmächte beitrugen.

Wenn Botaniker Pflanzen aus aller Welt in ihre Gärten einführten und dort anbauten, so wurde auf den eng begrenzten Gartenbeeten jede umweltbedingte Variabilität zum Verschwinden gebracht, wodurch die konstanten Unterschiede um so schärfer zum Vorschein kamen. Die Reproduktion der Arten, und dies ist der entscheidende Punkt, ließ sich so am Generationen übergreifenden Verhalten individueller Merkmale festmachen. Nicht immer machten Organismen es den Naturhistorikern aber so einfach. So wurde Linné beispielsweise im Jahre 1744 von einem Studenten auf eine wild wachsende Population des echten Leinkrauts (*Linaria vulgaris*) aufmerksam gemacht, in der sich einige Exemplare vorfanden, deren Blütenbau nicht bilateral, sondern radialsymmetrisch war. (Abb. 2)

Da beide Varietäten am selben Ort wuchsen, musste davon ausgegangen werden, dass sie von gemeinsamen Vorfahren abstammten. Und dennoch unterschieden sie sich in einem Merkmal, dem Blütenbau, das sich sonst als äußerst konstant erwies. Linné nannte die neue Varietät *Peloria* (nach einem griechischen Wort für Monster), und verglich ihre Entdeckung mit der Entdeckung der Regenerationsfähigkeit des Süßwasserpolypen, die etwa zur selben Zeit für Aufsehen sorg-

---

9.   William T. Stearn: »Botanical Gardens and Botanical Literature in the Eighteenth Century«, in: *Catalogue of Botanical Books in the Collection of Rachel McMasters Miller Hunt*, Bd. 2/1 (Introduction to printed books: 1701–1800), S. xli–cxl, Pittsburgh, PA 1961; Dirk O. Wijnands: »Hortus auriaci: The Gardens of Orange and their Place in Late 17-th Century Botany and Horticulture«, in: *Journal of Garden History* 8 (1988), S. 61–86, S. 271–304.

ZUR GENESIS DER VERERBUNG ALS BIOLOGISCHES KONZEPT

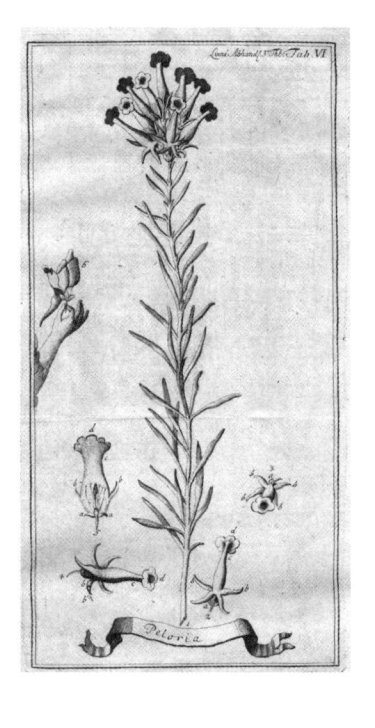

Abb. 2: *Peloria*, eine Varietät des Leinkrauts (*Linaria vulgaris* (L.) Mill.) mit radial- statt bilateralsymmetrischem Blütenbau, die von einem Schüler Linnés 1742 entdeckt wurde. Die Hand am linken Bildrand hält zum Vergleich eine gewöhnliche, bilateralsymmetrische Blüte. Aus *Des Ritters Carl von Linné Auserlesene Abhandlungen aus der Naturgeschichte, Physik und Arzneywissenschaft*, hg. u. übers. von E. J. T. Hoepfner, 3 Bde., Leipzig 1776–1778, Bd. 3, S. 175.

te.[10] Es gelang ihm später, die Pflanze im botanischen Garten von Uppsala zu reproduzieren.[11]

Solche und weitere Beobachtungen häuften sich im 18. Jahrhundert im Zuge der weltweiten, biogeographischen und taxonomischen Erkundung von Floren und Faunen. Zwei Erklärungsmodelle für die beobachteten Variationsmuster wurden dabei aufgeboten. Auf der einen Seite nahm man an, dass Lebewesen, die in neue Lebensräume vorstoßen und durch das dort herrschende Klima verändert werden, diese Veränderungen langfristig auch an ihre Nachkommen weitergeben. In diesen Fällen sprach man von einer »Degeneration«, wobei das Wort im 18. Jahrhundert noch nicht unbedingt abwertend gemeint war.[12] Ein degenerierender Einfluss wurde z.B. auch der Domestikation von Pflanzen und Tieren durch den Menschen zugeschrieben. Georges Buffon gestand der Degeneration sogar artbildende Wirkung zu, und mit der Evolutionstheorie, die Jean-Baptiste de Lamarck (1744–1829) in seiner *Philosophie zoologique* (1809) niederlegte, wurde die »Vererbung erworbener Eigenschaften« zum festen Bestandteil der Mechanismen, die Biologen annahmen, um sich die Bildung neuer Varietäten zu erklären. Sie

10. Carl von Linné: *Des Ritters Carl von Linné Auserlesene Abhandlungen aus der Naturgeschichte, Physik und Arzneywissenschaft*, 3 Bde., hg. von E. J. T. Hoepfner, Leipzig 1776–1778, Bd. 3, S. 175–194.

11. Staffan Müller-Wille: »›Varietäten auf ihre Arten zurückführen‹. Zu Carl von Linnés Stellung in der Vorgeschichte der Genetik«, in: *Theory in Biosciences* 117 (1998), S. 346–376.

12. James L. Larson: *Interpreting Nature. The Science of Living Form from Linnaeus to Kant*, Baltimore, London 1994.

bildete die Grundlage für zahlreiche, im späten 18. und 19. Jahrhundert unternommene Versuche, exotische Pflanzen und Tiere an die Wetterverhältnisse in Europa zu akklimatisieren. Ganze Gesellschaften, wie die französische *Societé d'Acclimatisation*, wurden zu diesem Zweck gegründet und unterhielten oft eigene Versuchsgärten und -menagerien.[13]

Das zweite Modell zur Erklärung der Variabilität von Organismen war Hybridisierung, d. h. die Erzeugung eines Nachkommen durch Eltern, die zwei verschiedenen Arten angehörten. Vor allem Linné sprach diesem Vorgang sogar artbildende Produktivität zu und stellte 1759, in Beantwortung einer Preisfrage der St. Petersburger Akademie der Wissenschaften, als erster ein regelrechtes, sorgfältig kontrolliertes Kreuzungsexperiment mit zwei Farbvarietäten des Wiesen-Bocksbarts (*Tragopogon pratensis*) an.[14] Dieses Experiment regte den in St. Petersburg tätigen Botaniker Joseph Gottlieb Kölreuter (1733–1806) zu einer ganzen Versuchsreihe an, die eine Vielzahl von Pflanzenarten umfasste.[15] Ihm ging es dabei vor allem darum, zu zeigen, dass sich die elterlichen Merkmale in Hybriden nicht, wie von Linné behauptet, in neuartigen Kombinationen zusammenfinden, sondern miteinander verschmelzen, so dass sich durch fortschreitendes Rückkreuzen eine Art in die andere verwandeln lässt. Anfang des 19. Jahrhunderts war es dann ein weiterer deutscher Naturforscher, der Apotheker Carl Friedrich Gärtner, der neben vielen anderen Naturforschern die Frage der Hybridisierung aufgriff und mit seinen *Versuchen und Beobachtungen über die Bastarderzeugung im Pflanzenreich* (1849) auf der Grundlage von etwa 10.000 von ihm selbst an etwa 700 verschiedenen Pflanzenarten über einen Zeitraum von etwa drei Jahrzehnten vorgenommenen Einzelexperimenten einen der umfassendsten Überblicke über Hybridisierung im Pflanzenreich lieferte.[16] Die allgemeine Schlussfolgerung, die er aus seinen Versuchsergebnissen und den Beobachtungen zog, wonach die Typen der Hybriden nicht schwankend sind, sondern konstant und gesetzmäßig immer wieder aus denselben Faktoren hervorgebracht werden, sollte später den Einstiegspunkt für Gregor Mendels berühmte Kreuzungsversuche mit Erbsen bilden.[17]

Tier- und Pflanzenzüchter stellten ganz ähnliche Experimente in Verpflanzung und Hybridisierung wie die Naturforscher an und entwickelten wie diese auch ein eigenständiges Vokabular, um eingesetzte Verfahren und beobachtete Phänomene zu beschreiben. Ausdrücke wie »Veredelung«, »Inzucht«, »Rasseherde«, »Anlage«, »Vererbungsfähigkeit«, »Erbfehler« und »Rückschlag« fanden Eingang

---

13. Michael Osborne: *Nature, the Exotic, and the Science of French Colonialism*, Bloomington 1994.

14. Carl von Linné: *Caroli Linnaei Ammoenitates academicae, seu Dissertationes variae Physicae, Medicae, Botanicae antehac seorsim editae*, 2. Aufl., 10 Bde., hg. von Johann Christian Daniel Schreber, Erlangen 1785–1790, Bd. 10, S. 100–131.

15. Joseph Gottlieb Kölreuter: *Vorläufige Nachricht von einigen das Geschlecht der Pflanzen betreffenden Versuchen und Beobachtungen*, Leipzig 1761.

16. Carl F. Gärtner: *Versuche und Beobachtungen über die Bastardzeugung im Pflanzenreich*, Stuttgart 1849.

17. Robert C. Olby: *Origins of Mendelism*, Chicago ²1985, Kap. 1 und 2; Staffan Müller-Wille; Vítezslav Orel: »From Linnaean Species to Mendelian Factors: Elements of Hybridism, 1751–1870«, in: *Annals of Science* 64/2 (2007), S. 171–215.

in den Sprachgebrauch.[18] Die Beziehung zwischen Züchtern und Naturforschern blieb allerdings verwickelter und spannungsreicher als man vielleicht annehmen möchte. Bis weit in das 19. Jahrhundert hinein standen starke institutionelle und soziale Hindernisse einer einheitlichen Sicht auf das Vererbungsgeschehen in Organismen entgegen. In der Tradition des Linnéschen Artbegriffes wurde Züchtung eben nicht als ein angemessener Gegenstand botanischer Studien erachtet, sondern als Quelle unzähliger Varietäten, von denen es bei der Beschreibung der Arten zu abstrahieren galt.[19] Andererseits richteten Züchter wie der Engländer Robert Bakewell,[20] dessen für die Fleischproduktion geschaffene »Dishley«-Schafe Rekordpreise erzielten, ihre Aufmerksamkeit auf bestimmte Eigenschaften von Individuen und versuchten, allein diese Eigenschaften zu »fixieren«, um ihre Produkte besser vermarkten zu können. Den Naturforschern wiederum war dieser Zugang fremd; sie blieben über weite Strecken des 19. Jahrhunderts hinweg am Ursprung, der Beständigkeit und den möglichen Transformationen der Arten interessiert und weniger an individuellen Variationen.[21] Erst im zweiten Drittel des 19. Jahrhunderts gingen Naturforscher wie Gregor Mendel dazu über, für ihre Experimente die Fragestellungen und genealogischen Registriertechniken zu übernehmen, die Züchter seit langem entwickelt hatten.[22]

Vor allem die zweite Hälfte des 18. Jahrhunderts ist auch die Zeit, in der Naturforscher wie Georges Buffon und Mediziner wie Johann Friedrich Blumenbach damit begannen, die »Naturgeschichte des Menschen« auszuarbeiten. An dieser Stelle möchten wir nur kurz auf die Quellen deuten, aus denen Anthropologen des 18. Jahrhunderts schöpften, um die Menschheit nach äußeren Merkmalen wie Hautfarbe und Schädelform zu klassifizieren. Sie werfen nämlich ein bezeichnendes Licht auf die historischen Bedingungen, unter denen es zur Ausbildung eben jenes epistemischen Raumes kam, auf den sich der juristische Begriff der Vererbung schließlich konsequent projizieren ließ.

Der Begriff der Menschenrasse war nicht, wie oft behauptet wird, eine einfache Erfindung europäischer Anthropologen der Aufklärungszeit. Tatsächlich fanden die Begründer der Rassenanthropologie ihren Gegenstand in einem eigentümlichen Kastensystem vor, das im Laufe des 17. Jahrhunderts in den spanischen und portugiesischen Kolonien Amerikas Gestalt angenommen hatte, und von dem sie aus Reiseberichten erfuhren. Dieses System, bekannt als *las castas*, regelte die Verteilung von Rechtstiteln auf unterschiedliche Bevölkerungsgruppen in einer Situation, in der es zu ständiger Vermischung zwischen diesen Bevölkerungsgruppen kam. Kurz gesagt tat es dies, indem es die Bevölkerung nach Hautfarbe

---

18. Nicholas Russel: *Like Engend'ring Like: Heredity and Animal Breeding in Early Modern England*, Cambridge, MA 1986; Roger J. Wood; Vítezslav Orel: »Scientific Breeding in Central Europe during the Early Nineteenth Century: Background to Mendel's Later Work«, in: *Journal of the History of Biology* 38 (2005), S. 239–272.

19. Marc J. Ratcliff: »Duchesne's Strawberries: Between Growers' Practices and Academic Knowledge«, in: *Heredity Produced*, a.a.O., S. 205–228.

20. Roger Wood: »The Sheep Breeders' View of Heredity Before and After 1800«, in: *Heredity Produced*, a.a.O., S. 229–250.

21. Robert C. Olby: »Mendel no Mendelian?«, in: *History of Science* 17 (1979), S. 53–72.

22. Vítezslav Orel; Roger J. Wood: *Genetic Prehistory in Selective Breeding: A Prelude to Mendel*, Oxford 2001.

und geographischer Herkunft klassifizierte und Kinder aus Mischehen als Produkt der Kastenzugehörigkeit ihrer Eltern ansprach. Das System der *castas* fand im 18. Jahrhundert in Gemälden Ausdruck, auf denen jeweils ein Elternpaar und sein Kind zu sehen sind. Auf jeder Tafel findet sich eine Aufschrift, die die jeweilige *casta* der Eltern angibt sowie die *casta* ihres Kindes. »Aus einem Spanier und einer Schwarzen, ein Mulatte« (Abb. 3) oder »Aus einem Spanier und einer Inderin [d.h. einer Ureinwohnerin Amerikas], ein Mestize« – nach diesem einfachen Mechanismus wurde ein System generiert, das in etwa 70 verschiedenen Ausdrücken die gesamte Vielfalt möglicher Kombinationen erschöpfend klassifizierte.

Buffon übersetzte dieses System in seiner Naturgeschichte des Menschen folgendermaßen: »Der Weiße und die Schwarze bringen einen Mulatten mit glatten Haaren hervor.«[23] Und Immanuel Kant sollte es in seinen anthropologischen Schriften, wie bereits erwähnt, zum Anlass nehmen, von der »Vererbung« von Rassemerkmalen zu sprechen.

Das *castas*-System ist vor allem deshalb interessant, weil es deutlich macht, dass sich Rasse und Vererbung nicht einfach ergänzen, oder anders gesagt, dass es sich bei Rassen nicht einfach um »Menschenarten« handelt, deren Beständigkeit ohnehin außer Frage steht. Zwar liefert die Hautfarbe ein manifestes Merkmal, nach dem sich das Kastensystem gliedert. Aber dieser Ansatzpunkt besteht in einem variablen Phänomen, einem äußerlichen Merkmal *par excellence*. Erst gegen Ende des 17. Jahrhunderts wurde die Hautfarbe zum Gegenstand anatomischer Untersuchungen und Recherchen ihres historischen Ursprungs.[24] Wie im Falle der Erbkrankheiten handelt es sich also bei Unterschieden in der Hautfarbe um als individuell angesehene, kontingente Abweichungen. Und tatsächlich ist im System der *castas* für die Zugehörigkeit eines Individuums auch nicht allein die Hautfarbe, sondern vor allem die einmal erfolgte Festschreibung der Kastenzugehörigkeit seiner Eltern entscheidend. Kastenzugehörigkeit ergibt sich ganz mechanisch als Produkt genealogischer Beziehungen, die eigentlich nur bürokratisch verzeichnet werden müssen, um in jedem Einzelfall eine Entscheidung herbeizuführen, und zwar ganz unabhängig von irgendwelchen äußerlichen Merkmalen der in Frage stehenden Person. So trug das System der *castas* auch kapriziösen Erbgängen körperlicher Merkmale Rechnung, indem es, gleichsam als Warnung, Kinder eines Spaniers und einer *albina*, d.h. einer Frau mit einer schwarzen Ururgroßmutter, als *torna atras*, wörtlich »Zurückgekehrte«, darstellte: Das Produkt dieser Verbindung ist trotz der weißen Hautfarbe seiner Eltern, besonders seiner blonden, blauäugigen Mutter, deren Abkunft sich nur in einem Muttermal verrät, sehr, sehr schwarz. (Abb. 4)

Anders als in Naturgeschichte und Züchtung war das Feld der Anthropologie dem direkten Zugriff durch das Experiment entzogen. Dennoch entwickelte sich gerade dieses Feld zu einem Brennpunkt der Debatten über Vererbung. Zum einen konnten Anthropologen auf »Experimente der Natur«, wie etwa die Beobach-

---

23. George Louis Leclerc Compte de Buffon: *De l'homme*, hg. von Michèle Duchet, Paris (1749–1767) 1971, S. 352.
24. Renato G. Mazzolini: »Il colore della pelle e l'origine dell'antropologia fisica (1492–1848)«, in: Renzo Zorzi (Hg.): *L'epopea delle scoperte*, Florenz 1994, S. 227–239.

ZUR GENESIS DER VERERBUNG ALS BIOLOGISCHES KONZEPT

Links: Abb. 3: *De Español y Negra Mulata* (aus einem Spanier und einer Schwarzen, ein Mulatte). Madrid: Museo de América.
Rechts: Abb. 4: *De Español y Alvina Negro Torna atras* (aus einem Spanier und einer Albino-Frau, ein »Zurückgekehrter«). Madrid: Museo de América.

tung von wild aufgewachsenen so genannten »Wolfskindern« rekurrieren.[25] Zum anderen eröffnete die exponentiell wachsende Anzahl ethnographischer Berichte von außereuropäischen Regionen so etwas wie ein »veritables ›Laboratorium der menschlichen Natur‹«, wie es Philip Sloan genannt hat.[26] In Bezug auf die Vererbung war es das beschriebene System der *castas*, welches eines der frühesten Modelle zur Konzeptualisierung der Vererbung lieferte und – nach einem Wort Renato Mazzolinis – ein »weites Feld ›vormendelscher‹ Untersuchung« darstellte.[27] Es entwickelte sich zu einem universellen Schema der Rasseneinteilung, wie sie zuerst von Linné in seinem *Systema naturae* (1735) vorgeschlagen und später durch verschiedene Theorien über den Ursprung der Unterschiede innerhalb des Menschengeschlechts untermauert wurde.[28]

Die Verteilung des Vererbungswissens auf mehr oder weniger voneinander getrennte Domänen zeigt, dass vor dem Ende des 18. Jahrhunderts Vererbungserscheinungen im Bereich des Lebendigen keineswegs unbeachtet blieben – die Streuung macht aber auch deutlich, was nicht existierte: Es gab keinen allgemeinen Begriff biologischer Vererbung, der diese Domänen schlüssig aufeinander bezogen hätte. Ein allgemeiner Begriff der Vererbung bildete sich erst allmählich im zweiten Drittel des 19. Jahrhunderts heraus. Im Rückgriff auf Foucaults *Archäologie des Wissens* könnte man sagen, dass der Vererbungsdiskurs jenseits der Schwelle der Positivierung, die er in verstreuten Domänen erlangt hatte, nun an der Schwelle der Epistemologisierung stand. López Beltrán hat, worauf wir bereits

25. Nicolas Pethes: »›Victor, l'enfant de la forêt‹: Experiments on Heredity in Savage Children«, in: *Heredity Produced*, a.a.O., S. 399–418.
26. Philip R. Sloan: »The Gaze of Natural History«, in: Christopher Fox; Roy Porter; Robert Wokler (Hg.): *Inventing Human Science: Eighteenth Century Domains*, Berkeley 1995, S. 112–151, hier: S. 131.
27. Renato G. Mazzolini: »Las Castas: Interracial Crossing and Social Structure (1770–1835)«, in: *Heredity Produced*, a.a.O., S. 349–374, hier: S. 371.
28. Staffan Müller-Wille: »Schwarz, Weiß, Gelb, Rot. Zur Darstellung menschlicher Vielfalt«, in: Anke te Heesen; Petra Lutz (Hg.): *Dingwelten. Das Museum als Erkenntnisort*, Köln 2005, S. 161–170 (=Schriften des Deutschen Hygiene-Museums Dresden, Vol. 4).

223

STAFFAN MÜLLER-WILLE / HANS-JÖRG RHEINBERGER

hingewiesen haben, diesen Übergang an einer aufschlussreichen sprachlichen Verschiebung verdeutlicht. Während die Verwendung des Adjektivs »erblich« zumindest im Kontext der Lehre von den Krankheiten bis in das späte Mittelalter zurückverfolgt werden kann,[29] wird das Substantiv »Vererbung« – wie übrigens auch der Begriff der »Anlage«, nicht im Sinne eines embryologischen, sondern eines erblichen Charakters – zwar gelegentlich bereits von Kant gebraucht,[30] seine systematische Verwendung setzt jedoch erst um 1830 ein. »Hérédité« wird zuerst vor allem unter französischen Ärzten und Physiologen, dann aber bald auch in anderen wissenschaftlichen Kreisen Europas geläufig und in den achtziger Jahren des 19. Jahrhunderts schließlich dominant und ubiquitär. Diese Substantivierung bringt eine Verfestigung des Begriffes zum Ausdruck oder, um es mit den Worten López Beltráns zu sagen, die Herausbildung einer »strukturierten Gesamtheit von Bedeutungen, die einen in Entstehung begriffenen biologischen Begriffsraum sowohl absteckte als auch vereinheitlichte«.[31] War Vererbung bis zu diesem Zeitpunkt als disperser epistemischer Raum anzusprechen, so begann er im Laufe des 19. Jahrhunderts sich theoretisch zu artikulieren, um sich schließlich am Ende des Jahrhunderts zu Objekten der experimentellen Forschung zu verdichten. Damit einher ging eine weitere Verschiebung, nämlich die Erosion einer Gruppe althergebrachter Unterscheidungen, in denen die Ähnlichkeiten zwischen Eltern und Kindern, Vorfahren und Nachkommen gedacht wurden. Zu ihnen gehörten artspezifische im Gegensatz zu individuellen, väterliche im Gegensatz zu mütterlichen, normale im Gegensatz zu pathologischen Ähnlichkeiten oder auch Eigenheiten, welche die linke im Gegensatz zur rechten Körperhälfte betrafen.[32] Solche Unterscheidungen wichen nun einem verallgemeinerten Begriff von Vererbung, der sich auf elementare Charaktere oder Dispositionen zu beziehen begann, die den besonderen Formen und Erscheinungen des Lebens, ob nun rechts- oder linksseitig, pathologisch oder normal, mütterlich oder väterlich, individuell oder spezifisch, voraus lagen.

Man kann also behaupten, dass um 1800 auch in Bezug auf die Vererbung verborgene, die Reproduktion der Organismen im Allgemeinen beherrschende Gesetzmäßigkeiten gegenüber der manifesten Formenvielfalt des Lebens Priorität gewannen. Sowohl Michel Foucault als auch François Jacob haben die »Organisation« als den Schlüsselbegriff dieser Entwicklung identifiziert.[33] Wir möchten die Bedeutung dieser begrifflichen Innovation nicht in Zweifel ziehen. Dennoch

29. Maaike van der Lugt: »Les maladies héréditaires dans la pensée scolastique (XIIe-XVIe siècle)«, in: dies.; Charles de Miramon (Hg.): L'hérédité entre Moyen Age et Époque moderne, Florenz 2008, S. 273–320.

30. McLaughlin: »Kant on Heredity and Adaptation«, in: Heredity Produced, a.a.O., S. 277–292.

31. Carlos López Beltrán: »The Medical Origins of Heredity«, in: Heredity Produced, a.a.O., S. 105–132, hier: S. 125.

32. Erna Lesky: »Die Zeugungs- und Vererbungslehre der Antike und ihr Nachwirken«, in: Abhandlungen der Geistes- und Sozialwissenschaftlichen Klasse der Akademie der Wissenschaften und der Literatur in Mainz, Jahrgang 1950, Nr. 19, Wiesbaden 1951, Kap. 1–3; Roselyne Rey: »Génération et hérédité au 18e siècle«, in: Claude Bénichou (Hg.): L'ordre des caractères, a.a.O., S. 7–41.

33. Michel Foucault: Les mots et les choses: Une archéologie des sciences humaines, Paris 1966, S. 238–245; Jacob: Die Logik des Lebenden, a.a.O., Kap. 2.

erscheint es uns unerlässlich, gerade auch die interindividuellen und intraspezifischen Dimensionen im Auge zu behalten, die viele Begriffe der neuen Wissenschaft Biologie um 1800 annahmen.[34] Anstatt sich auf individuelle Körper zu beziehen, wurden organische Funktionen wie Zeugung, Wachstum, Ernährung und Empfindung zunehmend als reproduktive Funktionen angesehen, die physisch die Einheit der Art begründeten.[35] Am deutlichsten zeigt sich dies im Begriff der Generation selbst. Während er im 18. Jahrhundert noch weitgehend synonym für Zeugung gebraucht wurde, nahm er im Verlauf des 19. Jahrhunderts dann die Bedeutung einer Kohorte von Individuen an, die ungefähr zur gleichen Zeit geboren wurden.[36]

Die verschiedenen Domänen, in denen Vererbung sich als Phänomen artikulierte, verknüpften sich allerdings nicht nach dem Modell miteinander, wonach ein »Einfluss« von einem markanten und zentralen Bereich aus auf andere Bereiche ausstrahlte. Man könnte eher sagen, dass sich Konjunkturen zwischen den Domänen ereigneten, die nach einer Art Dominoeffekt die Mobilisierung in einem Bereich unter den spezifischen Voraussetzungen eines anderen Bereichs wirksam werden ließen. So ermöglichte die Entstehung einer Gesellschaftsschicht, deren Reichtum auf beweglichem Eigentum basierte, die weite Verbreitung einer Kultur des Sammelns aus Interesse und des Züchtens zu Vergnügungszwecken.[37] Die Einfuhr von Pflanzen aus Sammelleidenschaft inspirierte ihrerseits Versuche, diese Pflanzen zu ökonomischen Zwecken zu akklimatisieren. Der Züchter mit seinen Erfolgen bei der Etablierung marktfähiger Varietäten von Pflanzen und Tieren gab das Rollenmodell für den *self-made man* ab, wie es Paul White für das Viktorianische England gezeigt hat.[38] Diese und weitere Verbindungen verweisen weniger auf eine homogene wissenschaftliche »Kultur« der Vererbung, die um 1800 mehr oder weniger plötzlich entstanden wäre, sondern eher auf die stückweise Lockerung von sozialen und natürlichen Bindungen in verschiedenen kulturellen Bereichen. Erst ihre nachfolgende Rekonfiguration ließ die Umrisse eines Feldes von Erscheinungen und Mustern sichtbar werden, die auf einen verborgenen Mechanismus der Übertragung hindeuteten, der dann ab der Mitte des 19. Jahrhunderts von Theorien der Vererbung als solcher adressiert wurde.

---

34. Vgl. William Coleman: *Biology in the Nineteenth Century: Problems of Form, Function, and Transformation*, Wiley History of Science Series, New York 1971; für ein Portrait der Biologie des 19. Jahrhunderts, das diese Dimension gerade ausblendet.
35. Vgl. Philip C. Ritterbush: *Overtures to Biology: The Speculations of Eighteenth Century Naturalists*, New Haven 1964, Kap. 5; Jacques Roger: *Les Sciences de la vie dans la pensée française du XVIIIe siècle*, Paris (1963) 1993, S. 567–582; Jacob: *Die Logik des Lebenden*, a.a.O., S. 88–94; Timothy Lenoir: *The Strategy of Life: Teleology and Mechanics in Nineteenth-Century German Biology*, Chicago 1982, Kap. 1; Larson: *Interpreting Nature*, a.a.O.; Emma Spary: *Utopia's Garden: French Natural History from Old Regime to Revolution*, Chicago 2000, Kap. 3; Staffan Müller-Wille: »Figures of Inheritance, 1650–1850«, in: *Heredity Produced*, a.a.O., S. 177–204.
36. Ohad S. Parnes: »On the Shoulders of Generations: The New Epistemology of Heredity in the Nineteenth Century«, in: *Heredity Produced*, a.a.O., S. 315–346.
37. Harriet Ritvo: *The Animal Estate: English and Other Creatures in the Victorian Age*, Cambridge, MA 1987.
38. Paul White: »Acquired Character: The Hereditary Material of the ›Self-Made Man‹«, in: *Heredity Produced*, a.a.O., S. 375–398.

Helmut Müller-Sievers

Drehmoment
Lebendigkeit und Bewegung im 19. Jahrhundert

Die moderne Mechanik war mit dem Programm angetreten, alle lebendigen Kräfte aus dem Inneren der Dinge zu vertreiben und sie somit einer rein quantitativen Beschreibung zugänglich zu machen. Galileo, Descartes und dann Newton präzisierten diese Trennung von Bewegung und Lebendigkeit dahingehend, dass Bewegung den Körpern von Außen zukomme, selbst wenn dieses Außen, wie im Falle der Zirbeldrüse, innen ist. Alle bewegten Körper sind angestoßen, sind den Gesetzen der Trägheit unterworfen und kennen keine Ruhe im Raum.[1] Ihre Bahn ist geradlinig und lässt sich nur von anderen geradlinig wirkenden Kräften, wie der Gravitationskraft, ablenken.

Dieses Modell des geradlinigen Anstoßes funktioniert nur im unendlichen Raum, da sich andernfalls die Bewegungen selbst irgendwie umlenken müssten. Eine sich selbst umlenkende Bewegung ist die Rotation, die darum den vormodernen Philosophen als Inbegriff von Vernunft und Leben galt, in der Newtonschen Mechanik jedoch zunächst sekundär und unberechenbar blieb. So wurde die Rotation für die vielen Gegner Newtons im späten 18. und frühen 19. Jahrhundert zu einer wichtigen Figur gegen das, was sie als Mechanisierung und Mortifizierung der Natur empfanden. Was sich dreht, ist lebendig und unterliegt nicht gänzlich den Bewegungsgesetzen – ein wichtiger Teil der romantischen Naturphilosophie kreiste um diese Behauptung. Kaum trennbar hiervon wird in der Anthropologie und der Ästhetik um 1800 die Achsendrehung und die Idealform des drehenden Körpers, die Kugel, zum Symbol für Subjektivität, Freiheit und Schönheit.

Nun gab es zu Beginn des 19. Jahrhunderts jedoch noch eine andere Interessengruppe, der es um das Verständnis der Rotation ging, und zwar die Maschinenbauer. Denn was sind Maschinen anderes als Apparate zur Umlenkung von Bewegung? Maschinen operieren eben nicht im unendlichen Raum und brauchen darum Mechanismen, die die Energie der Motoren in zurückkehrende Bewegung zwingt. Maschinenbauer und Ingenieure müssen Rotation berechnen und in ihre Getriebe und Werkzeuge integrieren können. Damit aber wird die Drehbewegung aus der Symbolik des Lebens und der Ästhetik genommen – und gleichzeitig den Maschinen Leben und Schönheit gegeben, die jenseits ihrer Energie und ihrer Werkzeugfunktion liegen und weitgehend unbegriffen geblieben sind. Um die Isolierung, Ästhetisierung und schließlich um die Mechanisierung der Rotation im 19. Jahrhundert soll es im Folgenden gehen – die Geschichte beginnt, wie so vieles, bei Kant.

Es war im Jahr 1755, als Immanuel Kant seine »Blödigkeit« in die *Allgemeine Naturgeschichte und Theorie des Himmels* goss.[2] Obwohl es in dieser Abhandlung

---

1.   Isaac Newton: *Principia Mathematica*, Definition 3: »motion and rest, in the popular sense of the terms, are distinguished from each other only by point of view« (in: I. Bernard Cohen; Richard Westfall [Hg.]: *Newton. Texts, Background, Commentaries*, New York 1995, S. 228).
2.   Immanuel Kant: *Allgemeine Naturgeschichte und Theorie des Himmels*, in: ders.: *Kants*

HELMUT MÜLLER-SIEVERS

vornehmlich um den Beweis geht, dass trotz Newtons kategorischer Verneinung ein rein mechanischer Ursprung des Universums denkbar, ja unbezweifelbar ist, versteht Kant diese Arbeit nicht als Ausweitung des Automatenparadigmas, sondern als einen Versuch, der an die »Quelle des Lebens«[3] selbst führt. Newton war zu seiner theistischen Position von der Unmöglichkeit geführt worden, die Regel- und Dauerhaftigkeit des Universums allein aus den Bewegungsgesetzen zu begründen. Warum drehen die Planeten sich alle auf einer Ebene, warum stürzen sie nicht in die Sonne? Nur Gottes Hand konnte das eingerichtet haben.

Kant hingegen entwirft ein Ursprungsszenarium, das bis an die »Natur, die unmittelbar an die Schöpfung gränzte« (S. 263), zurückreicht. Die Materie, im uranfänglichen Zustande absoluter Zerstreuung, beginnt langsam, sich gegenseitig anzuziehen und »Klumpen« (S. 264 u. passim) verschiedener Größe zu bilden. Doch in diesem wechselseitigen Zusammenfall interveniert eine zweite Kraft, die Newton so nicht gekannt hat: die »Zurückstoßungskraft« (S. 265), die die geradeaus stürzenden Teilchen leicht ablenkt und in eine drehende Bewegung um das Massezentrum versetzt. Von da an geht alles in geregelten Bahnen: Die größeren Klumpen runden sich durch die Rotation und werden kugelförmige Planeten, die kleineren werden Monde und die kleinsten Kometen. Sie kreisen um den »Centralkörper«, und zwar um dessen Achse auf der Höhe seines Äquators. Alle kosmogonischen Fragen, auf die bei Newton die Antwort noch »Gott« war, lösen sich durch die Wechselwirkung von Anziehungs- und Abstoßungskraft.

Vieles an dieser Theorie ist kühn: die Radikalität, mit der Kant zwei irreduzible Grundkräfte annimmt – ein Schritt, den er auch in den Kritiken tun wird und der ihm die schärfste Ablehnung der Idealisten eintrug; das Selbstbewusstsein, mit dem sich der theoretische Philosoph gegen den zu dieser Zeit schon deifizierten Newton behauptet; die Ausweitung der Kampfzone für die philosophische Vernunft, die dem Schöpfergott nur noch ein Nichts vor dem Werden des Universums übrig lässt. Das alles war kühn, aber auch tragfähig: Bekanntlich ist vieles an Kants These in die Standardversion der Urknall-Theorie eingegangen.

Doch vielleicht das Kühnste und Zukünftigste an Kants Theorie ist seine Annäherung der »Quelle des Lebens« an die sonst als leblos begriffene Mechanik. Sie beruht auf einer Einsicht in die Natur der Rotationsbewegung, die der Newtonschen Mechanik noch fremd war und die erst im Zusammenhang mit den Erfordernissen des Maschinenbaus in den ersten Dekaden des 19. Jahrhunderts artikuliert und verstanden werden wird. Die große Errungenschaft der Newtonschen Mechanik war es ja gewesen, die Universalität und Formalisierbarkeit ihrer Grundkraft bewiesen zu haben: sie galt für Erd- und Himmelskörper gleichermaßen. Planeten fallen wie Äpfel und würden immer weiter fallen, wenn ihre

---

Werke (Akademie Textausgabe), Berlin 1968, I. Das schöne Wort von der »Blödigkeit« erscheint in der Widmung an den König. Zum ideengeschichtlichen und naturwissenschaftlichen Hintergrund siehe Sebastian Lalla: »Kants allgemeine Naturgeschichte und Theorie des Himmels (1755)«, in: *Kant Studien* 94/4 (2003), S. 426–453.

3.   Kant: *Allgemeine Naturgeschichte und Theorie des Himmels*, a.a.O., S. 264 (alle weiteren Zitate im Text beziehen sich auf diese Ausgabe). Zu Newtons These von der Unerklärlichkeit der Planetenabstände siehe die Briefe an Richard Bentley in: *Newton. Texts, Background, Commentaries*, a.a.O., S. 330–339.

sinkende Bewegung nicht durch eine weitere Anziehung abgelenkt und in eine »schießende Kraft« (S. 243) verwandelt würde, aus der dann die Umlaufbahnen resultieren. Newton konnte diese Bahnen also aus der ständigen Kollision zweier geradlinig einwirkender Kräfte erklären, und er konnte, mit dem abstrakten Begriff der Masse operierend, die drei Raumdimensionen der Himmelskörper vernachlässigen; die Kräfte wirken auf einen imaginären (weil unausgedehnten) Schwerpunkt. Doch damit ist nur die Umlaufbahn, nicht aber die Rotation der Planeten um ihre eigene Achse erklärt; in einem eigenen Kapitel über den Ursprung der »Bewegungen der Planeten um ihre Achse« (S. 283–290) erläutert Kant, dass die Geschwindigkeit der Achsendrehung nicht nur von der Einwirkung der in Gegenrichtung wirkenden Kräfte Anziehung und Abstoßung abhängt, sondern auch von der Größe des Planeten. Nicht mehr der Mittelpunkt der Masse, sondern der Durchmesser des Himmelskörpers wird zur Angriffsfläche der Kräfte; er funktioniert als Hebelarm, an dessen einem Ende die Attraktionskraft, an dessen anderen die Repulsionskraft reißen und somit das Gebilde um eine Achse in Drehung versetzen. Ein gutes irdisches Beispiel ist das Lenkrad eines Automobils: um es zu drehen, muss die eine Hand nach oben, die andere nach unten reißen, wobei die Lenksäule als Drehachse funktioniert. Je größer der Durchmesser des Rads, desto geringer die Kräfte – darum haben schwere Lastwagen größere Lenkräder.

Kants implizite Theorie der Rotation – dass sie messbar ist als Produkt des Hebelarms und eines auf ihn gegenseitig einwirkenden Kräftepaars – wurde 1806 von Louis Poinsot ausformuliert und dann in seiner *Théorie nouvelle de la rotation des corps* von 1834 weiter entwickelt.[4] Sie widerspricht den Newtonschen Bewegungsgesetzen nicht – sie ist eine Ausformulierung des dritten Satzes von der Äquivalenz der Aktion und der Reaktion –, doch sie führt entscheidende Weiterungen ein. Die Kräfte treffen nun nicht mehr auf einem Punkt zusammen und können so in eins verrechnet werden, sondern sind durch eine irreduzible räumliche Differenz des Hebelarms getrennt, setzen also einen ausgedehnten Körper voraus. Punkte können nicht rotieren. Damit lassen Kant und Poinsot das für das 18. Jahrhundert so dominierende Modell des Uhrwerks zurück und schauen auf das Zeitalter der Maschine. Denn das aus der Differenz gewonnene Produkt von Kraft und Raum, das Drehmoment, wird zum Maß, mit dem zum ersten Mal die tatsächlich abgegebene Leistung von Maschinen quantifiziert werden kann. Uhren speichern nur kinetische Energie, um sie dann so langsam und gleichmäßig wie möglich wieder abzugeben.

Die Ähnlichkeit zwischen rotierenden kosmischen Körpern und dem Lenkrad sowie seinen vielen mechanischen Äquivalenten darf nicht verdecken, dass mit dem maschinenbaulichen Interesse an der Rotation der irreduzible Unterschied zwischen Drehung und Fall normalisiert und manipuliert wird, der vor Kant und Poinsot in der Geschichte der Metaphysik und der Ästhetik eine grundlegende Rolle gespielt hat. Eben weil die Rotation zu ihrer Erklärung zweier geradliniger,

---

4. Louis Poinsot: *Théorie nouvelle de la rotation des corps*, Paris 1834. Michel Serres hat nachdrücklich auf die Bedeutung des Poinsotschen Modells für das Verständnis philosophischer und kultureller Phänomene des 19. Jahrhunderts hingewiesen; siehe Michel Serres: *Hermes III (La Traduction)*, Paris 1974, S. 163–184, sowie seine Einleitung zu A. Comte: *Cours de Philosophie Positive*, Paris 1975, S. 1–19.

HELMUT MÜLLER-SIEVERS

entgegengesetzter und räumlich unterschiedener Kräfte bedarf, lässt sie sich aus der Natur nicht herleiten. In der Natur rotiert nichts uniform um eine Achse – außer eben die Erde selbst.[5] Rotation, heißt das, gibt es nur entweder technisch oder kosmisch. Da technische Rotation vor der Entwicklung der Dampfmaschine keine universelle Präsenz hatte (Mühlen sind die offensichtliche Ausnahme), ist es die kosmische Rotation, die in den Gegensatz zur (irdischen) Translation geriet. In seiner Klassifikation der besten Bewegungsformen in den *Nomoi* hat Plato darum – allerdings erst nach dem Argument, dass Selbstbewegung die allerbeste Bewegung und alleiniges Zeichen des Lebens sei – der Rotation den ersten Platz unter den Bewegungen eingeräumt, da sich in ihr Stillstand (der Achse) und Bewegung (der Peripherie) miteinander verbinden.[6] In der Gleichnisrede des Dialogs ist die Rotation Symbol einer den Kosmos durchherrschenden Vernunft, die sich idealerweise bis in die Tugend des Staates übersetzt. Im *Timaios* fällt die Herleitung allerdings persönlicher aus: Dort nämlich versetzt der Demiurg die Erde in Drehung, weil sie unter allen Bewegungen diejenige ist,»die am meisten zu Vernunft und Verstand gehört. Indem er sie also gleichmäßig an ein und derselben Stelle und in sich selbst herumführte, bewirkte er, daß sie sich bei ihrer Drehung im Kreise bewegt, die anderen sechs Bewegungen aber entzog er ihr insgesamt und befreite sie von dem mit ihnen verbundenen Irrwandel«. Diese kreisende Erde ist »ein sichtbares Lebewesen, welches alle von Natur ihm verwandten Lebewesen in sich faßt«.[7]

Die Konjunktion von Rotation, Vernünftigkeit und Lebendigkeit bestimmte auch Aristoteles' Kosmologie. Sein Beweis für die Irrationalität der geradlinigen Bewegung besteht unter anderem darin, dass in einem endlichen Kosmos diese Bewegung an eine Grenze stoßen und umkehren müsste; in dieser Unterbrechung würde die Kontinuität und damit die Bestimmbarkeit der Bewegung aussetzen und ins Unlogische fallen. Nur in der Rotation können Veränderung und Gleichförmigkeit, Leben und Ewigkeit zusammen bestehen.[8] Darum ist die Bewegung, die der unbewegte Beweger dem Kosmos mitteilt, die Rotation; ja, umgekehrt ließe sich sagen, dass der sichtbar kreisende Sternenhimmel notwendig zum Gott als seinem Beweger führt. Die Rotation umfasst das Leben – was lebendig ist, muss sich drehen können –, während das Tote fällt.

---

5.   Siehe Hans Blumenberg: »›Nachahmung der Natur‹. Zur Vorgeschichte der Idee des schöpferischen Menschen«, in: ders.: *Ästhetische und metaphorologische Schriften*, Auswahl und Nachwort von Anselm Haverkamp, Frankfurt a. M. 2001, S. 15: »[…] rotierende Elemente sind von reiner Technizität, also weder von *imitatio* noch von *perfectio* herzuleiten, weil der Natur rotierende Organe fremd sein müssen. Ist es etwa zu kühn, wenn man behauptet, dass das Flugzeug so in der Immanenz des technischen Prozesses darinsteht, dass es auch dann zu dem Tage von Kitty Hawk gekommen wäre, hätte nie ein Vogel die Lüfte belebt?«
6.   Plato: *Nomoi*, Buch X, 893b. (Text in der Susemihl-Übersetzung hier: http://www.textlog.de/35265.html.)
7.   Plato: *Timaios* 34a und 30a, 39 (in: Gunther Eigler [Hg.]: *Platos Werke in acht Bänden*, Darmstadt 1972, Bd. 7, S. 45–46). Mit den »anderen sechs Bewegungen« meint Plato die geraden Bewegungen oben-unten, links-rechts, vorne-hinten.
8.   Aristotle: *Physics*, Book VIII, Oxford 1999. Siehe auch Enrico Berti: »La suprématie du mouvement local selon Aristote: ses conséquences at ses apories«, in: J. Wiesener (Hg.): *Aristoteles. Werk und Wirkung*, Berlin 1985, S. 123–150.

Wie viele andere Aspekte wird auch diese These in die christliche Metaphysik übernommen und gleichzeitig moralisch verschärft. Die geradlinige sublunare Bewegung hat am Sündenfall der Welt teil, während die Rotation der Gottheit und ihren Engeln vorbehalten ist. In Dantes Paradies kreist alles um die Gottheit und diese um sich.

Der Unterschied zwischen der Selbstrotation des göttlichen Subjekts und dem Fall der Schöpfung wird von der neuzeitlichen Physik aufgenommen, doch seiner Wertung entkleidet. Rotation als Göttlichkeit und zumal Rotation als Leben werden aus der physischen Welt genommen, Geradlinigkeit von ihrer sündigen Irrationalität befreit. Das Trägheitsgesetz deklariert, alles bewege sich immer schon geradlinig und gleichmäßig, nun allerdings in einem desorientierten, hypothetisch leeren Weltraum nicht mehr nach unten fallend, sondern in alle möglichen Richtungen und nicht zuletzt in die, die bald horizontal genannt werden wird. Astronomisch ist der Horizont der Großkreis, der die Rotationsachse der Erde durchschneidet – der Äquator eben, dessen Einheitlichkeit im gesamten Sonnensystem Newton zu der sonst so entschieden abgelehnten These von der einrichtenden und eingreifenden Hand Gottes gebracht hatte. Für den Menschen hingegen ist der Horizont der Kreis, dessen verlängerter Mittelpunkt durch die Längsachse seines Körpers aufrecht auf der Rotationsachse der Erde steht; dieser Mittelpunkt liegt auf einem Meridian, der, wie auch der Horizont, jedem Menschen eigen ist. Das Lebewesen Mensch steht aufrecht auf der kosmischen Drehachse (und muss sich darum orientieren).[9]

Die Zerstörung der alten Kosmologie und die Betonung der senk- und aufrechten Stellung des Menschen hatte einen Hiat zwischen Mensch und Welt geöffnet, der um 1800 durch die Anthropologie und dann zunehmend durch die philosophische Ästhetik überbrückt wurde. So identifiziert Herder die Kugelgestalt der Erde mit ihrer Rotation und leitet daraus sowohl das Prinzip der Vielfalt (Teilhabe am Umschwung der Oberfläche) als auch das der Identität (Beziehung zum ruhenden Mittelpunkt) her.[10] Für Kant ist umgekehrt die Kugeloberfläche der Erde ein notwendiger Grund für die Gemeinschaft der Menschen sowie für den ursprünglichen Gemeinbesitz des Bodens.[11]

---

9.   Siehe Helmut Müller-Sievers: *Desorientierung. Anatomie und Dichtung bei Georg Büchner*, Göttingen 2003, S. 13–42.

10.   Johann Gottfried Herder: *Ideen zur Philosophie der Geschichte der Menschheit*, in: ders.: *Werke*, hg. von Martin Bollacher, Frankfurt a. M. 1989, VI, S. 33f.: »Alles ist auf der Erde Veränderung [...] Wie sich die Kugel dreht, drehen sich auch auf ihr die Köpfe, wie die Klimaten; Sitten und Religionen wie die Herzen und Kleider [...] Wie alles zum Mittelpunkt drängt und nichts von der Erde hinweg kann [...] so ziehet die Natur auch unsern Geist von Kindheit auf mit starken Fesseln, jeden an sein Eigentum; d.i. an seine Erde [...] Jeder liebet sein Land, seine Sitten, seine Sprache, sein Weib, seine Kinder, nicht weil sie die Besten auf der Welt sind, sondern weil sie die bewährten Seinigen sind und er in ihnen sich und seine Mühe selbst liebet.«

11.   Immanuel Kant: *Die Metaphysik der Sitten*, in: ders.: *Kants Werke*, a.a.O., VI, S. 262: »Alle Menschen sind ursprünglich (d.i. vor allem rechtlichen Act der Willkür) im rechtmäßigen Besitz des Bodens, d.i. sie haben ein Recht, da zu sein, wohin sie die Natur, oder der Zufall (ohne ihren Willen) gesetzt hat. Dieser Besitz (possessio), der vom Sitz (sedes) als einem willkürlichen, mithin erworbenen, dauernden Besitz unterschieden ist, ist ein gemeinsamer Besitz wegen der Einheit aller Plätze auf der Erdfläche als Kugelfläche: weil, wenn sie

HELMUT MÜLLER-SIEVERS

Diese anthropologischen Bewertungen finden ästhetisch Rückhalt zunächst in den unzähligen Kugelfiguren, die in der zweiten Hälfte des 18. Jahrhunderts zum Symbol der Gleichheit, der Harmonie und dann zu Ende des Jahrhunderts zur Figur der Revolution wurden. Boullées bekanntes Kenotaph für Newton, Jean-Jacques Lequeus Tempel der Gleichheit sowie Ledoux' Mausoleum für den Friedhof in Chaux – allesamt ungebaut – sind Beispiele einer noch still gestellten Ästhetisierung der Kugel und der in ihr gefrorenen Drehung.[12] Sie wird dynamisch, wenn die Körper der Tanzenden sich von den orbitalen Bewegungen des höfischen Menuetts abwenden und sich im Walzer um ihre eigene Achse drehen – erst im Rausch, wie Werther und Charlotte, dann gemäßigt und anmutig in Schillers ästhetischer Erziehung. Winckelmanns Torsobeschreibungen evozieren die drehende Lebendigkeit der Gestalt nicht nur, sie setzen sie auch literarisch ins Werk. Vers, Trope und Wendung überwinden die Geradlinigkeit der Prosa und des Versmaßes, und die idealistische Philosophie beginnt, Subjektivität als Achsendrehung zu konzipieren, als Selbstbeziehung einer Peripherie zu ihrer ruhenden Achse. Die von ihr inspirierte Naturphilosophie wiederum macht Selbstdrehung zum Prinzip des Lebendigen, zur spezifischen Differenz zwischen toter und lebendiger Bewegung. Sowohl Hegel als auch Schelling stehen der antiken Kosmostheorie und ihrer Vergötterung der Rotation näher als der Mechanik Newtons.[13]

Diese erträumte Rückkehr zur antiken Apotheose der Drehung scheiterte aber an den Prozeduren der Laboratorien und Werkstätten. Die große Parole der Experimentalphysiologen um 1840 – »Nie wieder Lebenskraft!« – ist auch ein Wort gegen die romantische Annahme nicht messbarer Bewegungsprinzipien. Den gut über die Entwicklung der Maschinen informierten Physiologen ist klar, dass der Anfang einer Rotation nicht ohne ein Kräftepaar und einen Hebelarm zu haben ist.[14] Was mechanisch der Hebelarm, ist thermodynamisch die Temperaturdifferenz. Hermann von Helmholtz, Carl Ludwig und Emil Dubois-Reymond versuchen darum, in jeder Äußerung des lebenden Körpers die Energiedifferenz nachzuweisen, die ihn an die große thermodynamische Maschine namens Kos-

eine unendliche Ebene wäre, die Menschen sich darauf so zerstreuen könnten, daß sie in gar keine Gemeinschaft miteinander kämen, diese also nicht eine nothwendige Folge von ihrem Dasein auf Erden wäre.«

12.   Zum viel besprochenen Boullée siehe Peter Greenaways Film *The Belly of an Architect*; Lequeus Pläne können hier eingesehen werden: http://gallica.bnf.fr/scripts/Consultation-Tout.exe?O=07703276. Zu Ledoux siehe das wichtige Buch von A. Vidler: *Claude-Nicholas Ledoux. Architecture and Social Reform at the End of the Ancien Régime*, Cambridge, MA 1990, bes. S. 272–276.

13.   Ich bitte für diesen Schnelldurchgang durch die Metaphysik der Rotation, der aus umfangreichen Vorarbeiten zu meinem entstehenden Buch über die Kinematik des 19. Jahrhunderts destilliert ist, um Vergebung; Teile der Bibliographie finden sich in Helmut Müller-Sievers: »›Belebte Schraube ohne Ende‹. Zur Vorgeschichte der Doppelhelix«, in: *Trajekte* 16/8 (2008), S. 25–28. Zu Winckelmann siehe Helmut Pfotenhauer: »Winckelmann und Heinse. Die Typen der Beschreibungskunst im 18. Jahrhundert oder die Geburt der neuen Kunstgeschichte‹, in: Gottfried Boehm; Helmut Pfotenhauer (Hg.): *Beschreibungskunst – Kunstbeschreibung. Ekphrasis von der Antike bis zur Gegenwart*, München 2001, S. 313–330.

14.   Siehe Hermann von Helmholtz: »Über die Wechselwirkung der Naturkräfte«, in: ders.: *Vorträge und Reden*, Braunschweig 1884, Bd. 1, S. 25–59.

mos bindet. Sie tun dies mit kymographischen Aufzeichnungsgeräten, in denen Rotation mit geradliniger Vorwärtsbewegung mechanisch verbunden ist. In der Sprache der Mechanik war ja die Messbarkeit der Rotationsbewegung allererst formuliert worden.[15]

Die Formulierung dieser Messung kam zwar von Poinsot und damit aus den neuen Ingenieurschulen Frankreichs, doch ihre Implementierung in ein brauchbares Verfahren der Bewegungsumsetzung geschah – oft im trial-and-error-Verfahren – in den Werkstätten der englischen Dampfmaschinenbauer des 19. Jahrhunderts. James Watt hatte den Startschuss gegeben, als er seine Dampfmaschine mit einem eisernen Parallelogramm ausrüstete, mit dem sich der gerade Hub und Schub des Kolbens in die halbrunde Bewegung des Balkens übersetzen ließ. Die vier Glieder und Gelenke dieses Getriebes wurden bald von einer Disziplin formalisiert, die sich ausschließlich mit der Übersetzung von Bewegung, nicht mit ihrer Erzeugung oder ihrer Anwendung befasste. Die Kinematik, Lehre von der Bewegungszwingung, entwickelte eine ausführliche Grammatik der Getriebeelemente, mit der sich die Grundaufgabe, wechselweise geradlinige in Drehbewegung umzusetzen, lösen lässt, wobei gleichzeitig eine Menge von Zwischenbewegungen entsteht.[16] Damit zerfiel die metaphysische Unterscheidung zwischen der weltlichen oder empirischen Translation und der göttlichen oder transzendenten Rotation in eine Vielzahl von Kupplungen und Getrieben, die zwischen die Quelle und das Werkzeug der Bewegung geschaltet werden konnten und Bewegungen in die Welt brachten, die es vorher nicht gab. Die Kinematik erreichte ihr höchstes Ziel, als in den 60er Jahren des 19. Jahrhunderts ein Getriebe aus sechs Stangen und Gelenken entwickelt wurde, mit dem sich ohne externe Führung eine Rundbewegung in eine Gerade übersetzen ließ. Die epochale Bedeutung dieses Getriebes wird deutlich, wenn man bedenkt, dass seit Euklid ein minimales Getriebe (zwei Stangen, ein Gelenk) einen perfekten Kreis beschreiben kann, eine Linie jedoch immer von einem Lineal, das sich selbst nicht kalibrieren kann, gezeichnet werden musste.[17]

Die Maschinen, denen diese Getriebe einverleibt wurden, konnten sich (mit Ausnahme des Verbrennungsmotors für das Automobil) nie ganz vom Nimbus einer bedrohlichen Lebendigkeit, der Monstrosität befreien. Das hing mit ihren Dimensionen zusammen und mit ihrer übermenschlichen Kraft und dem von ihnen erzeugten Lärm; ebenso mit ihrer ambivalenten Funktion im Produktions-

---

15.   Die Geschichte der physiologischen Kymographen ist gut erforscht. Siehe Soraya de Chadarevian: »Graphical Method and Discipline«, in: *Stud. Hist. Phi. Sci.* 1993/24, S. 267–291 und Robert Brain; Norton Wise: »Muscles and Engines: Indicator Diagrams and Helmholtz's Graphical Method«, in: Lorenz Krüger (Hg.): *Universalgenie Helmholtz*, Berlin 1994, S. 124–145.
16.   Das Hauptwerk der theoretischen Kinematik ist Franz Reuleaux: *Theoretische Kinematik. Grundzüge einer Theorie des Maschinenbauwesens*, Braunschweig 1875, sowie der Folgeband: *Lehrbuch der Kinematik. Zweiter Band: Die Praktischen Beziehungen der Kinematik zur Geometrie und Mechanik*, Braunschweig 1900. Die beste Sekundärliteratur dazu ist Peter Berz: *08/15. Ein Standard des 20. Jahrhunderts*, München 2001.
17.   Siehe hierzu Eugene Ferguson: »Kinematics of Mechanisms from the Time of Watt«, in: *United States National Museum Bulletin* 1962, S. 185–230 und Alfred Kempe: *How to draw a straight line*, London 1877.

prozess als Agenten der Entfremdung der Arbeit und ihrer Erleichterung. Doch jenseits der erhabenen Distanz zu den Maschinen, die im Übrigen von Marx und der Arbeiterbewegung besonders gepflegt wurde, gibt es eine Ästhetik der Maschinenbewegung, die über die moralische Ablehnung und den Schauder der Übermacht hinausging. Die sichtbarste der Maschinenbewegungen war – begleitet von ihrem akustischen Äquivalent – die zykloide Bewegung der Pleuelstangen, mit denen die Räder der Lokomotiven angetrieben wurden. In ihr fallen Drehbewegung und Vor- und Rückwärtsbewegung in eins – eine unendliche Quelle des Vergnügens für Kinder, Dampflokfanatiker und Dichter wie Baudelaire, der in der konjunktiven Bewegung der Fahrzeuge eine Signatur der Moderne erkannte. Der erste Poet der Maschinenbewegung war Heinrich von Kleist, der nur im Gebrauch der Kurbel die Ankunft einer vollendeten, von keiner Intention getrübten Grazie nicht nur der Bewegung sah.[18]

Die Massigkeit der Maschinen machte aber auch deutlich, dass die erzeugten Bewegungen erzwungene Bewegungen sind, und sie führte vor Augen, dass es Rotation zwar immer noch nicht in der Natur, dafür aber im Herzen der Technik gibt. In der Tat gingen einige Historiker der Technik so weit, in der Rotation das aktualisierte Wesen aller Technik zu sehen.[19] Doch war dieser Optimismus immer von einer Ungeschicklichkeit bedroht. Die Getriebe des frühen und mittleren 19. Jahrhunderts übertrugen Bewegung nämlich nur auf ebenem Weg. Musste die Bewegungsrichtung geändert werden, ging das nur über komplizierte Zwischenschritte und führte zu erheblichem Leistungsverlust. Zudem ist dies nicht Übersetzung auf kürzestem Weg, stößt somit an eine Grenze, unter die Maschinen nicht miniaturisiert werden können. Die Grammatik der Getriebeelemente hatte versucht, Wege und Winkel zu formalisieren und eine Universalsprache zu finden, die das Optimum jeder Bewegungsübertragung ausdrücken sollte. Als Konjunktionen dieser Sprache fungieren die Gelenke der Getriebe; sie sind entweder Schubgelenke, die die geradlinige Bewegung isolieren, oder Drehgelenke, die nur Rotation zulassen. Um Präzision und thermodynamische Effizienz zu gewährleisten, lassen diese Gelenke jeweils nur eine Bewegungsform zu (haben nur eine Freiheit, wie Kinematiker maliziös sagen). In der Kinematik geht es ja um

18. Charles Baudelaire: *Le Peintre de la vie moderne*, in: ders.: *Œuvres Complètes*, Bd. II, S. 683-724, Paris 1976, S. 724: »une voiture, comme un vaisseau, emprunte au movement une grâce mystérieuse et complexe très difficile à sténographier. Le plaisir que l'œil de l'artiste en reçoit est tiré, ce semble, de la série de figures géométriques que cet objet, déjà si compliqué, navire ou carosse, engendre successivement et rapidement dans l'espace.« Siehe auch Heinrich von Kleist: *Über das Marionettentheater*, in: ders.: *Heinrich von Kleist. Sämtliche Werke und Briefe*, hg. von Klaus Müller-Salget, Frankfurt a. M. 1990, III, S. 557: »Inzwischen glaube er, daß auch dieser letzte Bruch von Geist, von dem er gesprochen, aus den Marionetten entfernt werden, daß ihr Tanz gänzlich ins Reich mechanischer Kräfte hinübergespielt, und vermittelst einer Kurbel, so wie ich es mir gedacht, hervorgebracht werden könne.«
19. »Die höhere Drehtechnik muß als eine der merkwürdigsten Erscheinungen der vom Menschen hervorgebrachten materiellen Kultur betrachtet werden. Ohne jedes Vorbild in der Natur ist sie eine der ureigensten Schöpfungen des menschlichen Geistes [...] Es ist Prinzip der modernen Technik, womöglich alle hin und her gehende Bewegung in rotierende umzuwandeln.« Hugo Horwitz: »Die Drehbewegung in ihrer Bedeutung für die Entwicklung der materiellen Kultur«, in: *Anthropos* 29 (1934), S. 99-125.

die mechanische Isolierung und Übertragung von Bewegung. Und Getriebe mit Dreh- und Schubgelenken eignen sich für diese Aufgabe ausgezeichnet.

Nun hatte sich aber zuerst in der Mathematik des 18., dann in der Mechanik des frühen 19. Jahrhunderts die Einsicht durchgesetzt, dass sich in der Bewegung von Körpern Rotation und Translation nicht ohne weiteres trennen lassen.[20] Überhaupt ›gibt es‹ auf Erden weder die eine noch die andere Bewegung – nur darum haben Maschinen, als Bewegungserzwingungen, einen Sinn. Jeder starre Körper, der sich von A nach B bewegt, vollführt beide Bewegungen gleichzeitig: eine Translation entlang der Linie A-B und eine Rotation um diese Linie als Achse. Reine Rotation und reine Translation, wie sie von Getrieben erzwungen werden, sind nur Extremfälle einer zusammengesetzten Bewegung. Dies ist die Bewegung einer Schraube. In der Tat kann man umgekehrt so weit gehen und das Schubgelenk als eine Schraube mit unendlich großem, das Drehgelenk als Schraube mit unendlich kleinem Gewinde ansehen und damit die kinematische Grammatik auf die Wirksamkeit einer einzigen Konjunktion reduzieren.

Im Kontext des sich industrialisierenden 19. Jahrhunderts ist die Schraube jedoch nicht nur eine Bewegungsspur, sondern ein eminent praktisches Element, dessen Verfertigung mit Hilfe der durchmechanisierten Drehbank zu den entscheidenden Errungenschaften des Maschinenbaus des 19. Jahrhunderts gehört.[21] Die Drehbank ist insofern ein Getriebe, als sie die Rotation des Werkstücks von der Translation des Werkzeugs isoliert. Der Schritt zum modernen Maschinensystem erfolgte in den 1820er und -30er Jahren, als das Werkzeug aus der unpräzisen Hand des lebendigen Drehers genommen und auf einen Schlitten gespannt wurde, der mithilfe einer Spindel – einer Schraube also – entlang der Drehachse des Werkstücks geführt wurde. Schrauben schneiden Schrauben und alle mit ihnen verwandten Gelenke und Getriebeteile – z.B. Zahnräder, die in gewisser Hinsicht auch nur Schrauben mit einem extrem steilen Gewinde sind.[22]

Die praktischen Erkenntnisse an der Drehbank und ihre kinematische Systematisierung werden bald theoretisch aufgearbeitet und in der zweiten Hälfte des 19. Jahrhunderts in eine allgemeine Theorie der Schraube übersetzt, in der die starre Unterscheidung zwischen geradliniger und runder Bewegung aufgehoben wird und komplexe Bewegungsvorgänge – alle möglichen Bewegungsvorgänge – beschreibbar werden. Die Schraubentheorie, indem sie jede Bewegung in infinitesimale Translation und Rotation zerlegt, ist nicht mehr an die Ebene und an die Sequenz der Koppeln und Stangen gebunden und auch nicht an die realen Schrauben und Muttern als zwangschlüssige Systeme. Sie kann sowohl die Geschwindigkeit als auch die involvierten Kräfte der Bewegung berechnen und statuiert damit, dass es hinsichtlich der Bewegungsformen keinen Unterschied zwischen freien und gezwungenen Bewegungen gibt. So sehr sich ein Tänzer auf der Tanzfläche eines Clubs auch aus dieser Zwickmühle winden mag, keine seiner

---

20. So schon Louis Poinsot: *Outlines of a New Theory of Rotatory Motion*, Cambridge, MA 1834, S. 24–25.
21. Das hatte unter anderen Marx deutlich gesehen; siehe Karl Marx: *Das Kapital. Kritik der politischen Ökonomie*, Bd.1, Berlin 1989 (MEGA II, Bd.8), S. 376.
22. Siehe hierzu Ian Bradley: *A History of Machine Tools*, Norwich 1972, S. 1–56 und Joshua Rose: *The Complete Practical Machinist*, Philadelphia 1877, S. 53–71.

HELMUT MÜLLER-SIEVERS

Bewegungen entgeht der Schraubentheorie. »Schraube« ist nur noch der Name der Bahn, die jeder feste Körper beschreibt, wenn er sich überhaupt bewegt. [23]

In dieser Theorie also geht nicht nur die altehrwürdige Unterscheidung von Geradlinigkeit und Rotation unter, sondern auch die Möglichkeit, an einer Bewegung den Unterschied zwischen totem und lebendigem Körper festzumachen. Weder die Göttlichkeit der Rotation noch die Rationalität der Translation überleben die Schraubentheorie; Goethes Versuch, mit einer »Spiraltendenz der Vegetation« die Schraube zu naturalisieren, bleibt eine Kuriosität. Dieses Verschwinden aber ermöglicht eine neue Wissenschaft des Bewegungsproblems: die Robotik und ihr Gegenstück, die (auch von Kleist schon anvisierte) Prosthetik. Roboter haben Gelenke, die nicht mehr auf eine Ebene gebannt sind oder nur begrenzt rotieren können; ihre Glieder bewegen sich durch die drei Raumdimensionen in kontinuierlicher und nur noch von ihrer Aufgabe begrenzter Freiheit.

So bewahrheitet sich zumindest theoretisch am Ende des 19. Jahrhunderts der Traum Kleists, der in der kinematisch freien, jedoch bewusstlosen Bewegung ein Zeichen des erlösten Lebens sah. Ob praktisch Roboter je das Versprechen ihrer Freiheiten einzulösen vermögen, muss dahin gestellt bleiben.

---

23. Die Grundgesetze der Schraubentheorie finden sich formuliert auf den ersten zehn Seiten von Robert Ball: *A Treatise on the Theory of the Screw*, Cambridge 1900. Wem dieser Text zu trocken ist, der höre sich die gesungene Version an: http://helix.gatech.edu/ball2000/SongOfTheScrew/screw128.mp3.

Thomas Brandstetter

Leben im Modus des Als-Ob
Spielräume eines alternativen Mechanismus um 1900

1. Mechanismus oder Vitalismus

In jener »dauernden Oszillation« zwischen Mechanismus und Vitalismus als Er-
klärungsprinzipien des Lebens, die laut Georges Canguilhem die Entwicklung der
Biologie kennzeichnet, scheint das Pendel heute wieder einmal zugunsten des
Vitalismus auszuschlagen. Anzeichen dafür ist nicht nur die Sorge vor dem wach-
senden Einfluss vitalistischer Tendenzen und die Forderung nach einer scharfen
Zurückweisung derselben, wie sie in den Lebenswissenschaften selbst geäußert
werden, sondern auch die Rehabilitation dieser Position innerhalb der Epistemologie.[1] Hierbei bezieht man sich gerade auf Canguilhem, der die bemerkens-
werte »Vitalität des Vitalismus« als eine philosophische Herausforderung ersten
Ranges begriffen hatte. Das Besondere am Vitalismus lag für ihn weniger im Inhalt der verschiedenen Doktrinen; Canguilhem ging sogar so weit, ›Lebenskraft‹,
›Entelechie‹ oder ähnliche Ausdrücke als lediglich rhetorische Vorstellungen im
Gegensatz zu den theoretischen Begriffen des Mechanismus zu begreifen.[2] Stattdessen war der Vitalismus wertvoll, weil er eine doppelte Funktion erfüllte: Erstens zwang er seine Gegner dazu, neue Experimente und Theorien zu entwickeln,
um ihn zu widerlegen, und trug damit zum Fortschritt der Biologie bei. Zweitens
stellte er ein Zugeständnis an die Originalität der Lebensphänomene dar. Er bildete einen Widerstand gegen die Selbstzufriedenheit der Forscher und stellte sich
den Verführungen allzu einfacher Reduktion entgegen. Bei Canguilhem war dieser Aspekt an eine Ontologie geknüpft, die von der prinzipiellen Unverfügbarkeit
des Lebens ausging: das Leben als »Produktion« und »Emergenz« sei durch die
Vernunft, die »regelmäßig wie ein Buchhalter« verfährt, uneinholbar.[3]

Der Vitalismus ist hier sowohl Symptom wie Bezeichnung der Unmöglichkeit,
das Phänomen des Lebens in seiner Totalität zu erfassen und in eine symbolische
Ordnung zu überführen. Er fungiert gleichsam als eine Maske des Realen, als historische Verkörperung der Unmöglichkeit einer symbolischen Schließung. Deshalb auch sind die Begriffe, die er aufführt, letztlich irrelevant; sie sind beliebige,
inhaltslose Namen, »eine Art Etikett für unsere Unwissenheit«.[4]

Canguilhems Gegenüberstellung von Mechanismus und Vitalismus, von Theorie und Rhetorik, scheint nun insofern problematisch, als der Vitalismus in

---

1.　Vgl. etwa Anonymus: »Meanings of ›life‹«, in: *Nature* 447 (2007), S. 1031–1032. Die Formulierung von der »oscillation permanente« findet sich in Georges Canguilhem: »Aspects du
vitalisme«, in: ders.: *La connaissance de la vie*, Paris 1998, S. 83–100, hier: S. 85.

2.　Ebd., S. 91.

3.　Georges Canguilhem: »Zur Lage der biologischen Philosophie in Frankreich«, in: ders.:
Wissenschaft, Technik, Leben. Beiträge zur historischen Epistemologie, Berlin 2006, S. 23–39,
hier: S. 30. Vgl. auch Monica Greco: »On the Vitality of Vitalism«, in: *Theory, Culture & Society* 22 (2005), S. 15–27.

4.　Henri Bergson zit. nach Greco: »On the Vitality of Vitalism«, a.a.O., S. 18.

237

THOMAS BRANDSTETTER

dieser Interpretation dazu tendiert, das Scheitern der Symbolisierung durch ein
ontologisches Prinzip zu hypostasieren. Anders gesagt, gerade die ›leeren Worte‹,
die zur Bezeichnung des noch nicht Erklärten dienen, evozieren einen ideellen
Bereich, in dem die Kohärenz der Phänomene doch noch gerettet ist und das
Leben als unverfügbare Ganzheit eine imaginäre Kohärenz erhält.[5] Warum aber,
so ließe sich fragen, muss die differentielle Struktur der Wissenschaft, also die
Tatsache, dass der Prozess der Forschung stets Neues hervorbringt, auf einen der
Wissenschaft selbst transzendenten Bereich als ihren Grund verweisen?[6] Und
handelt man sich, wenn man das ›Leben‹ als Statthalter für die konstitutive Un-
zulänglichkeit der Theoriebildung behandelt, nicht das Problem ein, dass man
den Mechanismus für allzu kohärent und vernünftig hält? So schreibt zumindest
Canguilhem: »Wenn der Vitalismus vage und unformuliert ist wie eine Zumu-
tung, dann ist der Mechanismus streng und gebieterisch wie eine Methode«.[7]

Um was für eine Methode handelt es sich hierbei aber? An dieser Stelle lohnt
sich ein Blick in einen Text, der ebenfalls den Versuch unternahm, dem Vitalismus auf einer epistemologischen Ebene Gerechtigkeit widerfahren zu lassen:
Philipp Franks 1908 erschienener Aufsatz *Mechanismus oder Vitalismus?*[8] Vor
dem Hintergrund der konventionalistischen Wissenschaftstheorie Henri Poin-
carés skizziert Frank zwei Strategien der Naturerklärung: Erstens die Annahme
von Eigenschaften, die einem Körper zugeschrieben werden, um bestimmte Phänomene zu erklären. Solche Eigenschaften dienen als »Konstanten«, und sie haben lediglich die Aufgabe, die Gültigkeit des Kausalgesetzes zu garantieren. Zwei
gewöhnliche Eisenstäbe und zwei magnetisierte Eisenstäbe, die nebeneinander
liegen, verhalten sich unterschiedlich – das Grundprinzip der Kausalität, dass
nämlich aus gleichen Ursachen stets gleiche Wirkungen folgen, erscheint für den
Beobachter falsch. Dass wir den zweiten Eisenstäben die »fiktive Eigenschaft«
der Magnetisierung zuschreiben, dient also alleine dazu, die Regelmäßigkeit des
Naturverlaufs zu sichern. Die Konstanten können keinen Anspruch auf Realität
erheben: die Naturwissenschaft hat es stets mit Fiktionen zu tun.[9]

Solche Konstanten dienen dazu, ein Gebiet abzustecken. Man will jedoch aus
denkökonomischen Gründen ihre Anzahl nicht beliebig vermehren, weshalb
man versucht, die Konstanten des einen Gebiets in die eines anderen zu über-

---

5. Canguilhem ist sich dieses Problems durchaus bewusst, und er weist auf die Leichtigkeit
hin, mit der sich vitalistische Positionen in die nationalsozialistische Ideologie einfügten;
er versteht dies jedoch als eine prinzipiell unrechtmäßige Übertragung wissenschaftlicher
Konzepte in die Politik. Siehe Canguilhem: »Aspects du vitalisme«, in: *La connaissance de la
vie*, a.a.O., S. 97f.
6. Bei Rheinberger etwa ist die differentielle Reproduktion des Forschungsprozesses dem
Experimentalsystem immanent, und die Tatsache, dass die Ereignisse nicht vorwegzuneh-
men sind und die Vernunft immer erst nachträglich Fuß fasst, verdankt sich der Materialität
der Apparaturen und Repräsentationsräume. Vgl. Hans-Jörg Rheinberger: *Experiment Differenz Schrift. Zur Geschichte der epistemischen Dinge*, Marburg/Lahn 1992, S. 56.
7. Canguilhem: »Aspects du vitalisme«, in: *La connaissance de la vie*, a.a.O., S. 86.
8. Philipp Frank: »Mechanismus oder Vitalismus? Versuch einer präzisen Formulierung
der Fragestellung«, in: *Annalen der Naturphilosophie* 7 (1908), S. 393–409.
9. Das Beispiel findet sich ebd., S. 401. Vgl. zum Fiktionalismus des frühen Frank auch
Thomas Uebel: *Vernunftkritik und Wissenschaft: Otto Neurath und der erste Wiener Kreis*,
Wien 2000, S. 232.

setzen. Dies geschieht, und das ist nun die zweite Strategie der Naturerklärung, mittels Hypothesen. So haben etwa das Gebiet der Bewegungserscheinungen und das der Wärmeerscheinungen zunächst einmal verschiedene, nicht aufeinander reduzierbare Konstanten: die Thermodynamik lässt sich nicht aus der Mechanik erklären, sie bildet ein autonomes Gebiet. Mit Hilfe von Hypothesen kann man jedoch »den Wärmeerscheinungen ihre Autonomie rauben«, indem man die Erwärmung als Effekt von molekularen Bewegungserscheinungen begreift und sie durch mechanische Eigenschaften und Konstanten erklärt.[10]

Ob man ein Gebiet nun als autonom behandelt und hypothesenfrei arbeitet oder ob man Hypothesen aufstellt, um mehrere Gebiete ineinander übersetzbar zu machen, ist prinzipiell eine Entscheidung, die von keinerlei Notwendigkeit diktiert wird. Man muss sich lediglich im Klaren sein, was man sich jeweils erkauft: Entweder versucht man, mit einem Minimum an Konstanten auszukommen, wird dann aber mehr Hypothesen brauchen, oder man verlangt so wenig Hypothesen wie möglich und wird dann die Anzahl der Konstanten vermehren müssen. In genau diesem »Dilemma« befinden sich nun die Lebenswissenschaften: Der Vitalismus stellt die autonome Behandlungsweise dar und muss deshalb die Konstanten vermehren, der Mechanismus hingegen strebt eine Übersetzbarkeit der Gebiete an, benötigt dazu aber eine Vielzahl von Hypothesen.[11] Beide sind also logische Gegensätze, die nicht gleichzeitig zur Anwendung kommen können. Welche Strategie aber sinnvoller ist, lässt sich letztendlich nicht entscheiden.

Franks Ausführungen zeichnen sich nicht nur dadurch aus, dass sie keiner der beiden Alternativen eine ontologische Priorität zuerkennen; sie sind vor allem deshalb bemerkenswert, weil sie im Mechanismus wie im Vitalismus zwei Darstellungsstrategien erblicken, die nicht durch Inhalte, sondern durch unterschiedliche formale Verfahren bestimmt sind. Während der Vitalismus Konstanten bezeichnet, arbeitet der Mechanismus über Analogien.[12] Dabei ist aber noch nicht ausgemacht, welcher Art diese Analogien sind. Vor allem sind es nicht notwendigerweise Maschinenanalogien, wie das bei Canguilhem der Fall ist. Dieser tendiert dazu, den Mechanismus auf einen Maschinismus zu reduzieren, ihn also inhaltlich zu definieren. Für Canguilhem ist der Mechanismus »streng und gebieterisch wie eine Methode«, weil er die Natur in Maschinen zerlegt, deren Vorbild jene sind, mit denen sich der Mensch die Natur untertan macht.[13] Und dabei hat er vor allem die Maschinen des vorindustriellen und industriellen Zeitalters vor Augen, also kinematische Verkettungen zur Produktion zwangsläufiger Bewegungen. Maschinen sind Strategeme oder Listen, nicht nur, weil sie die Natur einzwängen, sondern auch, weil sie, wenn sie als Erklärungsprinzip herangezogen werden, ihre eigene Herkunft vergessen machen: »Ein Mechanismus

---

10. Frank: »Mechanismus oder Vitalismus?«, a.a.O., S. 404.
11. Ebd., S. 405.
12. Dass eine Hypothese lediglich die Behauptung ist, »daß ein unbekanntes nichts ist als eine unwahrnehmbare Verkettung von bekanntem«, mithin also eine Analogie sei, betont Frank ebd.
13. Canguilhem: »Aspects du vitalisme«, in: *La connaissance de la vie*, a.a.O., S. 89.

THOMAS BRANDSTETTER

erschafft nichts und darin besteht seine Trägheit (*inars*), aber er kann nur durch die Kunstfertigkeit erzeugt werden, und das ist eine List.«[14]

Folgt man jedoch an dieser Stelle den Hinweisen Franks, könnte man sich einen Mechanismus vorstellen, der sich nicht auf die Maschinen der klassischen oder industriellen Mechanik beschränken würde. Einen solchen Ansatz hat kürzlich William Bechtel vorgelegt, der auf eine originäre mechanistische Tradition innerhalb der Zellbiologie aufmerksam gemacht hat. Dabei stehen nicht Analogien zu menschengemachten Maschinen im Zentrum, sondern der Versuch, das Funktionieren ganzer Systeme durch die Operationen ihrer Komponenten zu erklären. Eine mechanistische Erklärung zeichnet sich hier vor allem durch eine detaillierte Beschreibung von Strukturen, deren Komponenten und der von ihnen verursachten Abläufe aus.[15]

Um die Tragweite eines solchen alternativen Mechanismus zu untersuchen, eignet sich hervorragend ein bestimmter Zweig der Biologie um 1900, der sich unter Zuhilfenahmen von Modellexperimenten der Untersuchung sich selbst erzeugender Mechanismen gewidmet hatte. Ausgehen möchte ich dabei vom Physiker Otto Lehmann, der seit den ersten Jahren des 20. Jahrhunderts eine Reihe von Aufsätzen und Büchern veröffentlichte, in denen er eine eigentümliche mechanische Interpretation einfacher Lebewesen vorbrachte. Zwei Aspekte sollen anhand der theoretischen und experimentellen Praxis Lehmanns erkundet werden: Erstens der Stellenwert der Hypothese beziehungsweise der Fiktion für die Erklärung von Lebensphänomenen. Im Gegensatz zu Bechtel, der mit einigem Nachdruck betont, dass Mechanismen »reale Systeme in der Natur« seien und dass eine mechanische Erklärung dann als falsch zu gelten habe, wenn der beschriebene Mechanismus nicht existiert, wird sich zeigen, dass Lehmann ähnlich wie Frank einen konsequenten Fiktionalismus vertrat.[16] Die Frage nach der Realität der Mechanismen war um 1900 schon alleine dadurch nicht lösbar, als die betreffenden Phänomene die Grenzen der empirischen Zugänglichkeit überstiegen. Es war mit den damaligen Mikroskopen kaum möglich, Einblicke in die Struktur des Protoplasmas und des Zellinhalts zu erhalten, und die Methoden der Präparation und Färbung, die notwendig waren, um überhaupt Strukturen zu erkennen, richteten die Phänomene bereits technisch zu. Aus diesem Grund blieb die Existenz fast sämtlicher beschriebener Phänomene, von der Wabenstruktur des Protoplasmas bis zu den verschiedenen Organellen der Zelle, strittig und empirisch nicht entscheidbar.[17] Zweitens soll gezeigt werden, wie man um

14. Ebd., S. 87. Canguilhem verweist deshalb gerne auf ein bereits im 17. Jahrhundert vorgebrachtes Argument gegen die cartesianische Reduktion des Tieres auf eine Maschine: nämlich die Fähigkeit der Tiere, Fallen zu vermeiden oder ihnen zu entkommen. Zum Maschinenbegriff vgl. auch Georges Canguilhem: »Maschine und Organismus«, in: *Nach Feierabend. Zürcher Jahrbuch für Wissensgeschichte* 3 (2007), S. 185–211.

15. William Bechtel: *Discovering Cell Mechanisms. The Creation of Modern Cell Biology*, Cambridge 2006.

16. Auch wenn er sich dabei nicht auf Frank, sondern auf Hans Vaihinger bezog. Zur Realitätsforderung siehe Bechtel: *Discovering Cell Mechanisms*, a.a.O., S. 33f.

17. Ebd., S. 88f. Erst die Ultrazentrifuge erlaubte eine genaue Analyse der Inhalte des Zellkörpers, vgl. François Jacob: *Die Logik des Lebenden. Eine Geschichte der Vererbung*, Frankfurt a. M. 2002, S. 255.

1900 im Feld mechanistischer Positionen selbst die Möglichkeiten alternativer Mechanismen zu erproben begann. Denn was, wenn es andere Mechanismen als die maschinellen gäbe, wenn man Mechanismen finden würde, die sich, entgegen dem Diktum Canguilhems, tatsächlich von selbst erzeugen würden?

2. Die Methode der Nachahmung

Zu Beginn des 20. Jahrhunderts kann man innerhalb der Biologie, und zwar vor allem im Kontext der Entwicklungsmechanik, die Konsolidierung eines Forschungsprogramms feststellen, dessen Wurzeln bis ins letzte Drittel des 19. Jahrhunderts zurück reichen, das aber erst in den Jahren nach 1900 explizit als Projekt auftrat: die ›Methodik der Nachahmung‹ oder die ›synthetische Biologie‹.[18] Darunter verstand man einen Zugang, der sich nicht auf die analytische Zergliederung der Lebensphänomene beschränken wollte, also auf jene Experimente in vivo, die durch systematische Störungen der Lebensfunktionen und durch Veränderung der Lebensbedingungen Konstanten der Entwicklung und Erhaltung von Organismen festzustellen versuchten. Indem man Erscheinungen, die an Mikroorganismen beobachtet werden konnten, in anderen chemischen oder physikalischen Medien nachahmte, gewann man Modelle, die gleichzeitig die simulierten Lebensfunktionen erklären sollten. Forscher wie Ludwig Rhumbler, Stéphane Leduc und Raphael Liesegang fanden im Verhalten kolloidaler Flüssigkeiten, in den Vorgängen der Osmose oder in rhythmischen chemischen Reaktionen Analogien zu elementaren Eigenschaften einfacher Organismen. Die daraus erzeugten »portraitgenauen« Nachahmungen sollten erweisen, dass man Lebensphänomene auch ohne Rekurs auf vitale Kräfte oder ähnliche Prinzipien erklären konnte.[19]

Ein wichtiger Vertreter dieser Richtung war der Physiker Otto Lehmann, der der Nachwelt vor allem durch seine Entdeckung der flüssigen Kristalle in Erinnerung geblieben ist. Lehmann hatte 1889 nach einem Hinweis von Friedrich Reinitzer Substanzen isoliert, die, obwohl von flüssigem Aggregatzustand, die Eigenschaft der Anisotropie (Richtungsabhängigkeit) aufwiesen. Von diesem Zeitpunkt an verschrieb er sich der Erforschung der für die damalige Kristallographie ausgesprochen merkwürdigen Stoffe. Bald begann Lehmann auf die Ähnlichkeiten solcher Kristalle mit einzelligen Lebewesen hinzuweisen. In Publikationen mit Titeln wie *Flüssige Kristalle und die Theorien des Lebens*, *Scheinbar lebende fließende Kristalle* oder *Fließende Kristalle und Organismen* argumentierte er für eine Analogie zwischen diesen Substanzen und einfachen Organismen.[20]

18. Auf die Arbeiten Stéphane Leducs, der wohl als erster den Begriff der synthetischen Biologie verwendet hat, hat zuerst Evelyn Fox-Keller hingewiesen. Vgl. Evelyn Fox-Keller: *Making Sense of Life. Explaining Biological Development with Models, Metaphors and Machines*, Cambridge, MA 2003, S. 15–49. Den besten Überblick über die deutschsprachige Tradition, die dort kaum erwähnt wird, bietet immer noch Ludwig Rhumbler: *Methodik der Nachahmung von Lebensvorgängen durch physikalische Konstellationen*, Berlin, Wien 1920.
19. So der Ausdruck von Rhumbler: *Methodik der Nachahmung*, a.a.O., S. 260.
20. Vgl. zur Entdeckung der flüssigen Kristalle Peter M. Knoll; Hans Kelker: *Otto Lehmann – Erforscher der flüssigen Kristalle*, Ettlingen 1988, S. 49ff. Einen Überblick über die daran

THOMAS BRANDSTETTER

Lehmann bezog sich in seinen Argumentationen gelegentlich auf den Fiktionalismus Hans Vaihingers, um den erkenntnistheoretischen Status seiner Analogien klarzustellen. Er betonte immer wieder, dass der Versuch, das Wesen der Erscheinungen zu ergründen, für die Zwecke der Naturwissenschaften vollkommen unnötig sei, dass sie aber mit Fiktionen operieren könne, solange diese nützlich seien und man sie nicht für real existierende Entitäten halte.[21] Auch in der Biologie solle man auf die Hypostasierung ontologischer Prinzipien verzichten:

»Ließen sich z.B. die Vorgänge bei Lebewesen oder wenigstens ein Teil derselben experimentell im Gebiete der flüssigen Kristalle nachahmen, könnten wir eine Art künstliches Lebewesen aus flüssig-kristallinischen Materien konstruieren [...] so wäre der Biologe davon vollkommen befriedigt.«[22]

Die Nachahmung selbst fungierte hier als verkörperte Fiktion im Vaihingerschen Sinne, als »bewusstfalsche Vorstellung«, die keinen Anspruch auf Verifikation erhob und die auch gar nicht verifiziert werden konnte, die es jedoch erlaubte, einen Phänomenbereich zu ordnen und zu überschauen.[23] Lehmann distanzierte sich damit ausdrücklich vom Anspruch, tatsächlich lebende Wesen hergestellt zu haben. Die flüssigen Kristalle waren eben nur »scheinbar« lebend: sie waren nicht mehr als Modelle, die zeigen sollten, dass zur Erklärung fundamentaler Lebensphänomene keine über die physikalischen und chemischen Kräfte hinausgehenden Faktoren wie etwa die Driesch'sche Entelechie notwendig wären. Immer wieder musste er sich gegen Missverständnisse zur Wehr setzen, sei es, weil man ihm unterstellte, daran zu glauben, dass die Kristalle wirklich lebten, oder sei es, weil man, wie Ernst Haeckel, selbst vom Leben der Kristalle überzeugt war.[24]

Lehmanns diesbezügliche Argumentation fand auf zwei Ebenen statt: Auf der ersten Ebene stellte er nachdrücklich fest, dass die flüssigen Kristalle »[s]elbstverständlich [...] nicht als wirkliche Lebewesen aufzufassen« seien.[25] Dabei bezog er sich auf einen Aufsatz von Wilhelm Roux, der 1906 als Replik auf die überzogenen Ansprüche mancher Vertreter der synthetischen Biologie eine Liste mit zehn Kriterien, die lebenden Wesen notwendig zukommen müssen, aufgestellt

anschließende Diskussion in der zeitgenössischen Fachliteratur bietet Reinhard Brauns: *Flüssige Kristalle und Lebewesen*, Stuttgart 1931.
21. Otto Lehmann: *Molekularphysik. Mit besonderer Berücksichtigung mikroskopischer Untersuchungen und Anleitung zu solchen sowie einem Anhang über mikroskopische Analyse*, Leipzig 1888, Bd. 2, S. 341ff. sowie Otto Lehmann: »›Als-Ob‹ in der Molekularphysik«, in: *Annalen der Philosophie* 1 (1919), S. 203–230. Letzterer Text bezieht sich ausdrücklich auf Hans Vaihinger: *Die Philosophie des Als Ob. System der theoretischen, praktischen und religiösen Fiktionen der Menschheit auf Grund eines idealistischen Positivismus*, Leipzig 1922.
22. Lehmann: »›Als-Ob‹ in der Molekularphysik«, a.a.O., S. 229.
23. Vaihinger: *Philosophie des Als Ob*, a.a.O., S. xii.
24. Vgl. Ernst Haeckel: *Kristallseelen. Studien über das anorganische Leben*, Leipzig 1917. Haeckel diskutierte brieflich mit Lehmann über den Status der flüssigen Kristalle und versuchte ihn vergeblich »von der ›Seele‹ Ihrer (wirklich!) lebenden Kristalle« zu überzeugen (Brief von Haeckel vom 18.3.1918, zit. nach Knoll; Kelker: *Otto Lehmann*, a.a.O., S. 99).
25. Otto Lehmann: »Die Struktur der scheinbar lebenden Kristalle«, in: *Annalen der Physik* 20 (1906), S. 63–76, hier: S. 63.

242

hatte. Dazu gehörten neben Ernährung, Wachstum, Vermehrung und Vererbung vor allem die »Selbstregulation in der Ausübung aller Einzelleistungen«, die für Roux die wichtigste Lebensleistung darstellte.[26] Angesichts dieser Liste konnte Lehmann schlussfolgern, »daß wir heute mit Bestimmtheit sagen können, Kristalle sind keine Lebewesen [...]« – um aber sofort in einem Nachsatz die Bemerkung fallen zu lassen: »[...] sofern man eben die Definition der letzteren nach Roux akzeptiert«.[27]

An dieser Stelle wechselte Lehmann das Register. Anstatt sich der einen oder anderen Seite zuzuschlagen und seinen Kristallen Leben zu- oder abzusprechen, suggerierte er, dass die Definition von Roux lediglich eine Konvention sei, die letztlich keinen Anspruch auf Wahrheit erheben könne. Hier offenbarte sich Lehmann als Fiktionalist, dessen Modelle einer Logik des Als-Ob gehorchten. Wie bei den Beispielen Vaihingers handelte es sich bei ihnen um Vergleiche, bei denen ein fiktiver, unwirklicher oder unmöglicher Fall als Bedingung gesetzt und daraus Schlussfolgerungen abgeleitet wurden: Wenn lediglich diese oder jene Eigenschaft zur Definition von Leben ausreichen würde, dann könnte man die flüssigen Kristalle als Lebewesen betrachten...[28] Das Fiktiv-Setzen einer Kriterienliste hatte zur Folge, dass die bei flüssigen Kristallen beobachtbaren ähnlichen Erscheinungen als Leben, wenn eben auch nur als scheinbares, betrachtet werden konnten - gewissermaßen als Leben im Modus des Als-Ob.

An dieser Stelle wird deutlich, dass sich Lehmanns Mechanismus bereits auf erkenntnistheoretischer Ebene in wenigstens zwei Aspekten vom klassischen Mechanismus des 17.–19. Jahrhunderts unterschied. Erstens war keines der beiden zueinander in Beziehung gesetzten Gebiete ontologisch privilegiert. Lehmann führte die Lebenserscheinungen weder auf eine *res extensa*, noch auf eine »Mechanik der Atome« zurück, wie sie etwa bei René Descartes und Emil Du Bois-Reymond das Fundament des Vergleichs gebildet hatten.[29] Weder die Konstanten der Biologie (die Liste der Eigenschaften, die den autonomen Bereich des Lebens abstecken) noch die der Physik oder Chemie (in diesem Falle das Verhalten der flüssigen Kristalle) konnten als unproblematische Tatsachen gelten, von denen aus man ein anderes Gebiet erklären konnte: beide entsprangen einer fiktiven Festlegung, einer Konvention, die man vorläufig einmal akzeptierte, um zu sehen, was passieren würde, wenn man ihre Konsequenzen verfolgte. Lehmann verzichtet damit auf jeglichen ontologischen Reduktionismus. Und zweitens fehlte jener Vorteil, den Analogien gewöhnlich besitzen: nämlich die Erklärung von Unbekanntem aus Bekanntem. Das Gebiet der flüssigen Kristalle war zu jener Zeit nicht besser erforscht als das der Lebenserscheinungen, ja vielleicht sogar

26. Wilhelm Roux: »Die angebliche künstliche Erzeugung lebender Wesen«, in: *Die Umschau* 10 (1906), S. 141–145, hier: S. 142.
27. Otto Lehmann: »Scheinbar lebende fließende Kristalle«, in: *Die Umschau* 10 (1906), S. 323–329, hier: S. 326.
28. Vgl. Vaihinger: *Philosophie des Als Ob*, a.a.O., S. 163.
29. Vgl. Emil Du Bois-Reymond: »Über die Grenzen des Naturerkennens«, in: ders.: *Reden von Emil du Bois-Reymond in zwei Bänden. Erster Band*, Leipzig 1912, S. 441–473, hier: S. 442.

THOMAS BRANDSTETTER

noch umstrittener, da von einigen Kristallographen sogar die Existenz flüssiger Kristalle angezweifelt wurde.[30]

Wenn Lehmanns »scheinbar lebende Kristalle« dennoch mit dem Anspruch auftraten, materialisierte Analogien zu sein, dann stellt sich die Frage, was durch den Vergleich eigentlich gewonnen werden sollte. Wenn es weder um eine ontologische Reduktion, noch um eine Rückführung auf Bekanntes ging, worum ging es dann?

3. Selbsterzeugende Mechanismen

Was für eine Art von Mechanismen waren nun jene »Modelle aus fließenden Kristallen [...], welche ähnliches leisten wie die niedrigsten Lebewesen«?[31] Es handelte sich hierbei, wie bereits festgestellt, keineswegs um einfache Maschinen, also geometrisch beschreibbare Konfigurationen von Körpern, wie sie etwa in der mechanistischen Physik des viktorianischen Zeitalters als Erklärungsmodelle für den Äther und andere Erscheinungen erdacht und gebaut wurden. Ebenso wenig sind sie vergleichbar mit den künstlichen Muskeln und Kehlköpfen aus Holz, Stahl, Messing und Kautschuk, wie sie in den Laboratorien der mechanistischen Physiologie des 19. Jahrhunderts konstruiert wurden.[32] Auf all diese Modelle trifft das Verdikt Canguilhems zu: »Der Mechanismus kann alles erklären, wenn man sich die Maschinen schenkt. Der Mechanismus kann aber nicht die Konstruktion der Maschinen erklären«.[33]

Lehmanns Experimente hingegen zeigen deutlich, dass die Faszination der flüssigen Kristalle von ihrer rätselhaften Fähigkeit zur Hervorbringung organisierter Strukturen ausging. Die Mechanismen, die den Vergleich zwischen flüssigen Kristallen und Lebewesen erlaubten, waren jene, die eine Selbstorganisation der Materie bewirkten. Mithin waren Lehmanns »scheinbar lebende Kristalle« tatsächlich Mechanismen, die sich von selbst erzeugten.

Nun war der Vergleich von Kristallen mit Organismen prinzipiell nichts Neues, und dass sich im Wachstum und in der Regeneration von Kristallen Ähnlichkeiten zu Lebenserscheinungen finden lassen, war ein seit langem diskutiertes Phänomen. Analogien zu so komplexen Erscheinungen wie Kopulation, Kreuzung, Knospenbildung und freier Bewegung konnte man jedoch nur an flüssigen Kristallen beobachten.[34] Besonders wichtig war für Lehmann die Beobachtung, dass sich solche Kristalle trotz ihres Aggregatzustandes keineswegs wie gewöhnliche Flüssigkeiten verhielten, die sich durch die Wirkung der Oberflächenspan-

30. Vor allem Gustav Tammann hatte sich gegen die Existenz flüssiger Kristalle ausgesprochen und die von Lehmann isolierten Stoffe als Emulsionen interpretiert, vgl. Brauns: *Flüssige Kristalle*, a.a.O., S. 11f.

31. Otto Lehmann: »Scheinbar lebende Kristalle und Myelinformen«, in: *Archiv für Entwicklungsmechanik der Organismen* 26 (1908), S. 483–489, hier: S. 487.

32. Vgl. für die Äthermodelle Bruce J. Hunt: *The Maxwellians*, Ithaca, New York 2005, S. 73ff. und für die physiologischen Modelle Sven Dierig: *Wissenschaft in der Maschinenstadt. Emil Du Bois-Reymond und seine Laboratorien in Berlin*, Göttingen 2006, S. 208ff.

33. Canguilhem: »Maschine und Organismus«, a.a.O., S. 196.

34. Vgl. Otto Lehmann: *Flüssige Kristalle und die Theorien des Lebens*, Leipzig 1906.

nung stets zu Kugeln formten. Die Kristalle des Paraazoxyzimtsäureäthylesthers etwa nahmen, wenn sie wuchsen, in der Länge zu, während ihre Dicke konstant blieb, wodurch wurmförmige Gebilde entstanden. Diese legten eine erstaunliche Beweglichkeit an den Tag und krochen »wie Würmer sich krümmend und windend oder in schlängelnder Bewegung« umher.[35] Außerdem zeigten sie eine gerichtete Struktur, wie sich beim Zusammenfließen zweier solcher Kristalle feststellen ließ: dabei kam es nämlich zu einer »selbsttätige[n] Wiederherstellung einheitlicher Struktur«, was bei Flüssigkeiten völlig ausgeschlossen ist, da diese keine regelmäßige Struktur besitzen.[36] All diese Phänomene wiesen für Lehmann auf die Tätigkeit einer spezifischen »Gestaltungskraft« hin.[37] Diese war als eine Kraft gedacht, die auf molekularer Ebene wirkte und deren Wirkungen nicht auf bekannte Faktoren wie innere Reibung oder Elastizität zurückzuführen waren. Jedoch war sie durchaus im Rahmen einer physikalischen Theorie erklärbar, und Lehmann stellte die These auf, dass sie durch die besondere Form der Moleküle und die Anisotropie ihrer Kraftwirkung verursacht werde.

Entscheidend ist, dass es sich bei dieser Gestaltungskraft um kein übergeordnetes zweckgerichtetes Prinzip handelte, sondern um eine im Mikrobereich wirkende Kraft, die lediglich die lokalen Interaktionen der Moleküle betraf. Dass daraus dennoch eine geordnete Struktur hervorgehen konnte, war gerade das Faszinierende. Denn das erlaubte den Schluss, dass man auch für die Erklärung bestimmter organischer Formen kein von Außen kommendes teleologisches Prinzip annehmen müsse. So wies Lehmann darauf hin, dass anisotrope Moleküle auch in Zellen und Geweben vorhanden sein könnten. Verbindungen des Lecithins, des Cholesterins und der Fettsäure, die einen flüssigkristallinen Zustand besitzen, fänden sich auch im Protoplasma, wodurch man dessen Struktur und Leistungen durchaus auf die Gestaltungskraft zurückführen könne: »Jedenfalls wird die wissenschaftliche Forschung, ehe sie die Existenz besonderer Lebenskräfte [...] annimmt, den Beweis zu erbringen haben, daß die bei Kristallen zu beobachtenden Kräfte die Ursache nicht sein können.«[38]

Das hier angesprochene Prinzip des ›von selbst‹ bildete das Kernstück aller mikrobiologischen Nachahmungsversuche um 1900. Für Rhumbler war das selbsttätige Hervorbringen der zu simulierenden Eigenschaften das Charakteristische dieser Experimente und das, was sie von gewöhnlichen Modellen unterschied. Die bei lebenden Systemen beobachtbaren Phänomene werden hier »automatisch von selber auf Grund von Molekularkräften inszeniert« und erlauben damit einen Einblick in die Art und Weise, wie Zellleistungen »physikalisch ›indigen‹, ohne nachträgliche zweckbewußte Eingriffe oder Nachhilfe von außen« zustande kommen.[39] Raphael Eduard Liesegangs Nachahmungsexperimente waren mit einer expliziten Diskussion selbstorganisatorischer Kräfte verbunden. Seine Aufsehen erregenden ›Ringe‹, durch periodische Kristallisationen in Gallerten erzeugte Strukturen, wiesen für ihn auf die Existenz von »Formkatalysatoren«

35. Lehmann: »Scheinbar lebende fließende Kristalle«, a.a.O., S. 323.
36. Ebd., S. 327.
37. Lehmann: *Flüssige Kristalle*, a.a.O., S. 27ff.
38. Lehmann: »Scheinbar lebende Kristalle und Myelinformen«, a.a.O., S. 487.
39. Rhumbler: *Methodik*, a.a.O., S. 221.

hin, die eine chemische Reaktion derart steuern konnten, dass sie zur Entstehung von geordneten Mustern führte. »[S]ehr geringe Mengen eines Stoffes« waren demnach fähig, »großen Mengen eines andern Stoffes ihre eigentümliche Gestalt aufzuprägen«.[40] Liesegang wollte damit zeigen, dass auch organismische Strukturbildungen auf einen den chemischen Reaktionen immanenten Rhythmus zurückgehen konnten und dass deshalb die Annahme transzendenter Steuerungsinstanzen wie etwa der Driesch'schen Entelechie oder den Weismannschen präformierten Determinanten unnötig sei.

Man kann diese Ansätze durchaus als Vorläufer moderner Theorien der Selbstorganisation verstehen.[41] Wichtiger ist jedoch, dass es sich hierbei tatsächlich um Mechanismen im oben beschriebenen Sinn handelte: Erklärungsstrategien, die den Status von Hypothesen hatten und deren Kern detaillierte, manchmal sehr komplizierte Beschreibungen von Strukturen, deren Teilen und deren Operationen bildeten. Diese Beschreibungen waren jedoch nicht alleine diskursiver Art, sie wurden auch in der Materie selbst implementiert. Der Mechanismus, wie er in Lehmanns flüssigen Kristallen verkörpert war, war also nicht nur eine Hypothese, er war auch ein autonomes technisches Gebilde, das sich von selbst erzeugen und organisieren sollte. Als deklarierte Fiktion eröffnete er einen Spielraum, in dem sich die scheinbaren Konstanten der Biologie als Konventionen erwiesen und in dem man die Konsequenzen verschiedener, auch widersprüchlicher Definitionen und Theorien des Lebendigen erproben konnte.

4. Lebendigkeitseffekte

Lehmanns Leben-Als-Ob war das Resultat eines technischen Dispositivs, sofern man darunter die Verschaltung dreier Elemente versteht: eines materiellen Trägersubstrats, einer hervorbringenden Geste und einer resultierenden Markierung.[42] Damit waren die scheinbar lebenden flüssigen Kristalle prekäre Objekte, deren Status zwischen dem von Fakten und dem von Artefakten oszillierte. Denn die Geste, also jene Handlung, die – durch Zubereitung der chemischen Bestandteile, Bedienung der Instrumente etc. – die Möglichkeitsbedingung für die selbstorganisierende Tätigkeit der Kristalle bereit stellte, durfte gleichzeitig nicht direkt in den Versuchsablauf eingreifen: Sie musste rechtzeitig arretiert werden, um dem technischen System des Modellexperiments die Lebensähnlichkeit zu verleihen. Denn wenn sich die von selbst entstandenen Strukturen als kausal eindeutig auf menschliche Eingriffe reduzierbare Effekte erweisen würden, wäre

40. Raphael Ed. Liesegang: »Nachahmung von Lebensvorgängen. III. Formkatalysatoren«, in: *Archiv für Entwicklungsmechanik der Organismen* 33 (1912), S. 328–338, hier: S. 331. Die Liesegangschen Ringe gelten heute als klassisches Beispiel chemischer Selbstorganisation, vgl. Lothar Kuhnert; Uwe Niedersen: »Zur Geschichte der Selbstorganisation chemischer Strukturen«, in: dies. (Hg.): *Selbstorganisation chemischer Strukturen*, Thun u.a. 1999, S. 10–47.
41. Vgl. Reinhard Mocek: *Die werdende Form. Eine Geschichte der kausalen Morphologie*, Marburg/Lahn 1998, S. 350.
42. Georges Didi-Huberman: *Ähnlichkeit und Berührung. Archäologie, Anachronismus und Modernität des Abdrucks*, Köln 1999, S. 14.

LEBEN IM MODUS DES ALS-OB

das Modell nichts anderes als der von Georges Canguilhem beschriebene mechanische Trick. So monierte auch ein Kritiker von Lehmanns Analogien, dass die Bewegungserscheinungen der flüssigen Kristalle möglicherweise unmittelbar von der Temperatur der Lösung abhingen, dass also das Hantieren an den Beobachtungsinstrumenten selbst die Ursache für ihre scheinbare Lebendigkeit sein könnte: »Eine geringe Änderung in der Öffnung des Mikrogashahns, ein minimaler Luftzug genügt, eine Änderung der Erscheinung in dem einen oder anderen Sinn herbeizuführen«.[43] Die Fertigkeit des Forschers war zwar die Möglichkeitsbedingung für die technische Implementierung des Mechanismus, sie durfte aber nicht als deren unmittelbare Ursache erscheinen, wollte man den Mechanismus nicht zu einem gewöhnlichen Artefakt machen.

Damit die flüssigen Kristalle als Analogien zu Lebewesen funktionieren konnten, mussten sie sich also von selbst erzeugen, bewegen, teilen und andere Aktivitäten zeigen. Auch wenn sie nicht tatsächlich lebendig waren, mussten sie einen Lebendigkeits-Effekt erzeugen, der im Betrachter zumindest die Ahnung ihrer Ähnlichkeit mit lebenden Organismen weckte. Lehmann bediente sich zu diesem Zweck einerseits einer biologischen Semantik, die neben einer konsequenten Anwendung von Begriffen wie Wachstum oder Regeneration auf Kristallisationsphänomene auch blumige Schilderungen umfasste (»wie Würmer sich krümmend und windend oder in schlängelnder Bewegung«), andererseits aber auch avancierter Präsentationstechniken, die die Lebensähnlichkeit der flüssigen Kristalle anschaulich vor Augen führen sollte. Bei seinen unzähligen öffentlichen Vorträgen zeigte er nicht nur Lichtbilder und Projektionen seiner mikroskopischen Experimente, sondern auch einen Kinofilm, den er eigens hatte anfertigen lassen.[44]

Nun scheint die Kinematographie zu jener Zeit tatsächlich das ideale Medium für eine solche Verlebendigungsstrategie gewesen zu sein. Erstens, weil gerade der wissenschaftliche Film durch verschiedene »Plausibilisierungsstrategien« einen Status als wahrhaftes Abbild der Realität erlangen konnte und dadurch bestens geeignet war, einen Existenzbeweis für die umstrittenen flüssigen Kristalle zu erbringen.[45] Und zweitens, weil die Abwendung des Interesses von der Einzelbildanalyse, wie sie noch Marey ausschließlich praktiziert hatte, und die Hinwendung zur Synthese von Bewegung die Aufmerksamkeit auf die Dynamik der Phänomene lenkte und damit im buchstäblichen Sinne eine Animation der gefilmten Objekte bewirkte. Wenn zeitgenössische Betrachter mikrokinematographischer

43. Brauns: *Flüssige Kristalle*, a.a.O., S. 25. Vgl. auch F. Cornu: »Die flüssigen Kristalle und ihre Beziehungen zur lebendigen Substanz«, in: *Zeitschrift für den Ausbau der Entwicklungslehre* 3 (1909), S. 227–229, hier: S. 228: »Lehmanns Präparate sind Produkte des Laboratoriums!«
44. Bereits in den Berichten über Vorträge, die er 1909 in Paris und Genf gehalten hatte, wird eine kinematographische Projektion erwähnt (Knoll; Kelker: *Otto Lehmann*, a.a.O., S. 21). In Liesegangs Handbuch zur wissenschaftlichen Kinematographie wird ein Film Lehmanns von 1911 erwähnt (Franz Paul Liesegang: *Wissenschaftliche Kinematographie*, Leipzig 1920, S. 279), während Lehmann selbst 1921 eine Begleitpublikation zu einem Film veröffentlichte (Otto Lehmann: *Flüssige Kristalle und ihr scheinbares Leben. Forschungsergebnisse dargestellt in einem Kinofilm*, Leipzig 1921).
45. Ramón Reichert: *Im Kino der Humanwissenschaften. Studien zur Medialisierung wissenschaftlichen Wissens*, Bielefeld 2007, S. 31.

THOMAS BRANDSTETTER

Filme die Vitalität der Bilder priesen, so priesen sie gleichzeitig auch die Vitalität des Dargestellten, also das Gewimmel von Einzellern, das jene Filme präsentierten.[46] Kein Wunder, dass der Film zum bevorzugten Medium für Vitalisten wurde, die hier eine Möglichkeit sahen, das Leben als solches, den *élan vital*, der alle Individuen überstieg und auch die nichtmenschlichen Wesen umfasste, sichtbar zu machen.[47] Die Vitalität, die hier zur Erscheinung gebracht wurde, verdankte sich jedoch einzig und allein der Trägheit menschlicher Augen angesichts der Geschwindigkeit der vorbeilaufenden Bilder. Lebendigkeit war hier ein medialer und ästhetischer Effekt.

So scheint es, als würde auch der Anti-Vitalismus nicht ohne Vitalitätseffekte auskommen. Wenn das Leben nicht mehr auf eine spezifische Kraft zurückgeführt oder durch einen Katalog von Eigenschaften identifiziert werden konnte, wenn sich seine Definition in der Fiktion von Analogien aufzulösen begann und selbsterzeugende Mechanismen betrachtet wurden, als ob sie lebten, dann scheint in all diesen scheinbar freien Spielen der wissenschaftlichen Einbildungskraft dennoch ein irreduzibler Effekt zu insistieren, den man – durchaus im Wortgebrauch der Zeit – als unheimlich bezeichnen könnte.[48] An dieser Stelle entglitt dem Subjekt die Herrschaft über die von ihm geschaffenen Gebilde: Die Mechanismen waren nicht mehr bloße Analogien oder spielerische Fiktionen, deren Fiktionalität stets bewusst blieb, sondern mit einem Mal schlugen sie gewissermaßen ihren Blick auf und konfrontierten den Forscher mit der Tatsache, dass auch die mechanistische Wissenschaft eine verwickelte Wissenschaft ist, in der sich lebendige wie nicht-lebendige Aktanten in einer Gemengelage befinden und jederzeit ihre Plätze tauschen können. Das zumindest suggeriert ein Gedicht, das Lehmann von einem Verehrer zugesandt worden war:

Der Kristall

[...]
So rein der Kristall und die Lauge so trüb,
Im Dunkel die Kraft und im Dunkel der Trieb,
Des Gesetzes Warum,
Die Form um und um,
Das macht den Gelehrten so heiß und so stumm –
Er denkt und er denkt und versinket in sich:
›Hat der Kristall ein Leben wie ich?‹

46. Vgl. etwa den Bericht über die Filme des französischen Biologen Jean Comandon: »The realism and vitality of these kinematograph pictures can scarcely be imagined by anyone who has not seen them thrown on the screen«. Anonymus: »Mikrokinematography«, in: *Nature* 88 (1911), S. 213–215, hier: S. 213.
47. Hannah Landecker: »Cellular Features: Microcinematography and Early Film Theory«, in: *Critical Inquiry* 31 (2005), S. 903–937, hier: S. 932.
48. Nach der von Freud zitierten Theorie von Jentsch wird ein Gefühl des Unheimlichen erzeugt wenn »das Leblose die Ähnlichkeit mit dem Lebenden zu weit treibt«. Sigmund Freud: »Das Unheimliche«, in: ders.: *Gesammelte Werke*, Frankfurt a. M. 1999, XII, S. 245.

Und auch der Kristall sieht über sich auf
Und schauet des Forschers blitzendes Aug –
Er denkt und er denkt und versinket in sich:
›Hat denn dieses Ding ein Leben wie ich?‹[49]
[...]

Otto Lehmanns scheinbar flüssige Kristalle waren zunächst einmal Fiktionen, die die etablierten Definitionen dessen, was es heißt, lebendig zu sein, in Frage stellten. Als Mechanismen, die sich von selbst erzeugten, waren sie materielle Argumente gegen vitalistische Prinzipien und gleichzeitig auch gegen ein verkürztes Verständnis des Mechanismus als eine Erklärung, die das Leben auf maschinelle Anordnungen reduziert. Ihre Animation in Mediendispositiven wie dem Film erzeugte jedoch einen Lebendigkeitseffekt, der nicht mehr auf den erkenntnistheoretischen Begriff der ›Fiktion‹ zu bringen war. War diese nach Vaihinger eine ›bewußtfalsche Vorstellung‹, so nährten die medial animierten Kristalle eine ›unbewußtrichtige Vorstellung‹, nämlich den Verdacht, dass sie vielleicht dennoch leben könnten. Damit die ›scheinbar lebenden Kristalle‹ als Analogien zu Lebewesen verwendet werden konnten, mussten sie eben doch ›leben‹ – auch wenn leben hier nicht mehr war als der ästhetische Effekt einer Medientechnik. Der Mechanismus erweist sich hier als mit einer Vitalität begabt, die mindestens genauso raffiniert ist wie die des Vitalismus.

---

49. Zit. nach Knoll; Kelker: *Otto Lehmann*, a.a.O., S. 136. Das Gedicht stammt von Fritz Müller, einem Anhänger Haeckels.

Nachweis der Abbildungen

Friedrich Weltzien
Abb. 1, 3, 4: *Zur Farbenchemie. Musterbilder für Freunde des Schönen und zum Gebrauch für Zeichner, Maler, Verzierer und Zeugdrucker. Dargestellt durch chemische Wechselwirkung*, Berlin 1850.
Abb. 2: *Der Bildungstrieb der Stoffe. Veranschaulicht in selbständig gewachsenen Bildern*, Oranienburg 1855.
Abb. 5: Adolf Traugott von Gersdorf und Christoph Nathe: »Elektrisches Gemälde«. Kulturhistorisches Museum Görlitz, Physikalisches Kabinett, Foto Museum.
Abb. 6: Adolf Traugott von Gersdorf und Christoph Nathe: »Elektrisches Gemälde: Profilkopf«. Kulturhistorisches Museum Görlitz, Physikalisches Kabinett, Foto Constanze Herrmann.
Abb. 7: Tafel VI aus Ernst Florens Friedrich Chladni: *Die Akustik*, Leipzig 1802.

Frank Fehrenbach
Alle Abbildungen: Kunsthistorisches Institut in Florenz (MPI), Fotothek.

Barbara Wittmann
Abb. 1: Werner Hofmann: *Degas und sein Jahrhundert*, München 2007.
Abb. 2: Michael Fried: *Courbet's Realism*, Chicago 1990.
Abb. 3: David Bomford; Jo Kirby; John Leighton; Ashok Roy: *Impressionism* (*Art in the Making*), The National Gallery, London, New Haven und London 1990 (Kat. Ausst.).
Abb. 4: Richard Dorment; Margaret MacDonald (Hg.): *Whistler, 1834-1903*, Tate Gallery, London, Musée d'Orsay, Paris, National Gallery of Art, Washington, Paris 1995 (Kat. Ausst.).
Abb. 5 und 6: Nancy Locke: *Manet and the Family Romance*, Princeton, Oxford 2001.

Staffan Müller-Wille / Hans-Jörg Rheinberger
Abb. 1: Prosper Lucas: *Traité philosophique et physiologique de l'hérédité naturelle dans les états de santé et de maladie du système nerveux avec l'application méthodique des lois de la procréation au traitement général des affections dont elle est le principe*. Paris 1847 (Chez J. B. Baillière, Librairie de l'Académie Royale de Médecine).
Abb. 2: *Des Ritters Carl von Linné Auserlesene Abhandlungen aus der Naturgeschichte, Physik und Arzneywissenschaft*, hg. u. übers. von E. J. T. Hoepfner, 3 Bde., Leipzig 1776–1778, Bd. 3, S. 175.
Abb. 3: *De Español y Negra Mulata* (aus einem Spanier und einer Schwarzen, ein Mulatte). Madrid: Museo de América.
Abb. 4: *De Español y Alvina Negro Torna atras* (aus einem Spanier und einer Albino-Frau, ein »Zurückgekehrter«). Madrid: Museo de América.

Verzeichnis der Autorinnen und Autoren

Armen Avanessian, Dr. des., wiss. Mitarbeiter am Sonderforschungsbereich 626 »Ästhetische Erfahrung im Zeichen der Entgrenzung der Künste«, Freie Universität Berlin.

Olaf Breidbach, Prof. Dr. Dr., Direktor des Instituts für Geschichte der Medizin, Naturwissenschaft und Technik der Friedrich-Schiller-Universität Jena.

Rüdiger Campe, Prof. Dr., Professor für Literaturwissenschaft, Yale University, New Haven.

Felix Ensslin, Philosoph und Dramaturg in Berlin.

Frank Fehrenbach, Prof. Dr., Professor für Kunstgeschichte, Harvard University, Cambridge.

Denise Gigante, Associate Professor of English, Stanford University.

Winfried Menninghaus, Prof. Dr., Professor für Allgemeine und Vergleichende Literaturwissenschaft, Freie Universität Berlin.

Helmut Müller-Sievers, Prof. Dr., Professor für Germanistik, University of Colorado in Boulder.

Staffan Müller-Wille, Dr., Dozent am Department for History und am Department for Sociology and Philosophy der University of Exeter.

Hans-Jörg Rheinberger, Prof. Dr., Direktor am Max-Planck-Institut für Wissenschaftsgeschichte, Berlin.

Joseph Vogl, Prof. Dr., Professor für Literatur- und Kulturwissenschaft/Medien, Humboldt-Universität zu Berlin.

Jan Völker, wiss. Mitarbeiter am Sonderforschungsbereich 626 »Ästhetische Erfahrung im Zeichen der Entgrenzung der Künste«, Freie Universität Berlin.

Barbara Wittmann, Dr., wiss. Mitarbeiterin am Max-Planck-Institut für Wissenschaftsgeschichte in Berlin.

Friedrich Weltzien, Dr., Kunstwissenschaftler, Universität der Künste, Berlin.

Anke Hennig, Brigitte Obermayr, Antje Wessels, Marie-Christin Wilm (Hg.)
Bewegte Erfahrungen. Zwischen Emotionalität und Ästhetik

244 Seiten, Englisch Broschur
ISBN 978-3-03734-040-0
€ 29,90 / CHF 51,50

Wie lässt sich jene Bewegung beschreiben, in der sich Emotion und Ästhetik einander anverwandeln und »bewegte Erfahrungen« vermitteln – mithin jene Erfahrungen, die von den grundlegenden sinnlichen Empfindungen des Schmerzes über die leidenschaftliche Phantasie der Liebe bis hin zur Überwältigung des Geistes angesichts des Erhabenen reichen? Wie ist die Dynamik zwischen dem emotional Bewegenden und ästhetisch Bewegten in ästhetischen Erfahrungen zu verstehen?
Wo sich das ästhetische Objekt im Akt der Wahrnehmung ebenso verändert wie das betrachtende Subjekt, wird ästhetische Erfahrung nicht nur zum Schlüssel eines neuen Selbstbezugs. Vielmehr realisiert sich in der Wechselbeziehung zwischen Subjekt und Objekt die spezifische Qualität ästhetischer Erfahrung als einer bewegten Erfahrung. Diese Prozesse in Kunst und ästhetischer Theorie diskutiert der Band anhand der Spannung zwischen Pathos und Reflexion, mit Blick auf die Zusammenhänge zwischen körperlicher Affektion und ästhetischer Reaktion, mittels Analysen der Relevanz des Emotionalen in Verfremdungs- und Distanzästhetiken und schließlich am Modell der Liebe.

Mit Beiträgen von Martin Vöhler, Marie-Christin Wilm, Armen Avanessian, Carsten Zelle, Anke Hennig, Dirck Linck, Carolin Meister, Konrad Paul Liessmann, Oliver Jehle, Friedrich Weltzien, Jutta Müller-Tamm, Matthias Warstat, Christiane Voss, Beatrix Hauser, Roberto Sanchiño Martínez und Ronald de Sousa.

Michael Lüthy, Christoph Menke (Hg.)
Subjekt und Medium in der Kunst der Moderne

210 Seiten, Engl. Broschur
65 Abbildungen
ISBN 978-3-935300-95-7
€ 26,90 / CHF 47,00

Um 1800 nimmt die Kunst eine Wendung zum Prozessualen: Man beginnt sie als ein Geschehen zu verstehen und zu praktizieren, dem gegenüber alle Gehalte, die sie zum Ausdruck bringt, alle Gestalten, die sie herausbildet, und alle Instanzen, die daran beteiligt sind, sekundär sind. Der Prozess des Machens wird zum eigentlichen Inhalt der Kunst erklärt. Dies lässt sich auch als dynamische Austauschbeziehung zwischen den Polen des »Subjekts« und des »Mediums« beschreiben, wie im Titel des vorliegenden Bandes anklingt.
Das Medium erscheint dabei als anthropomorph besetztes Quasi- oder Ersatz-Subjekt, das von sich aus und selbst zu sprechen vermag, während das Subjekt als Medium erscheint, durch das hindurch etwas ›spricht‹, das nicht mit dem selbstbewussten Ich zu verrechnen ist. Das Kunstwerk ist der ins Werk gesetzte Prozess der Verhandlung zwischen diesen beiden Polen, die im »Akt« (Valéry) des Kunstmachens ineinander umschlagen. Aufgrund ihrer spannungsvollen Verbindung sind Subjekt und Medium der Ort des Aussagens, an dem sich der Prozess des Kunstwerks entfaltet, und zugleich die Sache der Aussage – der Gehalt, um den es in dem Kunstwerk geht.
Die Beiträge gehen dem Verhältnis von Subjektivität und Medialität im Kunstwerk aus philosophischer, kunst- und literaturwissenschaftlicher sowie psychoanalytischer Perspektive nach; zugleich fragen sie nach den Subjektivitäts- und Medialitätskonzepten, die der Beschreibung künstlerischer Prozesse angemessen sind.

Mit Beiträgen von James Elkins, Josef Früchtl, Gerhard Gamm, Karin Gludovatz, Donald Kuspit, Dirck Linck, Michael Lüthy, Robert Pfaller, Richard Shiff und Jens Szczepanski.